GUIDE FOR
DESIGN OF
TRAFFIC TUNNEL ENGINEERING

交通隧道工程
设计指南

扈 森　陶伟明　李 奎 等 编著

人民交通出版社股份有限公司

北 京

内 容 提 要

本书基于我国铁路、公路和地铁等行业隧道工程建设及运维中的实践经验和科研成果，系统梳理总结了我国交通隧道工程设计的技术方法与实施要点。本书共分为17章，内容涵盖了总体设计、隧道勘察、建筑材料、隧道结构设计方法、隧道衬砌、特殊岩土和不良地质隧道、辅助坑道、洞口及洞门、超前地质预报及监控量测、隧道施工方法及辅助工程措施、防水与排水、铁路隧道运营及防灾通风与照明、公路隧道运营及防灾通风与照明、防灾疏散与救援、环境保护等。

本书可供从事交通隧道工程建设规划、勘察设计、施工管理、运营养护等工作的工程技术人员参考，亦可供高等院校相关专业师生学习使用。

图书在版编目(CIP)数据

交通隧道工程设计指南/扈森等编著. —北京：人民交通出版社股份有限公司,2023.1
ISBN 978-7-114-18325-6

Ⅰ.①交… Ⅱ.①扈… Ⅲ.①隧道工程—设计—指南 Ⅳ.①U452.2-62

中国版本图书馆 CIP 数据核字(2022)第 204835 号

Jiaotong Suidao Gongcheng Sheji Zhinan

书　　名：	交通隧道工程设计指南
著 作 者：	扈　森　陶伟明　李　奎　等
责任编辑：	李　梦
责任校对：	孙国靖　宋佳时
责任印制：	张　凯
出版发行：	人民交通出版社股份有限公司
地　　址：	(100011)北京市朝阳区安定门外外馆斜街3号
网　　址：	http://www.ccpcl.com.cn
销售电话：	(010)59757973
总 经 销：	人民交通出版社股份有限公司发行部
经　　销：	各地新华书店
印　　刷：	北京印匠彩色印刷有限公司
开　　本：	787×1092　1/16
印　　张：	21.5
字　　数：	497 千
版　　次：	2023 年 1 月　第 1 版
印　　次：	2023 年 1 月　第 1 次印刷
书　　号：	ISBN 978-7-114-18325-6
定　　价：	108.00 元

(有印刷、装订质量问题的图书，由本公司负责调换)

本书编写委员会

主任委员：

扈 森

副主任委员：

陶伟明　李 奎

委　　员：

朱 勇　赵万强　何昌国　卿伟宸　冉利刚
毛邦燕　谭永杰　郑长青　张广泽　徐学渊
刘伟鹏　王 芳　周跃峰　王宏超　范 磊
王若晨　曾宏飞　王建捷　陈 峻　赵全超
高 强　曾 琦　万建国　彭劲松　王 磊
陈 朗　舒东利　朱 宏　姜 波　胡 炜
谭信荣　王峥峥

前　言

　　交通隧道主要包括铁路隧道、公路隧道、地下铁道等。截至2021年底，我国运营铁路隧道总长约21055km（17532座），公路隧道总长约24698.9km（23268座），地铁线路总长约7209.7km（其中地下线路长6396.7km）；在建铁路隧道总长约6414km（2418座），在建地铁线路总长约5093.1km（其中地下线路长4971.7km），规划铁路隧道总长约15266km（6226座），我国已经成为名副其实的交通隧道大国。同时，铁路、公路、地铁分别按照其行业建立了标准体系，制定了相应的勘察、设计、施工、验收、运维技术标准。但就隧道工程而言，除在行业功能性需求及如何实现（满足）其功能性要求方面存在差异外，上述隧道在设计理论、设计方法等诸多方面本质上是一致的。目前，铁路、公路和地铁隧道设计的技术标准较多，既有行业综合性技术标准，也有行业专项技术标准，缺乏按照隧道工程属性的跨行业综合性技术标准，不利于隧道工程行业技术融合。中铁二院工程集团有限责任公司作为一家长期从事铁路、公路、城市轨道交通、市政等交通基础设施规划、勘察设计和工程咨询的特大型工程综合勘察设计企业，为便于广大规划、勘察、设计、建设、管理及研究人员系统全面地了解交通隧道设计综合性技术要求，特组织编写《交通隧道工程设计指南》。

　　针对交通隧道特点，本指南的内容涵盖勘察设计、工程建设、运营维护三个阶段，涉及土建结构、防排水、交通工程与附属设施、防灾减灾、节能、环境保护和水土保持等方面。立足于现行铁路、公路、地铁隧道相关技术标准，本指南全面总结和凝练国内外交通隧道工程建设经验，充分借鉴交通隧道领域最新科研技术成果，内容编排以行业功能性需求对隧道工程的要求为纲，以隧道工程为本，按照"功能性、安全性、可靠性、耐久性"的要求，同时遵循"安全、耐久、经济、节能、环保"的基本原则进行编写。为便于读者阅读理解和使用，本指南采用了"条文+条文说明"的形式。

　　本指南共分17章，分别为：术语、基本规定、总体设计、隧道勘察、建筑材料、隧道结构设计方法、隧道衬砌、特殊岩土和不良地质隧道、辅助坑道、洞口及洞门、超前地质预报及监控量测、隧道施工方法及辅助工程措施、防水与排水、铁路隧道运营及防灾通风与照明、公路隧道运营及防灾通风与照明、防灾疏散与救援、环境保护。本指南可供从事隧道工程建设规划、勘察设计、施工管理、运营养护的专业技术人员使用，也可供高校师生和相关研究人员参考。

　　本指南借鉴、参考了国内外相关技术标准和著作，编制过程中得到了同行们的大力支持和帮助。在此谨向相关作者和为本指南编撰提供帮助和支持的专家学者表示诚挚感谢！

　　本指南力求系统全面、重点突出、简单实用，但由于作者水平有限，书中难免存在疏漏和不足之处，恳请各位专家和读者批评指正。

作　者
2022年8月

目 录

1 术语 ··· 1
2 基本规定 ·· 6
3 总体设计 ·· 19
   3.1 一般规定 ·· 19
   3.2 隧道位置选择 ··· 25
   3.3 隧道勘察 ·· 29
   3.4 隧道衬砌内轮廓 ··· 30
   3.5 隧道衬砌设计 ··· 31
   3.6 隧道防排水 ·· 32
   3.7 隧道施工方法 ··· 33
   3.8 隧道通风与照明 ··· 34
   3.9 接口设计 ·· 36
4 隧道勘察 ·· 39
   4.1 一般规定 ·· 39
   4.2 岩石与岩体的分类 ··· 40
   4.3 土的分类 ·· 43
   4.4 隧道勘察方法 ··· 46
   4.5 隧道勘察技术要求 ··· 51
   4.6 不良地质和特殊岩土勘察 ··· 56
   4.7 隧道围岩分级 ··· 59
5 建筑材料 ·· 65
   5.1 一般规定 ·· 65
   5.2 混凝土 ·· 71
   5.3 喷射混凝土 ·· 73
   5.4 钢材 ··· 74
   5.5 石材和砌体 ·· 76
   5.6 防排水材料 ·· 78
6 隧道结构设计方法 ·· 82
   6.1 一般规定 ·· 82
   6.2 荷载 ··· 84
   6.3 结构设计方法 ··· 91
   6.4 隧道结构计算——破损阶段法 ·· 91

6.5	隧道结构计算——极限状态法	102

7 隧道衬砌 119

- 7.1 一般规定 119
- 7.2 喷锚衬砌 120
- 7.3 整体式衬砌 125
- 7.4 复合式衬砌 126
- 7.5 管片衬砌 129
- 7.6 明洞衬砌 132
- 7.7 构造要求 136

8 特殊岩土和不良地质隧道 141

- 8.1 岩溶隧道 141
- 8.2 膨胀岩(土)隧道 144
- 8.3 黄土隧道 146
- 8.4 瓦斯隧道 149
- 8.5 高地应力区隧道 156
- 8.6 严寒及寒冷地区隧道 162

9 辅助坑道 166

- 9.1 一般规定 166
- 9.2 开挖、支护和衬砌 169
- 9.3 横洞和平行导坑 169
- 9.4 斜井和竖井 171
- 9.5 泄水洞 174

10 洞口及洞门 177

- 10.1 一般规定 177
- 10.2 洞口工程 178
- 10.3 洞门工程 181

11 超前地质预报及监控量测 187

- 11.1 一般规定 187
- 11.2 超前地质预报 187
- 11.3 监控量测 190

12 隧道施工方法及辅助工程措施 198

- 12.1 一般规定 198
- 12.2 矿山法 199
- 12.3 TBM 法 199
- 12.4 盾构法 203
- 12.5 明挖法 205
- 12.6 辅助工程措施 208

13 防水与排水 215

13.1	一般规定	215
13.2	防水	216
13.3	排水	221

14 铁路隧道运营及防灾通风与照明 ················ 228
    14.1 一般规定 ················ 228
    14.2 运营及防灾通风 ················ 228
    14.3 照明 ················ 232

15 公路隧道运营及防灾通风与照明 ················ 234
    15.1 一般规定 ················ 234
    15.2 运营及防灾通风 ················ 235
    15.3 照明 ················ 242

16 防灾疏散与救援 ················ 251
    16.1 一般规定 ················ 251
    16.2 铁路隧道防灾疏散救援 ················ 252
    16.3 公路隧道防灾疏散救援 ················ 256

17 环境保护 ················ 260
    17.1 一般规定 ················ 260
    17.2 水资源保护 ················ 260
    17.3 自然环境保护 ················ 261
    17.4 弃渣 ················ 261

附录 A 铁路隧道建筑限界及内轮廓图 ················ 263
附录 B 公路隧道建筑限界及内轮廓图 ················ 276
附录 C 深埋隧道荷载计算方法 ················ 289
附录 D 浅埋隧道荷载计算方法 ················ 290
附录 E 偏压隧道荷载计算方法 ················ 292
附录 F 明洞荷载计算方法 ················ 294
附录 G 洞门墙计算方法 ················ 298
附录 H 盾构法隧道荷载计算方法 ················ 304
附录 I 标准设计及工程类比设计法 ················ 306
附录 J 结构力学方法 ················ 312
附录 K 数值方法 ················ 317
附录 L 信息反馈法 ················ 323
本指南用词说明 ················ 328
参考文献 ················ 329

1 术 语

1.0.1 铁路隧道　railway tunnel
修建在地下或水下,铺设轨道供铁路机车车辆通行的建筑物。

1.0.2 公路隧道　highway tunnel
供汽车及非机动车和行人通行的地下通道,一般分为汽车专用隧道和汽车、非机动车与行人共同通行的隧道。

1.0.3 山岭隧道　mountain tunnel
穿越山岭,为克服线路高程障碍而设置的隧道。

1.0.4 水下隧道　underwater tunnel
修建在海峡、江河、湖泊等水下的隧道。

1.0.5 明洞　open-cut tunnel
在隧道洞口部或路堑地段,为防止地面塌滑、塌方、落石、雪崩等影响行车,用明挖法修建的隧道。

1.0.6 平行导坑　parallel heading
与主隧道平行并通过横通道相连,用于主隧道施工、排水、通风、救援疏散等功能的辅助坑道。

1.0.7 横通道　cross passage
连接两隧道或隧道与平行导坑间的横向联络通道。

1.0.8 横洞　horizontal adit
与隧道中线相交,夹角一般大于40°,并向洞外呈下坡的辅助坑道。

1.0.9 斜井　inclined shaft
与隧道中线相交,夹角一般大于40°,并向洞外呈上坡的辅助坑道。

1.0.10 竖井　vertical shaft
由地面竖向修筑的筒状辅助坑道。

1.0.11 疏散通道　evacuation walkway
隧道内沿纵向贯通设置,可供人员应急疏散的通道。

1.0.12 紧急停车带　emergency parking strip
公路隧道内供故障车辆、巡检车辆等临时停车的区域。

1.0.13 专用洞室　dedicated chamber
隧道内为存放维修工具或满足其他专业需要而设置的洞室。

1.0.14 隧道仰拱　tunnel invert
隧道底部反拱形的衬砌部分。

1.0.15　衬砌　tunnel lining
沿隧道洞身周边修建的永久性支护结构。

1.0.16　喷锚衬砌　shotcrete and rock bolt lining
以喷射混凝土为主体,根据需要与锚杆、钢筋网、钢架等构件组合而成的衬砌。

1.0.17　整体式衬砌　monolithic lining
隧道开挖后用模筑混凝土或砌体修建的隧道衬砌结构。

1.0.18　复合式衬砌　composite lining
容许围岩产生一定的变形,而又充分发挥围岩自承能力的一种衬砌。一般由初期支护、防水层和二次衬砌组合而成。

1.0.19　管片衬砌　segment lining
以钢筋混凝土管片、纤维混凝土管片、钢管片、铸铁管片、复合管片等拼装而成的隧道预制衬砌。

1.0.20　超前支护　advance support
在隧道开挖前,对掌子面前方围岩进行预加固的支护。

1.0.21　初期支护　primary support
隧道开挖后及时施作的支护结构,一般由喷射混凝土、锚杆、钢筋网、钢架等组成。

1.0.22　二次衬砌　secondary lining
初期支护完成后,施作的模筑或预制混凝土结构。

1.0.23　隧道洞门　tunnel portal
为维持洞口边、仰坡稳定,引排坡上水流并装饰洞口而修建的门式建筑物。

1.0.24　端墙式洞门　end-wall tunnel partal
在洞口修筑垂直于隧道轴线的挡土墙以稳定洞门后土体的洞门结构形式。

1.0.25　翼墙式洞门　wing-wall tunnel portal
洞门端墙外沿路基两侧修建挡土墙,与端墙共同稳定洞口边、仰坡的洞门结构形式。

1.0.26　明洞式洞门　open-cut tunnel partal
为隧道洞口仰坡而设置的坡面护坡并使隧道衬砌结构适当外延的结构物。

1.0.27　净空断面　tunnel cross-section
铁路隧道衬砌内轮廓线所包含的断面之轨面线以上的部分,或者公路隧道衬砌内轮廓线与路面、侧沟所围成的断面区域。

1.0.28　围岩　surrounding rock
隧道周围一定范围内对洞身产生影响的岩土体。

1.0.29　软弱围岩　weak surrounding rock
强度低、完整性差、结构相对松散、围岩基本质量指标较小的围岩,一般指Ⅳ～Ⅵ级围岩。

1.0.30　围岩分级　surrounding rock classification
根据岩体完整程度和岩石坚硬程度等主要指标,按坑道开挖后的围岩稳定性对围岩进行的等级划分。

1.0.31 围岩基本质量指标 surrounding rock basic quality index
以岩体完整程度及岩石坚硬程度为基本参数确定的围岩质量指标。

1.0.32 初始地应力场 initial ground-stress field
在自然条件下,由于受自重和构造运动作用,在岩体中形成的应力。

1.0.33 埋深 buried depth
隧道开挖断面的顶部至自然地面的垂直距离。

1.0.34 设计使用年限 design working life
正常使用和维护条件下,设计规定的结构或构件可实现预定功能的使用年限。

1.0.35 破损阶段设计法 plastic stage design method
考虑结构材料破坏阶段的工作状态进行结构构件设计计算的方法。

1.0.36 容许应力设计法 allowable stress design method
以结构构件截面计算应力不大于规定的材料容许应力的原则,进行结构构件设计计算的方法。

1.0.37 荷载 load
使结构或构件产生内力和变形的外力及其他因素。

1.0.38 围岩压力 surrounding rock pressure
隧道开挖后,因围岩变形或松弛等原因,作用于支护或衬砌结构上的压力。

1.0.39 松散压力 loosening pressure
由于隧道开挖、支护的下沉以及衬砌背后的空隙等原因,使隧道上方的围岩松动,以相当于一定高度的围岩重量作用于支护或衬砌结构上的压力。

1.0.40 概率极限状态设计法 probability limit states design method
以概率理论为基础,为尽量避免结构或构件达到某种功能要求的极限状态作为依据的结构设计计算的方法。

1.0.41 可靠性 reliability
结构在规定的时间内,在正常规定的条件下,完成预定功能的能力。包括安全性、适用性和耐久性。当以概率来度量时,称为结构的可靠度。

1.0.42 设计基准期 design reference period
为确定可变作用等取值而选用的时间参数。

1.0.43 作用 action
施加在结构上的集中或分布力(直接作用,也称为荷载),或引起结构外加变形或约束变形的原因(间接作用)。

1.0.44 永久作用 permanent action
在设计基准期内始终存在且其量值变化与平均值相比可以忽略不计的作用,或其变化是单调的并趋于某个限值的作用。

1.0.45 可变作用 variable action
在设计使用年限内其量值随时间变化,且其变化与平均值相比不可忽略不计的作用。

1.0.46 偶然作用 accidental action
在设计使用年限内不一定出现,而一旦出现其量值很大,且持续期很短的作用。

1.0.47 作用的设计值 design value of an action
作用代表值与作用分项系数的乘积。

1.0.48 材料性能标准值 characteristic value of a material property
设计结构或构件时采用的材料性能的基本代表值。该值符合规定质量的材料性能概率分布的某一分位值或材料性能名义值。

1.0.49 材料性能设计值 design value of material property
材料性能标准值除以材料性能分项系数所得的数值。

1.0.50 几何参数标准值 characteristic value of a geometrical parameter
设计规定的几何参数公称值或几何参数概率分布的某一分位值。

1.0.51 几何参数设计值 design value of a geometrical parameter
几何参数的标准值增加或减少一个几何参数的附加量所得的值。所增加或减少的几何参数附加量反映实际结构或构件可能出现的几何偏差。

1.0.52 安全等级 safety classes
为使结构具有合理的安全性,根据工程结构破坏所产生后果的严重性而划分的设计等级。

1.0.53 可靠指标 reliability index
度量结构可靠性的一种数量指标,是结构可靠概率的标准正态分布函数的反函数。

1.0.54 失效概率 probability of structural failure
结构或构件不能完成预定功能的概率。

1.0.55 抗力 resistance
结构或结构构件承受作用效应的能力,如承载能力、刚度、抗裂度、强度等。

1.0.56 结构调整系数 adjustment factor of structure
在分项系数设计表达式中,用来考虑作用效应和抗力计算不定性以及作用分项系数、材料性能分项系数未能考虑到的其他各种因素的变异性的系数。

1.0.57 地震动参数 seismic ground motion parameters
表征抗震设防要求的地震动物理参数,包括地震动峰值加速度和地震动加速度反应谱特征周期等。

1.0.58 地震动峰值加速度 seismic peak ground acceleration
表征地震作用强弱程度的指标,对应于规准化地震动加速度反应谱最大值的水平加速度。

1.0.59 地震动加速度反应谱特征周期 characteristic period of the acceleration response spectrum
规准化地震动加速度反应谱曲线下降点所对应的周期值。

1.0.60 钻爆法 drilling and blasting method
在岩土中钻凿孔眼,装入炸药进行爆破开挖的隧道施工方法。

1.0.61 盾构法 shield method
一种使用盾构施工机械进行开挖、出渣、衬砌等作业修筑隧道的暗挖施工方法。

1.0.62 隧道掘进机法 tunnel-boring machine method (TBM method)
使用集掘进(机械切削岩石)、出渣、支护等多功能为一体的大型高效隧道施工机械进行隧道开挖的方法,简称TBM法。

1.0.63 明挖法 cut and cover method

先挖开地表面,再修建隧道衬砌结构,后回填土石、恢复地面的隧道施工方法。

1.0.64 超前地质预报 advance geological forecast

在分析既有地质资料的基础上,采用地质调查、物探、地质超前钻探、超前导坑等手段,对隧道开挖面前方的地质条件及不良地质体的工程性质、位置、产状、规模等进行探测、分析与评价的活动。

1.0.65 监控量测 monitoring measurement

隧道施工中对围岩、地表、支护结构的变形和稳定状态,以及周边环境动态进行的经常性观察和量测工作。

2 基 本 规 定

2.0.1 交通隧道按长度划分为短隧道、中长隧道、长隧道和特长隧道四类,划分标准应符合表 2.0.1 的规定。

表 2.0.1 交通隧道按长度分类

隧道分类		短隧道	中长隧道	长隧道	特长隧道
隧道长度（m）	公路隧道	≤500	500~1000	1000~3000	>3000
	铁路隧道	≤500	500~3000	3000~10000	>10000

条文说明

铁路隧道长度是指进出口洞门之间的距离,以端墙面或斜切式洞门的斜切面与设计内轨顶面的交线同线路中线的交点计算。双线隧道按左线长度计算;位于车站上的隧道以正线长度计算;设有缓冲结构的隧道长度应从缓冲结构的起点计算。

公路隧道长度是指两端洞口衬砌断面与隧道轴线在路面顶交点间的距离。

2.0.2 交通隧道勘察设计应根据其技术标准,综合考虑使用功能、施工条件、运营养护、防灾救援、安全经济、节能环保等方面的因素,合理确定隧道位置、结构形式、施工方法、建设工期、工程投资等,保证隧道工程满足功能性、安全性、可靠性、耐久性的要求。

条文说明

隧道勘察设计是线路总体设计的重要组成部分,尤其在隧道所占比例较大、长大隧道较多的线路中,隧道选线对控制线路走向、控制工程投资、节约用地及环境保护等方面起到至关重要的作用。

2.0.3 交通隧道结构性能设计目标应满足表 2.0.3 的规定。

表 2.0.3 隧道结构性能设计目标

要求性能	性能项目	具体内容
安全性能	隧道结构稳定性	(1) 正常使用期间隧道不发生崩塌,结构不倾覆和滑移; (2) 对使用期间预计的地震动,隧道结构具有要求的抗震性能; (3) 对使用期间预计的近接施工和周边环境变化产生的荷载变化,隧道结构具有满足要求的承载性能
	内净空面积富余性	结构不侵入建筑限界
	隧底稳定性	不产生妨碍列车运行或汽车行驶的隧底沉降、水平位移
	剥落安全性	不产生妨碍列车运行或汽车行驶的混凝土掉块、修补材料剥落或设施脱落
	漏水、冻结的安全性	不产生妨碍列车运行或汽车行驶的漏水、冻结
	疏散安全性	配置必要的疏散通道、紧急出口、避难所、紧急救援站及防灾设备; 紧急时防灾设备能确保工作

续上表

要求性能	性能项目	具体内容
耐久性能	防腐蚀性良好	钢筋等的防腐蚀性良好
	衬砌材料没有劣化	衬砌材料没有侵蚀、劣化
	防水性良好	没有使衬砌、设备劣化的漏水
使用性能	满足必要的需求	隧道结构净空断面容纳必要的线路数和各种设备
	行车安全与舒适性	设计线形、洞内外环境满足行车安全与舒适性标准
	各种设备能正常工作	配置、使用与列车运行或汽车行驶相关的设备
	漏水、冻结的使用性	漏水、冻结对洞内设备及设施的功能没有影响
	表面污染	洞内没有明显的污染
	对周边环境的影响	(1)地下水位变动及周边地下水污染在容许范围内； (2)地面沉降或隆起在容许范围内； (3)对周边建(构)筑物及地下管线的影响在容许范围内； (4)周边振动、噪声在容许范围内； (5)洞口及洞门设计与周边自然环境相协调
维修管理性能	安全、容易的检查功能	安全、容易的日常巡回检查
	安全、容易的维修功能	(1)确保净空断面有能够进行补修、补强的富余； (2)排水设施的可维护性； (3)能够确保维修施工期间物料堆放
可修复性能	发生灾害后的可修复性	即使受到灾害偶发作用的影响,也易于恢复

条文说明

交通隧道设计要符合"安全可靠、先进成熟、经济适用、保护环境"的要求,需要明确隧道结构性能设计目标。目前国内外结构设计已经从传统的单纯以强度(力学、构造)设计的方法,转变为以性能设计为主的方法,这是结构设计发展的总趋势,隧道结构也不例外。综合国内外交通隧道结构性能设计目标,可分为安全性能、耐久性能、使用性能、维修管理性能、可修复性能等五大方面。隧道设计的终极目标就是要构筑满足上述性能目标要求的隧道结构。

2.0.4 交通隧道位置确定应遵循工程选线、地质选线、环保选线、减灾选线的原则。

条文说明

工程选线是指综合考虑线路技术标准、使用功能、施工条件、施工装备、运营养护、防灾救援、安全经济、节能环保等因素开展选线设计,使线路设计符合安全可靠、技术先进、经济适用的要求。

地质选线是指利用环境条件调查、地质调绘、遥感、物探及钻探等地质勘察成果进行选线设计,选线中要绕避各类不良地质体,对于难以绕避的不良地质体,要在详细地质勘察的基础上做好工程整治措施,确保建设和运营安全。

环保选线是指基于环境影响评价成果进行选线设计,尽量控制或减少工程对环境的不利作用,从工程设计源头加以控制,实现工程建设与环境保护的协调发展。

减灾选线是以规避、防范工程全寿命周期可能发生的地质灾害为出发点和根本目的,运用系统工程、风险管理等学科的先进理论与方法,对灾害风险进行判识,并在此基础上科学选择工程线位、工程方案及灾害防控措施的技术过程。减灾选线工作包括:识别灾害风险、评估灾害风险、采取措施规避重大风险,对风险进行防控,必要时对潜在风险进行监测、预警,以避免或降低灾害损失。

交通隧道建设涉及工程技术标准、地质灾害风险、施工和运营条件、防灾救援、技术经济、环境保护等方面,故交通隧道位置确定要遵循工程选线、地质选线、环保选线、减灾选线的原则,体现以人为本、服务运输、节能环保、技术先进、经济耐久、便于养护维修的设计理念。

2.0.5 交通隧道工程不宜穿越工程地质和水文地质极为复杂地段。

条文说明

交通隧道工程需避免穿越工程地质、水文地质极为复杂地段,以免增加设计、施工和运营的困难,甚至影响隧道的使用性能和安全。

2.0.6 交通隧道洞口位置应根据地形、地质、水文条件,按照"早进晚出"的原则,结合洞外工程设置及施工场地布置等因素确定。

条文说明

如果隧道洞口边仰坡过高,一方面大量刷坡将破坏坡面植被,对洞口环境造成破坏;另一方面,边仰坡容易失稳坍塌,对施工及运营安全构成威胁。随着隧道修建技术的发展,已解决了超浅埋隧道进洞及施工关键技术,因此提出"早进晚出"的洞口选择原则。

2.0.7 交通隧道除满足建筑限界、结构稳定及耐久性、防水、洞内环境、防灾救援、养护维修等使用功能要求外,铁路隧道断面还应满足旅客的舒适度要求。

条文说明

列车车内的瞬变压力是否满足旅客耳膜舒适度标准,是铁路隧道净空面积选取需要考虑的一项重要因素。世界各国在修建车速较高的隧道时,为了提高旅客舒适度,基本采用了两种模式控制车内瞬变压力:一是以欧洲各国为代表,采用较大净空面积隧道来降低对列车密封性能的要求,以减小运营成本;二是以日本为代表,采用密封性能较高的列车来减小对隧道净空面积的要求。以日本为例,1964年东海道新干线开始运营,当时运营速度为160~200km/h,采用的双线隧道净空面积为60.5m²;目前日本新干线的运营速度为240~300km/h,列车动态密封指数能够达到12s以上,双线隧道净空面积为61~64m²。

2.0.8 铁路隧道建筑限界见附录A。

条文说明

限界是指保障铁路安全运行、限制车辆断面尺寸、限制沿线设备安装尺寸及确定建筑结构有效净空尺寸的图形及坐标参数。根据不同的功能要求,分为车辆限界、设备限界和建筑限界。

车辆限界是指计算车辆不论是空车或重车,在平直线的轨道上按区间最高速度等级并附加瞬时超速、规定的过站速度运行,计及了规定的车辆和轨道的公差值、磨耗量、弹性变形量、车辆振动、一系或二系悬挂故障等各种限定因素而产生的车辆各部位横向和竖向动态偏移后形成的动态包络线,并以基准坐标系表示的界线。

设备限界是指基准坐标系中控制沿线设备安装在车辆限界外加安全余量而形成的

界线。

建筑限界是指位于设备限界外考虑了沿线设备安装后的最小有效界线。建筑限界是一个与线路中心线垂直的极限横断面轮廓。在此轮廓内,除机车车辆和与机车车辆有相互作用及相关的设备(车辆减速器、接触线、吊弦、定位器等)外,其他设备或建筑物均不得侵入。铁路隧道建筑限界系根据机车牵引种类、机车车辆限界、运输装载限界、行车速度等因素制定。

2.0.9 设计行车速度 120~350km/h 的直线地段隧道轨面以上净空横断面面积不应小于表 2.0.9 的规定。

表 2.0.9　直线地段隧道轨面以上净空横断面面积(单位:m²)

线别	客货共线铁路设计行车速度			城际铁路设计行车速度			高速铁路设计行车速度		
	120km/h	160km/h	200km/h	120km/h	160km/h	200km/h	250km/h	300km/h	350km/h
单线	30	42	52	35	35	48	58	70	70
双线	64	76	80	64	64	72	90	100	100

注:表中数值适用于电气化铁路。

条文说明

城际铁路直线地段隧道轨面以上净空横断面面积值确定有两个前提条件。第一个条件是不考虑采用大型养路机械化的有砟轨道,仅考虑大型养路机械能通过的无砟轨道为前提。具体设计可根据轨道的设置类型、维修养护方式综合确定是否采用大型机械化养护,进而确定衬砌断面。第二个条件是根据舒适性要求,要求列车动态密封指数不应小于 6s。较好的列车密封性能能够大幅降低车内瞬变压力,故提高列车动态密封指数可以达到减小隧道净空面积的目的。

通过对瞬变压力的计算和分析,提出了设计速度 250~350km/h 时与车辆密封性能相适应的隧道净空断面面积建议值,见表 2.0.9。根据国家"八五"科技攻关项目《高速铁路线桥隧设计参数选择的研究报告》,双线隧道断面有效净空面积采用了 100m²,国际上设计速度 300~350km/h 双线隧道断面有效净空面积也趋向于采用 100m²。

2.0.10 公路隧道建筑限界应符合下列规定:

1 高速公路、一级公路、二级公路隧道建筑限界高度取 5.0m,三、四级公路隧道建筑限界高度取 4.5m。

2 高速公路、一级公路隧道应在两侧设置检修道,二级、三级公路隧道应在两侧设置人行道并兼作检修道,连拱隧道行车方向左侧、四级公路隧道可不设检修道或人行道。

3 检修道或人行道的高度可按 250~800mm 取值,并应综合考虑下列因素:

1)检修人员或行人步行时的安全。
2)符合放置电缆、光缆、给水管等所需的空间尺寸。
3)紧急情况时,驾乘人员拿取消防设备方便。

4 设检修道或人行道时,检修道或人行道宜包含余宽;不设置检修道或人行道,应设不小于 0.25m 的余宽。

5 隧道为单向交通时,应设置为单面坡;隧道为双向交通时,可设置为双面坡;横坡坡度可采用 1.5%~2.0%,且宜与洞外路面横坡坡度一致。

6 路面采用单面坡时,建筑限界底边线与路面重合;采用双面坡时,建筑限界底边线应水平置于路面最高处。

7 单车道四级公路的隧道应按双车道四级公路标准修建。

公路隧道建筑限界如图2.0.10所示当$L_L \leq 1m$时,$E_L = L_L$;当$L_L > 1m$时,$E_L = 1m$;当$L_R \leq 1m$时,$E_R = L_R$;当$L_R > 1m$时,$E_R = 1m$。各级公路隧道建筑限界最小宽度见表2.0.10。

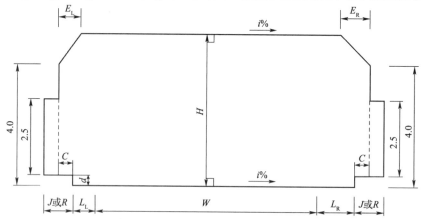

图 2.0.10 公路隧道建筑限界(尺寸单位:m)

H-建筑限界高度;W-行车道宽度;L_L-左侧侧向宽度;L_R-右侧侧向宽度;C-余宽;J-检修道宽度;R-人行道宽度;d-检修道或人行道的高度;E_L-建筑限界左顶角宽度;E_R-建筑限界右顶角宽度

表 2.0.10 两车道公路隧道建筑限界横断面组成最小宽度(单位:m)

公路等级	设计速度 (km/h)	车道宽度 W	侧向宽度		余宽 C	检修道宽度 J 或人行道宽度 R		建筑限界基本宽度
			左侧 L_L	右侧 L_R		左侧	右侧	
高速公路 一级公路	120	3.75×2	0.75	1.25	0.50	1.0	1.0	11.50
	100	3.75×2	0.75	1.00	0.25	0.75	0.75	10.75
	80	3.75×2	0.50	0.75	0.25	0.75	0.75	10.25
	60	3.50×2	0.50	0.75	0.25	0.75	0.75	9.75
二级公路	80	3.75×2	0.75	0.75	0.25	1.00	1.00	11.00
	60	3.50×2	0.50	0.50	0.25	1.00	1.00	10.00
三级公路	40	3.50×2	0.25	0.25	0.25	0.75	0.75	9.00
	30	3.25×2	0.25	0.25	0.25	0.75	0.75	8.50
四级公路	20	3.00×2	0.50	0.50	0.25	—	—	7.50

注:三车道、四车道除增加车道数外,其他宽度同表2.0.10;增加车道的宽度不应小于3.5m。

条文说明

公路隧道建筑限界,不仅要提供汽车行驶的空间,还要考虑汽车行驶的安全、快捷、舒适和防灾等,因此,任何设备及设施均不能侵入隧道建筑限界以内。

检修道的主要功能是供养护人员在隧道正常运营情况下,可以在检修道区域通行,对隧道进行巡查和一般性检修。检修道或人行道高出路面一定高度,可以阻止车辆爬上检修道或人行道,是养护人员和行人的安全界线。检修道或人行道的路缘石比较突出,它比车道边线更能吸引驾驶员的注意力,可以作为驾驶员的行驶方向诱导线。检修道或人行道下部空间可以作为各种管线、管道、缆线等的敷设空间。检修道或人行道高度是根据各种管线、管道、缆线等所需敷设空间、隧道长度、隧道所在地区的行人密度等确定。

不设置检修道或人行道时,设不小于0.25m的余宽,是为了消除或减少隧道边墙给驾驶员带来的恐惧心理影响,保证以一定速度安全通行。

2.0.11 公路隧道紧急停车带设置应符合下列规定:

1 当特长隧道、长隧道内不设硬路肩或硬路肩宽度小于2.5m时,单洞两车道隧道应设紧急停车带,单洞三车道隧道宜设紧急停车带,单洞四车道隧道可不设紧急停车带。

2 紧急停车带建筑限界的构成如图2.0.11所示,紧急停车带设置为行车方向右侧,其宽度不小于3.0m,且与右侧向宽度(L_R)之和不应小于3.5m。

3 紧急停车带长度不宜小于50m,其中有效长度不应小于40m。

4 紧急停车带横坡可取0~1.0%。

5 单向行车隧道紧急停车带设置间距不宜大于750m;双向行车隧道紧急停车带应两侧交错设置,同侧间距不宜大于1000m。

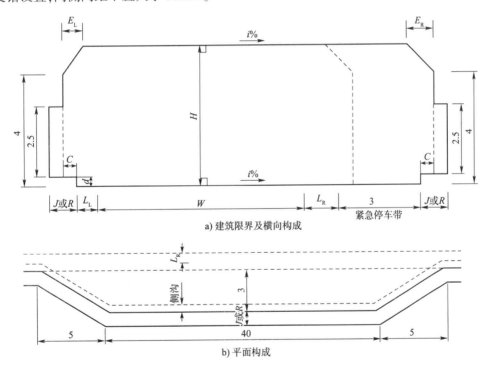

图2.0.11 紧急停车带的建筑限界、宽度和长度(尺寸单位:m)

条文说明

紧急停车带的主要功能是停放故障车辆、检修工程车,紧急情况下救援车辆通行和救援人员用以进行紧急救援活动等。三车道隧道根据隧道长度、交通量、交通组成等因素确定是否设置紧急停车带;四车道隧道通行条件好,一般不设紧急停车带。

2.0.12 交通隧道均应设置衬砌和洞门结构。

条文说明

交通隧道为永久性建筑物,设置衬砌和洞门结构,一是为避免洞内岩体日久风化及水的侵蚀而发生落石掉块、洞口边仰坡滑坡、洞口危岩落石等突发事件,危及行车安全;二是为建成后能适应长期运营的需要,避免运营中再施作衬砌和洞门。

2.0.13 交通隧道防水等级分为四级,各级防水标准应符合表 2.0.13 的规定。

表 2.0.13 交通隧道防水等级标准

防水等级	防 水 标 准
一级	不允许渗水,结构内缘表面无湿渍
二级	不允许漏水,结构内缘表面可有少量湿渍;总湿渍面积不大于总防水面积的 2/1000;任意 $100m^2$ 防水面积上的湿渍不超过 3 处,其中单个湿渍的面积不大于 $0.2m^2$;平均渗入水量不大于 $0.05L/(m^2 \cdot d)$,任意 $100m^2$ 防水面积上的渗入水量不大于 $0.15L/(m^2 \cdot d)$
三级	有少量渗水点,不得有线流和漏泥砂,安装设备的孔眼不渗水;任意 $100m^2$ 防水面积上的漏水、湿渍点数不超过 7 处;单个湿渍面积不大于 $0.3m^2$,单点漏水量不得大于 $2.5L/d$
四级	有漏水点,不得漏泥砂

条文说明

湿渍就是结构内表面呈现明显色泽变化的潮湿斑,其表面存在肉眼可辨色泽变化、用手触摸无明显浸湿感,其渗水量与蒸发量基本相当。

渗水是指水从衬砌内表面渗出,形成明显的、不流淌的水膜。渗水是因衬砌混凝土不密实或存在宽度大于 0.2mm 的裂缝而发生少量水渗出,由于水量小,在混凝土吸附及表面张力的作用下形成吸附于衬砌内表面不流淌、不滴落的水膜。

漏水是指水从衬砌内表面渗出,在拱部呈现滴水或在边墙出现流淌的水膜。漏水是因衬砌混凝土不密实或存在宽度大于 0.2mm 的裂缝而发生较大量水渗出,其表征是在拱部形成水滴,在边墙形成淌水。

关于隧道渗漏水量的比较和检测,国内外的专家早已建立了共识,规定单位面积的渗水量(或再包括单位时间),例如:渗水量 $L/(m^2 \cdot d)$、湿渍面积×湿渍数$/100m^2$。

隧道工程要求"平均渗入水量不大于 $0.05L/(m^2 \cdot d)$,任意 $100m^2$ 防水面积上的渗入水量不大于 $0.15L/(m^2 \cdot d)$",基本上是合理的。"整体"与"任意"的关系,与其他地下工程一样分别为 2~4 倍,考虑到隧道的总内表面积通常较大,故定为 3 倍。

2.0.14 交通隧道应根据工程的重要性、使用功能、运营安全保障等要求,按表 2.0.14 确定防水等级。

表 2.0.14 交通隧道防水等级

防水等级	铁 路	地 铁	公 路
一级	有客运作业或装修要求的车站隧道拱墙;高速铁路隧道拱墙;隧道抗冻设防段衬砌;隧道内供人员长期工作的洞室;因少量湿渍而影响设备正常运转、危及运营安全的设备洞室;因少量湿渍使贮存物质变质、失效的贮物洞室	地下车站、行人通道和机电设备集中区段	高速公路、一级公路、二级公路的隧道拱墙和路面;设备箱洞

续上表

防水等级	铁 路	地 铁	公 路
二级	电气化铁路隧道拱墙;内燃牵引铁路隧道拱墙;隧底结构;有人员经常活动的场所;安装一般电气设备的洞室;放置无防潮要求器材物料的洞室;辅助坑道内安装电动防火门、风机及其控制设备的段落	区间隧道及连接通道	车行横通道、人行横通道等服务通道;三级公路、四级公路的隧道拱墙和路面
三级	运营期间作为防灾救援通道、检修通道、通风排烟通道的辅助坑道;人员临时活动场所;安装非电气设备的洞室	—	—
四级	对渗漏水无严格要求的坑道、施工用临时洞室	—	—

条文说明

铁路隧道衬砌漏水会造成衬砌腐蚀、轨道及零配件锈蚀、隧底道床翻浆、挂冰侵限、电力牵引地段漏电等病害加剧,影响隧道结构的耐久性,给隧道安全运营带来风险。《铁路隧道设计规范》(TB 10003—2016)规定如下:

(1)有客运作业或装修要求的车站隧道,属人员活动密集区,段内关系运营安全的较高精度机电控制设备安装及装修对湿度的要求较高,同时有人员长期停留或作业,其拱墙衬砌采用一级防水标准。

(2)高速铁路隧道,由于运行速度高,需保证其设备的高可靠性,防止衬砌结构因渗水而出现异变,其拱墙衬砌采用一级防水标准。

(3)寒冷地区的隧道,渗水将可能导致衬砌因冻害而破坏,更易出现挂冰侵限危及运营安全,故规定隧道防冻害设防段衬砌采用一级防水标准。

(4)隧道内供人员长期工作的洞室是指车站隧道内用作办公室、有人值守的控制室、工作人员休息室的洞室,此类洞室采用一级防水标准。

(5)因少量湿渍而影响设备正常运转、危及运营安全的设备洞室是指隧道内设置车站或信号中继站时的信号机械室,地下车站、特长隧道、隧道群、隧道内救援站内设置的电力变电所(室),电气化开关设备、控制设备室,此类洞室采用一级防水标准。

(6)普通电气化铁路隧道和内燃机车牵引隧道的拱墙衬砌,少量湿渍或不流淌的水膜不会影响其使用功能,衬砌拱墙采用二级防水标准。

(7)隧底结构少量湿渍或不流淌的水膜不会携带下部围岩的固体物质而诱发翻浆冒泥等病害,在洞内良好的排水系统的保障下,也不会导致积水等不利现象,故隧底结构采用二级防水标准。

(8)安装一般电气设备的洞室是指信号的集装箱式机房室、电力的箱式变电站室、综合配电箱室、机械专业的电气设备控制室、电气化的变压器室,此类洞室采用二级防水。

(9)辅助坑道内安装电动防火门、风机及其控制设备的段落,其防护等级为 IP44、IP65,此段落采用二级防水标准。

(10)运营期间有人员通行的、作为防灾救援、逃逸、通风排烟、检修通道的辅助坑道或专设通道,以及安装非电气设备的洞室,采用三级防水标准。

(11)除以上工程及工程部位外,对渗漏水量无严格要求的泄水洞,隧道施工用附属设施、辅助坑道、洞室等,采用四级防水标准。

根据《公路隧道设计规范 第一册 土建工程》(JTG 3370.1—2018)规定,"高速公路、一级公路、二级公路隧道拱部、边墙、设备箱洞不渗水,路面无湿渍",相当于一级防水要求;"车行横通道、人行横通道等服务通道拱部不滴水,边墙不淌水","三级公路、四级公路隧道拱部不滴水,边墙不淌水,路面不积水、不淌水",相当于二级防水要求。

根据《地铁设计规范》(GB 50157—2013)规定,地下车站、行人通道及机电设备集中区段的防水等级为一级;区间隧道及连接通道等附属的隧道结构防水等级为二级。

一般来说,隧道的防水与排水是对立统一的,隧道的防水效果与其排水的方式、方法及控制直接相关。在隧道的防水设计中,同一防水等级是根据不同的地下水环境、不同的排水条件采用不同的防水材料或其组合方式得以实现。

2.0.15 隧道建筑结构、防排水的设计及建筑材料的选择,应与工程环境相适应。

条文说明

隧道建筑结构、防排水设计及建筑材料的选择,需考虑与工程环境相适应。例如严寒地区,由于气温过低,特别是有地下水时,将产生冻胀力及冻害;岩溶地区地下水环境变化、石膏地层的膨胀腐蚀、高地应力硬岩发生岩爆、软弱围岩地段大变形等,这些情况易造成隧道建筑物外荷载的增大,影响结构耐久性,严重时可能威胁运营安全,故结构设计需采取特别措施,包括选择断面形式、提高混凝土强度及抗渗等级、加大排水能力等。

2.0.16 交通隧道建筑物应按永久性结构设计,并应满足耐久性要求;交通隧道工程设计使用年限见表2.0.16-1~表2.0.16-3。

表2.0.16-1 铁路隧道设计使用年限

工程部位(结构)	洞门及其挡(翼)墙、衬砌	边仰坡防护结构,洞内外排水结构、电缆沟槽
设计使用年限	100年	60年

表2.0.16-2 公路隧道设计使用年限

名称	衬砌、洞门等主体结构				可更换、修复构件
类别	短隧道	中隧道	长隧道	特长隧道	短、中、长、特长隧道
高速公路、一级公路、二级公路	100年	100年	100年	100年	30年
三级公路	50年	100年	100年	100年	
四级公路	50年	50年	50年	100年	

注:可更换、修复构件为隧道内边水沟、电缆沟槽、盖板等。

表2.0.16-3 地铁隧道设计使用年限

工程部位(结构)	主体结构和使用期间不可更换的结构构件	使用期间可以更换且不影响运营的次要结构构件	临时结构
设计使用年限	100年	50年	根据其使用性质和结构特点确定其使用年限

条文说明

交通隧道建筑物应满足正常运营要求,应设置洞门及衬砌等,隧道结构应具有规定的强度、稳定性和耐久性。结构的耐久性是指在环境作用和正常维护、使用条件下,结构或构件在设计使用年限内保持其适用性和安全性的能力。隧道结构的耐久性,一般指建筑材料需具有要求的抗渗性(密实度)、抗冻性和抗侵蚀性等。结构的设计使用年限是设计规定的结构或构件不需要进行大修即可按预定目的使用的年限。

铁路隧道工程结合其功能划分及维修难易程度,参照《铁路混凝土结构耐久性设计规范》(TB 10005—2010),确定了隧道结构设计使用年限的两个级别,即100年和60年。铁路隧道衬砌是指隧道主洞及各附属洞室(如避车洞、专用洞室、绝缘梯车洞、变压器洞室等)拱墙衬砌和仰拱、底板。为了使建成的隧道适应运营的需要,必须设置一些为保证运营安全和方便养护作业的设施,如避车洞、电缆槽、运营通风设备、洞门检查设备等。这些设施或设备,有的是隧道结构设计时考虑的,有的是隧道设计时就要为其提供安置条件。

公路隧道主体结构包括隧道洞门、隧道主洞室及各附属洞室(如风道、斜井、竖井、地下风机房、配电房、横通道、避难洞室等)的支护衬砌结构、路面结构、仰拱及填充、防排水设施等土建工程。

地铁隧道主体结构主要指直接和间接承担地层荷载和运营车辆荷载,保证地铁隧道结构体稳定的结构构件;使用期间不可更换的结构构件是指直接承受地铁设备和人群荷载,在使用期间无法更换或更换会影响运营的结构构件;上述结构应严格按100年的设计使用年限设计,以保证在设计使用年限内的地铁使用安全。使用期间可以更换的次要构件主要指在隧道内部的、位于次要部位且更换不影响使用功能和正常运营的结构构件,这些构件原则上可以按照50年的设计使用年限进行设计。矿山法隧道的喷射混凝土初期支护(包含单纯锚杆喷射混凝土和带有钢拱架的喷射混凝土支护)由于截面厚度小,抗渗性能差以及施工质量和稳定性不易控制等,可按临时支护考虑。

2.0.17 隧道衬砌结构以围岩级别为基础,根据结构形式及尺寸,结合施工方法和施工条件,采用标准设计及工程类比法、数值方法确定。

2.0.18 隧道施工方案及施工组织设计应根据环境条件、地质条件、断面大小、埋深、结构形式、隧道长度、设备配置、工期要求、环境保护和经济性等因素综合确定。条件适宜时,特长隧道宜采用TBM施工方案。

2.0.19 隧道工程应开展信息化设计和施工,根据超前地质预报、监控量测信息及时调整施工方案、隧道衬砌形式及支护参数。

条文说明

隧道工程是典型的岩土工程,其工程地质与水文地质条件、岩土与隧道结构的相互作用具有不确定性的特点。在目前的技术水平条件下,在隧道开挖前获得高精度的地质信息是困难的,因此,隧道工程非常有必要开展信息化设计和施工。其中,超前地质预报和监控量测是开展信息化设计和施工的基础。

2.0.20 交通隧道建设全过程应开展风险评估和管控。

条文说明

隧道工程属隐蔽性工程,其建设受制于工程地质、水文地质、环境条件等,但隧道的工程地质、水文地质条件不可能完全查清,加之岩土工程的复杂性,在安全、质量、工期、投资、环境等方面均存在一定风险,特别是地质条件复杂的隧道,风险更大。通过开展风险评估,根据风险源、风险事件制定规避或减小风险的有效措施,并按风险等级进行建设全过程(勘察、设计、施工)管控,可规避或减小风险。

2.0.21 交通隧道施工作业环境应符合表2.0.21的规定。

表2.0.21 隧道施工作业环境卫生标准

项目		铁路隧道	地铁隧道	公路隧道
平原地区空气中氧气体积含量(%)		≥20	≥20	≥19.5
含有10%以上游离二氧化硅的粉尘浓度(mg/m^3)		≤2	≤2	≤1
含有10%以下游离二氧化硅的矿物性粉尘浓度(mg/m^3)		≤4	—	硅藻土粉尘:≤6 滑石粉尘:≤3 煤、水泥粉尘:≤4 稀土粉尘:≤2.5
平原地区	一氧化碳浓度(mg/m^3)	C_{TWA}:≤20 C_{STEL}:≤30	C_{STEL}:≤30	C_{TWA}:≤20 C_{STEL}:≤30
海拔2000~3000m地区		C_{MAC}:≤20	—	C_{MAC}:≤20
海拔>3000m地区		C_{MAC}:≤15	—	C_{MAC}:≤15
二氧化碳浓度		≤0.5%(体积浓度)	0.5%(体积浓度)	C_{TWA}:≤9000mg/m^3 C_{STEL}:≤18000mg/m^3
氮氧化物(一氧化氮和二氧化氮)浓度(mg/m^3)		≤5	≤5	C_{TWA}:≤5 C_{STEL}:≤10
二氧化硫浓度(mg/m^3)		—	—	C_{TWA}:≤5 C_{STEL}:≤10
硫化氢(H_2S)浓度(mg/m^3)		≤10	—	C_{MAC}:≤10
温度(℃)		≤28	≤32	≤28
噪声(dB)		≤90	≤90	≤85

注:C_{TWA}-空气中有害物质8h时间加权平均接触浓度(mg/m^3);C_{STEL}-空气中有害物质15min时间加权平均接触浓度(mg/m^3);C_{MAC}-空气中有害物质最高容许浓度(mg/m^3)。

条文说明

为了保护隧道施工人员的身心健康,保证安全生产,《客货共线铁路隧道工程施工技术规程》(Q/CR 9653—2017)、《地下铁道工程施工标准》(GB/T 51310—2018)、《公路隧道施工技术规范》(JTG/T 3660—2020)等规范对隧道施工作业环境的卫生标准均作了明确的规定。

洞内施工环境检查要测试通风的风量、风速、风压,检查通风设备的供风能力和动力消耗;要检测粉尘和有毒物质的浓度,测定方法应符合现行《工作场所空气中有害物质监测的采样规范》(GBZ 159)、《工作场所空气中粉尘测定》(GBZ/T 192)、《工作场所空气有毒物质测定》(GBZ/T 300)的规定。

2.0.22 交通隧道运营环境卫生标准应根据其使用功能确定,瓦斯隧道运营期间瓦斯浓度在任何时间、任何地点都不得大于0.5%。

条文说明

根据目前国内运营的南昆铁路家竹箐隧道、云桂铁路老石山隧道、沪昆高铁斗磨隧道等的情况可知,瓦斯隧道内尚不能达到运营期间完全没有瓦斯逸出,故瓦斯隧道在运营期间必须进行瓦斯检测。

2.0.23 铁路隧道运营环境卫生标准应满足表2.0.23的要求。

表2.0.23 铁路隧道运营环境卫生标准

指标		正常运营			维护	备注
		日均浓度	15min加权浓度	最高容许浓度	最高容许浓度	
一氧化碳（mg/m³）		20	30	—	20	$H_t<2000m$
		—	—	20	20	$2000m \leq H_t \leq 3000m$
		—	—	15	15	$H_t>3000m$
氮氧化物（一氧化氮和二氧化氮,mg/m³）		5	10	—	5	$H_t<3000m$
臭氧（mg/m³）		—	—	0.3	0.3	
粉尘（mg/m³）	石英粉尘	8	10	—	8	粉尘中游离二氧化硅的含量<10%
		1	2	—	2	粉尘中游离二氧化硅的含量>10%
	大理石粉尘（碳酸钙）	4	—	—	4	
	动植物性粉尘	2	4	—	3	
	其他粉尘	8	—	—	8	
氧气体积含量(%)		20%				$H_t<2000m$
		与洞外氧含量基本一致				$H_t \geq 2000m$

注：H_t-隧址平均海拔(m)。

条文说明

隧道内环境卫生标准对一氧化碳、氮氧化物（一氧化氮和二氧化氮）、臭氧浓度指标的要求参考了《工作场所有害因素职业接触限值 第1部分：化学有害因素》(GBZ 2.1—2019)的规定。

根据《密闭空间作业职业危害防护规范》(GBZ/T 205—2007)的规定：缺氧环境为空气中氧的体积百分比低于18%，密闭空间正常时氧含量为18%～22%，短时间作业时必须采取机械通风。为了保证旅客及洞内维护作业人员健康舒适,隧道运营通风按洞内达到20%氧气含量标准进行要求。当隧道位于高海拔地区（海拔≥2000m）时，由于隧道洞外空气中氧气含量已不能满足20%氧气含量标准,因此,当海拔≥2000m时,要求运营隧道内氧含量与洞外氧含量基本一致。根据当地气象资料,高原地区隧道可采取运营通风措施保证洞内氧气含量与洞外氧含量基本一致；当列车通过时,可采用列车内部增氧措施对列车内部补充氧气,以保证旅客舒适；当洞内维护作业时,可采用个体增氧措施保证人员的正常工作。

2.0.24 公路隧道运营环境除满足环境卫生标准外,还应符合能见度、风向风速和亮度指标的要求,相关要求见第15章公路隧道运营及防灾通风与照明。

2.0.25 公路隧道交通工程及附属设施的配置应符合下列规定：

1 隧道交通工程及附属设施的技术标准与建设规模应根据公路功能、技术等级、交通量、隧道长度等确定,并应符合公路项目交通工程及沿线设施总体设计的要求。

2 隧道内应设置标志、标线、轮廓标等安全设施。

3 特长隧道和高速公路、一级公路长隧道应设置监控设施;二级公路长隧道可根据需要设置监控设施。

4 通风设施应根据隧道长度、交通组成和交通量增长情况等,按统筹规划、一次设计、分期实施的原则设置。

5 各级公路隧道照明设施配置应符合下列要求:

1)长度大于200m的高速公路隧道、一级公路隧道应设置照明设施;长度大于100m且不大于200m的高速公路光学长隧道、一级公路光学长隧道应设置照明设施。

2)长度大于1000m的二级公路隧道应设置照明设施,长度大于500m且不大于1000m的二级公路隧道宜设置照明设施;三级、四级公路隧道应根据实际情况确定。

3)有人行需求的隧道,应根据隧道长度和环境条件设置满足行人通行需求的照明设施。

6 特长隧道和高速公路、一级公路的长隧道,必须配置紧急呼叫设施、火灾报警设施、消防设施与通道等;二、三级公路的长隧道,应根据需要设置紧急呼叫设施、火灾报警设施、消防设施与通道等。

7 特长隧道和高速公路、一级公路的长隧道,必须保证重要电力负荷供电可靠。

条文说明

公路隧道交通工程及附属设施包括通风、照明、消防、通信与报警、交通监控、供配电、交通安全设施等,是实现隧道安全运营、达到服务水平的直接保障。公路隧道配置的交通工程及附属设施不仅要满足隧道运营的需要,达到安全可靠、经济实用、节能环保的总体要求,还要与交通量和技术发展相适应,总体规划设计,根据交通量发展情况分期实施。前期交通量较小时可前期配置、后期完善,以免设施规模偏大,造成设施闲置,同时也要考虑到有利于在发生事故或灾害时,通过各类设施的协同联动使受损情况控制在最小范围内。

公路隧道设置照明设施的目的是不间断地为驾驶员提供照明条件,防止因视觉信息不足而出现交通事故。

人行横通道、车行横通道、平行导坑、斜井、竖井、横洞等通道,应根据隧道土建设计以及救援需要进行配置。

隧道电力负荷通常根据供电可靠性和中断供电在社会、经济上造成的损失或影响程度确定负荷等级。重要电力负荷包括:应急照明、电光标志、交通监控设施、通风及照明控制设施、紧急呼叫设施、火灾检测及报警控制设施、中央控制设施、消防水泵、基本照明、排烟风机等,其供电应可靠,故通常采用隧道一级负荷,由两个独立电源供电。对于隧道一级负荷中的关键负荷,如应急照明、电光标志、火灾检测与报警设施、监控系统电源等,除上述双重电源外,还要设置不间断电源装置(UPS)或应急电源装置(EPS)作为应急电源。

2.0.26 交通隧道应根据其运营特点,建立健全防灾疏散救援系统,制定发生交通、火灾等事故的应急处理预案。

条文说明

隧道是封闭空间,救援难度大,为此要求遵循"以人为本、安全疏散、自救为主、方便救援"的原则,制定隧道内发生交通、火灾等事故的应急处理预案,包括交通组织、应急疏散、通风排烟、消防救援、监控系统的联动控制等内容。

3 总体设计

3.1 一般规定

3.1.1 交通隧道设计应根据路网规划和功能需要,遵循安全、耐久、经济、节能、环保的原则,结合其地形、地质、施工、运营、管理等因素统筹考虑。

条文说明

　　隧道设计需按全寿命周期考虑,满足安全、耐久、经济、节能、环保等要求,既要保证隧道结构与运营安全,使隧道结构与所处地质环境相适应,也需要考虑施工方法的选择,方便运营管理与养护需要,满足隧道长期运营需要,同时需要避免因隧道建设导致隧址区生态环境恶化。城市地区的交通隧道设计,还要满足城市总体规划、路网规划、航道规划、岸线规划、交通功能的要求。

3.1.2 铁路隧道总体设计应遵循下列原则:

1 隧道勘察设计应综合考虑线路技术标准、环境保护、运营养护、防灾救援等方面的因素,合理确定隧道位置、结构形式、施工方法、建设工期、工程投资等,保证隧道工程的安全、可靠、耐久。

2 隧道位于市区时,隧道设计应考虑施工及运营对环境的影响,并应考虑城市规划及周围环境对隧道结构的影响。

3 隧道衬砌断面设计应结合地质条件、施工方法、环境条件等因素,确定合理的结构形状和尺寸。

4 隧道施工组织设计应根据施工方法、施工通风、施工排水、施工风险控制等要求,并结合机械化配套程度、辅助坑道设置情况等合理制定。

5 隧道防排水设计应重视对地表水和地下水的处理;隧道排水系统应畅通,满足可维护要求。

6 弃渣场应进行场地条件勘察,其设计应符合水保、环保的要求;弃渣场设置不得影响邻近建(构)筑物的安全。

3.1.3 铁路隧道内平面宜设计为直线,当因地形、地质等条件限制设计为曲线时,宜将曲线设在洞口附近并采用较大的曲线半径。内燃牵引隧道内不宜设置反向曲线。

条文说明

　　铁路隧道的施工、运营、养护等工作条件均不如明线(即路基和桥梁段),尤其是小半径曲线隧道、曲线隧道群及长隧道问题更为突出。根据工务部门反映,内燃牵引的铁路曲线隧道的自然通风条件不如直线隧道,有害气体较难排出,对养护人员的身体健康和轨道的锈蚀污染都增加了不利的影响。运营中为了保证隧道符合建筑限界的要求和正常的行车条件,需要经常检查线路平面,曲线隧道的维护作业量和难度也比直线隧道大。故从争取较好的通风条件,降低施工难度,改善维修养护人员和列车司乘人员的工作环境及瞭望条件,简化洞内施工、养护作业并缩短作业时间,以及提高行车速度等方面来看,直线隧道均优于曲线隧道。

3.1.4 铁路隧道纵断面设计应符合下列规定:

1 隧道纵坡可采用单面坡或人字坡,地下水发育的长隧道及特长隧道宜采用人字坡。

2 隧道坡度不宜小于3‰;在最冷月平均气温低于-3℃的地区,隧道宜适当加大坡度。

3 相邻坡段间应根据设计速度、相邻坡段坡度差,按相关规定设置圆曲线形竖曲线连接。

条文说明

铁路隧道内的坡形设计,要全面考虑隧道所在地段的地形、地质、线路纵断面、牵引种类、隧道长度、施工条件、运营要求等情况,选择单面坡或人字坡。单面坡有利于紧坡地段争取高程和隧道的通风,而人字坡有利于从隧道两端同时施工时的排水和出渣。位于紧坡地段的隧道,一般设计为单面坡;紧坡地段的越岭隧道,一般将向自然纵坡陡的一侧设计为下坡的单面坡;一般隧道,为有利于自然通风,多设计为单面坡,但当长隧道或特长隧道内地下水发育时,将给施工带来极大困难,在线路高度损失影响不大的情况下,设计为人字坡往往较为有利。

由于洞内排水需要,隧道纵向坡度不能过缓,考虑施工时在无排水沟的条件下能顺利排水,其自然坡度需在5‰左右,而建成后其自然顺坡排水的最小坡度亦不小于3‰。在最冷月平均气温低于-3℃的地区,地下水发育的隧道,为了避免冬季排水沟产生冻害,适当加大排水坡以增大流速是有利的。

为了缓和变坡点坡度的急剧变化,使列车通过变坡点时不脱轨、不脱钩和产生的附加加速度不超过允许的数值,当相邻坡度差大于一定限值时,需在变坡点处设置竖曲线。

3.1.5 新建特长双线铁路隧道和地质条件复杂的双线铁路隧道,应结合施工方法、施工组织及工期、运营维护、防灾疏散救援工程设置等因素,进行修建单洞双线和双洞单线隧道的技术经济比较。

条文说明

新建双线特长铁路隧道和地质条件复杂的双线铁路隧道时,受地形、地质、水文以及施工安全、建设工期、工程投资、运营条件等的影响,存在采用一座双线铁路隧道还是两座单线铁路隧道的方案选择问题。

根据实践经验,在松软地层、不良地质地段修建隧道时,跨度大小对隧道工程的影响较其他地区更为显著,往往修建两座单线隧道较修建一座双线隧道更易于保证工程质量和施工安全。一般情况下,长距离穿越高地应力软岩、含水砂层、风积砂、强膨胀岩(土)地层的新建特长双线铁路隧道,多采用双洞单线隧道方案;长度20km及以上的特长双线隧道,从防灾救援方面考虑,采用双洞单线隧道方案。

双线铁路隧道分合修方案选择是一个综合性、系统性问题,影响隧道分合修的核心因素是运营可靠度和工程实施风险问题,涉及施工工期、工程投资、生态环保、运营维护、应急救援、旅客舒适度、运营安全等多方面因素。从工程施工角度看,合修方式运输组织、机械化配套等施工组织相对方便,工期风险小,设置平行导洞有利于隧道超前探明地质、增加开挖工作面、形成排水通道等,是化解工程风险和工期风险的有效手段,在建设期合修+贯通平导模式具有一定优势。从运营维护的角度看,分修方案运输组织模式更加灵活,能够规避列车交会时对临线的干扰,应急运输回旋余地大,火灾应急救援、线路中断抢修等工况具有一定优势。

3.1.6 两相邻单线铁路隧道间的最小净距,应综合考虑围岩级别、隧道断面尺寸及施工方法等因素确定。一般情况下,可采用表3.1.6的中值;困难情况下,通过采取控制爆破、加强支护等措施可采用表3.1.6的下限值。

表3.1.6 两相邻单线铁路隧道间的最小净距(单位:m)

围岩级别	Ⅰ	Ⅱ、Ⅲ	Ⅳ	Ⅴ	Ⅵ
最小净距	$(0.5\sim1.0)B$	$(1.0\sim1.5)B$	$(1.5\sim2.0)B$	$(2.0\sim4.0)B$	$>4.0B$

注:B 为隧道开挖跨度(m)。

条文说明

规定两相邻单线铁路隧道间的最小净距是为了保证隧道工程的安全。从理论上来说,两相邻隧道分别设置于围岩压力及施工相互无影响的位置,或者其间岩柱具有足够的强度和稳定性,不会影响两相邻隧道的施工及结构的安全,即认为是可行的。但由于影响两相邻隧道间距的因素很多,如围岩的地质条件、隧道断面尺寸、既有隧道衬砌情况、埋置深度、爆破用药量以及施工方法等,而这些因素的影响难以定量。表3.1.6列出的两相邻单线铁路隧道间的最小净距是按近年来设计、施工实践得出的,选用时还需根据经验,通过工程类比、理论分析确定。当采用隧道掘进机法(TBM法)、盾构法、明挖法开挖或遇塌方等情况时,应根据经验酌情增减。

3.1.7 公路隧道设计应满足公路规划、公路功能、生态环境等要求,平纵线形、建筑限界、内净空断面、通风、照明和交通控制等设计应与公路等级相适应。

条文说明

公路隧道设计要满足公路的总体功能要求,控制隧道规模,合理利用土地资源,保护生态环境。

3.1.8 公路隧道应根据地质、地形、路线走向、通风等因素确定平面线形;水下隧道平面线形宜采用直线。当设置曲线隧道时,宜采用不设超高的平曲线半径;受条件限制需采用设超高的平曲线时,其超高值不宜大于4%,并需对停车视距进行验算,避免采用加宽的平曲线半径。曲线隧道不设超高的圆曲线最小半径应符合表3.1.8的规定;当设计速度为20km/h时,圆曲线半径不宜小于250m。

表3.1.8 公路隧道不设超高的圆曲线最小半径(单位:m)

路拱坡度	设计速度(km/h)					
	120	100	80	60	40	30
≤2%	5500	4000	2500	1500	600	350
>2%	7500	5250	3350	1900	800	450

条文说明

《公路线路设计规范》(JTG D20—2017)规定:"圆曲线半径小于或等于250m时,应设置加宽"。为方便施工,除了紧急停车带外,公路隧道内宜采用同一内轮廓断面,因此要求当设计速度为20km/h时,圆曲线半径不宜小于250m。

3.1.9 公路隧道及其洞口两端路线的纵坡应符合下列规定:

1 隧道纵坡应大于0.3%并小于3%,但短于100m的隧道可不受此限制。

2 高速公路与一级公路的中、短隧道,受地形等条件限制时,经技术经济论证、交通安全评价后,最大纵坡可适当加大,但不宜大于4%。

3 隧道纵坡宜设置成单向坡;特长、长隧道及地下水发育的隧道宜采用人字坡,隧道内竖曲线最小半径和最小长度应符合表3.1.9的规定。

表3.1.9 竖曲线最小半径和最小长度(单位:m)

项 目	设计速度(km/h)					
	120	100	80	60	40	30
凸形竖曲线最小半径	17000	10000	4500	2000	700	400
凹形竖曲线最小半径	6000	4500	3000	1500	700	400
竖曲线最小长度	100	85	70	50	35	25

条文说明

运营隧道纵坡的最小值以洞内汇集水能自然排泄为原则,要求不小于0.3%。隧道纵坡与汽车排放的废气量有关,其纵坡以接近3%为界限,纵坡再增大时排放的废气量将急剧增加。对需要以机械通风换气的隧道,其最大纵坡要小于3%。山区公路建设,由于受地形限制,如果强制要求隧道纵坡不大于3%,将会使展线变得非常困难。根据这一实际情况,高速公路、一级公路的中、短隧道或独立明洞在线形布置非常困难的情况下可以适当放宽,但需增加设置警示标志、限速标志、减速带,改善路面防滑条件,上坡隧道增加车道数等运营安全措施。

3.1.10 公路隧道平、纵线形应均衡、协调;洞口内外侧各3s设计速度行程长度范围的平、纵线形应一致,特殊困难地段,经技术经济比较论证后,洞口内外平曲线可采用缓和曲线,但应加强线形诱导设施。隧道洞口外相接路段应设置距洞口不小于3s设计速度行程长度,且不小于50m的过渡段,保持横断面过渡的顺适。

条文说明

由于隧道洞口内外光线的剧烈变化以及横断面宽度、路面状况和行车环境的改变,隧道进出口是事故多发地段,因此,要求隧道洞内外一定距离保持平、纵线形均衡协调是必要的。

通常情况下,隧道与路基建筑限界宽度不同,断面变化易诱发交通事故,影响通行能力和服务水平,因此,需采取交通工程或土建工程过渡措施,来解决路基和洞内路面宽度的顺适过渡问题,如设置标志、标线、安全护栏、警示牌等,使驾驶员能预知并逐渐适应驾驶环境的变化,避免车辆冲撞洞门墙、电缆槽。

3.1.11 穿越山岭的长、特长公路隧道,应在较大范围地质测绘和综合地质勘探的基础上,拟定不同的越岭高程及其相应的展线方案,结合两端路线接线条件及施工、运营等因素,进行全面技术经济比较后,确定路线走向和隧道平面位置。

条文说明

若隧道方案拟定以路线纵断面为主,结合地质条件、越岭路线高程垭口两侧道路展线的需要,综合选择最合理的隧道位置。若隧道方案拟定以路线顺直、隧道长度最短的垭口作为越岭隧道方案比选的基础,分析比较各方案的工程地质和水文地质情况,隧道不应从严重不良地质地带通过。

不同隧道设计高程对工程建设规模的影响为:①公路等级越高,路线平纵面指标越高,隧道高程越低,隧道越长,工程造价相对越高;②隧道高程设置要保证施工和行车安全,并设置在常年冰冻线和常年积雪线以下;③隧道越长,通风、照明费用越高;④应尽可能把隧道放置于较好的地层中;⑤低等级公路隧道要考虑社会远期发展及公路改扩建的需要,在不过多增加工程造价的情况下,降低隧道设计高程,提高隧道进出口线形标准。

3.1.12 高速公路、一级公路隧道应设计为上、下行分向行驶的双洞隧道,双洞隧道宜按分离式隧道布置,其洞口连接线的布设应与路线整体线形相协调,并就近在适宜位置设置联络车道。下列情况可按其他形式布置:

1 洞口地形狭窄、桥隧相连、连续隧道群、周边建筑物限制或为减少洞外占地的短隧道、中隧道,可按小净距隧道布置。

2 洞口地形狭窄、周边建筑物限制展线特别困难的短隧道,可按连拱隧道布置。

3 桥隧相连、洞口地形狭窄或有特殊要求的长隧道、特长隧道的洞口局部地段,可按分岔隧道布置。

条文说明

与小净距隧道和连拱隧道相比,分离式隧道结构设计简单,两洞施工相互干扰小,施工速度快,造价低。由于小净距隧道存在左右洞施工相互影响问题,故隧道结构需要加强,左右洞需错开施工,工期一般较长,造价相对较高,不推荐普遍使用。连拱隧道结构复杂、施工环节多、工期长、造价高,建成后病害多且不易治理,一般不推荐使用。

桥隧连接、洞口地形狭窄或有特殊要求的长隧道、特长隧道,洞口采用小净距隧道或连拱隧道进洞,洞身段按分离式隧道布置,此时洞口过渡段可采用由小净距隧道或连拱隧道过渡到分离式隧道的分岔式隧道布置形式。

3.1.13 公路隧道总体设计应遵循下列原则:

1 隧道位置应满足公路功能和发展的需要,符合线路总体要求。

2 在隧道勘察资料基础上,综合比选隧道各轴线方案的走向、平纵线形、洞口位置、洞外接线条件等,提出推荐方案。

3 隧道的位置与隧道洞口连接线应与路线线形相协调,满足行车安全和舒适性要求。

4 根据公路等级和设计速度确定建筑限界,在满足隧道功能和结构受力要求的前提下,确定经济合理的隧道内轮廓。

5 根据隧道长度、平面布置、交通量及其组成、环境保护和安全运营要求等,选择合理的通风方式,确定通风、照明、交通监控、防灾救援等设施的设置规模。

6 结合公路等级、隧道长度、施工方法、工期和运营要求,对隧道内外防排水系统、辅助通道、弃渣处理、交通工程设施、管理设施、环境保护等进行综合设计。

7 隧道总体设计应考虑隧道与相邻既有建筑物和规划建筑物的相互影响、节能降耗、方便维修和养护。

条文说明

现行公路工程技术标准强调路线、桥梁、隧道等的综合设计,近年来高速公路、一级公路一般都是在综合设计的基础上符合路线总体要求。

隧道内轮廓净空除满足行车净空要求、洞内各种设施所需的空间位置外,还要考虑结构受力良好的形状。

公路隧道的通风方式和照明、交通监控、防灾救援等设施的设置规模,应在总体设计中予以考虑,必要时特长隧道还需做防灾专项设计。由于隧道开挖可能改变地下水的储存条件、径流路径,洞内弃渣和污水排放容易造成环境污染,故应采取措施防止和减小对环境的破坏、污染。

3.1.14 隧道辅助坑道的设置应综合考虑建设工期、通风、排水、防灾救援、远期工程规划等因素确定。

条文说明

正线隧道长度是设置辅助坑道的基本条件,因为正线隧道仅以两个工作面掘进,施工进度不能满足工期要求时,就有考虑设置辅助坑道的必要,以增设工作面,满足施工工期要求。

设计时,辅助坑道类型需进行多方案技术经济比较,防止缺乏整体规划,不顾经济效益,仅从施工方便考虑,随意设置辅助坑道,造成工程上的浪费。横洞、平行导坑、斜井和竖井四种类型是根据施工中辅助坑道与隧道正洞的相对位置划分的,各类辅助坑道适用情况示例见表3.1.14。

表3.1.14 各类辅助坑道适用情况

辅助坑道类型	图 示	适 用 情 况
横洞		傍山、沿河隧道;洞口施工干扰大、场地狭窄或地质不良等,难以进洞的隧道
平行导坑		难以采用其他辅助坑道的深埋长隧道;有大量地下水或瓦斯,需要兼做排泄通道的隧道;远期计划增建二线或设计为运营维修养护、防灾救援通道的隧道
斜井		无设置横洞条件,但隧道旁侧有低注地形,且地质条件较好
竖井		无设置横洞和斜井的条件,洞顶局部地段地质条件较好,覆盖较薄,且位置适宜时;通风需要

3.2 隧道位置选择

3.2.1 隧道位置应选择在稳定的地层中,尽量避免穿越溶洞、暗河、煤层采空区等严重不良地质地段;当必须通过时,应采取可靠的工程措施。

条文说明

地质条件对隧道位置的选择往往起决定性的作用,隧道位置选择在岩性较好、稳定的地层中,对施工和运营有利,亦节约投资;反之,地质条件差,施工速度慢,投资增加。按地质选线,隧道位置要求选择在稳定的地层中,绕避或尽量少穿越严重不良地质地段。

3.2.2 特长隧道方案应结合建设规模、建设条件、工期、投资及相关工程和运营条件等因素比选确定。

条文说明

特长隧道方案比选要遵循工程选线、地质选线、环保选线、减灾选线的原则,开展大面积的区域性工程地质和水文地质调查、测绘、遥感,加强地质勘探和试验工作,查清区域地质构造及工程地质和水文地质条件,为隧道设计提供依据。特长隧道设计要提出采用工程方案的理由和可靠的工程措施意见,以保证隧道设计合理、施工和运营安全。

特长隧道可大幅减少展线长度,具有显著的技术经济价值和较好的运营条件,但特长隧道开挖难度较大,常出现施工问题。此外,公路隧道要考虑隧道长度对运营管养费用的影响,隧道越长,通风、照明费用越高。要正确处理好施工与运营的要求、近期与远期的效益,结合施工条件及施工方法、配套工程布置等,对各方案作出评价,通过全面技术经济比选确定。

3.2.3 隧道洞口应综合考虑地形地质条件、相关工程和环境要求等因素,宜避开滑坡、崩塌、岩堆、危岩落石、泥石流等地段,选择在稳定的边坡进洞,不应设在排水困难、地势狭窄的沟谷低洼处或不稳定的悬崖陡壁下。

条文说明

隧道洞身和洞口是密不可分割的整体,故隧道位置选择亦包括洞身和洞口位置。但由于洞身范围长,移动面宽,而洞口位置范围较小,相关工程集中,且常在线路转换方向的附近,故隧道定线时不能忽视洞口位置的选择和对洞外相关工程的处理,否则会给隧道设计和施工带来困难。例如,洞口位置选择不当会造成进洞困难、洞口高边坡、洞口坍塌,严重时可能威胁施工安全,影响正常施工,并危及长期运营安全。

3.2.4 当河谷地段线路以隧道形式通过时,应符合下列要求:

1 线路宜向靠山侧内移,避免隧道外侧岩体过薄、河流冲刷和不良地质对其稳定性产生影响。

2 应进行短隧道群与长隧道方案比较。

条文说明

河谷地形由于受地质构造和水流冲刷等影响,往往出现地形和地质均较复杂的情况,特别是在山区河谷地区,往往河流弯曲、沟谷发育、支沟密布,河谷两岸常有对称或不对称的台地和陡峭的山坡,并常伴有崩塌、错落、岩堆、滑坡、泥石流、河岸冲刷等不良地质现象。河谷线路沿河傍山地段,常因地形、地质复杂等原因而采用隧道形式通过。

当线路沿河傍山,不论是河流弯曲地段还是较顺直地段,常出现隧道群或桥隧群的情况。此时线路是靠里还是靠外,或截弯取直,采用长隧道还是隧道群或桥隧群,就需要进行方案比选。一般情况下,优先选用长隧道,其原因是:

(1)对危岩落石地段或陡坡地段,如采用明线路基方案通过,工程量较大,安全性难以保证,此时采用隧道方案更合适。

(2)沿河傍山地面,如线路靠外而行,可能出现桥、隧、支挡相连、隧道洞壁过薄、洞口常伴有深基础明洞或较大的河岸防护工程,路基易出现病害;如线路靠里作中长隧道或长隧道,减少桥梁、路基工程,可减少或避免上述问题。

(3)以中长隧道或长隧道代替隧道群或桥隧群,工程集中单一,施工管理方便,并有利于运营安全。

(4)在沿河傍山地段修建中长隧道或长隧道,易于设置辅助坑道,增加工作面。

3.2.5 邻近水库的隧道要注意水库坍岸对隧道稳定性的影响,并采取可靠的工程措施,以确保隧道结构的运营安全。

条文说明

水库蓄水后,改变了岸边的工程地质和水文地质条件,岸壁将受库水的浸润和波浪的冲刷而导致坍塌,即水库坍岸。库水水位的变化除加剧坍岸的发展外,还可能引起岩(土)体的力学指标降低,导致老滑坡体的复活或产生新滑坡等不同程度的危害。因此,在水库坍岸地区修建隧道时,隧道位置要置于牢固的基岩中,或坍岸范围以外具有一定覆盖厚度并足以保证隧道稳定的土层中。

3.2.6 岩溶地区隧道选线应符合下列规定:

1 充分利用遥感图像地质解译成果资料,分析研究区域范围内岩溶发育情况,隧道位置优先选择岩溶及岩溶水发育相对较弱的区域。

2 隧道应尽量选择高线位通过,不宜通过岩溶水发育的季节交替带、水平径流带、深部缓流带。

3 傍山隧道宜选择在岩溶发育较弱的一侧通过,并应高于岩溶水排泄带。

4 隧道应避免穿越岩溶强烈发育的构造带,避开负地形区、网状洞穴、暗河发育区、巨大空洞区、溶洞群及岩溶水富集区、排泄区。

5 隧道应以大角度通过可溶岩与非可溶岩接触带及断层、褶曲轴部等构造带。

6 隧道应尽量靠近并高于既有或在建的其他地下工程,充分利用其他地下工程已形成的降落漏斗效应截排地下水。

7 线路纵坡应优先采用人字坡,隧道内宜适当加大纵坡。

8 当线路与暗河交叉时,隧道应在暗河顶板高程以上以大角度与之相交,并保证隧底以下有足够的安全厚度。

条文说明

隧道通过岩溶地段施工,经常遇到的问题有:大量的突水突泥、涌水或季节性涌水;洞穴松散堆积物的大量坍塌以及特大溶洞难于通过;基底下存在洞穴而且洞穴顶板厚度不足,造成基底不稳定;因隧道开挖引起的水文地质条件改变而出现的问题等。在西南地区的铁路修建过程中,岩溶危害较大,要重视工程地质选线和勘察工作,充分调查岩溶发育情况及工程地质条件,选择好隧道位置十分重要。

3.2.7 隧道选线应避免穿越滑坡区域;当必须穿越时,隧道洞身位置应选择在滑动面以下一定深度的稳定地层中,并采取可靠的工程措施。

条文说明

在山区修建交通隧道时,经常遇到滑坡,它可能给施工及运营造成极大危害,因此,当隧道线路通过滑坡地段时,要慎重对待。采用隧道避开滑坡时,要使隧道洞身埋藏在滑床(可能的滑动面)以下一定厚度的稳固地层中,以确保施工及运营过程中滑坡滑动时不致影响隧道安全。当隧道或明洞必须通过滑坡体时,要在查明滑坡的成因、性质、类型、构造的基础上,采取上部减载、下部支挡、抗滑桩(墙)、地表及地下排水、加强衬砌结构等工程措施,在能确保滑坡稳定的情况下,才允许隧道或明洞在滑坡体通过。

3.2.8 隧道位置宜避开高地应力区,当必须穿越时,隧道轴线与最大水平地应力方向宜平行或夹角小于30°。

条文说明

在高地应力区,隧道轴线与最大水平地主应力方向平行或成小角度相交,以减少隧道开挖时洞壁围岩的切向应力,力求使洞室周边应力分布均匀,不出现过大的应力集中。隧道设计时选择合理的开挖断面形状,以改善围岩的应力状态。

3.2.9 隧道位置宜避开挤压性围岩区段,必须穿过时,应选择在挤压性围岩分布范围小、地质构造相对简单、岩性条件较好的地段通过;通过挤压性围岩地段的并行隧道,应增大线间距,避免相互影响。

3.2.10 隧道位置宜避开含盐地层,必须穿过时,宜选择在干燥无水或地下水位低、含盐量最小的地段通过,并应对衬砌结构采用相应的加强措施。

条文说明

含盐地层系指含盐岩石中含有盐类矿物,如岩盐、芒硝、钙芒硝、硬石膏、石膏等矿物成分的可溶岩地层。当其在恒定天然含水量状态下,具有较大的强度;但当含水量发生变化后,则严重影响岩层的稳定性。

含盐地层对隧道的危害有三种类型:①膨胀作用的危害,将导致衬砌结构承受附加压力;②湿陷作用的危害,使底板呈现不规则的隆起或沉陷,影响结构稳定性;③含有高浓度SO_4^{2-}的水溶液和芒硝矿物对混凝土的侵蚀,严重时可使混凝土呈豆腐渣状,对钢筋也具有腐蚀作用。

3.2.11 隧道位置应避开有害气体含量较高和煤窑采空密集地段,必须穿过时,应选择影响最小的方案通过,同时保证隧底隔层有足够厚度或预留煤柱,减少其对隧道工程的威胁,确保施工安全和结构稳定。

条文说明

当隧道通过煤系地层时,要注意有害气体、煤窑采空区以及地层膨胀等影响隧道结构安全的问题。有害气体危害施工及运营安全,且易发生燃烧和爆炸事故。小煤窑采空区也不容忽视,因其直接影响隧道结构的稳定性和运营安全性。煤系地层多属于膨胀性岩石,隧道开挖后,围岩压力较大,在含水的情况下,一般水质具有SO_4^{2-}的侵蚀,破坏衬砌混凝土。

3.2.12 黄土隧道位置应避开沟壑及地下水活动和地面陷穴密集的地区;通过湿陷性黄土地层时,应选择湿陷性较小及湿陷性土层较薄地段通过。

条文说明

黄土具有干燥时坚固、遇水容易剥落和遭受侵蚀的特征。在黄土地区常见有冲沟、陷穴、滑坡及泥石流等不良地质现象,特别是在有地下水活动和陷穴密集的地段,隧道施工中极易发生坍塌,产生较大的围岩压力,导致结构变形、基础下沉及衬砌开裂等危害。

湿陷性黄土是一种非饱和的欠压密土,具有大孔和垂直节理,在天然湿度下,其压缩性较低,强度较高,但遇水浸湿时,土的强度显著降低,在附加压力或附加压力与上覆土的自重压力下引起的湿陷变形是一种下沉量大、下沉速度快的失稳性变形,处理不当极易造成隧道塌方。

3.2.13 高地温地区隧道选线应符合下列规定:

1　隧道位置应选择在地温相对较低的地层。
2　通过较高地温地区时,应优化平纵断面,以高线位、短距离方式通过。
3　河谷地区线路宜设于傍山靠河侧,缩短辅助坑道设置长度。

条文说明

地热的形成按热源分类,可分为三大类,即地球的地幔对流、火山热的热源及放射性元素的裂变热源。其中,对隧道工程施工造成影响的主要是火山热的热源和放射性元素的裂变热源。

火山热的热源:由于火山供给的热使地下的岩浆集中处的热能产生热水,这种热水(泉水)又将热供给周围的岩层,当隧道穿越这种岩层,就会有高温、高热现象。

放射性元素的裂变热源:由于地壳内岩石中含有放射性物质,其裂变热产生地温。地温梯度以所处的深度不同而异,根据现有的地温测量资料,绝大部分的地温梯度在2℃~5℃/100m之间,全球平均正常地温梯度为3℃/100m,接近平均值的地区为"正常增温区",超过平均值的地区为"地温异常区"。在正常增温区,当隧道埋深较大时,如在1000~2000m,仍会出现40℃左右的高地温。

从国内外高地温实践情况来看,当原始地温达到35℃、湿度达到80%时,隧道中的高温问题就已经非常严重,高地温对隧道工程的不利影响主要表现在:①恶化施工作业环境,降低劳动生产效率,并严重地威胁到施工人员的健康和安全;②影响到施工及建筑材料的选取,如耐高温炸药、止水带、排水盲管及防水板等;③高地温产生的附加温度应力有可能引起衬砌开裂,对结构的安全及耐久性不利;④隧道内的高温高湿将导致机械设备的工作条件恶化、效率降低、故障增多;⑤隧道建成运营后,由于隧道内温度过高,将造成隧道养护维修困难,从而导致运营成本大幅提高。

在勘察过程中遇到较高的地温时,线路一般外绕以明线工程通过,当无法避免时,通过综合勘探方法找出相对低温带,减小隧道施工热害影响。当遇高地温且设计、施工处理难度较大时,将线路选至傍山靠河一侧,一旦地温或隧道环境温度过高,影响衬砌安全或导致工人无法正常施工时,采用较短的斜井或横洞进行通风降温。

3.2.14 地震区隧道位置的选择应注意地形、地质及洞身埋藏深度等问题,地震动峰值加速度0.10g(g为重力加速度)以上的地区,隧道不宜穿越活动断裂带、易液化砂(粉)土地层。

条文说明

地震对隧道影响的大小,与地形、地质及隧道埋藏深度有密切的关系。地震的破坏作用,由地表向地下随深度增加而迅速减弱,故一般对深埋隧道影响较小,对浅埋、偏压的隧道及明洞和洞门等结构的影响较大。一般在松散的山坡层或滑坡地段、断层破碎带、泥石流发育地区、不稳定的悬崖深谷、易塌陷的地下空洞等处,由于地震波的冲击作用,对抗震均属于不利地段。一旦地震发生,将可能导致隧道洞口坡面坍塌、衬砌出现开裂破损等病害,直接威胁行车安全。因此,在选择隧道位置和洞口位置时,要特别注意地形、地质及洞身埋藏深度等问题。

发生地震时由于断层的显著位移,往往使穿越断层的隧道遭受一定程度的破坏。1930年日本伊豆穿越丹那山断层的隧道受7.0级地震的影响,主隧道边墙出现多处裂缝,隧道在断层处水平错位达2.39m,竖向错位达0.6m。1952年美国加利福尼亚州穿越白狼断层破碎带在7.6级地震下隧道出现了不同程度的破坏:埋深为46m的3号隧道,边墙受压破坏;埋深38m的4号隧道一处的边墙水平错动达0.5m;埋深15m的6号隧道,衬砌结构断裂剥落。1971年美国圣佛南都在6.4级地震影响下近Santa Suzana断层的巴尔宝隧道混凝土衬砌严重破损和剥落;近Sylmar断层的圣佛南都隧道出现了衬砌结构破损和错位,竖向错位最大达2.29m,并伴有挠曲裂缝。2008年汶川大地震(8.0级)中,隧道衬砌发生严重损坏的地段也大多处于穿越断层破碎带区域,其中龙溪隧道在F8断层附近,断层两侧各约100m范围内出现二次衬砌混凝土塌落、开裂和错台以及仰拱隆起(最大达60cm)等严重震害,紫坪铺隧道在断裂带F11附近,出现严重衬砌开裂和错缝。

软弱地基、易液化土地基在地震作用下会产生震陷,历次地震的震害也较严重,隧道破坏后的修复难度较大。

3.2.15 严寒和寒冷地区隧道应尽量选择在地下水位低、围岩含水率较低、冻融对围岩影响较小的地段,洞口宜设在背风向阳处。

条文说明

凡温度等于或低于0℃,且含有固态水的土(石)称为冻土;这种状态能保持三年或三年以上者,称为多年冻土。多年冻土地区多分布于我国东北大兴安岭和西北的青藏高原一带。在多年冻土地区修建的隧道,在洞口地段及衬砌背后会形成一个冻融交替的融化圈,因冻融循环的交替作用,洞门易遭到破坏,融化圈内的围岩强度有所降低,在冻结时会对衬砌产生冻胀力,不同程度地影响隧道衬砌结构的安全。因此,当隧道穿过多年冻土地区时,必须进行专门的设计与施工。

3.3 隧道勘察

3.3.1 交通隧道勘察应针对隧道的特点分阶段开展工作。

3.3.2 交通隧道勘察可分为踏勘、初勘、详勘和施工勘察四个阶段,不同设计阶段要求采用不同深度的勘察资料。

条文说明

铁路、城市轨道交通、公路等行业隧道勘察阶段与设计阶段相对应,一般可分为三或四个阶段,详见表3.3.2;施工阶段、运营阶段勘察根据需要开展工作。结合交通隧道工程的特点,勘察一般分为踏勘、初勘、详勘和施工勘察四个阶段。

表3.3.2 设计阶段与勘察阶段对应表

设计阶段名称		预可行性研究	可行性研究	初步设计	施工图
地质勘察阶段名称	铁路工程	踏勘	初测	定测	补充定测
	城市轨道交通工程	—	工可勘察	初步勘察	详细勘察
	公路工程	预可勘察	工可勘察	初步勘察	详细勘察

3.3.3 勘测工作进行之前,应根据运输要求、技术标准、地形地貌、地质情况、工程建设环境以及上级部门对前一阶段工作成果的审查意见,下达勘测任务。

3.3.4 围岩分级应采用定性和定量相结合的综合评判方法。

条文说明

岩体基本质量由岩石坚硬程度和岩体完整程度两个因素确定,而岩石坚硬程度和岩体完整程度,采用定性划分和定量指标两种方法确定。分级因素的定性划分是依据工程地质勘察中对岩体(石)性质和状态的定性描述,需在勘察过程中,对这两个分级因素的一些要素认真观察和记录。分级因素的定量指标是通过现场原位测试或取样进行室内试验取得的,这些测试和试验简单易行,一般工程条件下都可以进行。对于定性划分出的各档次,给出了相应的定量指标范围值,以便使定性划分和定量指标两种方法确定的分级因素可以相互对比。

3.4 隧道衬砌内轮廓

3.4.1 铁路隧道衬砌内轮廓的确定应考虑建筑限界、股道数和线间距、救援通道、空气动力学效应、机车车辆类型及其密封性、接触网悬挂方式、轨道结构形式及其维护方式、隧道设备空间、结构受力条件等因素。

3.4.2 通行旅客列车的铁路隧道内应设置贯通的疏散通道。

条文说明

通行旅客列车的铁路隧道设置疏散通道时,一般单线隧道单侧设置,双线及多线隧道双侧设置,疏散通道利用隧道的侧沟、电缆槽盖板面设置。

3.4.3 常见铁路隧道衬砌内轮廓图见附录A。

3.4.4 公路隧道衬砌内净空断面应符合下列要求:

1 满足隧道建筑限界所需空间,并预留不小于50mm的富余量。
2 满足洞内装修所需空间。
3 满足通风、照明、消防、监控、指示标志等交通工程及附属设施所需空间。
4 断面形状有利于围岩稳定、结构受力。
5 四车道高速公路上的短隧道,独立设置的明洞或棚洞,城市出入口的中、短隧道,宜与路基同宽度。

条文说明

公路隧道衬砌内净空是发挥隧道功能的基本保证,需具有与公路等级相适应的净空尺寸,除满足隧道建筑限界所需的空间外,还需为洞内路面、排水设施、装饰构造提供建筑空间,为通风、照明、消防、监控、运营管理等设施提供安装空间,为衬砌变形及施工误差预留适当的富余量,隧道衬砌内轮廓线与建筑限界的最小距离不小于50mm。公路隧道设计断面形式及尺寸要符合安全、经济、合理的原则。

四车道高速公路上的短隧道,独立设置的明洞或棚洞以及城市出入口的中、短隧道的建筑限界与路基同宽度有利于提高车辆通过隧道的通行能力,保障行车安全,有利于紧急救援。

3.4.5 公路隧道内路侧边沟应结合检修道、侧向宽度、余宽等,布置于车道两侧,其宽度应小于侧向宽度。

条文说明

路侧边沟置于隧道车道两侧,便于分离排放洞内清洁水和污水,特别是隧道衬砌有渗漏水时,汇入边沟,起到截流作用,不致渗水流向路面。

3.4.6 常见公路隧道衬砌内轮廓图见附录 B。

3.5 隧道衬砌设计

3.5.1 交通隧道应设置衬砌,其衬砌形式有喷锚衬砌、整体式衬砌、复合式衬砌、管片衬砌。

条文说明

交通隧道设置衬砌的目的为:①隧道作为永久性建筑物,为避免洞内岩体日久风化及水的侵蚀而发生落石掉块,危及行车安全;②防排水的需要;③能适应长期运营的需要;④避免运营中施作衬砌的困难。隧道衬砌因其通过的地质情况、结构受力、计算方法以及施工条件的不同,有喷锚衬砌、整体式衬砌、复合式衬砌、管片衬砌。

喷锚衬砌是指喷射混凝土与锚杆、钢筋网、钢架、纤维等不同组合的支护形式,是一种加固围岩,控制围岩变形,能充分利用和发挥围岩自承能力的薄壳型柔性结构。

整体式衬砌是指模筑混凝土衬砌或模筑钢筋混凝土衬砌,具有较强的支护能力、防水能力和耐久性。

复合式衬砌是由内、外两层衬砌组合而成。通常第一层衬砌称为初期支护,第二层衬砌称为二次衬砌;复合式衬砌内外两层组合的方式有喷锚与整体、装配与整体、整体与整体等多种,一般常用的是喷锚与整体的组合。

管片衬砌是指预制管片拼装结构形式,管片是隧道预制衬砌环的基本单元,包括钢筋混凝土管片、纤维混凝土管片、钢管片、铸铁管片、复合管片等。

3.5.2 铁路隧道、地铁区间隧道、高速公路隧道、一级公路隧道、二级公路隧道应采用复合式衬砌或管片衬砌。采用钻爆法施工的隧道应优先采用复合式衬砌。

条文说明

复合式衬砌的优点是能充分发挥围岩的自承能力,调整衬砌受力状态,充分利用衬砌材料的抗压强度,从而提高衬砌的承载力。为了提高防水等级,在初期支护与二次衬砌之间铺设防水层。我国铁路隧道、地铁隧道、高等级公路隧道采用钻爆法施工时要优先采用复合式衬砌。TBM法隧道采用复合式衬砌或单层管片结构形式;盾构法隧道一般采用单层管片结构形式,根据需要设置现浇模筑二次衬砌结构。

3.5.3 隧道衬砌设计应综合考虑地质条件及水文地质条件、断面形状、支护结构、施工条件等,应有足够的强度、稳定性和耐久性,并充分利用和发挥围岩的自承能力,保证隧道结构长期安全使用。

条文说明

隧道衬砌设计要遵循的基本原则是最大限度地利用和发挥围岩的自承能力,围岩既是荷载也是工程材料,通过采用有效的工程措施、合理的衬砌形式和适宜的施工方法,使围岩这一特性得以充分发挥,达到保持围岩稳定、节省工程投资的目的。

衬砌结构类型及强度需长期承受围岩压力等荷载作用,而围岩压力等作用又与围岩级别、水文地质条件、埋藏深度、结构工作特点、施工方法、施工措施等有关,因此,选择衬砌时应考虑这些情况。

3.5.4 隧道结构设计可采用标准设计及工程类比设计法、结构力学方法、数值方法和信息反馈法。

条文说明

由于地下结构的工作状态极为复杂,影响因素较多,要充分发挥标准设计及工程类比设计法、结构力学方法、数值方法和信息反馈法的优势,综合运用,选定合理的衬砌结构参数。

3.6 隧道防排水

3.6.1 隧道防排水设计应遵循"防、排、截、堵相结合,因地制宜,综合治理,保护环境"的原则,采取切实可靠的设计、施工措施。

条文说明

隧道防排水设计应遵循"防、排、截、堵相结合,因地制宜,综合治理,保护环境"的原则,这是多年工程实践经验的总结。对地下水的处理除关注结构本身的安全外,还要重视隧道修建过程中的施工安全以及隧道修建对周边环境的影响。

"防":要求隧道建立具有一定自防水能力的防水体系,能防止地下水的无度渗入,确保隧道的使用功能,同时也使地下水环境处于可控状态,如衬砌采用防水混凝土衬砌或设置防水板、防水层等。

"排":隧道有完善的排水系统,以减小渗水压力,保证结构安全,但需注意大量排水引发的不良后果,如围岩颗粒流失、围岩稳定性降低、次生灾害及水环境的破坏等。

"截":隧道拱部如有地表水易于下渗的通道和可能直接补给隧道的水系,则需设置截、排水沟等措施;地下水丰富、来源明确而隧道排水能力不足时,在地下水来源一侧设置具截水功能的泄水洞等。

"堵":隧道附近有直通隧道的漏斗、管道等,采用堵塞封闭的工程措施;隧道施工过程中,有涌、突水时,采用注浆等封堵地下水径流通道;运营隧道渗漏水采用注浆、喷涂防水层、嵌填防水材料等措施堵水。

隧道防排水的各种措施是相互影响、相辅相成的。因此,隧道防排水设计要结合工程的水文地质条件、环境保护要求、工程防水等级、施工工艺水平、工程经济分析等,因地制宜,选择适宜的方法,贯彻综合治理的设计理念,以达到保护环境、保障主体工程施工安全和运营安全的目的。

保护环境为防排水设计的重点,应尽可能减少对水环境的影响,例如造成当地农田灌溉和生活用水困难、水体污染等,防止水土流失,避免次生灾害。然而,要完全将水阻止在工程之外其工程代价较大,或存在技术上的困难,甚至可能导致结构破坏而使防水体系失效,因此,在保护环境的前提下进行合理排放是必要的。

3.6.2 交通隧道防水应以混凝土结构自防水和防水板防水为主体,以接缝防水为重点,必要时采用注浆加强防水。

条文说明

隧道防水是一个系统工程,混凝土或钢筋混凝土结构自防水与附加防水层组合成一个综合防水体系,坚持以混凝土自防水及防水层防水为根本,接缝防水为重点的防水原则。

3.6.3 交通隧道的排水应符合保护环境、防止次生灾害的总体要求。

条文说明

交通隧道施工及运营将改变工程区域原生环境,隧道的无度排水也将导致水环境不可逆转的破坏,给工程带来风险并在工程影响区域或排水路径上诱发次生灾害。

3.6.4 下穿河流、湖泊、海洋及城市等地区的隧道,宜按全封闭不排水原则设计。

3.7 隧道施工方法

3.7.1 隧道施工方法的选择应根据环境条件、地质条件、隧道长度、断面大小、结构形式、埋深、设备配置、工期要求、场地条件、经济效益以及环境保护等因素综合确定。

条文说明

修建隧道的方法有钻爆法、TBM法、盾构法、明挖法等,隧道主要施工方法对比见表3.7.1。

表3.7.1 隧道主要施工方法对比

隧道施工方法	钻爆法	TBM法	盾构法	明挖法
适用地质条件	适用范围较广	(1)敞开式TBM一般适用于以Ⅲ级及以上硬质岩为主的地层; (2)护盾式TBM多适用于混合地层	(1)土压平衡式盾构机一般适用于黏性土、有一定黏性的粉砂土、砂砾、卵石土等第四纪冲、洪积层及泥质粉砂岩、页岩等软质岩; (2)泥水加压式盾构一般适用于以砂性土为主的第四纪洪积层	一般来说不受地质条件的限制
隧道长度	不受限制,隧道较长时可增加辅助坑道,实现"长隧短打"	一般适用于特长隧道,单机连续掘进长度控制在20km以内	最大掘进距离取决于主轴承使用寿命,一般在10km以内	不受限制

续上表

隧道施工方法	钻爆法	TBM法	盾构法	明挖法
隧道断面积	不受限制	小~中等断面	适用范围较广,目前国内最大直径盾构法隧道(北京东六环改造工程)外径达16.07m	不受限制
施工进度	一般	较快	较快	较慢
道路(便道)运输要求	道路等级要求一般	需要满足大件运输条件	需要满足大件运输条件	道路等级要求一般
对周围环境的影响	对地面交通基本无影响;埋深较浅时存在噪声、振动问题	对地面交通基本无影响;基本无噪声、振动问题	对地面交通基本无影响;基本无噪声、振动问题	对地面交通影响较大;存在噪声、振动问题

3.7.2 隧道施工应积极推行机械化、工厂化、专业化、信息化和智能化。

条文说明

随着我国经济快速发展,隧道施工标准也在提高,以人工为主的粗放型隧道施工模式已不能满足今后隧道工程建设的需要。随着我国制造业的发展进步,隧道机械化、智能化施工设备成本逐渐下降。机械化、智能化施工与人工施工成本差距正在缩小。同时,隧道施工中的一些质量问题,需要借助机械化和智能化手段克服,以控制施工质量,提高隧道工程品质。隧道施工机械化和智能化是施工技术发展的要求,对于提升我国隧道施工技术水平意义深远。

工厂化是指隧道支护钢架制作、沟槽构件预制、管片预制、钢筋加工、混凝土拌制等工作在集中工厂式场所完成。

专业化是指隧道开挖、支护、防排水、超前地质预报、监控量测等关键工序要组建专业化的作业队伍进行施工,管理和作业人员要相对固定。

3.7.3 隧道施工方案应与衬砌支护及辅助措施相适应。

3.7.4 隧道工程施工应对地质灾害风险进行评估和管控。

条文说明

隧道施工阶段要根据设计阶段的风险评估结果,依据施工地质条件、资源配置及实施方案进行再评估,提出相应的施工措施,着重于施工管理、措施评价和落实。施工过程中,根据施工揭示的地质情况对风险进行动态评估,对中等级别的风险源进行监测;若采用原设计方案不能有效降低风险等级到设计要求的水平,要及时上报。根据施工流程按核对表法对其他风险进行识别,结合风险评估结果,按不同的评估目标(安全、工期、投资等)确定应对措施。施工中应对风险跟踪管理,定期反馈。

3.8 隧道通风与照明

3.8.1 铁路隧道运营通风设计应根据牵引种类、隧道长度、平纵断面、道床类型、行车速度和密度、气象条件及两端洞口地形条件等因素综合确定,并应符合下列规定:

1 采用电力机车牵引时,长度大于20km的高速铁路隧道及长度大于15km的货运专线、客货共线铁路隧道应设置机械通风。

2 采用内燃机车牵引时,长度大于2km的铁路隧道宜设置机械通风。

3 有特殊要求的铁路隧道应设置机械通风。

条文说明

目前铁路隧道设置机械通风的条件,是通过我国40多座运营隧道的调查结果及相关科研项目的研究成果确定的。一座隧道是否设置机械通风,不能单纯以隧道长度来确定,需要考虑诸多因素综合确定。由于影响隧道运营通风的因素众多,隧道设置机械通风的具体条件,尚待继续试验研究。

有特殊要求的铁路隧道是指含瓦斯等有害气体隧道、高地温隧道和有异味隧道等。

3.8.2 铁路隧道应根据需要设置正常照明、应急照明及照明插座箱等,并应符合下列规定:

1 设计速度160km/h及以下的客货共线铁路、货运专线铁路隧道,长度3000m及以上的可设置正常照明。

2 高速铁路、城际铁路、设计速度200km/h的客货共线铁路隧道,长度500m及以上的应设置正常照明。

3 长度5000m及以上或设有紧急出口的隧道应设置应急照明和疏散指示标志。

4 长度500m以下的隧道可根据需要设置照明插座箱;设有正常照明的隧道可同时设置照明插座箱。

条文说明

铁路隧道照明有固定式和移动式;典型情况下隧道照明采用固定式,主要为巡视、线路养护作业等工作提供基本的通行照明,而作业照明设备一般由作业人员自带,由移动发电机或照明插座箱提供电源。照明插座箱通常与检修作业电源箱合用,其内包含有单相及三相插座的移动照明和作业电源插座。

3.8.3 铁路隧道防灾疏散救援工程设计应根据隧道(群)长度、结构形式、施工辅助坑道条件等,设置紧急出口、避难所、紧急救援站等疏散救援设施,并根据需要设置防灾通风、应急照明、供电、应急通信、消防等配套设施。

条文说明

铁路隧道防灾疏散遵循洞外疏散和救援站疏散为主的原则,紧急救援站满足火灾和非火灾事故列车停车后人员疏散要求,紧急出口、避难所、横通道满足非火灾事故列车人员疏散要求。

3.8.4 公路隧道通风、照明设计应纳入隧道总体设计。

条文说明

隧道通风与隧道长度、纵坡等密切相关,隧道长度增加、纵坡增大会导致通风系统规模增大,运营养护费用相应增加;长及特长隧道的风机房、风机井设置与隧道地形、地质条件有关,选址不当会造成建设费用大幅增加;因此,隧道总体设计考虑通风设计,使工程总体造价与风险最小化,并降低后期运营费用。

隧道照明设施规模与隧道长度、平曲线、竖曲线和交通量相关。隧道洞外亮度与洞口边仰坡、植被、洞门形式等相关,隧道洞外照明设置与洞外路段构造物相关。隧道照明直接影响隧道运营安全与节能,因此,隧道总体设计要考虑照明设计。

3.8.5 公路隧道通风设计方案应根据公路等级、隧道长度、设计速度、设计交通量、车道数、平纵线形、地形地质、隧道海拔高程、隧址区域自然条件等因素,通过技术经济比较确定。

3.8.6 公路隧道照明设计应统筹规划,一次设计;照明设施可根据预测交通量变化分期设置。

条文说明

公路隧道照明设施根据预测交通流量分期设置的目的是保障运营安全、减小初期投资、降低运营能耗。经调查,公路隧道照明设施通常分两期设置:高速公路和具干线功能的一级公路隧道照明设计分期以10年为界划分;具集散功能的一级公路及二级、三级公路隧道照明设计分期以7年为界划分;四级公路一般根据实际情况确定。但由于各地交通量增长的不平衡性,为合理确定照明系统规模,也可根据预测交通量变化分多期设置。

3.9 接口设计

3.9.1 交通隧道设计应统筹考虑相关设备设施安装及维护操作空间要求、洞室及相关预埋设施设置;预留洞室和预埋件不应损害隧道衬砌的支护能力。

条文说明

交通隧道需设置一定数量的附属洞室,如避车洞、专用洞室、电气设备洞室等,以及保证设备和洞室的联络、控制、安装和检修的预埋件。隧道内预留洞室及预埋件设计要与相关专业进行协调,隧道相关专业的接口应有良好的过渡和衔接。设备洞室综合设置可以减少洞室数量,避免在隧道结构壁上多次开洞,影响结构稳定及防水效果。

预留洞室和预埋件需要在衬砌结构上开孔,特别是预留洞室可能改变隧道结构受力条件,带来不利影响,需要采取相应的结构和构造措施,以保证隧道衬砌的承载能力。

3.9.2 隧道与路基、桥梁接口设计应符合下列规定:

1 隧道、路基、桥涵等各类构筑物的设计应注意各构筑物间变形协调。

2 隧道洞口边坡防护应与路基边坡协调设计。

3 隧道洞内排水沟与路基排水沟应顺畅衔接,保证隧道内地下水能顺利流出。

4 隧道内的电缆槽向路基、桥梁范围的电缆槽过渡时其转弯半径应满足电缆铺设要求。

5 隧道与桥梁相连时,隧道内救援通道与桥梁人行道应平顺连接。

条文说明

隧道与路基、桥梁的接口主要设置在洞口部位。隧道与桥台之间的路基设置过渡段不能太短,否则由于基底沉降量在短距离范围内变化太大对行车安全不利。隧道边坡支护措施一般不弱于路基边坡支护。有条件时,隧道内排水沟与洞外路基排水沟顺畅连接,以利排水通畅;当不具备条件时,如洞内采用深埋水沟或防寒泄水洞等时,洞内水采用暗埋管沟引离线路外排放。隧道与路基、桥梁结合处的电缆槽衔接也是容易忽略的接口问题之一,如果构筑物间的断面宽度不同,电缆槽在接口处需要转弯顺接。

3.9.3 铁路隧道与轨道接口设计应符合下列规定:

1 隧道内仰拱填充面或底板面应满足轨道高度要求,当隧道内采用无砟轨道时,隧道底部结构应与无砟轨道底座结合设计。

2 隧道内铺设有砟轨道时,轨枕端头与沟槽侧壁间的宽度不应小于20cm。

条文说明

隧道内底板或仰拱填充为铺设轨道的基础,如果设置无砟轨道,设计中需要充分考虑无砟轨道铺设的要求。

3.9.4 铁路隧道与接触网、通信、信号等专业的接口设计应满足接触网下锚、综合接地、过轨管预埋等技术要求。

3.9.5 高速公路、一级公路隧道洞口两端连接过渡段的标志、标线、轮廓线及护栏等应进行专门设计。

条文说明

高速公路、一级公路隧道洞口两端连接过渡段应设置标志、标线、轮廓标及护栏的衔接过渡,隧道入口应设置防撞砂桶等防撞设施,以提高隧道出口段的行车安全性。

3.9.6 设置照明的隧道洞口内外亮度应顺适过渡,不设置照明的隧道应加强设置视线诱导设施。

条文说明

隧道洞口段事故高发的主要诱因之一就是洞内外亮度显著差异而引起的视觉信息不足,因此,洞口段照明亮度的顺适过渡显得尤为重要。洞外光线过渡,可采取设置人工强光过渡、光过渡建筑、洞外种植长青树木等措施。

3.9.7 洞口之间小于6s设计速度行程长度的相邻公路隧道,应统筹考虑通风、照明、安全、管理等设施及防灾、救援等需要并进行整体设计。

条文说明

山区公路建设可能遇到隧道群,一般包含两类隧道:一类是洞口距离很近,相互有明显影响的隧道;另一类是洞口距离较远,但呈连续分布的隧道。

确定隧道群的主要因素取决于驾驶员的视觉适应特性。隧道路段驾驶员视觉特性试验结果表明,洞口段驾驶员瞳孔直径快速变化,以适应洞内外环境亮度差异。一般暗适应起点位于洞外(此时瞳孔直径开始增大),时间为进洞前2~4s;明适应在洞外有一定延续(瞳孔直径持续减小),时间为出洞后1~3s。于是,可将明暗适应时间作为隧道群界定指标,即上游隧道明适应洞外段(1~3s)+下游隧道暗适应洞外段(2~4s),综合取6s。在6s设计速度行程长度范围内,驾驶员视觉变化大,容易造成视觉信息不连续,不利于行车安全。

隧道群对行车安全及行驶环境的影响包括:①在隧道群区段行车,较短的时间内频繁进出隧道,视线明暗变化以及行车环境的改变,对驾驶员的心理和生理均造成一定的影响;②前一隧道行车出口排出的空气污染物可能对后续隧道产生二次污染,并且山区自然环境条件差,如雨雾多、冬季路面结冰等,造成洞内外环境差异大,存在一定的交通安全隐患;③在隧道群路段,往往桥隧相接,应急救援难度大。因此,洞口之间小于6s设计速度行程长度的相邻公路隧道,要统筹考虑通风、照明、安全、管理等设施及防灾、救援等需求并进行整体设计。考虑到驾驶员视觉明暗适应过程,根据需要设置遮阳棚等光过渡措施,以降低明暗快速转换带来的不适感,避免发生交通事故。

3.9.8 公路隧道路面应具有足够的抗滑性能;洞内、外衔接路段路面设计抗滑性能应一致。

条文说明

公路隧道洞内、外衔接路段是指紧邻洞口的洞外以及洞内相接、具有一定长度的路段。由于洞内外行驶环境的差异以及明暗适应的影响,驾驶员往往会在洞口段采取减速、加速等操作,若洞内、外路面抗滑性能差异大,车辆容易打滑,从而诱发交通事故。当采用沥青混凝土复合式路面时,高速公路、一级公路交工验收时其表面抗滑性能技术指标要求见表3.9.8-1;当采用混凝土路面时,其表面构造深度要求见表3.9.8-2。

表3.9.8-1 沥青路面面层抗滑技术指标

年平均降雨量(mm)	交工检测指标值	
	横向力系数	构造深度(mm)
>1000	≥54	≥0.55
500~1000	≥50	≥0.50
250~500	≥45	≥0.45

注:1. 横向力系数是指横向力系数测试车在(60±1)km/h车速下测得的横向力系数。
2. 路面宏观构造深度采用铺砂法测定。

表3.9.8-2 水泥混凝土路面面层构造深度要求

公路等级	高速公路、一级公路	二级公路、三级公路、四级公路
构造深度(mm)	0.8~1.2	0.6~1.1

注:特重交通、重交通及急弯、连续长、陡纵坡段应采用较大值。

4 隧道勘察

4.1 一般规定

4.1.1 交通隧道勘察应查明建设工程地区的工程地质、水文地质条件,为隧道方案选择、工程设计、施工方案选择、环境保护和水土保持方案的制定提供依据。

条文说明

交通隧道勘察设计需高度重视环境保护和水土保持工作,节约能源和土地。在评价自然工程地质条件的同时,还要评价工程建设对环境地质条件的影响,并结合自然条件、工程布置,从工程地质专业角度提出环境保护、水土保持方案意见。

4.1.2 交通隧道勘察应根据不同阶段的任务、目的和要求,针对交通隧道的特点,开展调查、测绘、勘探和试验等工作,编制勘察报告。

条文说明

隧道勘察工作一般包括已有资料搜集、地形地质的调查测绘、工程地质及水文地质勘探及试验等工作。勘测工作依据设计阶段的不同,其任务、目的和设计要求也不相同,工作的范围、内容和深细度也不相同。

4.1.3 交通隧道各阶段地质勘察的目标、内容及范围宜满足表 4.1.3 的要求。

表 4.1.3 各阶段勘察的目标、内容及范围

阶段		目标	内容	范围
施工前	踏勘	为布置路线走向可选方案提供基本资料	搜集、分析沿线地形、区域地质、气象和同类工程等既有资料,核查沿线环境、地质灾害资料	大于路线可能方案的范围
	初勘	为初步设计方案比选、概算编制及下阶段调查提供基础资料	收集、分析上阶段获取的资料,对可比选方案进行现场调绘,进行必要的地质钻探、物探和测试	大于比选方案的范围
	详勘	获取施工图设计、施工计划、预算编制等所需资料	详细地形测绘、工点地形测绘;详细地质、环境调查;按要求进行钻探、物探、测试等	隧道路线两侧及周围地区,长大隧道和岩溶隧道范围应适当扩大
施工中		预报和确认施工中出现的工程地质、水文地质问题	必要时补充地形、地质、环境调查;洞内观测、量测、超前探测预报	隧道内及受施工影响的范围

4.1.4 交通隧道勘察应采用综合勘察和综合分析方法。

条文说明

长大隧道的地形地质条件十分复杂,仅采用地质调绘、钻探,在短时间内查清大范围的地质条件,为隧道位置选择及隧道设计提供准确的地质资料是有困难的。综合地质勘察方

法就是根据地形、地质条件、工作阶段、工程布置等实际情况,采用多种勘察手段进行地质勘探。各种勘探方法要合理组织、密切配合、取长补短,地质资料相互验证,以最少的勘探工作量达到最佳的勘察效果;在地质资料整理过程中采用综合分析方法,就是将不同手段取得的地质资料进行对比,与既有隧道进行类比,达到提高地质资料质量的目的。

4.1.5 对工程地质、水文地质条件复杂的交通隧道,应根据隧道规模、复杂程度及工程特点选择相适应的勘探、测试方法;必要时,开展相关地质专题研究。

条文说明

工程地质、水文地质条件是影响隧道工程安全、隧道位置选择、项目投资的重要因素,因此,要高度重视地质选线工作。专项地质工作是指对某个或某类地质问题或对象进行专门的地质研究工作,可以是在选线阶段对线路的选取进行专项地质调查,也可以在初步设计、施工图设计阶段对隧道位置选择、工程处理措施进行专门的研究。

4.1.6 隧道围岩分级宜对岩质围岩和土质围岩采用不同的指标体系,并符合下列规定:

1 围岩分级指标体系由基本质量指标和修正质量指标组成。

2 岩质围岩基本指标为岩石坚硬程度和岩石完整程度,修正指标为地下水状态、主要软弱结构面产状及初始地应力状态。

3 土质围岩分级指标体系宜根据土体性质差异由1或2个指标组成:

1)碎石土围岩基本指标为密实度。
2)砂土围岩基本指标为密实程度,修正指标为潮湿程度。
3)黏土围岩基本指标为潮湿程度。

4 对于膨胀性及易溶性等特殊岩土,还应根据其特殊的变形破坏特性、岩溶发育程度及其对工程岩体的影响,综合确定工程岩体的级别。

4.2 岩石与岩体的分类

4.2.1 岩石按成因分为岩浆岩、沉积岩和变质岩。

4.2.2 岩石坚硬程度的定性划分可按表4.2.2-1确定,岩性类型可按表4.2.2-2确定,岩石风化程度可按表4.2.2-3确定。

表4.2.2-1 岩石坚硬程度的定性划分

坚硬程度		定 性 鉴 定	代表性岩石
硬质岩	坚硬岩	锤击声清脆,有回弹,振手,难击碎;浸水后,大多无吸水反应	未风化~微风化的A类岩石
	较坚硬岩	锤击声较清脆,有轻微回弹,稍振手,较难击碎;浸水后,有轻微吸水反应	微风化的A类岩石;未风化~微风化的B、C类岩石
软质岩	较软岩	锤击声不清脆,无回弹,较易击碎;浸水后,指甲可刻出印痕	强风化的A类岩石;弱风化的B、C类岩石;未风化~微风化的D类岩石
	软岩	锤击声哑,无回弹,有凹痕,易击碎;浸水后手可掰开	强风化的A类岩石;弱风化~强风化的B、C类岩石;弱风化的D类岩石;未风化~微风化的E类岩石
	极软岩	锤击声哑,无回弹,有较深凹痕,手可捏碎;浸水后可捏成团	全风化的各类岩石和成岩作用差的岩石

表 4.2.2-2 岩性类型的划分

岩性类型	代 表 岩 性
A	（1）岩浆岩（花岗岩、闪长岩、正长岩、辉绿岩、安山岩、玄武岩、石英粗面岩、石英斑岩等）； （2）变质岩（片麻岩、石英岩、片岩、蛇纹岩等）； （3）沉积岩（熔结凝灰岩、硅质砾岩、硅质石灰岩等）
B	沉积岩（石灰岩、白云岩等碳酸盐类）
C	（1）变质岩（大理岩、板岩等）； （2）沉积岩（钙质砂岩、铁质胶结的砾岩及砂岩等）
D	（1）第三纪沉积岩类（页岩、砂岩、砾岩、砂质泥岩、凝灰岩等）； （2）变质岩（云母片岩、千枚岩等），且岩石单轴饱和抗压强度>15MPa
E	晚第三纪～第四纪沉积岩类（泥岩、页岩、砂岩、砾岩、凝灰岩等），且岩石单轴饱和抗压强度≤15MPa

表 4.2.2-3 岩石风化程度的划分

风化程度	野 外 特 征	波速比	风化系数
未风化	岩石结构构造未变，岩质新鲜	0.9~1.0	0.9~1.0
微风化	岩石结构构造、矿物成分和色泽基本未变，部分裂隙面有铁锰质渲染或略有变色	0.8~0.9	0.8~0.9
弱风化	岩石结构构造部分破坏，矿物成分和色泽较明显变化，裂隙面风化较剧烈	0.6~0.8	0.4~0.8
强风化	岩石结构构造大部分破坏，矿物成分和色泽明显变化，长石、云母和铁镁矿物已风化蚀变	0.4~0.6	<0.4
全风化	岩石结构构造完全破坏，已崩解和分解成松散土状或砂状，矿物全部变色，光泽消失，除石英颗粒外的矿物大部分风化蚀变为次生矿物	0.2~0.4	

注：1. 波速比为风化岩石弹性纵波波速与新鲜岩石弹性纵波波速之比。
 2. 风化系数为风化岩石与新鲜岩石单轴饱和抗压强度之比。
 3. 当波速比、风化系数及野外特征与表列不对应时，岩石风化程度宜综合判断。

4.2.3 岩石坚硬程度的定量划分可按表4.2.3确定。

表 4.2.3 岩石坚硬程度划分

岩石单轴饱和抗压强度（MPa）	>60	60~30	30~15	15~5	≤5
坚硬程度	硬质岩		软质岩		
	坚硬岩	较坚硬岩	较软岩	软岩	极软岩

4.2.4 岩体完整程度的定性划分可按表4.2.4-1确定，结构面结合程度可按表4.2.4-2确定，层状岩层厚度划分可按表4.2.4-3确定。

表 4.2.4-1 岩体完整程度划分

完整程度	结 构 面				结构类型
	定性描述	组数	平均间距（m）	结合程度	类型	
完整	不发育	1~2	>1.0	好或一般	节理、裂隙、层面	整体状或巨厚层状结构

续上表

完整程度	结构面					结构类型
	定性描述	组数	平均间距(m)	结合程度	类型	
较完整	不发育	1~2	>1.0	差	节理、裂隙、层面	块状或厚层状结构
	较发育	2~3	1.0~0.4	好或一般		块状结构
较破碎	较发育	2~3	1.0~0.4	差	节理、裂隙、劈理、层面、小断层	裂隙块状或中厚层状结构
	发育	≥3	0.4~0.2	好		镶嵌碎裂结构
				一般		薄层状结构
破碎	发育	≥3	0.4~0.2	差	各种类型结构面	裂隙块状结构
	极发育		≤0.2	一般或差		碎裂结构
极破碎	极发育	无序	—	很差	—	散体结构

表 4.2.4-2　结构面结合程度的划分

结合程度	结构面特征
好	(1)张开度小于1mm,为硅质、铁质或钙质胶结,或结构面粗糙,无充填物; (2)张开度1~3mm,为硅质或铁质胶结; (3)张开度大于3mm,结构面粗糙,为硅质胶结
一般	(1)张开度小于1mm,结构面平直,钙泥质胶结或无充填物; (2)张开度1~3mm,为钙质胶结; (3)张开度大于3mm,结构面粗糙,为铁质或钙质胶结
差	(1)张开度1~3mm,结构面平直,为泥质胶结或钙泥质胶结; (2)张开度大于3mm,多为泥质或岩屑充填
很差	泥质充填或泥夹岩屑充填,充填物厚度大于起伏差

表 4.2.4-3　层状岩层厚度的划分

单层厚度(m)	>1.0	0.5~1.0	0.1~0.5	≤0.1
岩层厚度分类	巨厚层	厚层	中厚层	薄层

4.2.5　岩质围岩完整程度的定量指标应采用岩体完整性指数 K_v 表示,其对应关系可按表4.2.5-1确定。

表 4.2.5-1　K_v 与岩体完整程度的对应关系

K_v	>0.75	0.75~0.55	0.55~0.35	0.35~0.15	≤0.15
岩体完整程度	完整	较完整	较破碎	破碎	极破碎

1　岩体完整性指数 K_v 的测试和计算方法,应针对不同的工程地质岩组或岩性段,选择有代表性的测段,测试岩体弹性纵波速度,并在同一岩体中取样,测试岩石弹性纵波速度。K_v 值按下式计算:

$$K_v = \left(\frac{v_{pm}}{v_{pr}}\right)^2 \tag{4.2.5-1}$$

式中:v_{pm}——岩体弹性纵波速度(km/s);

v_{pr}——岩石弹性纵波速度(km/s)。

2 如 K_v 无实测值,可根据岩体体积节理数 J_v 按表4.2.5-2确定。

表4.2.5-2 J_v 与 K_v 的对应关系

J_v(条/m³)	<3	3~10	10~20	20~35	≥35
K_v	>0.75	0.75~0.55	0.55~0.35	0.35~0.15	≤0.15

3 岩体体积节理数 J_v 应针对不同的工程地质岩组或岩性段,选择有代表性的出露面或开挖壁面进行节理(结构面)统计。除成组节理外,对迹线长度大于1m的分散节理应予以统计,已为硅质、铁质、钙质胶结的节理不予统计。统计每组结构面数目时,应沿着有关结构面组的垂直方向计数。每一测点的统计面积,不应小于 $2 \times 5m^2$。根据节理统计结果,岩体 J_v 值可按下式计算:

$$J_v = \sum_{i=1}^{n} S_i + S_0 \quad i = 1, \cdots, n \quad (4.2.5-2)$$

式中:J_v——岩体体积节理数(条/m³);

n——统计区域内结构面组数;

S_i——第 i 组结构面法向每米长结构面的条数;

S_0——每立方米岩体非成组节理条数。

4.2.6 当软化系数不大于0.75时,岩石应定为软化岩石;当岩石具有特殊成分、特殊结构或特殊性质时,岩石应定为特殊性岩石。

条文说明

软化系数是衡量水对岩石强度影响程度的判断标准之一,软化的岩石浸水后的承载力明显降低。特殊性岩石,例如易溶性岩石、膨胀性岩石、崩解性岩石、盐渍化岩石等。

4.3 土的分类

4.3.1 土按沉积年代可分为老沉积土、一般沉积土、新近沉积土;土按地质成因可分为残积土、坡积土、崩积土、洪积土、冲积土、淤积土、冰积土、风积土等。

条文说明

老沉积土为第四纪晚更新世(Q_3)及以前沉积的土,一般沉积土为第四纪全新世早期沉积的土,新近沉积土为第四纪全新世中、晚期沉积的土。

4.3.2 土按有机质含量分类可按表4.3.2确定。

表4.3.2 土按有机质含量分类

土的名称	有机质含量(%)
无机土	<5
有机质土	5~10
泥炭质土	10~60
泥炭	>60

注:有机质含量按灼失量试验确定。

4.3.3 土按颗粒级配或塑性指数可分为碎石土、砂土、粉土、黏性土,其划分应符合下列规定:

1 粒径大于2mm的颗粒质量超过总质量50%的土为碎石土,并按表4.3.3-1进一步分类。

表4.3.3-1 碎石土分类

土的名称	颗粒形状	颗粒级配
漂石	圆形及亚圆形为主	粒径大于200mm的颗粒质量超过总质量50%
块石	棱角形为主	
卵石	圆形及亚圆形为主	粒径大于20mm的颗粒质量超过总质量50%
碎石	棱角形为主	
圆砾	圆形及亚圆形为主	粒径大于2mm的颗粒质量超过总质量50%
角砾	棱角形为主	

注:定名时应根据颗粒级配由大到小以最先符合者确定。

2 粒径大于2mm的颗粒质量不超过总质量50%,且粒径大于0.075mm的颗粒质量超过总质量50%的土为砂土,并按表4.3.3-2进一步分类。

表4.3.3-2 砂土分类

土的名称	颗粒级配
砾砂	粒径大于2mm的颗粒质量超过总质量25%~50%
粗砂	粒径大于0.5mm的颗粒质量超过总质量50%
中砂	粒径大于0.25mm的颗粒质量超过总质量50%
细砂	粒径大于0.075mm的颗粒质量超过总质量80%
粉砂	粒径大于0.075mm的颗粒质量超过总质量50%

注:定名时应根据颗粒级配由大到小以最先符合者确定。

3 粒径大于0.075mm的颗粒质量不超过总质量50%,且塑性指数小于或等于10的土为粉土,并按表4.3.3-3进一步分类。

表4.3.3-3 粉土分类

土的名称	砂质粉土	黏质粉土
塑性指数	3~7	7~10

注:塑性指数由相应于76g圆锥仪沉入土中深度为10mm时测得的液限计算而得。

4 粒径大于0.075mm的颗粒质量不超过总质量50%,且塑性指数大于10的土为黏性土,并按表4.3.3-4进一步分类。

表4.3.3-4 黏性土分类

土的名称	粉质黏土	黏土
塑性指数	10~17	>17

注:塑性指数由相应于76g圆锥仪沉入土中深度为10mm时测得的液限计算而得。

4.3.4 碎石土的密实度划分宜根据圆锥动力触探锤击数按表4.3.4-1和表4.3.4-2确定。

表4.3.4-1 碎石土密实度按$N_{63.5}$分类

重型动力触探锤击数$N_{63.5}$	>20	10~20	5~10	≤5
密实度	密实	中密	稍密	松散

注:本表适用于平均粒径小于或等于50mm,且最大粒径不超过100mm的碎石土。

表 4.3.4-2　碎石土密实度按 N_{120} 分类

重型动力触探锤击数 N_{120}	>11	6~11	3~6	≤3
密实度	密实	中密	稍密	松散

注：本表适用于平均粒径大于 50mm，或最大粒径大于 100mm 的碎石土。

4.3.5 砂土的密实度和湿度划分应分别按表 4.3.5-1 和表 4.3.5-2 确定。

表 4.3.5-1　砂土密实度划分

标准贯入试验锤击数实测值	>30	15~30	10~15	≤10
密实度	密实	中密	稍密	松散

表 4.3.5-2　砂土湿度划分

饱和度（%）	≤50	50~80	>80
湿度	稍湿	潮湿	饱和

4.3.6 粉土的密实度和湿度划分应分别按表 4.3.6-1 和表 4.3.6-2 确定。

表 4.3.6-1　粉土密实度划分

孔隙比	<0.75	0.75~0.90	>0.90
密实度	密实	中密	稍密

表 4.3.6-2　粉土湿度划分

天然含水率（%）	<20	20~30	>30
湿度	稍湿	湿	很湿

4.3.7 黏性土的状态和压缩性划分应分别按表 4.3.7-1 和表 4.3.7-2 确定。

表 4.3.7-1　黏性土状态分类

液性指数	≤0	0~0.25	0.25~0.75	0.75~1.0	>1.0
状态	坚硬	硬塑	可塑	软塑	流塑

表 4.3.7-2　黏性土压缩性分类

压缩系数（MPa^{-1}）	<0.1	0.1~0.5	≥0.5
压缩性	低压缩性	中压缩性	高压缩性

注：表中压缩系数为 0.1~0.2MPa 压力范围内的压缩系数。

4.3.8 土按特殊性质可分为黄土、膨胀土、软土、盐渍土、多年冻土、填土等。

条文说明

特殊土是指含有特殊的矿物成分和结构，具有特殊的物理、力学和化学性质，并影响工程地质条件的土体。

黄土是指第四系以来干旱、半干旱气候条件下沉积的，以黄色粉土颗粒为主，质地均一，含碳酸钙及少量易溶盐，具有大孔隙，垂直节理发育的特殊土。黄土是一种湿陷性土，在我国北方广泛分布的特殊土，主要分布在秦岭、伏牛山以北的华北、西北、东北广大地域。

膨胀土是指黏粒成分主要由蒙脱石、伊利石等亲水矿物组成，土体随环境的干湿变化，具有吸水显著膨胀、软化、崩解和失水急剧收缩、开裂、硬结现象，并能产生往复胀缩变形的高液限黏性土。

软土是指在静水或缓慢流水的环境条件下沉积,或在地势低洼、地表积水或山腰鞍部、斜坡地下水位出露地段沉积的具有天然含水率高、孔隙比大、压缩性高,有机质含量多、土体呈软塑到流塑状态,抗压、抗剪强度低的软黏性土、软粉土、淤泥或淤泥质土、泥炭及泥炭质土。

盐渍土是指含有层状或散粒状易溶盐或部分化学侵蚀性中溶盐类矿物,呈白色盐霜、盐壳或蓬松粉土层,具有吸湿、溶陷、膨胀、腐蚀等特性的细粒土。

多年冻土是指在高纬度或高海拔寒冷地区,地层温度在0℃以下,冻结状态持续2年或2年以上并含有冰晶或冰层的土层。

填土是指人为活动堆积、弃置或填筑的黏性土、粉土、砂土、碎石土、建筑垃圾、生活垃圾和工业废料等,又可分为素填土(碎石、砂土、黏性土等)、杂填土(含大量建筑垃圾及工业、生活废料)、冲填土(水力充填)及压实填土(分层压实土)等。

4.4 隧道勘察方法

4.4.1 隧道工程遥感图像地质解译应符合下列要求:

1 根据勘察要求和目的、工作区工程地质特点等,合理选用遥感数据。

2 工程地质遥感工作应充分利用多平台、多波段、多时相的遥感数据,进行复合图像处理和综合解释。

3 工程地质遥感工作应按准备工作、初步解释、外业验证调查与复核解释、最终解释与资料编制的程序进行。

4 工程地质遥感工作应安排在工程地质调绘工作之前,以解译成果为指导开展调绘工作。

5 对于特定目标的解释,应根据遥感数据的特点,需要突出的地质信息、目标物的特征等,选择恰当的图像处理方法。

条文说明

多平台遥感数据是指从航天、航空、地面等不同平台获取的遥感数据;多波段遥感数据包括紫外、可见光、红外、雷达,以及多光谱、高光谱等遥感数据;多时段遥感数据是指不同时间获取的同一区域的多期遥感数据。

工程地质遥感工作需循序渐进、由浅入深,按准备工作、初步解释、外业验证调查与复核解释、最终解释与资料编制的程序进行。

开展工程地质遥感工作有利于建立区域宏观地质概念,从宏观角度分析地质现象,因此,工程地质遥感工作安排在工程地质调绘之前,并提供初步成果,可以使地质调绘工作更具有针对性,从而提高工作效率。

遥感图像处理的方法很多,不同的处理方法有不同的目的和功能,图像处理效果的好坏,取决于处理方法的选择是否恰当。

4.4.2 工程地质调绘应充分收集、分析勘察区的各种地质资料,重视利用遥感地质解译成果,紧密结合线路方案和工程设置,合理、有效地布置工程勘探、地质测试工作,为隧道方案比选、工程建设场地的工程地质评价、工程修建对周边环境的影响评价和工程设计提供资料。

4 隧道勘察

4.4.3 工程地质物探应符合下列规定：
1 根据场地地质概况和各种方法的适用性，合理选用物探方法。
2 测定沿线大地导电率、岩土层的波速、岩土体电阻率、放射性辐射参数、振动强度等，计算卓越周期等参数宜采用物探方法。
3 探测隐伏的地质界线、界面、含水层以及岩溶洞穴、土洞、人为坑洞、钻孔间及外延段地质情况等，宜采用物探方法作为辅助手段探查。
4 地质条件复杂地段工程地质勘察应采用综合物探方法。
5 物探提供的成果资料，应与钻探及其他地质勘察资料综合分析、相互验证。

条文说明

物探方法包括电法勘探、弹性波勘探、重力勘探、磁法勘探、放射性勘探、地温勘探、井下物探等。电法勘探分为直流电法和电磁波法，其应用范围及适用条件见表4.4.3-1；弹性波勘探分为地震勘探、超声波法、场地波速测试和地脉动测试等方法，其应用范围及适用条件见表4.4.3-2；重力勘探、磁法勘探、放射性勘探、地温勘探的应用范围及适用条件见表4.4.3-3；井下物探的应用范围及适用条件见表4.4.3-4。

表4.4.3-1 电法勘探应用范围及适用条件

物探方法		利用参数	基本原理	应用范围	适用条件
直流电法	电测探法	电阻率	测量岩土的电阻率、电磁场、极化率及介电常数等物理场在天然或人工场中，空间与时间的变化规律，结合已知地质资料，推断出地下探测区域内地质体的分布特性及水文地质条件	(1) 探测覆盖层、古河床等；(2) 探测隐伏地质构造；(3) 探测滑坡体的滑动面；(4) 探测岩溶、地下暗河及人为坑洞；(5) 在基岩断裂带及岩溶发育区寻找富水带，测潜水流向、流速；(6) 工程质量检测及探查地下管线	(1) 探测对象与围岩有明显电性差异；(2) 探测对象直径与埋深比≥0.2；(3) 信噪比>3；(4) 单井充电法测潜水流向、流速，要求潜水深度小于50m；自然电场法测流向，要求潜水深度小于15m，水流坡度要大；用充电法探测暗河长度大于埋藏深度3倍；(5) 交流电法适用于接地困难，存在高屏蔽的测区；(6) 地质雷达探测的地质体间介电常数有差异
	电剖面法				
	高密度剖面法				
	自然电场法	自然电位差			
	充电法	电位			
	激发极化法	极化率衰减时			
电磁波法	音频大地电磁法	导电性			
	瞬变电磁法				
	地质雷达	介电常数			
	管线探测	人工或天然电磁场			

表4.4.3-2 弹性波勘探应用范围及适用条件

物探方法		利用参数	基本原理	应用范围	适用条件
地震勘探	折射波法	岩土纵坡波速、横波波速、面波波速	利用人工或天然激发的地震波在岩土体中传播产生的反射、折射及瑞雷波变频探测的特性，研究地下地质体的几何形态及岩土体的物理力学参数	(1) 探测地质构造；(2) 探测覆盖层厚度、断层破碎带、滑动面、潜水位；(3) 探测岩土动弹性模量等；(4) 探测地脉动卓越周期、桩基及建筑物基础；(5) 测定岩体完整性系数	(1) 折射波法：满足 $v_2 > v_1$，岩层视倾角与临界角之和小于90°；(2) 反射波法：满足 $v_1 \rho_1 \neq v_2 \rho_2$，地层倾角3°~5°时最有利
	反射波法				
	瑞雷面波法				
超声波法					
场地波速测试					
地脉动测试		卓越周期			

47

表 4.4.3-3 重力、磁法、放射性及地温勘探应用范围及适用条件

物探方法	利用参数	基本原理	应用范围	适用条件
重力勘探	重力加速度	测定地球重力异常分布变化,分析地下地质情况	探测区域地质构造、深部断层、大溶洞	探测地质体与围岩有明显重力或磁密度差异;探测对象规模与埋深比足够大
磁法勘探	磁场强度	测量地磁场变化	探岩浆岩体界线、断层带、地下管线	
放射性勘探	岩土 γ、α 射线的活度,测氡	测定岩土的天然或人工放射性 γ 活度及氡、钍衰变物的异常	探测基岩裂隙水、断层带,测土湿度、密度、环境监测	探测对象与围岩有放射性差异
地温勘探	地温	测定地质体的温度异常、变化,测定地表温度与深部地温的变化情况	划分有地温异常的深大断裂位置;研究地表与深部地温的变化规律	地质体间有温度差异;在深钻孔中测定地温变化情况

表 4.4.3-4 弹性波勘探应用范围及适用条件

物探方法	利用参数	基本原理	应用范围	适用条件
电测井	电阻率	观测钻井及井间岩土物性差异所引起的天然或人工物理场的变化规律,研究井壁和井周空间地质构造,测定岩土体自然状态下物理力学和水文地质参数	(1)划分软弱夹层、风化层厚度;(2)测断层带、岩溶位置;(3)测井中出水位置及水文地质参数;(4)测岩土体物理力学参数	(1)电测井和无线电波透视及声速测井,要求在有泥浆(水)无套管的孔中进行;(2)水文测井要求在无套管或有滤管经洗井后的清水井中进行
放射性测井	放射性活度			
水文测井	水电阻率			
单孔声波探测	岩土波速			
孔间地震波(CT)	岩土波速			
超声成像测井	井壁反射声幅及走时			
孔间电磁波透视法	电磁波吸收系数			
钻孔技术测量	井斜井温井径			

4.4.4 工程地质钻探应符合下列规定:

1 钻机类型、钻探工艺和取样方法应根据勘探的目的、工程要求和场地地层情况确定。勘探深度较浅,或钻探方法难以准确查明地质情况,或难以保证原状土样质量时,宜采用探井(坑)、槽探、洞探等挖探方法。

2 钻孔深度应根据隧道埋深、工程地质和水文地质评价的需要确定。

3 钻孔孔径应满足岩土试验、原位测试、水文地质试验、地应力测量等要求确定。

4 钻探应根据地层条件、取芯和取样要求,严格控制钻进的回次长度,岩芯采样率满足要求。

5 钻探现场记录应按钻进回次及时填写,详细描述地层、地下水、岩芯采取率和钻进过程中的异常情况等。

6 采取的岩石、土、水样应具有代表性,原状样品在运输和保管过程中应妥善保护。

7 对用作长期观测的钻孔应做好维护,对交通、环境、安全有影响的钻孔应进行封孔。

8 钻探应提供现场原始记录、钻孔柱状图和照片等。

条文说明

钻探要求绘制反映地层层序的柱状图,并有文字描述;确定层面(或带)方位时,探井

(坑)要绘制展示图,反映井壁及底部岩性、地层分界的方位、构造特征、取样及原位测试位置。

岩芯采取率在完整的岩层中不小于90%,在强风化岩层中不小于65%,黏性土层中不小于85%,砂类土层中不小于65%,破碎岩层、碎石土层不小于50%;断层破碎带等重点研究段要求提高岩芯采取率,并不能遗漏对工程有重要影响的软弱夹层和滑动面等。

4.4.5 原位测试应符合下列规定:

1 原位测试方法可根据场地岩土条件、工程设计对岩土参数的要求、各测试方法的适用性等因素选用。

2 原位测试方法的选择和测试点的布置,应考虑各测试方法间及其与勘探、室内试验的相互配合,并注意地质资料的综合分析对比。

3 对第四系地层及岩石全、强风化层可采用原位测试方法,分层提供承载力。

4 软土、松软土宜采用室内试验和静力触探、十字板剪切试验方法。

5 地震动峰值加速度为0.1g及以上地区,地基土为饱和砂土、粉土地层时,应在地面下20m深度内采用标准贯入、静力触探、孔内波速测试等原位测试方法,取得土层液化判别资料。

6 当有不利结构面危及工程稳定和施工安全时,应收集不利结构面岩土试样做顺结构面剪切试验,也可选择适当地点做大面积剪切试验。

7 对承载力要求较高的隧道工程或工程经验较少的地区,可采用静载试验获取岩土层承载力、变形模量等相关强度参数。

8 原位测试应提供现场原始记录、原位测试曲线图表、照片等信息。

条文说明

常见原位测试方法的适用条件见表4.4.5-1和表4.4.5-2。

表4.4.5-1 原位测试方法适用条件(一)

测试方法	适用岩土类别						
	岩石	碎石土	砂土	粉土	黏性土	软土	填土
平板载荷试验(PLT)	□	○	○	○	○	○	○
螺旋板载荷试验(SPLT)			○	○	○	□	▽
静力触探(CPT)			□	○	○	○	□
孔压静力触探(CPTU)			□	○	○	○	□
动力触探(DPT)		○	□	□		▽	□
标准贯入试验(SPT)			○	□	□	▽	▽
十字板剪切试验(VST)					□	○	
预钻式旁压试验(PMT)	○	□	□	○	○	▽	□
扁铲侧胀试验(FDT)			▽	□	□	○	▽
应力铲试验(TPCT)			▽	▽	▽		
岩体应力试验	○						

注:○表示很适用,□表示适用,▽表示较适用。

表 4.4.5-2　原位测试方法适用条件（二）

测试方法	取得的岩土参数								
	剖面分层	土类鉴别	物理状态	强度参数	模量	基床系数	侧压力系数	承载力	液化判别
平板载荷试验（PLT）				□	○			○	
螺旋板载荷试验（SPLT）				□	○	□		○	
静力触探（CPT）	○	▽	□	□	▽			□	○
孔压静力触探（CPTU）	○	□	□	□	▽			□	○
动力触探（DPT）	□		▽		▽			▽	
标准贯入试验（SPT）	□	○	□					□	○
十字板剪切试验（VST）				○	▽				
预钻式旁压试验（PMT）				□	○	□	▽	○	
扁铲侧胀试验（FDT）	□	□				▽	▽	▽	
应力铲试验（TPCT）	□							□	

注：○表示很适用，□表示适用，▽表示较适用。

静力触探适用于软土、一般黏性土、粉土、砂土的力学分层，查明土层分布情况，确定地基承载力和桩壁侧摩阻等其他力学性质。

孔压静力触探适用于第四系粉土、黏性土、粉砂等地基土的分层，绘制孔隙水压力的消散曲线，估算土的渗透系数和固结系数。

动力触探适用于判定砾石、碎石土层的厚度、密实度、基本承载力。

标准贯入试验适用于第四系覆盖层中的砂土、粉土、一般黏性土及残积层。

十字板剪切试验适用于测定饱和软黏土及淤泥的不排水抗剪强度和灵敏度。

旁压试验适用于原位测定黏性土、粉土、砂土、碎石土、软质岩和风化层的承载力、旁压模量和应力应变关系。

扁铲侧胀试验适用于软土、一般黏性土、粉土、黄土和松散~中密的砂土。根据扁铲侧胀试验指标和地区经验，可判别土类，确定黏性土的状态、静止侧压力系数、水平基床系数等。

应力铲试验适用于确定软塑、流塑状饱和黏性土。

现场直接剪切试验用于岩土体本身、岩土体沿软弱结构面和岩体与其他材料接触面的剪切试验，分为岩土体试件在法向应力作用下沿剪切面剪切破坏的抗剪断试验，岩土体剪断后沿剪切面继续剪切的抗剪试验（摩擦试验），法向应力为零时岩体剪切的抗切试验。

波速测试适用于测定各类岩土体的压缩波、剪切波和瑞利波的波速，根据任务要求，采用单孔法、跨孔法或面波法。

岩体应力测试适用于无水、完整或较完整的岩体，采用孔壁应变法、孔径变形法和孔底应变法测量求取岩体空间应力和平面应力。

4.4.6 室内试验应根据工程要求和岩土类型选择岩石试验、土工试验、岩土矿物理化分析试验、水质分析试验等项目和试验方法。岩土力学性质试验宜选择与工程所处环境和状态基本相似的条件进行试验。

条文说明

室内试验根据工程要求、岩土类型及性质、原位受力情况及状态等,选择与实际相适宜的试验项目和方法,以保障室内试验成果资料准确、可靠、适用。岩土性质的室内试验项目和试验方法应符合现行《土工试验方法标准》(GB/T 50123)和现行《工程岩体试验方法标准》(GB/T 50266)的规定。

岩石力学性质试验包括三轴抗压强度试验、单轴抗压强度试验、单轴压缩变形试验、点荷载试验、抗拉试验、抗剪断强度试验、抗剪强度(直剪)试验、膨胀压力试验等。土的力学性质试验包括三轴压缩试验、固结试验、直接剪切试验、排水直接剪切试验、无侧限抗压强度试验、平板载荷试验、黄土湿陷性试验、膨胀力试验等。上述力学性质试验要求其试验条件要尽可能与工程原位所处条件相似,故对试验压力要求比较严格。

4.5 隧道勘察技术要求

4.5.1 地质条件复杂的隧道应加强地质调绘,采用物探、钻探、洞探、试验等综合勘探方法。深钻孔应综合利用。

4.5.2 隧道工程地质勘察应包括下列内容:

1 查明隧道通过地段地形、地貌、地层、岩性、地质构造。岩质隧道应着重查明岩层层理、片理、节理等软弱结构面的产状、密度及组合形式,断层、褶皱的性质、产状、宽度及破碎程度;岩质隧道还应查明不同地层岩性接触带、岩浆岩蚀变带、岩溶溶洞、暗河的分布位置、产状、宽度、岩性特征、含水情况等,分析并预测隧道施工时发生塌方、涌水(突水)涌泥(突泥)的危害以及顺层偏压对隧道围岩及支护衬砌结构的影响,防止隧道施工发生地质灾害和危及运营安全。土质隧道应着重查明土的地层时代、成因类型、结构特征、物质成分、粒径大小、密实度及潮湿程度。

2 查明洞身是否通过煤层、气田、膨胀性地层、采空区、有害矿体及富集放射性物质或有害气体的地层等,并进行工程地质条件评价。

3 查明不良地质、特殊岩土的分布及对隧道的影响,特别是对洞口及边仰坡的影响。

4 查明横洞、平行导坑、斜井、竖井等工程的地质条件。

5 查明隧道洞口路堑地段的边坡稳定性和路堑基底以及接长明洞地段的明洞基底工程地质条件。

6 查明地应力水平,重点查明高地应力引起的大变形、岩爆分布范围及影响程度。

7 分析并预测深埋隧道洞身地温情况。

8 濒临水库地区的隧道位于水库常水位或规划水位以下时,评价其与水库的水力联系。

9 多年冻土地区隧道还应查明冻土类型、分布、特征,地下水的类型、补给、径流、排泄条件及动态特征;多年冻土的下限深度及其洞身的冻土工程地质条件。

10 综合分析岩性、构造、地下水以及有关地质调绘、勘探、测试成果,分段确定隧道围岩分级。

11 确定隧道所处地区的地震动参数。

12 填绘详细工程地质图和地质断面图。

条文说明

工程地质调查的主要内容包括：岩性特征、地质构造、表层堆积、地温、弃渣利用的可能性等。通过地质调绘，取得完整而准确的资料；从工程观点出发，对隧道所在地质条件作出评价。

地层中含有害气体、矿体时，需查明其类别、成分、含量和分布于洞身的具体位置等，以便采取预防措施和处理设计。

隧道通过不良地质及特殊岩土地段，将给隧道勘察设计和施工、运营带来困难，甚至可能给隧道工程造成重大危害，因此，对不良地质、特殊岩土地段，需详细查清其发生、发展的原因及其类型和规模，采取对策。

深埋隧道中，遇坚硬、质密、性脆、干燥的岩层，在高地应力作用下可能产生岩爆，威胁施工人员及作业机械安全；近年来国内外隧道施工多次遇到围岩大变形，如南昆线家竹菁隧道，地应力高，围岩质软，施工中最大变形达2m，造成施工一度受阻。鉴于上述原因，深埋隧道和地质构造强烈地带的隧道一般在工程勘察期间进行地应力的测试，结合围岩情况预测地应力灾害。

深埋隧道由于受地温梯度影响，洞身可能出现高地温，因此，深埋隧道采用测井法测试当地地温梯度预测深埋隧道的地温，有条件时利用钻孔测井法测量隧道设计高程附近的地温。

当隧道通过地震动峰值加速度 0.1g 及以上的地区时，要调查历史地震对既有建筑物的毁损情况、自然破坏现象等，结合岩性、构造、水文地质等条件，确定地震动参数、地理位置分界的具体里程及地点，分析评价其对隧道工程的影响。

4.5.3 隧道水文地质勘察应包括下列内容：

1 查明隧道通过地段的井、泉分布，含水层、隔水层性质，分析水文地质条件，判明地下水类型、补给、径流、排泄的条件以及水质侵蚀性，预测洞身分段涌水量。

2 岩溶区应分析突水、突泥的危险性，预测隧道施工诱发地面塌陷和地表水漏失等破坏环境条件的问题。

条文说明

隧道洞身涌水量的预测受地层岩性、地质构造等多因素的控制，常用的计算方法有：根据水文地质试验资料进行计算；利用导坑涌水量实测资料推算隧道洞身涌水量；用水文地质比拟法计算洞身涌水量；用水均衡法计算洞身涌水量等。这些方法都是经验公式，有各自的适用范围和边界条件。隧道涌水受各种具体条件影响很大，地质条件千变万化，很难保障选择的计算公式符合实际。因此，为了计算出隧道洞身较符合实际的涌水量，必须详细查明场地地质条件，选择几种较适宜的计算方法进行计算，然后与工程地质条件类似的已建成或在建隧道进行对比分析，相互核对，分析使用。

4.5.4 隧道工程地质调绘范围应符合下列规定：

1 调绘工作应沿线路中心进行，文字记录和地质点位置均应与经纬距坐标或线路里程联系。对控制线路位置，重点工程、重大不良地质、特殊岩土工点，重要地质界线的地质点，应用仪器等方法测定。

2 调绘宽度及比例尺应与线路带状地形图相同。不良地质发育、区域地质复杂地段应加宽调绘范围。

4.5.5 隧道工程地质勘探、测试应结合采用的施工方法进行,并符合下列规定:

1 钻孔位置和数量应视地质复杂程度而定。洞门附近第四系地层较厚时,应布置勘探点;地质条件复杂、长度大于1000m的隧道,洞身应按不同地貌及地质单元合理布置勘探孔,查明地质条件;主要的地质界线和断层,重要的不良地质、特殊岩土地段,可能产生突泥、突水危害地段等处应有钻孔控制,重要物探异常点应有钻探验证。

2 洞身地段的钻孔位置宜布置在隧道结构外侧,无综合利用的钻孔在钻探完毕后应回填封孔。

3 钻探深度应至结构底板以下,遇岩溶和破碎带时钻孔深度应适当加深。钻探中应做好水位观测和记录,探明含水层的位置和厚度,并取样作水质分析。水文地质条件复杂的隧道,应做水文地质试验,测定地下水的流向、流速及岩土的渗透性,计算涌水量,必要时应进行地下水动态观测。

4 应取代表性岩土试样进行物理力学性质试验。

5 对有害矿体和气体,应取样做定性、定量分析。

6 隧道弃渣场应根据工程设置布设必要的勘探及测试工作。

条文说明

当隧道地质构造和水文地质条件简单时,钻孔数量可适当减少;当地质条件复杂时,钻孔数量需适当增加。对于覆土较厚的洞门,要布置探勘孔,查清地质情况。

4.5.6 初勘阶段隧道工程地质勘察应符合下列规定:

1 特长隧道、控制线路方案的长隧道宜采用遥感图像地质解释、地质调绘、综合物探测试和少量钻探相结合的方法,为隧道位置和施工方法的选择、工程地质条件评价提供资料;宜沿洞身纵断面布置物探、钻探、测试工作。

2 一般隧道可作代表性勘探、测试工作,并在沿线工程地质分段说明中简要叙述隧道工程地质条件和围岩分级。

3 采用钻爆法施工长度大于5km且地质条件复杂(包括高地应力、富水、含有瓦斯等有害气体及大跨度隧道等)的越岭隧道、采用TBM法及盾构法施工的隧道、水下隧道等应进行地质因素的风险性评价。

4.5.7 盾构法隧道工程地质勘察应重点查明下列内容:

1 高灵敏度软土层、高塑性黏性土层、强透水松散砂层、含承压水砂层、软硬不均地层、特硬地层的成因、分布和工程特性。

2 含漂石(块石)或卵石(碎石)的地层,应提供颗粒组成、最大粒径及曲率系数、不均匀系数、石质强度、耐磨矿物成分及含量、黏粒含量等。

3 基岩地区岩土界面、岩石坚硬程度、岩石质量指标(RQD值)、岩石风化程度、风化界面、球状风化体、差异风化、结构面发育情况等。

4 断层、断层破碎带、节理密集带、侵入蚀变带、岩相接触带等空间分布、规模、物质组成、工程性质和水文特征。

5 岩溶及岩溶水、人为坑洞、孤石、流砂、喷涌、放射性、有害气体等的成因、分布和特性。

条文说明

盾构设备选型和确定辅助工程措施时结合地质条件,充分考虑下述地层对盾构施工带来的不利影响,在设计和施工中采取必要的对策。

(1)高灵敏度软土层:土层流动易造成盾构开挖面失稳。

(2)透水性强的松散砂层:涌水并引发盾构开挖面失稳和地面下沉。

(3)含有承压水的砂土层:突发性的涌水和流砂,形成地层空洞,从而引起地面大范围的突然坍塌和沉降。

(4)高塑性的黏性土地层:黏性土易造成盾构刀盘结泥饼或管路堵塞,使开挖难以进行。

(5)开挖面存在软硬地层:因软弱层排土过多引起地层下沉、并造成盾构在线路方向上的偏离。

(6)特硬地层:刀具容易磨损或损坏,掘进困难。

(7)含漂石或卵石的地层:难以排除,或因扰动地层,造成超挖和地层下沉。

(8)花岗岩或变质岩的风化层:往往随机分布未(微)风化球形体,且分布不规律;球状风化体对刀具和刀盘造成很大的损坏,致使工期严重滞后。

(9)断层破碎带:往往存在软弱填充层、碎屑岩块等物质,地层透水性好,地下水丰富,容易发生刀具断裂、盾构姿态变化、喷涌等,给盾构掘进造成严重障碍。

(10)溶洞:盾构推进中一旦遇到溶洞,特别是较大的溶洞,会造成盾构姿态的突然变化,从而引发隧道变形、涌水、涌泥等事故;隧道修成后,如何保证通过溶洞地段的隧道结构长期安全稳定。

4.5.8 TBM法隧道工程地质勘察尚应符合下列规定:

1 查明影响TBM选型、设计和施工的地质条件。

2 TBM法隧道的地质工作应根据TBM施工的特点和技术要求,结合勘测阶段的工作特点和深度要求实施:

1)初勘阶段应初步查明隧道区的工程地质和水文地质条件,确定影响采用TBM施工的地质因素、分布段落、长度及所占比例,评价其影响程度,为判定隧道工程能否采用TBM施工提供必要的地质依据。

2)详勘阶段应查明工程涉及的主要地层岩性和断裂构造发育特征,为TBM选型、设计及配套设备提供各类定量地质参数。详细划分隧道围岩TBM工作条件等级,明确需要采用钻爆法提前处理的具体段落及长度,为TBM施工设计、辅助处理方案设计提供详细的地质资料。

3)TBM法实施阶段应开展超前地质预报工作,为施工组织管理、掘进参数选择以及地质灾害防治等提供依据;在TBM施工过程中,及时分析掘进效率与地质参数的相关性,合理确定TBM的推力、扭矩等掘进参数。

3 对于埋深小于100m的洞身段,其钻孔间距不宜大于500m;对于埋深不小于100m的洞身段,其钻孔间距应做专门研究。

4 地质参数测试项目包括下列内容:

1)岩石强度。包括岩石的单轴抗压及抗拉强度、弹性模量、泊松比等。

2)岩石硬度。包括岩石的磨蚀性或可钻性指标,岩石的构成及石英含量。

3）围岩完整性。包括岩体的结构面发育程度、主要结构面对 TBM 掘进及隧道稳定性的影响程度。

4）其他地质参数。主要包括围岩地应力状态、围岩地下水水质及涌水量等。

条文说明

TBM 法隧道的地质勘探和测试工作除了满足矿山法隧道进行勘察和测试工作外,还需要满足 TBM 法施工所需的地质参数进行勘探和测试工作。TBM 法施工要求查明隧道围岩节理裂隙的发育情况、隧道围岩分级、有无软弱围岩或在高地应力作用下产生塑性变形的围岩,以及膨胀性围岩等;查明断层及软弱破碎带及其富水情况;查明隧道的水文地质条件;查明岩石的强度、硬度、磨蚀性等。

4.5.9 水下隧道工程地质勘察尚应符合下列规定:

1 水下隧道遇到下列情况时宜进行专项地质勘察:

1）地下管线及地面建筑物较多,且临近环境复杂的区域。

2）岩溶强烈发育、大型断层破碎带或对隧道建设影响较大的风化深槽等重大不良地质及构造发育区域。

3）水文地质条件特别复杂的区域。

2 水文地质条件复杂,对隧道建设造成较大影响时,初勘阶段宜进行水文地质专项工作。

3 初勘阶段应开展下列工作:

1）在线路走廊范围内,宜进行河（海）床演变分析,应对可能作为隧道线位的区域进行地质勘察。

2）结合地质调绘及物探成果,进行钻探及其他勘探工作。

3）应初步查明沿线地层岩性分布特点及性质、不良地质及范围、地下水的分布特性。

4 详勘阶段应开展下列工作:

1）应利用已有地质资料,采用钻探、物探、原位测试等综合勘察手段。

2）应按场地条件,分段查明沿线工程地质条件,提供区内相关地层的物理力学参数。

3）应查明地下水类型及相关参数,并评价对拟建工程的影响。

4）地震动峰值加速度为 0.10g 及以上的区域应进行场地地震效应评价。

5）应查明不良地质及地下障碍物,分析其对工程的影响,并提出建议与对策。

5 地质勘察的取样与试验尚应符合下列规定:

1）钻爆及盾构法隧道宜进行土体的渗透破坏比测试。

2）沉管隧道宜进行不同季节、不同温度及不同浑浊度条件下水的重度测试。

3）盾构法隧道宜进行岩土体的石英含量及岩石磨蚀强度测试。

4）冻结法施工时宜进行土体热物理力学指标及冻结体强度测试。

条文说明

水下隧道是指下穿河流、湖泊、海湾或海峡的隧道。水下隧道在勘察过程中,应区分阶段,各有侧重。初勘阶段侧重于为方案及施工方法比选提供必要的工程地质和水文地质依据;详勘阶段根据建设方案及施工方法的需要,着重勘探及测试,为隧道设计提供翔实依据。

4.5.10 隧道弃渣场勘察应查明场地范围内地形、地貌、地层岩性、水文地质、不良地质、特殊岩土及弃渣场挡护工程的地基地质情况,以及场地范围内水文、植被、地质灾害的发育情况、弃渣场周边的地质情况、对环境的影响及可能导致的次生地质灾害。

4.5.11 施工阶段地质勘察宜采用掌子面地质素描、物探、超前钻孔、孔内摄像、导坑等综合超前地质预报方法,完成下列工作任务:

1 根据施工中开挖揭露的围岩情况,核定围岩岩性、地质构造、地下水等,分析判定实际围岩级别。

2 探测和预报隧道开挖面前方可能出现的工程地质及水文地质问题。

3 开挖揭示地质条件与设计图差别较大时,应进行必要的洞内外补勘工作。

条文说明

隧道工程要求重视施工阶段超前地质预报及地质调查工作。开挖工作面直接观察是极其重要的;在每次爆破后,立即安排专人进行开挖工作面观察并素描,其主要内容有:①地层、岩石分布、岩层走向、倾角;②固结程度、风化及变质程度、软硬程度;③裂隙方向及频率、充填物及性质;④断层位置及走向、倾角、破碎程度;⑤涌水位置及涌水量;⑥坍塌位置及形态。

4.6 不良地质和特殊岩土勘察

4.6.1 隧道工程常见的不良地质包括岩溶、人为坑洞、地震、放射性、有害气体、高地温、滑坡等;常见的特殊岩土包括黄土、膨胀岩(土)、岩盐、盐渍岩、多年冻土等。

条文说明

人为坑洞是指正在各类型矿区、人防坑洞、地下工程、坎儿井、枯井、采砂(石)洞、窑洞、菜窖及古墓等。

有害气体根据其存在环境和基本成分分为可燃性气体、缺氧空气、毒气。可燃性气体包括煤田气(CH_4)、油田气(CH_4、C_2^+、N_2、CO_2)、气田气(CH_4、N_2、CO_2)、生物气(CH_4);毒气包括CO、CO_2、H_2S等。

黄土是指土质均匀、粉粒为主并含碳酸钙及少量易溶盐,土体具有肉眼可见孔隙、垂直节理发育、冲沟多见天然直立岸坡、平地具有蝶形洼地等湿陷下沉现象、斜坡水流汇集处易产生潜蚀和陷穴,以浅黄色调为主的粉土或粉质黏土。

膨胀岩是指含有较多的蒙脱石或硬石膏、无水芒硝等亲水矿物,具有含水率增加、体积膨胀、岩质软化、饱水后崩解泥化和失水体积收缩、岩体破裂、新鲜岩石在空气中具有鳞片状剥落特性的软质岩。

膨胀土是指黏粒成分主要由蒙脱石、伊利石等亲水矿物组成,土体随环境的干湿变化,具有吸水显著膨胀、软化、崩解和失水急剧收缩、开裂、硬结现象,并能产生往复胀缩变形的高液限黏性土;石灰石或其他熔岩的风化物,经红土化作用形成富含铁铝氧化物的残积、坡积或洪积相成因,且具有压缩性较低、液限和强度较高,自然坡面平缓、土体裂隙发育,黏土矿物以伊利石、蒙脱石为主的褐红、棕红色黏性土。

岩盐是指质地较纯、形成于第四系的盐壳或盐层,或在第四系以前的沉积岩地层中遇富集易溶、中溶盐类矿物的泥岩、砂岩类地层,或在沉积岩中具有层状分布的石膏、硬石膏、芒硝、石盐、天然碱等蒸发性化学沉积岩。岩盐根据主要化学成分分为氯盐类、硫酸盐类和碳酸盐类岩盐,见表4.6.1。

表 4.6.1 盐岩的类型

岩盐类型	代表性岩盐种类
氯盐类盐岩	石盐($NaCl$)、钾盐(KCl)、钙盐($CaCl_2$)、镁盐($MgCl_2$)等
硫酸盐类盐岩	石膏($CaSO_4 \cdot 2H_2O$)、硬石膏($CaSO_4$)、天然芒硝($Na_2SO_4 \cdot 10H_2O$)、钙芒硝($Na_2SO_4 \cdot CaSO_4$)等
碳酸盐类盐岩	各种天然碱(Na_2CO_3、$NaHCO_3$)、一水碳酸钠($Na_2CO_3 \cdot H_2O$)、七水碳酸钠($Na_2CO_3 \cdot 7H_2O$)和十水碳酸钠($Na_2CO_3 \cdot 10H_2O$)等

盐渍盐是指覆盖或间夹盐岩的沉积岩,通过化学侵染或淋滤作用导致岩体中分布薄膜层状、结核状、纤维状、丝网状易溶盐,以及裂隙中充填的泥土状易溶盐含量超过0.3%。

4.6.2 隧道工程不良地质和特殊岩土勘察应按勘察设计阶段循序进行,逐步查清不良地质现象、特殊岩土的工程地质条件和病害的成因、规模,提供工程设计所需的地质参数和工程措施建议。

4.6.3 不良地质和特殊岩土勘察应在地质调绘的基础上,根据不同勘察阶段和各种不良地质和特殊岩土类型,应用遥感、物探、钻探、井(坑)探、洛阳铲勘探、原位测试等方法,结合室内试验进行综合勘探和综合分析。

4.6.4 控制线路方案、影响隧道工程安全的复杂不良地质和特殊岩土地段,应开展加深地质工作或专题地质研究。

4.6.5 隧道工程不良地质和特殊岩土各阶段勘察应符合下列要求:

1 踏勘阶段应初步了解线路方案所处的地形、地貌、地层和地质构造,以及控制线路方案的不良地质和特殊岩土的类型和分布。

2 初勘阶段应收集和研究前阶段成果资料,结合现场地质调绘、勘探和测试,初步查明不良地质和特殊岩土的工程地质特征。

3 详勘阶段应详细查明不良地质和特殊岩土的类型、成因、分布等地质特性,分析评价其工程地质条件,提出工程措施建议。

4 施工阶段应重视地质灾害防治工作,必要时要对有重要影响的不良地质和特殊岩土开展监测工作,预测不良地质和特殊岩土的发展趋势,并采取防治措施。

4.6.6 不良地质勘察应符合以下原则:

1 岩溶:查明岩溶地区地层岩性、地质构造和水文地质等地质条件。着重查明地层分布情况,地表岩溶地貌及洞穴发育特征,岩溶水和地表水出露特征;分析岩溶水补给、径流和排泄条件,查明或推测暗河等地下水系分布,必要时进行水文地质连通试验;采用钻探、综合物探等综合勘察方法探查隧道洞身异常区,确定岩溶区垂直循环带、水平循环带和溶蚀基准面深度。在不同勘察阶段应查明岩溶发育特征和地下水发育特征,评价对线路的影响程度,提供工程设计参数、防治措施和建议;施工阶段期间对于地质条件复杂的隧道应采用不同方法进行综合超前地质预报,并提出合理工程措施和施工注意事项。

2 人为坑洞:查明隧址区废弃矿区、古窑、地下工程、枯井、窑洞等已开采矿区或人为坑洞,同时查明地表矿线露头,收集既有矿区和规划矿区的设计实施资料,确定人为坑洞的开采情况、开采层位、范围、坑道宽度、高度、上下岩体性质和地面变形特征。确定人为坑洞的形态特征和工程地质条件,进行稳定性评价,提出工程措施和意见。

3 地震:查明线路穿越断层和断裂的工程地质条件,划分抗震有利和抗震不利地段,调查断层活动特征、地下水特征、隧道进出口和浅埋段不良地质与特殊岩土发育特征,确定地震地质灾害对隧道工程的影响,提供地震动峰值加速度及地震动反应谱特征周期值,必要时进行专门的地震安全性评价。地震动峰值加速度大于或等于 $0.1g$ 地区时,应按地震区进行工程地质勘察;地震动峰值加速度大于 $0.4g$ 时,其勘察要求需做专门研究。

4 放射性:查明隧址区放射性矿床、高辐射地带、放射性异常区等区域的工程地质条件,查明放射性地球化学、辐射场的强度和分布规律。查明放射性异常区的分布、形态、所处地层岩性和构造空间关系,探测地质体放射性种类、辐射剂量、射气浓度、放射性物质含量、水体放射性剂量浓度等,绘制放射性异常点或带的分级界线,提供工程设计所需参数、所需采取的防护措施和建议。

5 有害气体:查明区域地质、矿产地质、水文地质条件,确定有害气体地层及其围岩的岩性、物理化学特征性和空间分布、储气圈闭构造特征和有害气体运移、排泄的地质因素。确定有害气体的类型、分布、含量、压力和涌出量,划分煤层瓦斯风化带,预测瓦斯突出风险,提供有害气体相关设计参数及其对工程、人体的危害处理措施和建议。

6 高地温:查明线路工程地质条件、新构造运动、岩浆活动情况与地热异常的关系,调查地下热泉的补给、径流和排泄条件、地表热显示分布特征、岩石水热蚀变和热水矿物质沉积特征。查明地表热显示分布情况、热储与控热构造特征、地下热水系统特征,测定并划分地热异常区与地温带,预测可能出现高温热害地段,高地温分级、危害程度,提出工程措施、建议。

7 滑坡:查明隧道影响范围内滑坡和错落的分布特征和工程地质条件,重点查明隧道进出口和洞身浅埋段滑坡和错落的几何形态、规模大小和评价其稳定性并预测后期发展规律。

4.6.7 特殊岩土勘察应符合以下原则:

1 黄土:查明隧道工程地质条件和气象水文条件,划分黄土地貌类型、堆积时代和湿陷性类型。工程地质条件的评价包括自然山坡形态、黄土地层的结构特征及其水文地质条件,以及黄土陷穴和落水井、滑坡、错落等不良地质对洞口山坡的稳定性影响;评价新老黄土界面、土石界面的地下水赋存状态及含水层或饱和黄土软弱带对工程的影响,预测施工中可能发生的地质灾害和提出对应的工程措施建议;提出洞口仰坡坡度及防护措施的建议、划分隧道围岩级别。

2 膨胀岩(土):查明膨胀岩(土)分布范围、发育规模、成因类型和工程性质,划分膨胀潜势等级;查明地下水位变化规律,预测膨胀岩(土)发展规律,确定膨胀岩(土)体对隧道洞身的支护结构和隧道进出口边坡的不利影响。

3 盐岩及盐渍岩:查明盐岩和盐渍岩的分布范围、含岩类型、发育程度、成因和物理力学及水理性质;调查地下水埋藏条件和变化特征对盐岩及盐渍岩工程特性的影响;评价盐岩、盐渍岩对隧道围岩结构产生的变形及构筑物的腐蚀和对隧道进出口斜坡的变形破坏情况。根据岩盐地层的构造布置勘探孔位,查明洞身和洞底地基的地层结构和岩性。

4 多年冻土:查明隧道通过地段多年冻土的分布及特征,地下水的类型、补给、径流、排泄条件及动态特征;多年冻土的下限埋深及其洞身的冻土工程地质条件;查明洞门附近不良冻土现象的类型及危害程度。洞口应布置钻孔,洞身应根据地质条件的复杂程度布置钻孔。勘探深度应至洞底融化圈以下 $1\sim 2m$,基底地层软弱时应适当加深;有地下水的隧道,其勘探深度应至设计泄水洞基础以下4~5m。特长地方、地质条件复杂隧道,宜根据需要进行地温、地下水和气温等项目的观测。

4.7 隧道围岩分级

4.7.1 隧道围岩级别的综合评判宜按下列两步确定:

  1 根据地质调绘、勘察、试验等方法和手段取得的岩体基本质量的定性特征和岩体基本质量指标BQ,进行围岩基本分级。

  2 围岩级别应在围岩基本分级的基础上,结合隧道工程的特点,考虑地下水出水状态、主要结构面产状状态、初始地应力状态等因素进行修正;围岩级别修正宜采用定性修正与定量修正相结合的方法,综合分析确定围岩级别。

4.7.2 岩体基本质量的定性特征应由第4.2.2条和第4.2.4条所确定的岩石坚硬程度及岩体完整程度组合确定。

4.7.3 岩质围岩基本质量指标BQ,应根据岩石坚硬程度、岩体完整程度分级因素的定量指标R_c和K_v,按下式计算:

$$BQ = 100 + 3R_c + 250K_v \quad (4.7.3)$$

式中:R_c——岩石饱和单轴抗压强度(MPa);

   K_v——岩体完整性指数,由第4.2.5条确定。

使用式(4.7.3)计算时,应符合下列规定:

  1 当$R_c > 90K_v + 30$时,应以$R_c = 90K_v + 30$和K_v代入计算BQ值。

  2 当$K_v > 0.04R_c + 0.4$时,应以$K_v = 0.04R_c + 0.4$和R_c代入计算BQ值。

4.7.4 根据岩体基本质量的定性特征、岩体基本质量指标BQ和土质围岩中的土体类型、密实状态等定性特征,按表4.7.4确定围岩基本分级。

表4.7.4 围岩基本分级

围岩级别	岩体特征	岩体基本质量指标(BQ)
Ⅰ	坚硬岩,岩体完整	>550
Ⅱ	(1)坚硬岩,岩体较完整; (2)较坚硬岩,岩体完整	550~451
Ⅲ	(1)坚硬岩,岩体较破碎; (2)较坚硬岩,岩体较完整; (3)较软岩,岩体完整,整体状或巨厚层状结构	450~351
Ⅳ	岩体: (1)坚硬岩,岩体破碎; (2)较坚硬岩,岩体较破碎~破碎; (3)较软岩,岩体较完整~较破碎; (4)软岩,岩体完整~较完整 土体: (1)压密或成岩作用的黏性土、粉土及砂类土; (2)黄土(Q_1、Q_2); (3)一般钙质、铁质胶结的碎石土、卵石土、大块石土	350~251

续上表

围岩级别	岩体特征	岩体基本质量指标(BQ)
V	岩体： (1)较软岩,岩体破碎； (2)软岩,岩体较破碎~破碎； (3)全部极软岩及全部极破碎岩	≤250
V	土体： 一般第四系的坚硬、硬塑黏性土,稍密及以上、稍湿或潮湿的碎石土、卵石土、圆砾土、角砾土、粉土及黄土(Q_3、Q_4)	
VI	软塑状黏性土及潮湿、饱和粉细砂层、软土等	

4.7.5 隧道围岩级别定性修正应符合下列规定：

1 地下水出水状态的分级宜按表4.7.5-1确定。

表4.7.5-1 地下水出水状态的分级

地下水出水状态	渗水量[L/(min·10m)]
潮湿或点滴状出水	≤25
淋雨状或线流状出水	25~125
涌流状出水	>125

2 地下水出水状态对围岩级别的修正,宜按表4.7.5-2进行。

表4.7.5-2 地下水影响的修正

地下水出水状态	围岩级别				
	I	II	III	IV	V
潮湿或点滴状出水	I	II	III	IV	V
淋雨状或线流状出水	I	II	III或IV①	V	VI
涌流状出水	II	III	IV	V	VI

注：①围岩岩体为较完整的硬岩时定为III级,其他情况定为IV级。

3 围岩初始地应力状态,当无实测资料时,可根据隧道工程埋深、地貌、地形、地质、构造运动史、主要构造线与开挖过程中出现的岩爆、岩芯饼化等特殊地质现象,按表4.7.5-3评估。

表4.7.5-3 初始地应力状态评估基准

地应力状态	主要现象	评估基准(R_c/σ_{max})
一般地应力	硬质岩：开挖过程中不会出现岩爆,新生裂缝较少,成洞性一般较好	>7
	软质岩：岩芯无或少有饼化现象,开挖过程中洞壁岩体有一定的位移,成洞性一般较好	
高地应力	硬质岩：开挖过程中可能出现岩爆,洞壁岩体有剥离和掉块现象,新生裂缝较多,成洞性较差	4~7
	软质岩：岩芯时有饼化现象,开挖过程中洞壁岩体位移显著,持续时间较长,成洞性差	

续上表

地应力状态	主要现象	评估基准（R_c/σ_{max}）
极高地应力	硬质岩：开挖过程中有岩爆发生，有岩块弹出，洞壁岩体发生剥离，新生裂缝多，成洞性差	<4
	软质岩：岩芯常有饼化现象，开挖过程中洞壁岩体有剥离，位移极为显著，甚至发生大位移，持续时间长，不易成洞	

注：表中 R_c 为岩石单轴饱和抗压强度（MPa）；σ_{max} 为垂直洞轴方向的最大初始地应力值（MPa）。

4 初始地应力对围岩级别的修正，宜按表4.7.5-4进行。

表4.7.5-4 初始地应力影响的修正

地应力状态	围岩级别				
	Ⅰ	Ⅱ	Ⅲ	Ⅳ	Ⅴ
极高应力	Ⅰ	Ⅱ	Ⅲ或Ⅳ①	Ⅴ	Ⅵ
高应力	Ⅰ	Ⅱ	Ⅲ	Ⅳ或Ⅴ②	Ⅵ

注：1. 本表不适用于特殊围岩。
① 围岩岩体为较破碎的极硬岩、较完整的硬岩时定为Ⅲ级，其他情况定为Ⅳ级。
② 围岩岩体为破碎的极硬岩、较破碎及破碎的硬岩时定为Ⅳ级，其他情况定为Ⅴ级。

5 主要结构面产状状态对围岩级别的修正，应考虑主要结构面产状与洞轴线的组合关系，并结合结构面工程特性、富水情况等因素综合分析确定。

4.7.6 岩质围岩详细定级，应根据地下水出水状态、主要结构面产状状态、初始地应力状态的影响程度，对岩体基本质量指标BQ进行修正，按式（4.7.6）计算：

$$[BQ] = BQ - 100(K_1 + K_2 + K_3) \quad (4.7.6)$$

式中：[BQ]——岩体修正质量指标；
　　　BQ——岩体基本质量指标；
　　　K_1——地下水影响修正系数，按表4.7.6-1确定；
　　　K_2——主要软弱结构面产状影响修正系数，按表4.7.6-2确定；
　　　K_3——初始应力状态影响修正系数，按表4.7.6-3确定。

表4.7.6-1 地下水影响修正系数 K_1

地下水出水状态	岩体基本质量指标BQ				
	>550	550~451	450~351	350~251	≤250
潮湿或点滴状出水	0	0	0~0.1	0.2~0.3	0.4~0.6
淋雨状或线流状出水	0~0.1	0.1~0.2	0.2~0.3	0.4~0.6	0.7~0.9
涌流状出水	0.1~0.2	0.2~0.3	0.4~0.6	0.7~0.9	1.0

表4.7.6-2 主要结构面产状影响修正系数 K_2

结构面产状及其与洞轴线的组合关系	结构面走向与洞轴线夹角<30°，结构面倾角30°~75°	结构面走向与洞轴线夹角>60°，结构面倾角>75°	其他组合
K_2	0.4~0.6	0~0.2	0.2~0.4

表 4.7.6-3 初始地应力状态影响修正系数 K_3

初始应力状态	岩体基本质量指标 BQ				
	>550	550~451	450~351	350~251	≤250
极高应力区	1.0	1.0	1.0~1.5	1.0~1.5	1.0
高应力区	0.5	0.5	0.5	0.5~1.0	0.5~1.0

4.7.7 隧道围岩详细定级时,应在围岩基本分级的基础上,考虑地下水出水状态、主要结构面产状状态、初始地应力状态等因素,经修正后围岩分级应符合表 4.7.7 的规定。

表 4.7.7 隧道围岩分级

围岩级别	围岩主要工程地质条件		岩体基本质量指标 BQ 或岩体修正质量指标 [BQ]
	主要工程地质特征	结构特征和完整状态	
Ⅰ	坚硬岩(R_c>60MPa):受地质构造影响轻微,节理不发育,无软弱面(或夹层);层状岩层为巨厚层或厚层,层间结合良好,岩体完整	呈巨块状整体结构	>550
Ⅱ	硬质岩(R_c>30MPa):受地质构造影响较重,节理较发育,有少量软弱面(或夹层)和贯通微张节理,但其产状及组合关系不致产生滑动;层状岩层为中厚层或厚层,层间结合一般,很少有分离现象,或为硬质岩石偶夹软质岩石	呈巨块状或大块状结构	550~451
Ⅲ	硬质岩(R_c>30MPa):受地质构造影响严重,节理发育,有层状软弱面(或夹层),但其产状及组合关系尚不致产生滑动;层状岩层为薄层或中层,层间结合差,多有分离现象;硬、软质岩石互层	呈块(石)碎(石)状镶嵌结构	450~351
	较软岩(R_c=15~30MPa):受地质构造影响轻微,节理不发育,层状岩层为厚层、巨厚层,层间结合良好或一般	呈大块状结构	
Ⅳ	硬质岩(R_c>30MPa):受地质构造影响极严重,节理很发育;层状软弱面(或夹层)已基本破坏	呈碎石状压碎结构	350~251
	软质岩(R_c=5~30MPa):受地质构造影响较重或严重,节理较发育或发育	呈块(石)碎(石)状镶嵌结构	
	土体: (1)压密或成岩作用的黏性土、粉土及砂类土; (2)黄土(Q_1、Q_2); (3)一般钙质、铁质胶结的碎石土、卵石土、大块石土	(1)和(2)呈大块状压密结构;(3)呈巨块状整体结构	
Ⅴ	岩体:较软岩,岩体破碎;软岩,岩体较破碎~破碎;全部软岩及全部极破碎岩	呈角砾碎石状松散结构	≤250
	土体: 一般第四系坚硬、硬塑黏性土,稍密及以上、稍湿或潮湿的碎石土、卵石土、圆砾土、角砾土、粉土及黄土(Q_3、Q_4)	非黏性土呈松散结构,黏性土及黄土呈松软结构	
Ⅵ	软塑状黏性土及潮湿、饱和粉细砂层、软土等	黏性土呈易蠕动的松软结构,砂性土呈潮湿松散结构	

4.7.8 各级围岩的自稳能力可根据围岩变形监测数据评定,或按表4.7.8判定。

表4.7.8 隧道各级围岩自稳能力

围岩级别	自 稳 能 力
Ⅰ	跨度≤20m,可长期稳定,偶有掉块,无塌方
Ⅱ	(1)跨度<10m,可长期稳定,偶有掉块; (2)跨度10~20m,可基本稳定,局部可发生掉块或小塌方
Ⅲ	(1)跨度<5m,可基本稳定; (2)跨度5~10m,可稳定数月,可发生局部块体位移及小~中塌方; (3)跨度10~20m,可稳定数日至1个月,可发生小~中塌方
Ⅳ	(1)跨度≤5m,可稳定数日至1个月; (2)跨度>5m,一般无自稳能力,数日至数月内可发生松动变形、小塌方,进而发展为中~大塌方。埋深小时,以拱部松动破坏为主;埋深大时,有明显塑性流动变形和挤压破坏
Ⅴ	无自稳能力,跨度5m或更小时,可稳定数日
Ⅵ	无自稳能力

注:1. 小塌方:塌方高度<3m,或塌方体积<30m³。
  2. 中塌方:塌方高度3~6m,或塌方体积30~100m³。
  3. 大塌方:塌方高度>6m,或塌方体积>100m³。

条文说明

表4.7.8描述的稳定性(自稳能力)包括变形和破坏两方面,是长期作用的结果。开挖后短时间不破坏并不能说明岩体是稳定的,需要通过变形观测和较长时间作用的检验。

4.7.9 各级围岩的物理力学指标应按试验资料确定,无试验资料时可按下表选用。

1 各级岩质围岩的物理力学指标可按表4.7.9-1选用。

表4.7.9-1 各级岩质围岩的物理力学指标

围岩级别	重度 (kN/m³)	弹性反力系数 (MPa/m)	变形模量 (GPa)	泊松比	内摩擦角 (°)	黏聚力 (MPa)	计算摩擦角 (°)
Ⅰ	26~28	1800~2800	>33	<0.2	>60	>2.1	>78
Ⅱ	25~27	1200~1800	20~33	0.2~0.25	50~60	1.5~2.1	70~78
Ⅲ	23~25	500~1200	6~20	0.25~0.3	39~50	0.7~1.5	60~70
Ⅳ	20~23	200~500	1.3~6	0.3~0.35	27~39	0.2~0.7	50~60
Ⅴ	17~20	100~200	1~2	0.35~0.45	20~27	0.05~0.2	40~50
Ⅵ	15~17	<100	<1	0.4~0.5	<22	<0.1	30~40

注:1. 本表中数值不包括黄土地层及特殊围岩。
  2. 选用计算摩擦角时,不再计内摩擦角和黏聚力。

2 各级土质围岩的物理力学指标可按表4.7.9-2选用。

表 4.7.9-2 各级土质围岩的物理力学指标

围岩级别	土体类别	重度 (kN/m³)	弹性反力系数 (MPa/m)	变形模量 (MPa)	泊松比	内摩擦角 (°)	黏聚力 (kPa)
IV	黏质土	20~30	200~300	30~45	0.25~0.33	30~45	60~250
	砂质土	18~19		24~30	0.29~0.31	33~40	12~24
	碎石土	22~24		50~75	0.15~0.30	43~50	19~30
V	黏质土	16~18	100~200	5~30	0.33~0.43	15~30	15~60
	砂质土	15~18		3~24	0.31~0.36	25~33	3~12
	碎石土	17~22		10~50	0.20~0.35	30~43	<19
VI	黏质土	14~16	<100	<5	0.43~0.50	<15	<15
	砂质土	14~15		3~5	0.36~0.42	10~25	<3

5 建筑材料

5.1 一般规定

5.1.1 隧道工程常用的建筑材料,可选用下列强度等级:
1 混凝土:C20、C25、C30、C35、C40、C45、C50。
2 喷射混凝土:C25、C30、C35、C40。
3 水泥砂浆:M7.5、M10、M15、M20、M25、M35。
4 石材:MU40、MU50、MU60、MU80、MU100。
5 钢筋:HPB300、HRB400、HRB500、HRB600。

条文说明

混凝土的强度等级是按立方体抗压强度标准值划分,采用符号 C 与混凝土立方体抗压强度标准值(以 MPa 计)表示。具体方法为:用边长 150mm 的立方体标准试件,在标准条件下(温度为 20℃±2℃,相对湿度为 95% 以上的标准养护室中)养护 28d 或设计规定龄期,并用标准试验方法(当立方体抗压强度小于 30MPa 时,加荷速度宜取 0.3~0.5MPa/s;立方体抗压强度为 30~60MPa 时,加荷速度宜取 0.5~0.8MPa/s;立方体抗压强度不小于 60MPa 时,加荷速度宜取 0.8~1.0MPa/s;两端不涂润滑剂)测得的具有 95% 保证率的立方体抗压强度。

喷射混凝土的强度等级是指采用在同一大板上切割制成一组边长为 100mm 的立方体试块,在标准条件下养护 28d,用标准试验方法测得的极限抗压强度乘 0.95(尺寸换算系数)的系数。试件也可以采用钻芯制取直径和高度均为 100mm 的圆柱体。根据《混凝土物理力学性能试验方法标准》(GB/T 50081—2019)规定,当混凝土强度等级小于 C60 时,用非标准试件测得的强度值均应乘尺寸换算系数,对边长为 200mm 的立方体试件可取 1.05,对于边长为 100mm 的立方体试件可取 0.95。

石材的强度等级采用边长为 70mm 的立方体试块的抗压强度表示。试件也可以采用其他尺寸的立方体试块,但其试验结果乘以换算系数后方可作为石材的强度等级,对于边长为 100mm 的立方体换算系数取 1.14,对于边长为 150mm 的立方体换算系数取 1.28,对于边长为 200mm 的立方体换算系数取 1.43。

5.1.2 隧道工程各部位建筑材料的强度等级不应低于表 5.1.2-1 和表 5.1.2-2 的规定。

表 5.1.2-1 隧道主要建筑材料强度等级

工程部位	混凝土	钢筋混凝土	喷射混凝土
拱墙	C25	C30	C25
仰拱	C25	C30	C25
底板	—	C30	—

续上表

工程部位	混凝土	钢筋混凝土	喷射混凝土
仰拱填充	C20	—	—
仰拱预制块	—	C40	—
管片	—	C50	—
水沟、电缆槽	C25	C25	—
水沟、电缆槽盖板	—	C30	—

表 5.1.2-2　洞门建筑材料强度等级

工程部位	混凝土	钢筋混凝土
端墙	C25	C30
顶帽	C25	C30
翼墙及洞口土墙	C25	C30
侧沟、截水沟	C20	—
护坡	C20	—

注：护坡材料也可采用 C20 喷射混凝土、M10 水泥砂浆砌片石。

条文说明

《混凝土结构耐久性设计标准》(GB/T 50476—2019)规定了各种环境类别及环境作用等级条件下钢筋混凝土结构满足耐久性要求的混凝土最低强度等级,见表 5.1.2-3。素混凝土结构满足耐久性要求的混凝土最低强度等级,一般环境不应低于 C15;冻融环境和化学腐蚀环境规定与表 5.1.2-3 相同;氯化物环境按表 5.1.2-3 的 Ⅲ-C 或 Ⅳ-C 环境作用等级确定。

表 5.1.2-3　满足耐久性要求的混凝土最低强度等级

环境类别	环境作用等级	设计使用年限		
		100 年	50 年	30 年
一般环境	Ⅰ-A	C30	C25	C25
	Ⅰ-B	C35	C30	C25
	Ⅰ-C	C40	C35	C30
冻融环境	Ⅱ-C	C_a35,C45	C_a30,C45	C_a30,C40
	Ⅱ-D	C_a40	C_a35	C_a35
	Ⅱ-E	C_a45	C_a40	C_a40
海洋氯化物环境	Ⅲ-C、Ⅲ-D	C45	C40	C40
除冰盐等其他氯化物环境	Ⅳ-C、Ⅳ-D			
化学腐蚀环境	Ⅴ-C、Ⅴ-D			
海洋氯化物环境	Ⅲ-E	C50	C45	C45
除冰盐等其他氯化物环境	Ⅳ-E			
化学腐蚀环境	Ⅴ-E			
海洋氯化物环境	Ⅲ-F	C50	C50	C50

隧道洞门及洞口挡翼墙作为露天承重结构,与衬砌一道构成了隧道的主体结构,其混凝

土强度等级亦与隧道衬砌保持一致。通过对既有运营隧道洞口病害情况调研,在自然灾害、不良地质影响下,荷载条件发生改变时,采用砌体结构的洞门极易损毁,这是由于砌体结构抗剪能力较弱,加之施工质量不到位造成的,故不建议采用砌体洞门。

对于洞口侧沟、截水沟等排水设施,尤其是软弱地基上的排水设施,当用砌体时,在水流冲刷、不均匀沉降、砂浆砌筑不饱满等情况下,极易引起基础掏空、水沟损坏而发生沟水渗漏,增加养护工作量,故不建议采用砌体水沟。

5.1.3 建筑材料应符合下列规定:

1 建筑材料应符合结构强度和抗冻、抗渗、抗侵蚀、抗磨蚀等耐久性要求。

2 混凝土宜选用低水化热、低 C_3A 含量、低碱含量的水泥和矿物掺合料、引气剂等。

3 当有侵蚀性水作用时,所用混凝土和水泥砂浆均应具有相应的抗侵蚀性能。

4 受冻害影响的隧道,混凝土强度等级应适当提高。

条文说明

混凝土结构的强度及耐久性设计时,一般通过控制混凝土材料常规指标、组成和保护层厚度,如强度等级、水胶比、胶凝材料用量;必要时提出混凝土材料的耐久性指标,如抗冻等级、扩散系数、渗透系数等,以提高混凝土结构的耐久性。

在有侵蚀性地下水的围岩中修建隧道,混凝土中一些成分与水中的酸、碱、盐等起化学作用,会被腐蚀,严重影响衬砌的强度和安全。

寒冷地区的隧道衬砌经常与冰冻接触,在冻融循环作用下,其表面剥蚀现象比一般地区严重,故建议受冻害影响的隧道,混凝土强度等级应适当提高。

5.1.4 混凝土和砌体所用的材料应符合国家相关标准的规定外,尚应符合下列要求:

1 钢筋混凝土构件中的钢筋应符合现行《钢筋混凝土用钢》(GB/T 1499)的规定。

2 水泥宜为硅酸盐水泥和普通硅酸盐水泥。

3 矿物掺合料应选用能改善混凝土性能且品质稳定的粉煤灰、磨细矿渣粉和硅灰。

4 细骨料应选用级配合理、质地坚固、吸水率低、空隙率小的天然河砂或机制砂;粗骨料应选用粒形良好、质地坚固、线胀系数小的碎石。

5 钢筋混凝土中由水泥、矿物掺合料、骨料、外加剂及拌和用水等引入的氯离子总含量不应超过胶凝材料总量的0.08%;混凝土中不得使用含有氯化物的防冻剂和其他外加剂。

6 混凝土中的三氧化硫最大含量不应超过胶凝材料总量的4.0%。

7 混凝土中的碱含量应满足表5.1.4的规定。

表5.1.4 混凝土的碱含量最大限值(单位:kg/m³)

设计使用年限		100年	60年
环境条件	干燥环境	3.0	3.5
	潮湿环境	3.0	3.0
	含碱环境	2.1	3.0

条文说明

氯化物环境下不宜使用抗硫酸盐硅酸盐水泥。在硫酸盐环境中使用抗硫酸盐硅酸盐水泥或高抗硫酸盐硅酸盐水泥时,宜掺用矿物掺合料。温度低于15℃的硫酸盐环境中,水泥和矿物掺合料不得加入石灰石粉。

钢筋混凝土的胶凝材料中,矿物掺合料用量占胶凝材料总量的比值可根据环境类别与作用等级、混凝土水胶比、钢筋的混凝土保护层厚度以及混凝土施工养护期限等因素综合确定。

混凝土的碱含量包括水泥、掺合料、骨料、外加剂及拌和用水的碱含量之和。其中,矿物掺合料的碱含量以其所含可溶性碱量计算,粉煤灰的可溶性碱量取粉煤灰总碱量的1/6,磨细矿渣粉的可溶性碱量取磨细矿渣粉总碱量的1/2,硅灰的可溶性碱量取硅灰总碱量的1/2。

干燥环境是指不直接与水接触、年平均空气相对湿度长期不大于75%的环境。潮湿环境是指长期处于水下或潮湿土中、干湿交替区、水位变化区以及年平均相对湿度大于75%的环境。含碱环境是指与高含盐碱土体、海水、含碱工业废水或钠(钾)盐等直接接触的环境;干燥环境或潮湿环境与含碱环境交替作用时,均按含碱环境对待。

5.1.5 不同强度等级混凝土的胶凝材料用量宜符合表5.1.5的规定。

表5.1.5 混凝土的胶凝材料用量

强度等级	最大水胶比	最小用量(kg/m³)	最大用量(kg/m³)
C25	0.60	260	—
C30	0.55	280	—
C35	0.50	300	—
C40	0.45	320	—
C45	0.40	—	450
C50	0.36	—	500

条文说明

表5.1.5中数据适用于最大骨料粒径为20mm的情况,骨料粒径较大时宜适当降低胶凝用量,骨料粒径较小时可适当增加胶凝材料用量。当胶凝材料的矿物掺合料掺量大于20%时,最大水胶比不应大于0.45。

5.1.6 支护采用的材料,除应符合上述有关规定外,尚应符合下列要求:

1 喷射混凝土应优先采用硅酸盐水泥或普通硅酸盐水泥,有特殊要求时可选用抗硫酸盐硅酸盐水泥等特种水泥,水泥强度等级不应低于42.5级;当所处环境为硫酸盐化学侵蚀环境时,胶凝材料的抗蚀系数(56d)不得小于0.8。

2 喷射混凝土中的细骨料细度模数应大于2.5;喷射混凝土中的粗骨料粒径不宜大于16mm,钢纤维喷射混凝土中的粗骨料粒径不宜大于10mm。

3 实心杆体可采用钢质或纤维增强复合材料筋,中空杆体可采用钢质或纤维增强复合材料管,杆体材料应符合国家相关标准的规定。

4 锚杆用水泥(砂)浆胶结材料的抗压强度等级不应低于M20;预应力锚杆(索)锚固段水泥(砂)浆胶结材料的抗压强度等级不应低于M35,其自由段充填用水泥(砂)浆胶结材料的抗压强度等级不应低于M20。

5 钢筋网材料采用HPB300级钢筋,直径宜为6~8mm。

条文说明

细骨料采用细度模数大于 2.5 的砂，不仅是为了有足够的水泥包裹细骨料，有利于获得足够的混凝土强度，同时可减少粉尘和硬化后混凝土的收缩。关于粗骨料粒径，为了减少回弹和管路堵塞，要求喷射混凝土中的粗骨料粒径不大于 16mm，钢纤维喷射混凝土中的粗骨料粒径不大于 10mm。

以热轧带肋钢筋、精轧螺纹钢筋及全螺纹纤维增强复合材料筋（FRP 筋）作为杆体的锚杆统称为实心锚杆。以全螺纹钢管及全螺纹纤维增强复合材料管作为杆体的锚杆统称为中空锚杆。

钢筋网的钢筋不能太粗，否则喷层易产生裂纹，故要求钢筋直径不大于 8mm。

5.1.7 混凝土和喷射混凝土中可根据需要掺加外加剂，其性能应满足下列要求：

1 对混凝土的强度及其与围岩的黏结力基本无影响，对混凝土和钢材无腐蚀作用。

2 除速凝剂和缓凝剂外，对混凝土的凝结时间影响不大。

3 不易吸湿，易于保存；不污染环境。

条文说明

为了改善模筑混凝土和喷射混凝土的性能，在混凝土中掺入适当的外加剂是工程需要。外加剂选用能改善混凝土性能且品质稳定的产品。外加剂与其他原材料或外加剂间要具有良好的适应性，外加剂的品种和掺量经试验确定。

5.1.8 纤维混凝土中的纤维材料可采用钢纤维、合成纤维等，纤维混凝土主要性能指标不得低于同级混凝土。

5.1.9 钢纤维混凝土应符合下列规定：

1 钢纤维混凝土可采用碳钢纤维、低合金钢纤维或不锈钢纤维，钢纤维抗拉强度不得小于 600MPa。

2 喷射混凝土中钢纤维等效直径宜为 0.3~0.8mm，长度宜为 20~35mm，长度直径比宜为 30~80，钢纤维体积率可采用 0.35%~1.00%。

3 模筑混凝土中钢纤维等效直径宜为 0.3~0.9mm，长度宜为 20~60mm，长度直径比宜为 30~80，钢纤维体积率可采用 0.5%~1%。

5.1.10 合成纤维混凝土应符合下列规定：

1 合成纤维混凝土可采用聚丙烯腈纤维、聚丙烯纤维、聚酰胺纤维或聚乙烯醇纤维等，合成纤维应为无毒材料。

2 合成纤维混凝土中单丝纤维的公称长度宜为 6~40mm，膜裂纤维的公称长度宜为 15~40mm，粗纤维的公称长度宜为 15~60mm。

3 合成纤维用于混凝土防裂抗裂时，其抗拉强度不应小于 270MPa；合成纤维用于混凝土增韧时，其抗拉强度不应小于 450MPa。

4 喷射混凝土中合成纤维体积率宜为 0.06%~0.25%；模筑混凝土中合成纤维体积率宜为 0.10%~0.30%。

5.1.11 初期支护的钢架宜采用格栅钢架或型钢钢架，也可用钢管或钢轨制成。

条文说明

初期支护的钢架类型较多，根据围岩地质条件及现场施工情况合理选用。

5.1.12 塑料防水板和土工布应符合下列规定：

1 塑料防水板可采用乙烯-醋酸乙烯共聚物（EVA）、乙烯-醋酸乙烯与沥青共聚物（ECB）、聚乙烯（PE）、聚氯乙烯（PVC）、高密度聚乙烯（HDPE）等材料。

2 防水板应具有良好的耐刺穿性、耐久性、耐水性、耐腐蚀性、耐菌性。

3 防水板宜选用高分子防水材料，不得使用再生料。

4 防水板厚度不得小于1.5mm，其幅宽不应小于2m。

5 土工布的质量不应小于$300g/m^2$。

5.1.13 止水带宜选用橡胶止水带或钢边橡胶止水带，止水条宜选用制品型遇水膨胀橡胶止水条。

5.1.14 混凝土界面处理应采用Ⅰ型界面剂；变形缝防水密封材料应采用混凝土建筑接缝用密封胶。

5.1.15 隧道工程防水涂料应符合下列规定：

1 应具有良好的耐水性、耐久性、耐腐蚀性及耐菌性。

2 应无毒、阻燃、低污染。

3 无机防水涂料应具有良好的湿干黏结性和耐磨性，有机防水涂料应具有较好的延伸性及较大适应基层变形能力。

条文说明

地下工程用防水涂料包括无机防水涂料和有机防水涂料。有机类涂料主要为高分子合成橡胶及合成树脂乳液类涂料。无机类涂料主要是水泥类无机活性涂料，水泥基防水涂料中可掺入外加剂、防水剂、掺合物等，水泥基结晶型防水涂料是一种以水泥、石英砂等为基材，掺入各种活性化学物质配制的一种新型刚性防水涂料，它既可作为防水剂直接加入混凝土中，也可作为防水土层涂刷在混凝土基面上，该材料借助其中的载体不断向混凝土内部渗透，并与混凝土中某种组分形成不溶于水的结晶体充填毛细孔道，大大提高混凝土的密实性和防水性，在地下工程中应用日益增多。聚合物水泥防水涂料，是以有机高分子聚合物为主要基料，加入少量无机活性粉料，具有比一般有机涂料干燥快、弹性模量低、体积收缩小、抗渗性好的优点。

5.1.16 注浆材料应根据围岩工程地质和水文地质条件、注浆目的、注浆工艺和设备等因素，结合经济性合理确定，并应满足下列要求：

1 原材料来源丰富、价格适宜，便于运输与储存。

2 浆液具有良好的流动性、可注性，无毒、无臭，不污染环境。

3 浆液凝结时间可根据需要调节。

4 稳定性好，注浆时浆液不产生离析和沉淀。

5 固化时体积不收缩或微膨胀，与岩体、混凝土、砂土等有一定的黏结力。

6 浆液结石率高，固结后有较高的强度和抗渗性。

7 浆液耐久性强。

8 浆液对注浆设备、管路、混凝土结构物及橡胶制品等无腐蚀性，容易清洗。

9 浆液配置方便，工艺及设备简单，操作容易、简便。

10 动水条件下，注浆材料除了满足上述原则外，还应满足抗分散性好、早期强度高、凝胶时间可调、结石体抗冲刷性能好等要求。

条文说明

注浆防水是用压送设备将具有胶结性的浆液通过注浆孔有目的地注入含水地层中，浆液以填充、渗透、挤密和劈裂等形式，使其扩散、膨胀、胶凝或固化，以充填岩土体裂隙或赶挤孔隙中的水分和空气后占据其位置。浆液将裂隙胶结成一个整体，形成一个防水性能高和稳定性良好的"结石体"，从而提高围岩的抗渗能力，防止开挖时涌水或控制地下水流出量，改善隧道的施工条件。

注浆材料的品种很多，其某种材料不可能符合条文中所有条件，因此，必须根据工程地质和水文地质情况、注浆目的、注浆工艺、成本和设备等因素综合考虑，合理选用注浆材料。

5.1.17 砌体工程所用的石材应符合下列规定：

1 片石强度等级不应低于MU40，块石强度等级不应低于MU60，条石、料石强度等级不应低于MU80，不应采用有裂缝和易风化的石料。

2 最冷月平均气温低于-5℃的地区使用的石材，其抗冻性指标应符合冻融循环25次的要求，且表面无破坏现象。

3 浸水或潮湿地区主体工程的石材软化系数不得小于0.8。

条文说明

石料强度等级是体现石料质量的重要标志，并可反映出石料的其他性能，如强度低的石料多表现为易风化，耐冻、耐渗性能弱，耐久性差。

石材抗冻性能，有两种方法进行检测，即硫酸钠浸泡法和直接冻融法。采用硫酸钠浸泡法时，其浸泡试验指标符合干湿循环不小于5次的要求；采用直接冻融法时，其抗冻性指标应符合冻融循环25次的要求。

5.1.18 公路隧道内路面材料应符合现行《公路沥青路面设计规范》(JTG D50)和《公路水泥混凝土路面设计规范》(JTG D40)的有关规定。

5.1.19 常用建筑材料的重度应按表5.1.19的规定采用。

表5.1.19 建筑材料的重度标准值(单位：kN/m^3)

材料名称	混凝土	钢筋混凝土（配筋率在3%以内）	喷射混凝土	钢材	浆砌片石	浆砌块石	浆砌粗料石
重度	23	25	22	78.5	22	23	25

5.2 混凝土

5.2.1 混凝土强度等级应按立方体抗压强度标准值$f_{cu,k}$确定。混凝土立方体抗压强度标准值应为按标准方法制作、养护的边长为150mm的立方体试件，在28d或设计规定龄期以标准试验方法测得的具有95%保证率的抗压强度值。

条文说明

混凝土结构中，主要是利用混凝土的抗压强度，因此，混凝土的抗压强度是混凝土力学性能中最主要和最基本的指标。

5.2.2 混凝土轴心抗压、抗拉强度的标准值应按表5.2.2采用。

表 5.2.2 混凝土强度标准值(单位:MPa)

强度种类	混凝土强度等级						
	C20	C25	C30	C35	C40	C45	C50
轴心抗压强度标准值 f_{ck}	13.4	16.7	20.1	23.4	26.8	29.6	32.4
轴心抗拉强度标准值 f_{tk}	1.54	1.78	2.01	2.20	2.39	2.51	2.64

条文说明

混凝土的强度标准值由立方体抗压强度标准值 $f_{cu,k}$ 经计算确定。

考虑到结构中混凝土的实体强度与立方体试件混凝土强度之间的差异,根据以往的经验,结合试验数据分析并参考其他国家的有关规定,对试件混凝土强度的修正系数取为 0.88。棱柱强度与立方强度之比值 α_{c1}:对于 C50 及以下普通混凝土取 0.76,对高强混凝土 C80 取 0.82,中间按线性插值。C40 以上的混凝土考虑脆性折减系数 α_{c2}:对 C40 取 1.00,对高强混凝土 C80 取 0.87,中间按线性插值。于是,混凝土轴心抗压强度标准值 f_{ck} 按 $0.88\alpha_{c1} \cdot \alpha_{c2} \cdot f_{cu,k}$ 计算。

混凝土轴心抗拉强度标准值 f_{tk} 按 $0.88 \times 0.395 f_{cu,k}^{0.55}(1-1.645\delta)^{0.45} \times \alpha_{c2}$ 计算。其中,系数 0.395 和指数 0.55 为轴心抗拉强度与立方体抗压强度的折算关系,是根据试验数据进行统计分析以后确定的。

5.2.3 混凝土轴心抗压、抗拉强度设计值应按表 5.2.3 采用。

表 5.2.3 混凝土强度设计值(单位:MPa)

强度种类	混凝土强度等级						
	C20	C25	C30	C35	C40	C45	C50
轴心抗压强度设计值 f_c	9.6	11.9	14.3	16.7	19.1	21.1	23.1
轴心抗拉强度设计值 f_t	1.10	1.27	1.43	1.57	1.71	1.80	1.89

条文说明

混凝土的强度设计值由强度标准值除以混凝土材料分项系数 γ_c 确定,混凝土的材料分项系数 γ_c 取为 1.40。

5.2.4 混凝土的极限强度值应按表 5.2.4 采用。

表 5.2.4 混凝土极限强度值(单位:MPa)

强度种类	混凝土强度等级						
	C20	C25	C30	C35	C40	C45	C50
抗压极限强度 R_a	15.5	19.0	22.5	26.0	29.5	33.0	36.5
弯曲抗压极限强度 R_w	19.4	23.8	28.1	32.5	36.9	41.2	45.6
抗拉极限强度 R_l	1.7	2.0	2.2	2.4	2.7	2.9	3.1

注:表中弯曲抗压极限强度按 $R_w = 1.25 R_a$ 换算。

条文说明

混凝土的抗压极限强度 R_a 采用尺寸 100mm×100mm×300mm(或 400mm)的棱柱体试件的轴心抗压极限强度。混凝土的抗拉极限强度 R_l 采用尺寸 100mm×100mm×500mm(两端沿轴心方向预埋螺纹道钉或螺纹钢筋)的棱柱体试件的轴心抗拉极限强度。

5.2.5 混凝土的容许应力应按表5.2.5采用。

表5.2.5 混凝土的容许应力（单位：MPa）

应力种类	混凝土强度等级						
	C20	C25	C30	C35	C40	C45	C50
弯曲及偏心受压应力$[\sigma_w]$	7.80	9.50	11.20	13.00	14.70	16.50	18.20
弯曲拉应力$[\sigma_{wl}]$	0.43	0.50	0.55	0.60	0.68	0.73	0.78
剪应力$[\tau]$	0.85	1.00	1.10	1.20	1.35	1.45	1.55

注：计算主要荷载加附加荷载时，除剪应力外可提高30%。

条文说明

表5.2.5所列混凝土的容许应力，是以相应的极限强度除以相应的安全系数得出的指标。安全系数的取值，是根据受力性质、材料种类并参照有关设计规范数据拟定的。混凝土的压应力$[\sigma_w]$系按偏心受压时的应力考虑。由于按容许应力计算时，假定应力图形为三角形，仅最外侧纤维应力达到容许值，而实际应力图形并非直线变化，因此，混凝土的压应力$[\sigma_w]$的安全系数可适当降低，采用2.0。混凝土的弯曲拉应力$[\sigma_{wl}]$的安全系数采用4.0，混凝土的剪应力$[\tau]$的安全系数采用2.0。

5.2.6 混凝土的弹性模量宜按表5.2.6采用，混凝土的剪切变形模量可按表5.2.6数值乘0.4采用。混凝土的泊松比可采用0.2。

表5.2.6 混凝土的弹性模量（单位：GPa）

混凝土强度等级	C20	C25	C30	C35	C40	C45	C50
弹性模量E_c	25.5	28.0	30.0	31.5	32.5	33.5	34.5

注：当有可靠试验依据时，弹性模量可根据实测数据确定。

条文说明

由于混凝土组成成分不同（如掺入粉煤灰等）而导致变形性能的不确定性，故在必要时应根据试验确定弹性模量。

5.3 喷射混凝土

5.3.1 喷射混凝土轴心抗压、抗拉强度设计值应按表5.3.1-1采用，喷射混凝土的极限强度值应按表5.3.1-2采用。

表5.3.1-1 喷射混凝土强度设计值（单位：MPa）

强度种类	喷射混凝土强度等级			
	C25	C30	C35	C40
轴心抗压强度设计值f_c	11.9	14.3	16.7	19.1
轴心抗拉强度设计值f_t	1.27	1.43	1.57	1.71

表5.3.1-2 喷射混凝土极限强度（单位：MPa）

强度种类	喷射混凝土强度等级			
	C25	C30	C35	C40
轴心抗压极限强度R_a	17.0	20.0	—	—

续上表

强度种类	喷射混凝土强度等级			
	C25	C30	C35	C40
弯曲抗压极限强度 R_w	18.5	22.0	—	—
轴心抗拉极限强度 R_l	2.0	2.2	—	—

条文说明

喷射混凝土的强度等级和极限强度试验方法参考《混凝土物理力学性能试验方法标准》（GB/T 50081—2019）的规定。

5.3.2 喷射混凝土的早期强度应符合表5.3.2的规定。

表5.3.2 喷射混凝土早期强度（单位：MPa）

时间	喷射混凝土强度等级		
	C25	C30	C35
8h	2	3	4
24h	10	12	14

条文说明

隧道喷混凝土主要通过控制围岩变形与松弛，激发围岩自承能力，而喷混凝土控制围岩变形和松弛最重要的指标是早期强度。为减少隧道施工塌方、掉块，保障隧道施工安全，结合国内外调研及设计施工、试验研究，有必要对喷射混凝土8h和24h的抗压强度作出规定。

5.3.3 喷射混凝土的弹性模量应按表5.3.3采用。

表5.3.3 喷射混凝土的弹性模量（单位：GPa）

混凝土强度等级	C25	C30	C35	C40
弹性模量 E_c	26.0	28.0	30.0	31.5

条文说明

由于喷射混凝土胶凝材料偏多，骨料较少，喷射混凝土的弹性模量比同强度的普通混凝土低。喷射混凝土的弹性模量与混凝土的强度、表观密度、骨料、试件的干燥状态有关。混凝土的强度越高、表观密度越大、骨料的弹性模量越大，喷射混凝土的弹性模量越高。

5.3.4 喷射混凝土与岩质围岩的黏结强度不应小于0.8MPa。

条文说明

喷射混凝土与岩质围岩紧密黏结，具有承受一定拉力和切向力的黏结强度，围岩与喷层两者结合成一体，共同工作，可充分发挥围岩的自承作用，故有必要对喷射混凝土与岩质围岩的最小黏结强度作出规定。喷射混凝土与岩质围岩的黏结强度试验可采用现场钻芯拉拔试验或对钻取的岩石与喷射混凝土芯样进行直接轴拉试验。

5.4 钢 材

5.4.1 钢筋的强度标准值应具有不小于95%的保证率。普通钢筋的屈服强度标准值、极限强度标准值应按表5.4.1采用。

5 建筑材料

表 5.4.1 普通钢筋强度标准值（单位：MPa）

牌　号	公称直径 d（mm）	屈服强度标准值 f_{yk}	极限强度标准值 f_{stk}
HPB300	6~22	300	420
HRB400	6~32	400	540
HRB500	6~32	500	630

5.4.2 普通钢筋的抗拉强度设计值、抗压强度设计值应按表 5.4.2 采用。当隧道结构中配有不同种类的钢筋时，每种钢筋应采用各自的强度设计值。

表 5.4.2 普通钢筋强度设计值（单位：MPa）

牌　号	抗拉强度设计值 f_y	抗压强度设计值 f'_y
HPB300	270	270
HRB400	360	360
HRB500	435	435

注：对轴心受压构件，当采用 HRB500、HRBF500 钢筋时，钢筋的抗压强度设计值应取 400MPa。

条文说明

钢筋的强度设计值由屈服强度标准值除以材料分项系数得到。延性较好的 HPB300 和 HRB400 级钢筋的分项系数取 1.10；HRB500 级钢筋为了适当提高安全储备，其分项系数取 1.15。

普通钢筋抗拉强度设计值与抗压强度设计值相同。在偏心受压状态下，混凝土所能达到的压应变可以保证 500MPa 级钢筋的抗压强度达到抗拉强度相同的值。但是对于轴心受压构件而言，由于混凝土压应力达到混凝土抗压强度设计值时混凝土压应变为 0.002，当采用 500MPa 级钢筋时，其钢筋的抗压强度设计值取为 400MPa。

5.4.3 普通钢筋的弹性模量及最大力总延伸率应按表 5.4.3 采用。

表 5.4.3 钢筋的弹性模量（单位：GPa）

钢筋种类	弹性模量 E_s	最大力总延伸率 A_{gt}（%）
HPB300	210	10
HRB400、HRB500	200	7.5

5.4.4 钢筋的容许应力应按表 5.4.4 采用。

表 5.4.4 钢筋的容许应力（单位：MPa）

钢筋种类	容许应力	
	主要荷载	主要荷载+附加荷载
HPB300	160	210
HRB400	210	270
HRB500	260	320

条文说明

钢筋的容许应力，是以钢筋的屈服强度，除以相应的安全系数得出的指标；而安全系数的取值，是根据受力性质、材料种类并参照有关设计规范数据拟定的。

5.4.5 实心锚杆杆体的力学性能应符合表 5.4.5 的规定。

表5.4.5 实心锚杆杆体的力学性能

牌号	公称直径（mm）	屈服强度（MPa）	抗拉强度（MPa）	屈服力（kN）	最大力（kN）	最大力总延伸率 A_{gt}（%）
			不小于			
HRB400	22	400	540	152	205	7.5
	25			196	265	
	32			321	434	
PSB930	32	930	1080	748	868	3.5
PSB1080	32	1080	1230	868	989	3.5

注：1.对于没有明显屈服强度的实心杆体,屈服强度应采用规定塑性延伸强度 $R_{p0.2}$。
　　2.当实心锚杆采用其他牌号及公称直径的热轧带肋钢筋或精轧螺纹钢筋时杆体的力学性能应符合国家现行相关标准的规定。

5.4.6 中空锚杆杆体应采用全螺纹钢管,其公称直径宜为25~51mm,内径不应小于14mm,其力学性能应符合表5.4.6的规定。

表5.4.6 全螺纹钢管的力学性能

锚杆类型	杆体尺寸			力学性能指标		
	规格（mm）	壁厚（mm）	标准长度（m）	屈服力（kN）	最大拉力（kN）	断后伸长率（%）
普通中空锚杆、先锚式中空锚杆	φ25	4~8	2~6	≥130	≥180	≥16
	φ32			≥230	≥290	
	φ38			≥330	≥440	
自钻式中空锚杆	φ25	4~8	2~6	≥130	≥180	≥10
	φ32			≥230	≥290	
	φ38			≥330	≥440	
	φ51			≥450	≥640	

5.5 石材和砌体

5.5.1 以毛截面计算的龄期28d砌体抗压强度设计值应按下列规定采用：
  1 块体高度为180~350mm的粗料石砌体的抗压强度设计值应按表5.5.1-1采用。
  2 片石砌体的抗压强度设计值应按表5.5.1-2采用。

表5.5.1-1 粗料石砌体的抗压强度设计值（单位:MPa）

石材强度等级	水泥砂浆强度等级		
	M15	M10	M7.5
MU100	8.62	7.76	6.91
MU80	7.72	6.95	6.20
MU60	6.68	6.02	5.38

表5.5.1-2 片石砌体的抗压强度设计值(单位:MPa)

石材强度等级	水泥砂浆强度等级		
	M15	M10	M7.5
MU100	3.06	2.55	2.10
MU80	2.76	2.28	1.89
MU60	2.40	1.99	1.66
MU50	2.18	1.81	1.47
MU40	1.96	1.63	1.29

5.5.2 各类砌体的极限强度应按表5.5.2采用。

表5.5.2 砌体的极限强度(单位:MPa)

水泥砂浆强度等级	抗压 R_a			抗剪 R_j
	片石砌体	块石	粗料石	
M7.5	3.0	—	—	0.35
M10	3.5	5.5	8.0	0.40
M15	4.0	6.0	9.0	0.50

5.5.3 各种砌体轴心及偏心受压的容许应力应按表5.5.3采用。

表5.5.3 各种砌体轴心及偏心受压的容许应力(单位:MPa)

砌体种类	石料强度等级	水泥砂浆强度等级		
		M20	M15	M10
片石砌体	MU100	3.0	2.6	2.2
	MU80	2.7	2.35	2.0
	MU60	2.3	2.025	1.85
	MU40	1.95	1.65	1.45
块石砌体	MU100	5.6	5.25	4.9
	MU80	4.7	4.4	4.1
	MU60	3.8	3.5	3.2
粗料石砌体	MU100	7.1	6.05	5.0
	MU80	6.0	5.4	4.8
	MU60	4.9	4.5	4.1

条文说明

介于表5.5.3所列石料或水泥砂浆的强度等级之间的其他砌体的受压容许应力,可采用内插法确定。当有特殊需要采用细料石及半细料石砌体时,其受压容许应力可按粗料石砌体的受压容许应力分别乘提高系数1.43及1.14,但提高后的受压容许应力不应大于水泥砂浆抗压极限强度的1/2。

5.5.4 砌体的弹性模量可采用10~15GPa,砌体的剪切模量宜采用砌体弹性模量的0.4倍。

5.5.5 砌体的摩擦系数可按表5.5.5采用。

表5.5.5 砌体摩擦系数

材料类别	摩擦面情况	
	干燥	潮湿
砌体沿砌体或混凝土滑动	0.70	0.60
砌体沿木材滑动	0.60	0.50
砌体沿钢滑动	0.45	0.35
砌体沿砂或卵石滑动	0.60	0.50
砌体沿粉土滑动	0.55	0.40
砌体沿黏性土滑动	0.50	0.30

5.6 防排水材料

5.6.1 塑料防水板的物理力学性能宜符合表5.6.1的规定。

表5.6.1 塑料防水板物理力学性能

序号	项目		性能指标		
			乙烯-醋酸乙烯共聚物（EVA）	乙烯-醋酸乙烯与沥青共聚物（ECB）	聚乙烯（PE）
1	拉伸性能	断裂拉伸强度(MPa)	≥18	≥17	≥18
		扯断伸长率(%)	≥650	≥600	≥600
2	撕裂强度(kN/m)		≥100	≥95	≥95
3	不透水性(0.3MPa/24h)		无渗漏	无渗漏	无渗漏
4	低温弯折性(-35℃)		无裂缝	无裂缝	无裂缝
5	加热伸缩量	延伸量(mm)	≤2	≤2	≤2
		收缩量(mm)	≤6	≤6	≤6
6	热空气老化（80℃,168h）	断裂拉伸强度(MPa)	≥16	≥14	≥15
		扯断伸长率(%)	≥600	≥550	≥550
7	耐碱性[浸入饱和$Ca(OH)_2$溶液168h]	断裂拉伸强度(MPa)	≥17	≥16	≥16
		扯断伸长率(%)	≥600	≥600	≥550
8	人工气候老化	断裂拉伸强度保持率(%)	≥80	≥80	≥80
		扯断伸长率保持率(%)	≥70	≥70	≥70
9	刺破强度(N)	厚度1.5mm	≥300	≥300	≥300
		厚度2.0mm	≥400	≥400	≥400
		厚度2.5mm	≥500	≥500	≥500
		厚度3.0mm	≥600	≥600	≥600

5.6.2 隧道内用非织造土工布的物理力学性能宜符合表5.6.2的规定。

表5.6.2 非织造土工布物理力学性能

序号	项 目	标称断裂强度指标(kN/m)			
		25	30	40	50
1	纵横向断裂强度(kN/m)	≥25.0	≥30.0	≥40.0	≥50.0
2	纵横向标准强度对应伸长率(%)	40~80			
3	加州承载比(CBR)顶破强力(kN)	≥5.3	≥6.4	≥7.9	≥8.5
4	纵横向撕破强力(kN)	≥0.70	≥0.82	≥1.10	≥1.25
5	等效孔径 $O_{90}(O_{95})$ (mm)	0.05~0.20			
6	垂直渗透系数(cm/s)	$(1.0$~$9.9) \times (10^{-3}$~$10^{-1})$			
7	厚度(mm)	≥3.4	≥4.2	≥5.5	≥6.8
8	幅宽偏差(%)	-0.5			
9	单位面积质量偏差(%)	-5			

5.6.3 变形缝和施工缝用橡胶止水带的物理力学性能宜符合表5.6.3的规定。

表5.6.3 橡胶止水带物理力学性能

序号	项 目		指 标
1	邵尔A硬度(度)		60±5
2	拉伸强度(MPa)		≥10
3	拉断伸长率(%)		≥380
4	压缩永久变形(%)	70℃,24h,25%[①]	≤30
		23℃,168h,25%	≤20
5	撕裂强度(kN/m)		≥30
6	脆性破坏温度(℃)		≤-45
7	热空气老化(70℃,168h)	邵尔A硬度(度)	≤8
		拉伸强度(MPa)	≥9
		拉断伸长率(%)	≥300
8	耐碱性[饱和Ca(OH)$_2$溶液,23℃,168h]	邵尔A硬度(度)	≤6
		拉伸强度(MPa)	≥9
		拉断伸长率(%)	≥320
9	臭氧老化50×10^{-8}:20%,(40±2)℃,48h[②]		无龟裂
10	橡胶与金属粘合		橡胶破坏

注:①"70℃,24h,25%"表示试验条件为:试验温度为70℃,试验时间为24h,压缩率为25%。
　　②"臭氧老化50×10^{-8}:20%,(40±2)℃,48h"表示试验条件为:臭氧浓度为5×10^{-7},试验温度为(40±2)℃,试验时间为48h,伸长率为20%。

5.6.4 遇水膨胀橡胶止水条的物理力学性能宜符合表5.6.4的规定。

表 5.6.4　遇水膨胀橡胶止水条物理力学性能

序号	项　目		指　标			
			PZ-150	PZ-250	PZ-400	PZ-600
1	邵尔 A 硬度(度)		42±10		45±10	48±10
2	拉伸强度(MPa)		≥3.5		≥3	
3	拉断伸长率(%)		≥450		≥350	
4	体积膨胀倍率(%)		≥150	≥250	≥400	≥600
5	反复浸水试验	拉伸强度(MPa)	≥3		≥2	
6		拉断伸长率(%)	≥350		≥250	
7		体积膨胀倍率(%)	≥150	≥250	≥300	≥500
8	低温弯折性能(-20℃,2h)		无裂纹			

5.6.5 排水盲管的物理力学性能宜符合表 5.6.5-1 的规定,打孔型排水盲管过滤层的物理力学性能宜符合表 5.6.5-2 的规定。

表 5.6.5-1　排水盲管的物理力学性能

序号	项　目		要　求
1	环刚度（kN/m²）	SN8	≥8
		SN12.5	≥12.5
		SN16	≥16
2	冲击性能(TIR)(%)		≤10
3	环柔性		管材无破裂,两壁无脱开,内壁无反向弯曲
4	烘箱试验要求		无气泡,无分层,无开裂
5	密度（kg/m³）		≤1180
6	氧化诱导时间(200℃)(min)		≥20
7	蠕变比率		≤4
8	内壁绝对粗糙度 k(mm)		≤0.01
9	内壁耐污染性	质量变化 M(mg/cm²)	≤0.2
		反射率变化 X(%)	≤20

表 5.6.5-2　过滤层物理力学性能

序号	项　目	指　标
1	纵向断裂强度（kN/5cm）	≥1.0
2	横向断裂强度（kN/5cm）	≥0.8
3	纵横向伸长率（%）	≥12
4	CBR 顶破强力（kN）	≥2.8
5	渗透系数 K_{20}（cm/s）	≥0.1
6	等效孔径 O_{95}（mm）	0.06~0.25

条文说明

排水盲管按结构形式与性能分为打孔型排水盲管、无孔型排水盲管、保温型排水盲管,要求采用聚乙烯双壁波纹管。

5.6.6 无机防水涂料和有机防水涂料的物理力学性能宜分别符合表5.6.6-1和表5.6.6-2的规定。

表5.6.6-1 无机防水涂料物理力学性能

涂料种类	抗折强度（MPa）	黏结强度（MPa）	一次抗渗性（MPa）	二次抗渗性（MPa）	冻融循环（次）
掺外加剂、掺合料水泥基防水涂料	>4	>1.0	>0.8	—	>50
水泥基渗透结晶型防水涂料	≥4	≥1.0	>1.0	>0.8	>50

表5.6.6-2 有机防水涂料物理力学性能

涂料类型	可操作时间（min）	潮湿基面黏结强度（MPa）	抗渗性（MPa）			浸水168h后拉伸强度（MPa）	浸水168h后断裂生产率（%）	耐水性（%）	表干（h）	实干（h）
			涂膜（120min）	砂浆迎水面	砂浆背水面					
反应型	≥20	≥0.5	≥0.3	≥0.8	≥0.3	≥1.7	≥400	≥80	≤12	≤24
水乳型	≥50	≥0.2	≥0.3	≥0.8	≥0.3	≥0.5	≥350	≥80	≤4	≤12
聚合物水泥	≥30	≥1.0	≥0.3	≥0.8	≥0.3	≥1.5	≥80	≥80	≤4	≤12

注：1. 浸水168h后的拉伸强度和断裂伸长率是在浸水取出后只经擦干即进行试验所得的值。
2. 耐水性指标是指材料浸水168h后取出擦干即进行试验，其黏结强度及抗渗性的保持率。

6 隧道结构设计方法

6.1 一般规定

6.1.1 作用于隧道结构的荷载应按表6.1.1进行分类。

表6.1.1 荷载分类表

荷载分类			荷载名称
永久荷载 (永久作用)	主要荷载	恒载	结构自重
			结构附加恒载
			围岩压力
			土压力
			水压力
			膨胀力
			建(构)筑物荷载
			混凝土收缩和徐变影响
可变荷载 (可变作用)		活载	列车荷载及其制动力
			汽车荷载
			空气动力荷载
		附加荷载	温度变化的影响
			灌浆压力
			冻胀力
		特殊荷载	施工荷载
偶然荷载 (偶然作用)		附加荷载	落石冲击力
		特殊荷载	地震荷载
			人防荷载
			沉船、抛锚或疏浚河道产生的撞击力

注:其他未列荷载应根据其对隧道结构的影响特征考虑。

条文说明

隧道结构采用破损阶段法和容许应力法设计时,作用在结构上的内外力称为"荷载";隧道结构采用极限状态法设计时,作用在结构上的内外力称为"作用"。国内外相关规范关于荷载分类方式具有相似性,将荷载分为三种类型,即永久荷载、可变荷载和偶然荷载。三种荷载具体定义如下:

(1)永久荷载:在设计基准期内量值不随时间变化,或变化与平均值相比可忽略的荷载。永久荷载项目因素集合主要包括:结构自重、结构附加恒载、围岩压力、土压力、水压力、膨胀力、建(构)筑物荷载、混凝土收缩和徐变影响。

结构自重是指由于地心引力所引起的结构自重作用,是客观存在的一种现象。

结构附加恒载是指结构上附属设备等所引起的外加自重力,也是客观存在的。

围岩压力是指围岩与支护、衬砌间的相互作用力。该作用力在围岩条件较差时将会更加显著。

土压力是指作用在建(构)筑物上的土体力,其中促使建(构)筑物移动的土体推力称主动土压力,而阻止建(构)筑物移动的土体抗力称被动土压力。

水压力是指水在静止或流动时作用在建(构)筑物与水接触的表面上的压力。由我国隧道运营现状可知,隧道结构渗漏水现象比较突出,故当结构周边存在地下水时,水压力予以考虑。对于浅埋建(构)筑物及水下隧道而言,结构周边丰富的地下水将对结构产生的浮力作用,故浮力也是设计中重点考虑的因素。

膨胀力是指膨胀性岩(土)在含水率增加时其体积膨胀而作用在建(构)筑物上的力。穿越膨胀性岩(土)地段的隧道需要考虑此荷载。

建(构)筑物荷载是指隧道结构上部土体破坏范围内永久建(构)筑物所引起的压力作用,其与结构施工控制、周边环境条件紧密相关。考虑到目前城市地区隧道建设数量不断增多,而城区建筑往往十分密集,且隧道多处于浅埋状态,故此荷载予以考虑。

混凝土收缩是指混凝土凝结初期或硬化过程中出现的体积缩小现象,而混凝土徐变是指混凝土在某一不变荷载的长期作用下产生的塑性变形,收缩与徐变是混凝土客观存在的现象。由于隧道结构主要以混凝土材料为主,故混凝土收缩和徐变的影响也需予以考虑。

(2)可变荷载:在设计基准期内量值随时间变化,且其变化与平均值相比不可忽略的荷载。

可变荷载项目因素集合主要包括:列车荷载及其制动力、汽车荷载、空气动力荷载、温度变化的影响、灌浆压力、冻胀力、施工荷载等。

列车荷载一般包括两个方面,一是列车车辆的重量荷载,二是列车某些集中轴重,两者均是客观存在的;制动力是指列车制动所引起的动力作用,予以考虑。铁路隧道设计时,列车荷载及其制动力予以考虑。

汽车荷载由车道荷载和测量荷载组成,车道荷载与车辆荷载的作用不得叠加。公路隧道设计时,汽车荷载予以考虑。

空气动力荷载是指列车高速进入及通过隧道所诱发的空气动力学效应,主要包括瞬变压力和列车风压。进行铁路隧道设计时,空气动力荷载应予以考虑。

温度变化的影响是指由于温差作用所引起的结构附加应力作用。在某些温差较大地区温度变化的影响不可忽略,尤其是对于隧道洞口两端一定范围内结构而言,该作用将更为显著,故予以考虑。

灌浆压力是指在施作衬砌结构过程中或在衬砌背后进行注浆过程中所引起的灌浆压力作用,不可避免。

冻胀力是指土体中水结冰时体积膨胀所引起的冻胀作用,在寒区,冻胀作用较为普遍。

施工荷载是指施工阶段的某些外加力,如机械设备自重、人群、温度作用、吊扣或其他机具的荷载,以及在构件制造、运送、吊装时作用于构件上的临时荷载等。这种荷载是隧道施工过程中可能存在的临时荷载。

(3)偶然荷载:在设计基准期内不一定出现,而一旦出现,其量值很大且持续时间很短的荷载。

偶然荷载项目因素集合主要包括:落石冲击力,地震作用,人防荷载,沉船、抛锚和河道疏浚产生的撞击力等。

落石冲击力是指从高处滚落下的石头对结构所引发的冲击作用。考虑到我国隧道建设目前仍以山岭隧道为主,落石现象较为普遍,故落石冲击力予以考虑。

地震作用是指由于地震所引起的结构动力作用。考虑到我国高地震烈度区隧道建设数量较多,地震作用时有发生,故地震作用予以考虑。

人防荷载是指具有预定战时防空功能的地下结构承受武器爆炸所产生的冲击波压力。当交通隧道同时兼做人防工程时,人防荷载予以考虑。

沉船、抛锚、疏浚河道产生的撞击力,该荷载主要针对水下隧道而言,鉴于目前我国水下隧道建设数量增多,该荷载予以考虑。

6.1.2 荷载应根据隧道所处的地形、地质条件、埋置深度、结构特征、施工方法和工作条件等因素确定。对地质复杂的隧道,必要时应通过实地量测确定。

条文说明

围岩压力除与围岩条件有直接关系外,还与施工方法、支护时间和支护刚度有关,具有很大的不确定性,在大多数情况下仍按经验公式计算确定。

6.1.3 隧道衬砌结构可根据围岩级别、工程地质及水文地质条件、埋置深度、环保要求、结构工作特点,结合施工方法及施工条件等,通过工程类比、结构计算分析和信息反馈等方法确定;必要时,还应经过试验论证。

条文说明

隧道衬砌结构类型及强度应能长期承受围岩压力等荷载作用,而围岩压力等作用又与围岩级别、水文地质、埋藏深度、结构工作特点等有关,因此,衬砌结构类型选择应根据这些情况统筹考虑。此外,衬砌结构的选用还受施工方法、施工措施等影响。鉴于隧道衬砌结构的工作状态极为复杂,影响因素较多,单凭理论计算还不能完全反映实际情况,为了使理论与实践相结合,选用的衬砌更为合理,除根据以上因素外,衬砌结构设计要通过工程类比、结构计算分析、模型试验及现场试验、信息反馈等方法确定,并适当考虑施工误差。

6.1.4 隧道结构可按破损阶段法验算构件截面的强度;结构抗裂有要求时,对素混凝土构件应进行抗裂验算,对钢筋混凝土构件应验算其最大裂缝宽度。

6.1.5 隧道结构可按极限状态法进行设计,应根据承载能力极限状态及正常使用极限状态的要求分别进行验算。

6.2 荷 载

6.2.1 隧道结构自重荷载可按结构设计尺寸及材料标准重度计算,结构附加荷载应按实际情况确定。

条文说明

结构自重标准值按设计图纸规定的尺寸和材料标准重度计算确定;结构附加恒荷载一

般亦需按其尺寸和材料标准重度计算确定。隧道结构自重由于变异性不大,且多为正态分布,一般以其分布的均值作为荷载标准值,即由结构设计规定的尺寸和材料或结构单位体积或单位面积的自重平均值确定。对于自重变异性较大的材料,考虑到结构的可靠性,在设计中根据该荷载对结构有利或不利,分别取其自重的下限或上限值。隧道内的预埋件附加荷载根据预埋件自重及作用于预埋件上的荷载确定。

6.2.2 深埋隧道的荷载可按附录 C 确定。

条文说明

隧道结构计算分析中,围岩压力通常采用松散压力。由于开挖而松动或坍塌的岩体以重力形式直接作用在支护结构上的压力称为松散压力(或松弛压力)。产生松散压力的原因有地质因素和施工因素两个方面。松散压力在各种地层中都可能出现。在松散、破碎和完整性很差的岩层中开挖隧道,如果不施作支护,洞顶岩体可能会塌落,最终形成拱形而稳定下来。拱形与支护结构之间岩石的重量就是作用在支护结构上的松散压力。根据1000多个隧道施工坍方点的调查统计资料,得出各类围岩坍方高度的平均值,将围岩坍方平均高度作为围岩垂直荷载高度,以此计算竖向松散压力,即深埋隧道的垂直荷载。

随着现代隧道施工技术的发展,可将隧道开挖引起的破坏范围控制在最小限度内,所以围岩松散压力的发展也将受到控制。

6.2.3 浅埋隧道的荷载可按附录 D 确定。

条文说明

不同隧道开挖跨度计算得出的浅埋隧道覆盖厚度见表6.2.3,是按2.5倍塌方高度确定的,表中数据确定的前提是山体基本稳定,且无其他不良地质。

表 6.2.3 浅埋隧道覆盖厚度(单位:m)

隧道开挖跨度 (m)	围岩级别		
	Ⅲ	Ⅳ	Ⅴ
5.0~8.5	5~7	10~14	18~25
8.5~12.0	8~10	15~20	30~35
12.0~14.0	10~11	19~21	37~42

浅埋隧道围岩松散压力计算公式推导采用了松散介质极限平衡理论。当滑动岩体下滑时,受到两种阻力作用:一是滑面上阻止滑动岩体下滑的摩擦阻力;二是支护结构的反作用力(即围岩松散压力)。根据受力的极限平衡条件,滑动岩体重量等于滑面上的阻力和支护结构的反作用力(围岩松散压力)之和。

6.2.4 偏压隧道的荷载可按附录 E 确定。

条文说明

根据偏压隧道的调查,大多数偏压隧道处于洞口段,属于地形浅埋偏压;在洞身段,地形偏压较少,多属于地质构造引起偏压。

在确定地形偏压隧道的荷载时,应考虑地面坡、围岩级别及外侧围岩的覆盖厚度。由于浅埋偏压隧道多属破碎、松散类围岩,故一般情况下只在Ⅲ~Ⅴ级围岩中出现偏压,当外侧覆盖厚度小于或等于表6.2.4-1所列数值时,才考虑地形偏压。

为简化计算,按最不利情况考虑,假定偏压荷载分布与地面坡一致,根据外覆土体的承载力验算,确定表 6.2.4-2 所列数据,设计中对缺少统计资料项,亦可通过工程类比或经验设计值设计,或通过考虑坍落压力拱形成条件与作图法相结合确定。当偏压隧道外侧覆盖厚度小于或等于表 6.2.4-2 中值时,有可能出现外侧土坡失稳,在此情况下,一般在洞外采取设置地面锚杆、抗滑桩或其他支护结构等措施。

表 6.2.4-1 偏压隧道外侧拱肩山体的最大覆盖厚度 t(单位:m)

地面坡度 ($1:m$)	线路类型	围岩级别				示意图
		Ⅲ	Ⅳ$_石$	Ⅳ$_土$	Ⅴ	
1:0.75	双线	7	—	—	—	
1:1	单线	—	5	10	18	
	双线	7	—	—	—	
1:1.25	双线	—	—	18	—	
1:1.5	单线	—	4	8	16	
	双线	7	11	16	30	
1:2	单线	—	4	8	16	
	双线	7	11	16	30	
1:2.5	单线	—	—	5.5	10	
	双线	—	—	13	20	

注:Ⅲ、Ⅳ级石质围岩的 t 值需扣除表面风化破碎层和坡积层厚度;"—"表示缺少统计资料,设计时通过工程类比或经验设计取值。

表 6.2.4-2 偏压隧道外侧拱肩山体需加固的覆盖厚度限值 t(单位:m)

地面坡度 ($1:m$)	线路类型	围岩级别				示意图
		Ⅲ	Ⅳ$_石$	Ⅳ$_土$	Ⅴ	
1:0.75	双线	3	—	—	—	
1:1	单线	—	3	5	12	
	双线	3	8	—	—	
1:1.25	双线	—	—	10	—	
1:1.5	单线	—	2	4	9	
	双线	3	7	9	20	
1:2	单线	—	2	3.5	7	
	双线	—	6	8	17	
1:2.5	单线	—	—	3	6	
	双线	—	—	7	14	

注:Ⅲ、Ⅳ级石质围岩的 t 值需扣除表面风化破碎层和坡积层厚度;"—"表示缺少统计资料,设计时通过工程类比或经验设计取值。

6.2.5 明洞回填土压力可按附录 F 确定。

条文说明

明洞拱圈回填土石侧压力的计算,根据开挖边坡的实际情况,分别采用有限土体法或无限土体法进行计算。在开挖边坡稳定的情况下,若开挖边坡坡度陡于按有限土体法得出的最大侧压力开挖边坡坡度,回填土体对拱圈的侧压力按有限土体法计算;若开挖边坡坡度缓于或等于按有限土体法得出的最大侧压力开挖边坡坡度,回填土体对拱圈的侧压力按无限土体法计算。

6.2.6 隧道洞门土压力可按附录G确定。

6.2.7 山岭隧道衬砌上的外水压力可按下列规定计算:

1 排水型隧道衬砌一般不考虑外水压力。

2 对有水环境保护要求的隧道,衬砌结构外水压力可按全水头计算或考虑注浆堵水及隧道排水对水压力的折减。

3 岩溶及地下水发育地段,衬砌可适当考虑外水压力。

条文说明

根据近年研究成果,隧道防排水模式划分见表6.2.7。关于水压力分级,一般水压力值小于0.25MPa属于低水压,水压力值在0.25～0.5MPa范围属于中等水压,水压力值大于0.5MPa属于高水压。

表6.2.7 隧道防排水模式划分

防排水模式	隧道埋深	水压力等级	工程地质、水文地质条件	备注
完全堵水	浅埋段	低水压	岩性主要为第四纪堆积物、全～强风化基岩,地下水主要为基岩裂隙水,水量受构造影响和当地气候及降水条件影响,如果环境要求严格时,可采取完全堵水	不许排放
局部防(排)水	一般埋深段	中等水压	主要穿越于弱～中风化基岩中。围岩裂隙有张开型和闭合型,有裂隙充水、导水,但也有裂隙因充填物性质不同而含水、导水性不同	以堵为主,限量排放
	深埋段	高水压	地质条件与一般埋深段基本相同,但因埋深大,地质、水文条件更复杂	注浆加固,排水泄压

目前隧道地下水处理的原则,一般根据隧道所处环境和地下水敏感性、地层岩性等条件,对隧道不同埋深段结合地下水发育状况采取以下不同的处理策略:

(1)浅埋、低水压段,当环境要求较高时,采取"完全堵水"的原则,必要时进行地表注浆加固、堵水和引排地表水。

(2)一般埋深、中等水压段,采用"以堵为主,限量排放"的原则,加强围岩注浆堵水。

(3)深埋、高水压段,在隧道开挖及衬砌前对周边围岩进行注浆加固,设置排水系统进行泄压,隧道结构设计承受一定的水压力(如0.5MPa)。

近年多座铁路岩溶隧道发生病害,许多岩溶隧道病害整治经验表明:岩溶及地下水发育的地段,隧道衬砌具有一定的水压承载力,二次衬砌需采用钢筋混凝土施作;隧道位于岩溶季节交替带时,衬砌也要考虑抗水压能力。

6.2.8 作用于隧道衬砌结构上的外水压力可按式(6.2.8)计算:

$$P_w = \beta_w \gamma_w H_w \quad (6.2.8)$$

式中:P_w——作用在衬砌结构外表面的外水压力(kN/m^2);

β_w——外水压力折减系数；

γ_w——水的重度(kN/m^3)；

H_w——地下水位线至隧道中心的作用水头(m)。

6.2.9 位于城市地区的隧道，作用在衬砌结构上的水压力应按最高和最低水位分别计算。

条文说明

由于季节和人为的工程活动等都可能使地下水位发生变动，故确定设计地下水位时，要求估计到将来可能发生的变化，尤其近年来加大对水资源保护的力度，需要考虑衬砌结构在长期使用过程中城市地下水回灌的可能性。

6.2.10 盾构法隧道荷载可按附录 H 确定。

条文说明

作用在盾构法隧道结构上的水压力，原则上采用孔隙水压力，但是孔隙水压力的确定比较困难，从实用和偏于安全考虑，设计水压力一般都按静水压力计算。

计算土层的侧压力有两种方法，一种是将土压力与水压力分开计算(水土分算)；另外一种是将水压力作为土压力的一部分进行计算(水土合算)。在盾构隧道使用阶段，无论黏性土或砂性土，要求根据设计地下水位按全水头和水土分算的原则确定，并考虑地下水位在使用期的变化可能的不利组合。

6.2.11 超静定结构应考虑温度变化、混凝土收缩和徐变对结构的影响。

1 隧道结构受温度变化影响产生的变形值，应根据当地温度情况与施工条件所确定的温度变化值等按式(6.2.11)计算：

$$\Delta l = l \cdot \Delta t \cdot \alpha_t \quad (6.2.11)$$

式中：Δl——构件的温度变化引起的变形值(m)；

l——构件的计算长度(m)；

Δt——构件的计算温度差，可取构件施工时温度与设计基准期内最低月平均气温或最高月平均气温之差(℃)；

α_t——构件材料的线膨胀系数，钢筋混凝土和混凝土的线膨胀系数为1.0×10^{-5}。

2 混凝土收缩与徐变对结构的影响宜按实际资料计算。

条文说明

拱式结构、刚架式棚洞等超静定结构由于温度变化和混凝土收缩引起的变形将产生截面内力。混凝土收缩主要是由于水泥浆凝结而产生，也包括环境干燥所产生的干缩现象。混凝土收缩有下列现象：①随水灰比增长而增加；②高等级水泥的收缩较大，采用外加剂时也会加大收缩；③增加填充骨料可减少收缩，并随骨料的种类形状及颗粒组成的不同而异；④收缩在凝结初期比较快，以后逐渐迟缓，但仍持续很长时间。

研究混凝土收缩问题时，往往与混凝土徐变现象分不开，混凝土收缩使构件本身产生应力，而这种应力长期存在而使混凝土发生徐变，此种徐变就限制或抵消了一部分收缩应力。实验室内混凝土的收缩系数一般定为$(2\sim4)\times10^{-4}$之间，平均为3×10^{-4}；考虑实际构件施工过程中已完成部分收缩，故整体灌筑的素混凝土和钢筋混凝土结构采用的收缩系数标准分别为2×10^{-4}和1.5×10^{-4}，而混凝土的线膨胀系数为0.1×10^{-4}，相当于降低温度20℃和15℃。分段灌筑的混凝土结构和钢筋混凝土结构，因收缩已在合龙前部分完成，故对混凝土收缩段的影响予以酌减(可考虑相当于降低温度10℃),拼装式结构也因同样理由酌减(可考虑相当于降低温度5~10℃)。

超静定混凝土拱圈的温度应力及收缩应力,由于混凝土塑性变形的影响,其实际值远小于按弹性体计算所得的数值。混凝土拱的塑性变形呈徐变的形式,混凝土收缩及气温的变化(指日平均气温变化),在拱内引起应力的过程是一种持续缓慢的过程,这样徐变效应将表现得更好,降低该两应力的效应也就更大,尤其对混凝土收缩应力在设计中需予考虑。

影响混凝土徐变的因素很复杂,如组成混凝土成分的性质、数量及质量,结构物的加载龄期及所处的气候条件等,考虑到结构物施工及工作条件不同,加之我国幅员广大,气候条件相差悬殊,要求按实际资料计算。考虑到缺乏具体资料时,按弹性体进行计算,温度应力和收缩应力近似地分别采用混凝土弹性模量的0.70倍和0.45倍,这是根据调查统计分析归纳的,也是偏于安全的。

6.2.12 铁路列车活荷载及公路车辆活荷载应按现行行业相关规范的规定确定。

条文说明

铁路列车活荷载确定可参考《铁路列车荷载图式》(TB/T 3466—2016)和《铁路桥涵设计规范》(TB 10002—2017)的相关规定。公路车辆活荷载确定可参考《公路工程技术标准》(JTG B01—2014)和《公路桥涵设计通用规范》(JTG D60—2015)的相关规定。设计山岭隧道时,一般不需考虑铁路列车活荷载或公路车辆活荷载,只有隧道结构构件承受列车活荷载或公路活荷载时才需考虑,如上方有铁路或公路通过的明洞、深基础明洞的外墙等。

6.2.13 回填灌浆压力应按设计灌浆压力计算确定。

6.2.14 严寒及寒冷地区受冻害影响的隧道段应考虑冻胀力,冻胀力计算应根据当地的气象条件、围岩条件、地下水条件、埋置深度以及衬砌结构形式和排水条件等确定。

条文说明

对隧道衬砌进行冻胀力计算时,需综合考虑冻胀层的冻胀率、隧道衬砌的弹性变位以及冻胀层压缩性能。

冻胀力的大小与冻胀量有关是显而易见的,但水及含水岩土结冰后能胀多少,是个很复杂的问题。据观测,冻胀小于20%的隧道衬砌变形非常小(净空宽度收敛值最大4mm),冻胀率20%是隧道发生冻害的下限。

冻胀力的大小与衬砌的变形性能有关,刚性大的衬砌冻胀力大,刚度小的衬砌冻胀力小。

冻胀力的大小与冻岩冻土的弹性模量有关。如衬砌背后是弹模很小的遇水膨胀的膨胀橡胶,当橡胶遇水发生膨胀后,由于衬砌刚度大,最终被膨胀力推动的不是混凝土衬砌,而是膨胀橡胶被压扁,衬砌所承受的力很小。

6.2.15 结构构件就地建造或安装时,作用在构件上的施工荷载及在构件制造、运输、吊装时作用于构件上的临时荷载,应根据施工阶段、施工方法和施工条件确定。

条文说明

结构构件就地建造或安装时,作用在构件上的施工荷载计算一般包含以下荷载:①施工机具、设备运输及吊装荷载;②地面堆载及卸载;③相邻施工的影响;④地层加固荷载;⑤开挖掘进及拼装荷载等。

结构构件上的施工荷载主要用于施工阶段的验算,根据实际情况确定。部分施工荷载建议取值:施工机具荷载,一般不超过 10kPa;地面堆载宜采用 20kPa,盾构井处不小于 30kPa。

6.2.16 铁路隧道内附属构筑物及安装设计应考虑列车通过时所产生的压力变化和列车风的影响,并应按照最不利情况组合考虑。

条文说明

研究结果表明,中、高速列车进入隧道后产生的空气动力学效应引起隧道内接触网、风机叶片、洞室门、水沟盖板和安装件等附属物的附加力是不可忽视的,这种冲击力是反复作用的,故隧道内附属构筑物及安装设计要求按照最不利组合考虑。不同工况下列车进洞对隧道附属物(如灯泡、密闭洞室门及其他空心设施)引起的附加压强见表 6.2.16。

表 6.2.16 隧道内附属设施附加压强建议值

序号	工 况	正峰值压强(kPa)	负峰值压强(kPa)
1	双洞单线隧道断面面积 70m², 行车速度 300km/h	2.6	-3.9
2	双洞单线隧道断面面积 70m², 行车速度 350km/h	3.4	-5.1
3	单洞双线隧道断面面积 100m², 行车速度 300km/h	1.6	-2.8
4	单洞双线隧道断面面积 100m², 行车速度 350km/h	2.2	-3.5
5	单洞双线隧道断面面积 100m², 行车速度 350km/h	5.9	-8.9
6	单洞双线隧道断面面积 92m², 行车速度 250km/h	1.2	-1.8
7	单洞双线隧道断面面积 92m², 行车速度 250km/h	3.5	-5.4
8	双洞单线隧道断面面积 58m², 行车速度 250km/h	2.2	-3.3

6.2.17 当有落石风险需验算冲击力时,可通过现场调查或有关计算验证确定。

条文说明

落石冲击力是危岩落石区设计明洞、棚洞及落石被动防治结构的主要依据。落石冲击力取决于落石的运动形式和运动状态。按照运动学分类,落石的运动形式主要有 4 种:落石的自由坠落、落石的摩擦滑动、落石的碰撞弹跳、落石的滚动。影响落石运动形式的因素众多,包括落石的初始位置、初始运动状态、落石自身特性(包括形状、质量、岩性等)、边坡地表形态、边坡岩性特征、边坡植被覆盖状态等。

由于影响落石冲击力的因素较多,目前国内外研究也不够深入,实测资料也很少,故落石冲击力的确定主要是依据一些经验公式,但是国内外各种冲击力算法计算结果差异较大,而以基于落石现场冲击实测冲击力拟合得到的经验算法比较符合实际。国内外开发了落石轨迹仿真分析软件,可利用仿真分析的结果确定落石冲击力。

为避免结构直接承受落石冲击荷载,通常设置一定厚度的缓冲土层,以土层的缓冲能力来增强结构的抗冲击性能,如明洞或棚洞的洞顶回填土层和在拦石墙后筑缓冲土堤。

6.2.18 地震荷载应按现行国家及行业相关规范的规定确定。

条文说明

交通隧道工程抗减震设计时,地震荷载根据《地下结构抗震设计标准》(GB/T 51336—2018)、《铁路工程抗震设计规范》(GB 50111—2006)、《公路隧道抗震设计规范》(JTG 2232—2019)、《城市轨道交通结构抗震设计规范》(GB 50909—2014)等标准的规定确定。

6.2.19 人防荷载应按现行《人民防空地下室设计规范》(GB 50038)的规定计算确定。

6.2.20 沉船、抛锚或疏浚撞击力应依据具体河道实际情况及通行船只情况,通过调查研究确定。

6.3 结构设计方法

6.3.1 隧道结构设计可采用标准设计法、工程类比法、解析设计法、信息反馈法等方法,其中,解析设计法包括结构力学方法和数值方法。

条文说明

标准设计方法是根据隧道埋深大小、围岩级别、运输方式、速度目标值、股道/车道数量、铁路轨道结构形式、防排水方式等内容,依照国家或行业有关部门颁发的标准图、通用图开展工程设计的方法。

工程类比法又称为经验设计法,是通过具有类似围岩条件、断面形状、使用功能的既有隧道工程案例的综合分析,开展新建隧道设计的方法。

解析设计法是根据力学原理,建立起能模拟围岩与支护结构相互作用的力学模型,在给定边界和初值条件下,用数学解析的方法对隧道力学行为进行分析预测,以达到隧道支护结构设计的目的。根据对围岩与支护结构相互作用力学模型的处理方式,解析设计法一般包括结构力学方法和数值方法等。

信息反馈法是指通过对隧道施工现场监控量测成果的分析预测,判断围岩及结构是否稳定安全,同时以修改后的围岩参数计算分析原设计方案以确定是否需要加强或减弱现有支护参数,或者是需要调整施工方案等,以指导下一阶段的施工。

6.3.2 标准设计及工程类比设计法可见附录I。

6.3.3 结构计算分析法包括结构受力分析(结构力学方法、数值方法)和结构承载能力验算(破损阶段法、极限状态法)两部分。

6.3.4 结构力学方法进行结构受力分析见附录J。

6.3.5 数值方法进行结构受力分析见附录K。

6.3.6 信息反馈法见附录L。

6.4 隧道结构计算——破损阶段法

6.4.1 隧道结构采用破损阶段法和容许应力设计时,应按满足承载能力和正常使用要求分别进行组合,并按最不利组合进行结构设计。

条文说明

隧道结构上可能同时出现的永久荷载、可变荷载和偶然荷载,要求按最不利组合进行荷载计算及结构设计,一般设计常用荷载组合如下:

(1)深埋隧道:结构自重、结构附加恒荷载、围岩压力。

(2)需考虑外水压力的深埋隧道:结构自重、结构附加恒荷载、围岩压力、静水压力。

(3)浅埋隧道:结构自重、结构附加恒荷载、围岩压力、隧道结构上部及破坏棱体范围内的建(构)筑物荷载。

(4)需考虑外水压力的浅埋隧道:结构自重、结构附加恒荷载、围岩压力、隧道结构上部及破坏棱体范围内的建(构)筑物荷载、静水压力及浮力。

(5)浅埋隧道地震工况:结构自重、结构附加恒荷载、围岩压力、隧道结构上部及破坏棱体范围内的建(构)筑物荷载、地震荷载。

(6)立交明洞:结构自重、结构附加恒荷载、围岩压力、土压力、与隧道立交的列车荷载及其制动力或汽车荷载。

(7)截面厚度大的明洞衬砌及刚架式棚洞:结构自重、结构附加恒荷载、围岩压力、土压力、混凝土收缩和徐变的影响、列车荷载及其制动力(公路隧道无此项)。

(8)明洞衬砌及刚架式棚洞:结构自重、结构附加恒荷载、围岩压力、土压力、落石冲击力或地震荷载。

承载能力要求荷载组合适用于对结构承载能力及其稳定性进行验算;正常使用要求荷载组合适用于结构变形和开裂及裂缝宽度验算。

6.4.2 盾构法隧道应根据结构受力特点及实际工作条件等因素,分别对施工、使用阶段可能出现的荷载进行最不利组合。

6.4.3 明洞荷载组合应符合下列规定:

1 计算明洞顶回填土压力,当有落石危害需验算其冲击力时,可只计洞顶设计填土重力和落石冲击力的影响,不计塌方堆积体土石重力。

2 当设置立交明洞时,应分不同情况计算列车活荷载、公路活荷载。

3 当明洞上方与铁路立交、填土厚度小于3m时,应考虑列车冲击力;洞顶无填土时,还应计算制动力的影响。

4 当计算作用于深基础明洞外墙的列车活载时,可不考虑列车的冲击力、制动力。

6.4.4 隧道暗洞和明洞衬砌按破损阶段验算构件截面强度时,应根据不同的荷载组合,分别选用不同的安全系数,并不应小于表6.4.4-1和表6.4.4-2所列的数值。验算施工阶段的强度时,安全系数可采用表列"主要荷载+附加荷载"栏内数值乘以折减系数0.9。

表6.4.4-1 混凝土和砌体结构的强度安全系数

破坏原因	混凝土			砌体		
	主要荷载	主要荷载+附加荷载	主要荷载+偶然荷载	主要荷载	主要荷载+附加荷载	主要荷载+偶然荷载
混凝土或砌体达到抗压极限强度	2.4	2.0	1.8	2.7	2.3	2.0
混凝土达到抗拉极限强度	3.6	3.0	2.7	—	—	—

表6.4.4-2 钢筋混凝土结构的强度安全系数

破坏原因	主要荷载	主要荷载+附加荷载	主要荷载+偶然荷载
钢筋达到极限强度或混凝土达到抗压或抗剪极限强度	2.0	1.7	1.5
混凝土达到抗拉极限强度	2.4	2.0	1.8

条文说明

表6.4.4-1和表6.4.4-2所列的结构强度安全系数是以我国41条近400座铁路隧道的

调查成果及实践经验为基础提出的,且经工程实践验证结构是安全的。根据隧道工程具有衬砌施工条件差、质量不宜保证、荷载变异大、结构计算简图与实际受力状态有出入等特点,结构强度安全系数的取值应较地面结构略有提高,以保证隧道结构在正常设计和施工条件下具备必要的安全储备。

验算施工阶段强度时,隧道衬砌结构处于施工阶段的时间比使用阶段短得多,围岩压力等荷载一般不会立即达到使用阶段的最大值,且施工荷载分布是局部的且持续时间短,故验算施工阶段的结构强度时,安全系数采用表列"主要荷载+附加荷载"栏内数值乘以折减系数0.9。

6.4.5 隧道暗洞和明洞衬砌的素混凝土偏心受压构件,其轴向力的偏心距不宜大于截面厚度的0.45倍;对于半路堑式明洞外墙、棚式明洞边墙和砌体偏心受压构件,不应大于截面厚度的0.3倍,基底偏心距应符合附录G表G.0.8的规定。

条文说明

对隧道衬砌截面的偏心距作出规定,其目的是使衬砌结构形式选择合理,以充分发挥混凝土的抗压能力。当偏心距超过一定数值后,衬砌截面系抗拉强度控制,而混凝土的抗拉强度远远低于其抗压强度,随着偏心距的增加,衬砌截面的承载能力将显著降低,故除满足强度要求外,对偏心距也需适当加以控制。当衬砌截面强度符合要求,而偏心距超出规定较多时,要适当调整拱轴,使衬砌结构形式趋于合理。

6.4.6 素混凝土和砌体矩形截面轴心及偏心受压构件,当轴向力偏心距 $e_0 \leq 0.20h$ 时,其受压承载力应符合下列规定:

$$KN \leq \varphi \alpha R_a bh \quad (6.4.6)$$

式中:K——安全系数;

N——轴向力(kN);

R_a——混凝土或砌体的抗压极限强度(kPa);

b——截面宽度(m);

h——截面高度(m);

φ——构件的稳定系数,对于隧道衬砌、明洞拱圈及墙背紧密回填的边墙,可取 $\varphi=1.0$;对于其他构件,应根据其长细比按表6.4.6-1采用;

α——轴向力的偏心影响系数,按表6.4.6-2采用。

表6.4.6-1 素混凝土构件的稳定系数

H_0/b	<4	4	6	8	10	12	14	16
稳定系数 φ	1.00	0.98	0.96	0.91	0.86	0.82	0.77	0.72
H_0/b	18	20	22	24	26	28	30	
稳定系数 φ	0.68	0.63	0.59	0.55	0.51	0.47	0.44	

注:1. 表中 H_0 为构件的计算长度。b 的取值为:对于偏心受压构件,取弯矩作用平面的截面高度;对于轴心受压构件,取截面短边边长。

2. 当 H_0/b 为表列数值的中间值时,φ 可按插值法采用。

表 6.4.6-2 偏心影响系数

e_0/h	0.00	0.02	0.04	0.06	0.08	0.10	0.12	0.14
偏心影响系数 α	1.000	1.000	1.000	0.996	0.979	0.954	0.923	0.886
e_0/h	0.16	0.18	0.20	0.22	0.24	0.26	0.28	0.30
偏心影响系数 α	0.845	0.799	0.750	0.698	0.645	0.590	0.535	0.480

注：1. 表中 e_0 为轴向力作用点至截面重心的距离(m)，$e_0 = M/N$，M 为弯矩设计值(kN·m)。
2. 表中 $\alpha = 1.0 + 0.648(e_0/h) - 12.569(e_0/h)^2 + 15.444(e_0/h)^3$。

条文说明

素混凝土构件主要用于受压构件，素混凝土受弯构件仅允许用于卧置在地基上以及不承受活荷载的情况。素混凝土结构构件应进行正截面承载力计算。

偏心影响系数 α 的意义是混凝土构件偏心受压时的极限承载力与同强度、同截面尺寸混凝土构件轴心受压时的极限承载力的比值，用于体现由于偏心受压使构件极限承载力比轴心受压降低的程度。由于实际情况复杂、影响因素较多，α 与相对偏心距 e_0/h 的关系是一个随机过程，用简化假定和理论计算难以全面概括和反映，较好的办法是通过大量试验找出其统计特征。

6.4.7 对不允许开裂的素混凝土矩形截面偏心受压构件，当 $e_0 > 0.20h$ 时，其受压承载力应符合下列规定：

$$KN \leq \varphi \frac{1.75 R_1 bh}{\dfrac{6e_0}{h} - 1} \quad (6.4.7)$$

式中：R_1——混凝土的抗拉极限强度(kPa)；
其他物理量符号含义同前。

6.4.8 矩形截面和 T 形截面的钢筋混凝土受弯构件，其正截面受弯承载力应符合下列规定：

1 矩形截面或倒 T 形截面受压区面积为矩形 [图 6.4.8a)] 时：

$$KM \leq R_w bx \left(h_0 - \frac{x}{2} \right) + f_{stk} A'_s (h_0 - a') \quad (6.4.8\text{-}1)$$

此时，混凝土受压区高度应按下列公式确定：

$$f_{stk}(A_s - A'_s) = R_w bx \quad (6.4.8\text{-}2)$$

2 T 形截面受压区面积为矩形 [图 6.4.8b)] 时：

$$KM \leq R_w b'_f x \left(h_0 - \frac{x}{2} \right) + f_{stk} A'_s (h_0 - a') \quad (6.4.8\text{-}3)$$

此时，混凝土受压区高度应按下列公式确定：

$$f_{stk}(A_s - A'_s) = R_w b'_f x \quad (6.4.8\text{-}4)$$

3 T 形截面受压区面积为 T 形 [图 6.4.8c)] 时：

$$KM \leq R_w \left[bx \left(h_0 - \frac{x}{2} \right) + 0.8(b'_f - b) h'_f \left(h_0 - \frac{h'_f}{2} \right) \right] + f_{stk} A'_s (h_0 - a') \quad (6.4.8\text{-}5)$$

此时，混凝土受压区高度应按下列公式确定：

$$f_{stk}(A_s - A'_s) = R_w [bx + 0.8(b'_f - b) h'_f] \quad (6.4.8\text{-}6)$$

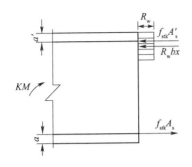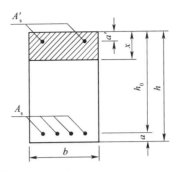

a) 矩形截面或倒T形截面

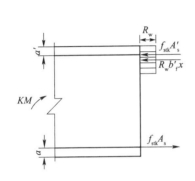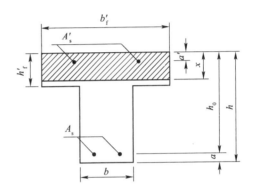

b) T形截面受压区面积为矩形

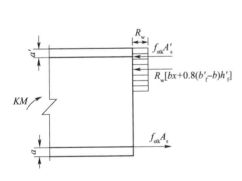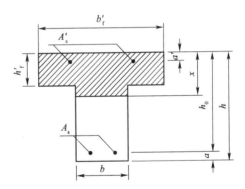

c) T形截面受压区面积为T形

图 6.4.8 钢筋混凝土受弯构件正截面受弯承载力计算

按上述公式计算受弯构件时,混凝土受压区高度应符合式(6.4.8-7)与式(6.4.8-8)的要求,截面强度应符合式(6.4.8-9)的要求。但在构件中如无受压钢筋或计算中不考虑受压钢筋时,只需符合式(6.4.8-7)的要求。

$$x \leqslant 0.55 h_0 \quad (6.4.8\text{-}7)$$

$$x \geqslant 2a' \quad (6.4.8\text{-}8)$$

$$KM \leqslant 0.5 R_\mathrm{w} b h_0^2 \quad (6.4.8\text{-}9)$$

式中:M——弯矩(kN·m);

R_w——混凝土弯曲抗压极限强度(kPa);

f_stk——钢筋的抗拉或抗压极限强度(kPa);

A_s——纵向受拉区钢筋的截面面积(m^2);

A'_s——纵向受压区钢筋的截面面积(m^2);

a'——受压区纵向普通钢筋合力点至截面近边的距离(m);

h_0——截面有效高度(m),$h_0 = h - a$;

h——截面高度(m);

a——受拉区纵向普通钢筋合力点至截面近边的距离(m);

x——混凝土受压区高度(m);

b——矩形截面的宽度或T形截面的肋宽(m);

b'_f——T形截面受压区翼缘计算宽度(m),按表6.4.8所列各项中最小值采用;

h'_f——T形截面受压区翼缘的高度(m);

其他物理量符号含义同前。

表6.4.8 T形截面受压区有效翼缘计算宽度

序号	考虑情况	肋形梁	独立梁
1	按跨度 l_0	$l_0/3$	$l_0/3$
2	按梁肋净距 s	$b + s$	—
3	按翼缘高度 h'_f($h'_f/h_0 \geq 0.1$)	—	$b + 12h'_f$

6.4.9 钢筋混凝土矩形截面的大偏心受压构件($x \leq 0.55h_0$),其正截面受压承载力应符合下列规定(图6.4.9):

$$KN \leq R_w bx + f_{stk}(A'_s - A_s) \quad (6.4.9\text{-}1)$$

$$KNe \leq R_w bx\left(h_0 - \frac{x}{2}\right) + f_{stk}A'_s(h_0 - a') \quad (6.4.9\text{-}2)$$

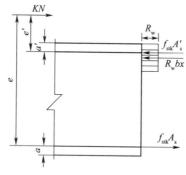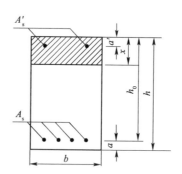

图6.4.9 矩形截面大偏心受压构件正截面受压承载力计算

此时,混凝土受压区高度应按下列公式确定:

$$f_{stk}(A_s e \mp A'_s e') = R_w bx\left(e - h_0 + \frac{x}{2}\right) \quad (6.4.9\text{-}3)$$

当轴向力 N 作用于钢筋 A_s 与 A'_s 两合力点之间时,式(6.4.9-3)中的左边第二项取正号;当 N 作用于钢筋 A_s 与 A'_s 两合力点以外时,则取负号。

如计算中考虑受压钢筋时,则混凝土受压区的高度应符合 $x \geq 2a'$ 的要求,如不符合,则正截面受压承载力按下列公式确定:

$$KNe' \leq f_{stk}A_s(h_0 - a') \quad (6.4.9\text{-}4)$$

式中：N——轴向力（kN）；
　　　e——轴向力作用点至受拉区的纵向普通钢筋合力点的距离（m）；
　　　e'——轴向力作用点至受压区的纵向普通钢筋合力点的距离（m）；
　　　其他物理量符号含义同前。

当按式（6.4.9-4）求得的构件正截面受压承载力比不考虑受压钢筋更小时，则计算中不应考虑受压钢筋。

6.4.10 钢筋混凝土矩形截面的小偏心受压构件（$x > 0.55h$），其正截面受压承载力应符合下列规定（图6.4.10）：

$$KNe \leqslant 0.5R_a bh_0^2 + f_{stk} A_s'(h_0 - a') \quad (6.4.10\text{-}1)$$

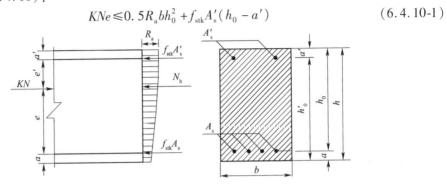

图6.4.10　矩形截面小偏心受压构件正截面受压承载力计算

当轴向力N作用于钢筋A_s与A_s'两合力点之间，尚应符合下列要求：

$$KNe' \leqslant 0.5R_a bh_0'^2 + f_{stk} A_s(h_0' - a) \quad (6.4.10\text{-}2)$$

式中：h_0'——受压较大边的纵向普通钢筋合力点至截面远边的距离（m），$h_0' = h - a'$；
　　　a——受压较小边的纵向普通钢筋合力点至截面近边的距离（m）；
　　　a'——受压较大边的纵向普通钢筋合力点至截面近边的距离（m）；
　　　e——轴向力作用点至受压较小边的纵向普通钢筋合力点的距离（m）；
　　　e'——轴向力作用点至受压较大边的纵向普通钢筋合力点的距离（m）；
　　　其他物理量符号含义同前。

6.4.11 计算钢筋混凝土矩形截面的偏心受压构件时，应考虑构件在弯矩作用平面内的挠度对轴向力偏心距的影响。此时，应将轴向力的偏心距e_0乘以偏心距增大系数η。η值按下式计算：

$$\eta = \cfrac{1}{1 - \cfrac{KN}{10\alpha E_c I_0} H_0^2} \quad (6.4.11\text{-}1)$$

$$\alpha = \cfrac{0.12}{0.3 + \cfrac{e_0}{h}} + 0.17 \quad (6.4.11\text{-}2)$$

式中：E_c——混凝土的受压弹性模量（kPa）；
　　　I_0——混凝土全截面（包括钢筋）的换算截面惯性矩（m^4）；
　　　H_0——构件的计算长度（m）；
　　　e_0——截面偏心距（m）；

α ——与偏心距有关的系数,当 $e_0/h \geq 1$ 时,取 $\alpha = 0.26$;

其他物理量符号含义同前。

对于隧道衬砌、明洞拱圈和墙背紧密回填的明洞边墙,以及当构件高度与弯矩作用平面内的截面边长之比 $H_0/h \leq 8$ 时,可取 $\eta = 1.0$。

偏心受压构件,除应计算弯矩作用平面的承载力外,尚应按轴心受压构件验算垂直于弯矩作用平面的承载力。此时,可不考虑弯矩的作用,但轴心受压构件应按表6.4.11考虑稳定系数的影响。

表6.4.11 钢筋混凝土轴心受压构件的稳定系数

H_0/b	≤8	10	12	14	16	18	20	22	24	26	28	30
稳定系数 φ	1.00	0.98	0.95	0.92	0.87	0.81	0.75	0.70	0.65	0.60	0.56	0.52

注:H_0 为构件的计算长度(m),b 为矩形截面的短边长度(m)。

6.4.12 矩形和T形截面的钢筋混凝土受弯或偏心受压构件,其受剪截面应符合下列要求:

$$KV \leq 0.3R_a b h_0 \quad (6.4.12)$$

式中:V ——剪力(kN);

b ——矩形截面的宽度或T形截面的肋宽(m);

其他物理量符号含义同前。

6.4.13 计算斜截面受剪承载力时,剪力计算截面应按下列规定采用:

1 支座边缘处的斜截面如图6.4.13a)和图6.4.13b)截面1-1所示。

2 受拉区弯起钢筋弯起点处的斜截面如图6.4.13a)截面2-2、3-3所示。

3 受拉区箍筋数量与间距改变处的斜截面如图6.4.13b)截面4-4所示。

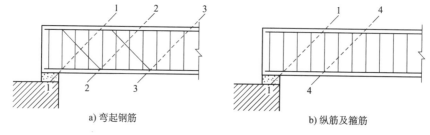

图6.4.13 斜截面抗剪强度的计算位置图

6.4.14 矩形和T形截面的受弯构件,当仅配有箍筋时,其斜截面受剪承载力应符合下列规定:

$$KV \leq V_{cs} \quad (6.4.14\text{-}1)$$

$$V_{cs} = 0.07 R_a b h_0 + \alpha_{cs} f_{stk} \frac{A_{sv}}{s} h_0 \quad (6.4.14\text{-}2)$$

式中:V——构件斜截面上的最大剪力(kN);

V_{cs}——构件斜截面上受压区混凝土和箍筋的受剪承载力(kN);

b——矩形截面的宽度或T形截面的腹板宽度(m);

f_{stk}——箍筋的抗拉极限强度(kPa);

α_{cs}——抗剪强度影响系数,应按下列规定采用:当 $KV/bh_0 \leq 0.2R_a$ 时,$\alpha_{cs} = 2.0$;当 $KV/bh_0 \leq 0.3R_a$ 时,$\alpha_{cs} = 1.5$;当 KV/bh_0 为中间数值时,α_{cs} 值按直线内插法取用;

A_{sv}——配置在同一截面内箍筋各肢的全部截面面积(m^2),$A_{sv} = n_0 A_{sv0}$,其中,n_0为在同一个截面内箍筋的肢数,A_{sv0}为单肢箍筋的截面面积(m^2);

s——沿构件长度方向的箍筋间距(m);

其他物理量符号含义同前。

6.4.15 矩形和T形截面的受弯构件,当配有箍筋和弯起钢筋时,其斜截面受剪承载力应符合下列规定:

$$KV \leqslant V_{cs} + 0.8 f_{stk} A_w \sin\theta \quad (6.4.15)$$

式中:V——在配置弯起钢筋处的剪力(kN),按第6.4.16条的规定采用;

V_{cs}——构件斜截面上受压区混凝土和箍筋的受剪承载力(kN),按式(6.4.14-2)确定;

f_{stk}——弯起钢筋的抗拉极限强度(kPa);

A_w——配置在同一弯起平面内的弯起钢筋的截面面积(m^2);

θ——弯起钢筋与构件纵向轴线的夹角(°);

其他物理量符号含义同前。

6.4.16 计算弯起钢筋时,剪力V值可按下列规定采用[图6.4.13a)]:

1 当计算第一排(对支座而言)弯起钢筋时,取用支座边缘处的剪力值。

2 当计算以后的每排弯起钢筋时,取用前一排(对支座而言)弯起钢筋起点处的剪力值。

6.4.17 矩形和T形截面的受弯构件,当符合下列公式要求时,则不需要进行斜截面的受剪承载力计算,按构造要求配置箍筋。

$$KV \leqslant 0.07 R_a bh \quad (6.4.17)$$

式中:V——构件斜截面上的最大剪力(kN);

其他物理量符号含义同前。

6.4.18 钢筋混凝土衬砌结构构件,考虑长期荷载作用的影响进行计算时,表面裂缝计算宽度限值不应大于0.2mm,特殊环境条件下应符合现行相关标准的要求。

条文说明

交通隧道钢筋混凝土衬砌结构构件表面裂缝计算宽度限制应满足现行《混凝土结构耐久性设计标准》(GB/T 50476)、《铁路混凝土结构耐久性设计规范》(TB 10005)和《公路工程混凝土结构耐久性设计规范》(JTG/T 3310)的规定。

6.4.19 矩形和T形截面的钢筋混凝土受弯和偏心受压构件,在长期荷载作用下最大裂缝宽度可按下列公式计算;对$e_0 \leqslant 0.55 h_0$的偏心受压构件,可不验算裂缝宽度。

$$\omega_{max} = \alpha_{cr} \psi \frac{\sigma_s}{E_s}\left(1.9 c_s + 0.08 \frac{d_{eq}}{\rho_{te}}\right) \quad (6.4.19\text{-}1)$$

$$\psi = 1.1 - 0.65 \frac{f_{tk}}{\rho_{te} \sigma_s} \quad (6.4.19\text{-}2)$$

$$d_{eq} = \frac{\sum n_i d_i^2}{\sum n_i v_i d_i} \quad (6.4.19\text{-}3)$$

$$\rho_{te} = \frac{A_s}{A_{te}} \quad (6.4.19\text{-}4)$$

式中：ω_{max}——最大裂缝宽度（mm）；

α_{cr}——构件受力特征系数，受弯和偏心受压构件取1.9；

ψ——裂缝间纵向受拉钢筋应变不均匀系数，当$\psi<0.2$时，$\psi=0.2$；当$\psi>1.0$时，$\psi=1.0$；对直接承受重复荷载的构件，$\psi=1.0$；

σ_s——按荷载准永久组合计算的钢筋混凝土构件纵向受拉普通钢筋应力（kPa）；

c_s——最外层纵向受拉钢筋外边缘至受拉区底边的距离（mm），当$c_s<20$mm时，取$c_s=20$mm；当$c_s>65$mm时，取$c_s=65$mm；

ρ_{te}——按有效受拉混凝土截面面积计算的纵向受拉钢筋配筋率；当$\rho_{te}<0.01$时，取$\rho_{te}=0.01$；

d_{eq}——受拉区纵向钢筋的等效直径（mm）；

n_i——受拉区第i种纵向钢筋的根数；

d_i——受拉区第i种纵向钢筋的公称直径（mm）；

v_i——受拉区第i种纵向钢筋的相对黏结特性系数；光圆钢筋取0.7，带肋钢筋取1.0；

A_s——受拉区纵向普通钢筋截面面积（mm²）；

A_{te}——有效受拉混凝土截面面积（mm²）；对受弯和偏心受压构件，取$A_{te}=0.5bh+(b_f-b)h_f$，其中，b_f、h_f分别为受拉翼宽度、高度。

条文说明

影响裂缝宽度的主要因素有钢筋的净保护层厚度c_s、钢筋与混凝土的黏结滑移等，因此，平均裂缝宽度ω_{max}为净保护层、钢筋等效直径d_{eq}与有效配筋率ρ_{te}等的函数。所谓的长期荷载，系指持续时间长，能显著影响结构件变形、裂缝等状态的荷载，不包括地震、爆炸、冲击荷载等短期效应荷载。

6.4.20 进行裂缝宽度验算时，钢筋混凝土构件受拉钢筋应力按下列公式计算：

1 受弯构件：

$$\sigma_s = \frac{M}{0.87h_0 A_s} \tag{6.4.20-1}$$

2 偏心受压构件：

$$\sigma_s = \frac{N(e-z)}{A_s z} \tag{6.4.20-2}$$

$$z = \left[0.87 - 0.12(1-\gamma_f')\left(\frac{h_0}{e}\right)^2\right]h_0 \tag{6.4.20-3}$$

$$e = \eta_s e_0 + y_s \tag{6.4.20-4}$$

$$\gamma_f' = \frac{(b_f'-b)h_f'}{bh_0} \tag{6.4.20-5}$$

$$\eta_s = 1 + \frac{1}{4000e_0/h_0}\left(\frac{H_0}{h}\right)^2 \tag{6.4.20-6}$$

式中：A_s——受拉区纵向钢筋截面面积(m^2)；对轴心受拉构件，取全部纵向钢筋截面面积；对偏心受拉构件，取受拉较大边的纵向钢筋截面面积；对受弯、偏心受压构件，取受拉区纵向钢筋截面面积；

e——轴向压力作用点至纵向受拉钢筋合力点之间的距离(m)；

e_0——初始偏心距(m)，$e_0 = M/N$；

z——纵向受拉钢筋合力点至截面受压区合力点的距离(m)，且 $z \leq 0.87h_0$；

η_s——考虑挠度影响的轴向力偏心距增大系数，当 $l_0/h \leq 14$ 时，取 $\eta_s = 1.0$；

y_s——截面重心至纵向受拉钢筋合力点的距离(m)；

γ'_f——受压翼缘截面面积与腹板有效截面面积的比值；

b'_f——受压区翼缘的宽度(m)；

h'_f——受压区翼缘的高度(m)；在式(6.4.21-7)中，当 $h'_f > 0.2h_0$ 时，取 $h'_f = 0.2h_0$；

H_0——构件的计算长度(m)；

h——截面高度(m)；

h_0——截面有效高度(m)。

6.4.21 在长期荷载作用下，钢筋混凝土受弯构件的挠度，可根据给定的刚度按材料力学的方法计算，其计算值不应大于表6.4.21规定的允许值。

表6.4.21 受弯构件的允许挠度

构件类型		允许挠度
梁、板构件	$l_0 \leq 5m$	$l_0/250$
	$5m < l_0 \leq 8m$	$l_0/300$
	$l_0 > 8m$	$l_0/400$

注：l_0 为受弯构件的计算跨度；计算悬臂构件的挠度限值时，其计算跨度 l_0 按实际悬臂长度的2倍取用。

条文说明

构件变形挠度的限制以不影响结构使用功能、外观及与其他构件的连接等要求为目的。

6.4.22 明洞及洞门的基底应力不得大于地基的容许承载力。单压式明洞、悬臂式明洞和受力情况类似的棚式明洞内墙等，其滑动稳定系数和倾覆稳定系数应符合附录G表G.0.8的规定。

6.4.23 洞门端墙及挡(翼)墙可按容许应力法验算其强度，并验算其倾覆及滑动的稳定性。

条文说明

作用在洞门上的外力，主要是土压力，因此，洞门视作挡土墙验算强度和应力。洞门墙验算时，一般以压应力及偏心距两个条件控制，但遇高洞门墙（包括洞门路堑高挡土墙）时，设计时还需适当控制截面拉应力。

6.4.24 洞门结构验算所需地层计算摩擦角、地层重度、基底摩擦系数、地基容许承载力等参数，应按地质勘察资料采用。

6.4.25 洞门墙的验算可按附录G的规定进行。

条文说明

作用于洞门端墙及挡(翼)墙墙背的主动土压力按库仑理论计算。无论墙背仰斜或直立，土压力的作用方向均假定为水平；墙前部的被动土压力一般不予考虑。

6.5 隧道结构计算——极限状态法

6.5.1 隧道结构采用极限状态法设计时,应按承载能力极限状态和正常使用极限状态分别进行作用组合,并按最不利组合进行设计。

条文说明

当整个结构或结构的一部分超过某一特定状态,而不能满足设计规定的某一功能要求时,则称此特定状态为结构对该功能的极限状态。设计中的极限状态往往以结构的某种作用效应,如内力、应力、变形、裂缝等超过相应规定的标志为依据。

根据设计中要求考虑的结构功能,结构的极限状态在总体上可分为两大类,即承载能力极限状态和正常使用极限状态。承载能力极限状态是指结构或构件达到最大承载能力或达到不适于继续承载的过大变形的极限状态。正常使用极限状态是指结构或结构构件达到正常使用或耐久性能的某项规定限值的状态。对承载能力极限状态,一般是以结构的内力超过其承载能力为依据;对正常使用极限状态,一般是以结构的变形、裂缝、振动参数超过设计允许的限值为依据。

6.5.2 隧道结构设计时,应按下列规定对不同作用采用不同的代表值:
1　对永久作用应采用标准值作为代表值。
2　对可变作用应根据设计要求采用标准值、组合值、频遇值或准永久值作为代表值。
3　对偶然作用应按隧道结构使用的特点确定其代表值。

条文说明

结构设计中作用采用何种代表值将直接影响到作用的取值和大小,关系结构设计的安全。在设计时,除了采用能便于设计者使用的设计表达式外,对作用赋予一个规定的量值,称为作用代表值,分为标准值、组合值、频遇值或准永久值。作用根据不同的设计要求,规定不同的代表值,以使之能更确切地反映它在设计中的特点。

作用标准值是指作用的主要代表值,可根据对观测数据的统计、作用的自然限界或工程经验确定。作用标准值是作用的基本代表值,而其他代表值都在标准值的基础上乘以相应的系数后得出。

可变作用的组合值是指使组合后的作用效应的超越概率与该作用单独出现时其标准值作用效应的超越概率趋于一致的作用值;或组合后使结构具有规定可靠指标的作用值。

可变作用的频遇值是指在设计基准期内被超越的总时间占设计基准期的比率较小(一般小于10%)的作用值;或被超越的频率限制在规定频率内的作用值。

可变作用的准永久值是指在设计基准期内被超越的总时间占设计基准期的比率较大(约为50%)的作用值。

6.5.3 隧道承载能力极限状态,应按作用基本组合、偶然组合和地震组合计算作用组合的效应设计值,并应按下列设计表达式进行设计:

$$\gamma_0 S_d \leqslant R_d \tag{6.5.3}$$

式中:γ_0——结构重要性系数,对应于安全等级取值,见表6.5.3;
S_d——作用组合的效应设计值;
R_d——隧道结构构件的抗力设计值。

表 6.5.3 隧道结构安全等级及结构重要性系数

安全等级	隧道类型	结构重要性系数 γ_0
一级	特大跨度隧道、水下隧道或有特殊要求的隧道	1.1
二级	一般隧道、明洞、棚洞及洞门、运营服务或防灾通道、泄水洞	1.0
三级	用于施工、通风、排水等临时性辅助坑道	0.9

条文说明

对所考虑的极限状态,在确定其作用效应时,需对所有可能同时出现的作用加以组合,求解荷载组合后在结构中的总效应,考虑荷载出现的变化性质,这种组合可以多种多样,因此,还必须在所有可能组合中,取其中最不利的一组作为该极限状态的设计依据。

结构的承载能力极限状态设计,按照可能出现的作用,将其分为三种作用效应组合,即基本组合,偶然组合和地震组合。作用效应的基本组合是指永久作用设计值效应与可变作用设计值效应的组合,这种组合用于结构的常规设计,是所有结构都需考虑的。作用效应的偶然组合是指永久作用标准值、可变作用代表值和一种偶然作用标准值的组合。作用效应的地震组合是指永久作用标准值、可变作用代表值和地震作用设计值效应的组合。

作用组合是指结构或构件设计时,预计可能同时出现的几种不同作用(效应)的集合。作用效应是指由作用引起的结构或结构构件的反应,例如内力、变形和裂缝等。抗力是指结构或结构构件承受作用效应的能力,如承载能力、刚度、抗裂度、强度等。

6.5.4 对于作用基本组合的效应设计值 S_d,作用效应设计值的计算应符合下列规定:

1 作用效应设计值按下式确定:

$$S_d = \gamma_{sd} S(\sum_{i=1}^{n}\gamma_{Gi}G_{ki} + \gamma_{Q1}\gamma_{L1}Q_{k1} + \sum_{j=2}^{m}\gamma_{Qj}\psi_{cj}\gamma_{Lj}Q_{kj}) \quad (6.5.4\text{-}1)$$

式中:$S(\cdot)$——作用组合的效应函数;

γ_{sd}——作用效应计算模型不定性系数,一般取 1.0;

γ_{Gi}——第 i 个永久作用的分项系数;

G_{ki}——第 i 个永久作用的标准值;

γ_{Q1}——主导可变作用的分项系数;

γ_{Qj}——第 j 个其他可变作用的分项系数;

γ_{L1}——第 1 个考虑结构设计使用年限的作用调整系数;

γ_{Lj}——第 j 个考虑结构设计使用年限的作用调整系数;

ψ_{cj}——第 j 个可变作用的组合值系数,其取值应符合表 6.5.4 的规定;

Q_{k1}——主导可变作用的标准值;

Q_{kj}——第 j 个其他可变作用的标准值。

2 作用效应与作用可用线性关系表达时,作用效应设计值可按下式确定:

$$S_d = \sum_{i=1}^{n}\gamma_{Gi}S_{G_{ki}} + \gamma_{Q1}\gamma_{L1}S_{Q_{k1}} + \sum_{j=2}^{m}\gamma_{Qj}\psi_{cj}\gamma_{Lj}S_{Q_{kj}} \quad (6.5.4\text{-}2)$$

式中:$S_{G_{ki}}$——第 i 个永久作用标准值效应;

$S_{Q_{k1}}$——主导可变作用标准值效应;

$S_{Q_{kj}}$——第 j 个其他可变作用标准值效应。

表 6.5.4 隧道结构可变作用组合系数

可变作用类型	组合值系数
列车荷载及其制动力	0.9
汽车荷载	0.9
温度变化的作用	0.6
冻胀力	0.8
灌浆压力	0.8
施工荷载	0.8

条文说明

在承载能力极限状态的基本组合中,式(6.5.4-1)和式(6.5.4-2)给出了作用效应组合设计值的表达式,以保证在各种可能出现的作用组合情况下,结构设计能维持在规定的可靠性水平。必须注意,式(6.5.4-2)是以作用与作用效应有线性关系为前提,这个原则同样适用于正常使用极限状态的各个组合的表达式。

为了使设计式所隐含的计算可靠指标与设计目标可靠指标一致,在实用设计式中引入一个作用效应计算模型不定性系数(一般取 1.0),以便对设计式所隐含的计算可靠指标进行调整。当作用效应与作用可用线性关系表达时,计算模型不定性系数包括在作用分项系数取值中,此时整体作用效应就不再考虑该不定性系数。

对于设计使用年限与设计基准期不相同的结构,要在可变作用分项系数中来考虑设计使用年限的作用调整系数,对设计使用年限与设计基准期相同的结构,可取 1.0。

主导可变作用是指在同一作用组合中,效应设计值最不利情况下起控制作用的可变作用。

分项系数是指为了保证所设计的结构或构件具有规定的可靠度,在结构极限状态设计表达式中采用的系数,分为作用分项系数、抗力分项系数和材料性能分项系数等。

6.5.5 基本组合的作用分项系数,应按下列规定采用:

1 当永久作用效应对结构不利时,围岩压力、明洞及洞门土压力分项系数应取 1.4,其他永久作用分项系数应取 1.2;当永久作用效应对结构有利时,永久作用分项系数应取 1.0。

2 一般情况下,可变作用分项系数应取 1.4。

条文说明

由于交通隧道设计中,一般只考虑永久作用,因此,条文主要对结构自重分项系数和围岩压力分项系数的取值进行了规定。对于活荷载分项系数的取值,主要还是通过调研国内外相关规范确定。

6.5.6 对于偶然组合,作用组合效应的设计值宜按下列规定采用:

1 偶然作用的代表值不乘分项系数。

2 与偶然作用同时出现的其他作用可根据观测资料和工程经验采用适当的代表值。

6.5.7 作用偶然组合的效应设计值 S_d,作用效应设计值的计算应符合下列规定:

1 作用效应设计值可按下式确定:

$$S_d = \gamma_{sd} S \left[\sum_{i=1}^{n} G_{ki} + A_d + (\psi_{f1} 或 \psi_{q1}) Q_{k1} + \sum_{j=2}^{m} \psi_{qj} Q_{kj} \right] \quad (6.5.7\text{-}1)$$

式中：A_d——偶然作用的标准值；

ψ_{f1}——主导可变作用的频遇值系数；

ψ_{q1}——主导可变作用的准永久值系数；

ψ_{qj}——其他可变作用的准永久值系数。

2 作用效应与作用可用线性关系表达时，作用效应设计值可按下式确定：

$$S_d = \sum_{i=1}^{n} S_{G_{ki}} + S_{A_d} + (\psi_{f1} 或 \psi_{q1}) S_{Q_{k1}} + \sum_{j=2}^{m} \psi_{qj} S_{Q_{kj}} \quad (6.5.7-2)$$

条文说明

对于隧道偶然设计状况，例如落石冲击力、人防荷载、由沉船、抛锚和河道疏浚产生的撞击力等的作用，均采用偶然组合进行设计。偶然作用的特点是出现的概率很小，而一旦出现，量值很大，往往具有很大的破坏作用。

偶然作用效应组合的表达式主要考虑到：①由于偶然作用标准值的确定往往带有主观和经验的因素，因而设计表达式中不再考虑作用分项系数，而直接采用规定的标准值为设计值；②对偶然设计状况，偶然事件本身属于小概率事件，两种不相关的偶然事件同时发生的概率更小，所以不必同时考虑两种或两种以上偶然作用；③偶然事件的发生是一个不确定性事件，偶然作用的大小也是不确定的，所以实际情况下偶然作用值超过规定设计值的可能性是存在的，按规定设计值设计的结构仍然存在破坏的可能性。但为保证人的生命安全，设计还要保证偶然事件发生后受损的隧道结构能够承担对应于偶然设计状况的永久作用和可变作用。

6.5.8 作用地震组合的效应设计值 S_d 的计算，应符合下列规定：

1 地震组合的作用效应设计值，宜根据重现期为 475 年的地震作用确定，其效应设计值应符合下列规定：

1）作用效应设计值宜按下式确定：

$$S_d = S\left(\sum_{i=1}^{n} G_{ki} + \gamma_I A_{Ek} + \sum_{j=1}^{m} \psi_{qj} Q_{kj}\right) \quad (6.5.8-1)$$

式中：γ_I——地震作用重要性系数；

A_{Ek}——根据重现期为 475 年的地震作用（基本烈度）确定的地震作用的标准值。

2）作用与作用效应可用线性关系表达时，作用效应设计值可按下式计算：

$$S_d = \sum_{i=1}^{n} S_{G_{ki}} + \gamma_I S_{A_{Ek}} + \sum_{j=1}^{m} \psi_{qj} S_{Q_{kj}} \quad (6.5.8-2)$$

2 地震组合的作用效应设计值，也可根据重现期大于或小于 475 年的地震作用确定。

3 当采用减隔震设计时，应考虑减隔震装置对作用效应的影响。

条文说明

对于隧道地震设计状况，我国近年地震频发，地震引起的隧道衬砌和洞门结构破坏时有发生，地震次生灾害滚石对洞门的损害严重影响了交通运营。地震作用的情况复杂，交通隧道工程结构地震设计组合应符合现行《地下结构抗震设计标准》（GB/T 51336）、《铁路工程抗震设计规范》（GB 50111）、《公路隧道抗震设计规范》（JTG 2232）等标准的相关规定。

6.5.9 对于正常使用极限状态，应根据不同的设计要求，采用作用的标准组合、频遇组合或准永久组合，并应按下列表达式进行设计：

$$S_d \leq C \tag{6.5.9}$$

式中：C ——结构或结构构件达到正常使用要求的规定限值,例如变形、裂缝、振幅、加速度或应力等的限值。

条文说明

参照国际标准,对正常使用极限状态的设计,当考虑短期效应时,根据不同的设计要求,分别采用作用的标准组合或频遇组合;当考虑长期效应时,采用准永久组合。

标准组合是指正常使用极限状态设计时,采用永久作用标准值、主导可变作用的标准值和(或)非主导可变作用的组合值的组合。

频遇组合是指正常使用极限状态设计时,采用永久作用标准值、主导可变作用的频遇值和(或)非主导可变作用的准永久值的组合。

准永久组合是指正常使用极限状态设计时,采用永久作用的标准值和可变作用的准永久值的组合。

6.5.10 对于作用标准组合的效应设计值 S_d,应按下式进行计算：

$$S_d = \gamma_{sd} S \left(\sum_{i=1}^{n} G_{ki} + Q_{k1} + \sum_{j=2}^{m} \psi_{cj} Q_{kj} \right) \tag{6.5.10-1}$$

当作用与作用效应为线性关系时,也可按下式进行计算：

$$S_d = \sum_{i=1}^{n} S_{G_{ki}} + S_{Q_{k1}} + \sum_{j=2}^{m} \psi_{cj} S_{Q_{kj}} \tag{6.5.10-2}$$

条文说明

对于作用标准组合,其作用效应组合的设计值也仅适用于各项可变作用效应与作用为线性关系的情况。

6.5.11 对于作用频遇组合的效应设计值 S_d,应按下式进行计算：

$$S_d = \gamma_{sd} S \left(\sum_{i=1}^{n} G_{ki} + \psi_{f1} Q_{k1} + \sum_{j=2}^{m} \psi_{qj} Q_{kj} \right) \tag{6.5.11-1}$$

当作用与作用效应为线性关系时,也可按下式进行计算：

$$S_d = \sum_{i=1}^{n} S_{G_{ki}} + \psi_{f1} S_{Q_{k1}} + \sum_{j=2}^{m} \psi_{qj} S_{Q_{kj}} \tag{6.5.11-2}$$

条文说明

对于作用频遇组合,其作用效应组合的设计值也仅适用于各项可变作用效应与作用为线性关系的情况。

6.5.12 对于作用准永久组合的效应设计值 S_d,可按下式进行计算：

$$S_d = \gamma_{sd} S \left(\sum_{i=1}^{n} G_{ki} + \sum_{j=1}^{m} \psi_{qj} Q_{kj} \right) \tag{6.5.12-1}$$

当作用与作用效应为线性关系时,也可按下式进行计算：

$$S_d = \sum_{i=1}^{n} S_{G_{ki}} + \sum_{j=1}^{m} \psi_{qj} S_{Q_{kj}} \tag{6.5.12-2}$$

条文说明

对于作用准永久组合,其作用效应组合的设计值也仅适用于各项可变作用效应与作用为线性关系的情况。

6.5.13 持久状况、短暂状况、偶然状况和地震状况均应进行承载能力极限状态设计。持久状况尚应进行正常使用极限状态设计;短暂状况、地震状况可根据需要进行正常使用极限状态设计;偶然状况可不进行正常使用极限状态设计。

条文说明

设计状况是指代表一定时段内实际情况的一组设计条件,设计应该做到在该组条件下结构不超越有关的极限状态。

持久设计状况是指在结构使用过程中一定出现,且持续期很长的设计状况,其持续期一般与设计使用年限同一数量级。

短暂设计状况是指在施工和使用过程中出现概率较大,而与设计使用年限相比,其持续期很短的设计状况。

偶然设计状况是指结构使用过程中出现概率很小,且持续期很短的设计状况。

地震设计状况是指结构遭受地震时的设计状况。

6.5.14 对于素混凝土矩形截面轴心及偏心受压构件,当 $e_0 \leqslant 0.2h$ 时,其受压承载能力应按式(6.5.14)计算:

$$N \leqslant \frac{\varphi \alpha f_c bh}{\gamma_d} \quad (6.5.14)$$

式中:N——轴力设计值(kN);

γ_d——结构调整系数,此处取为 1.1;

f_c——混凝土轴心抗压强度设计值(kPa);

其他物理量符号含义同前。

条文说明

轴力设计值由作用的基本组合计算得到,作用分项系数系考虑作用、围岩、力学性质、几何尺寸和计算方法等变异性和确定性及目标可靠指标的要求综合确定。素混凝土抗压极限状态设计表达式中引入了结构调整系数 γ_d,用来考虑作用效应和抗力计算的不定性以及作用分项系数、材料性能分项系数未能考虑到的其他各种因素的变异性。

6.5.15 对不允许开裂的素混凝土矩形截面偏心受压构件,当 $e_0 > 0.2h$ 时,其受压承载力应按式(6.5.15)计算:

$$N \leqslant \frac{1.55 \varphi f_t bh}{\gamma_d \left(\dfrac{6e_0}{h} - 1\right)} \quad (6.5.15)$$

式中:γ_d——结构调整系数,此处取为 1.55;

f_t——混凝土轴心抗拉强度设计值(kPa);

其他物理量符号含义同前。

条文说明

素混凝土抗拉极限状态设计表达式,将混凝土抗裂控制作为承载能力极限状态设计,且满足可靠度指标为 4.7。为与《混凝土设计规范》(GB 50010—2010)第 7.2.4 条中混凝土构件截面抵抗矩塑性影响系数设计表达式统一,将抗裂极限状态方程中截面抵抗矩塑性影响系数基本值取为 1.55,且能满足目标可靠度指标的要求。

6.5.16 受弯构件、偏心受压构件,其纵向受拉钢筋屈服和受压区混凝土破坏同时发生时的相对界限受压区高度 ε_b 可按式(6.5.16)计算：

$$\varepsilon_b = \frac{x_b}{h_0} = \frac{0.8}{1 + \dfrac{f_y}{0.0033E_s}} \tag{6.5.16}$$

式中：ε_b——相对界限受压区高度；

x_b——界限受压区高度(m)；

h_0——截面有效高度(m)；

f_y——纵向受拉钢筋的抗拉强度设计值(kPa)；

E_s——钢筋的弹性模量(kPa)。

条文说明

式(6.5.16)适用于有屈服点普通钢筋的钢筋混凝土构件。钢筋混凝土构件达到界限破坏是指正截面上纵向受拉钢筋屈服与受压区混凝土破坏同时发生时的破坏状态。对应于这一破坏状态，受压边混凝土应变达到混凝土极限压应变；对配置有屈服点钢筋的钢筋混凝土构件，纵向受拉钢筋的应变取 f_y/E_s。

6.5.17 矩形截面和 T 形截面的钢筋混凝土受弯构件，其正截面受弯承载力应符合下列规定：

1 矩形截面或倒 T 形截面受压区面积为矩形[图 6.5.17a)]时：

$$M \leq \frac{1}{\gamma_d}\left[f_c bx\left(h_0 - \frac{x}{2}\right) + f'_y A'_s(h_0 - a')\right] \tag{6.5.17-1}$$

此时，混凝土受压区高度应按下列公式确定：

$$f_y A_s - f'_y A'_s = f_c bx \tag{5.5.17-2}$$

2 T 形截面受压区面积为矩形[图 6.5.17b)]时：

$$M \leq \frac{1}{\gamma_d}\left[f_c b'_f x\left(h_0 - \frac{x}{2}\right) + f'_y A'_s(h_0 - a')\right] \tag{6.5.17-3}$$

此时，混凝土受压区高度应按下列公式确定：

$$f_y A_s - f'_y A'_s = f_c b'_f x \tag{6.5.17-4}$$

3 T 形截面受压区面积为 T 形[图 6.5.17c)]时：

$$M \leq \frac{1}{\gamma_d}\left\{f_c\left[bx\left(h_0 - \frac{x}{2}\right) + 0.8(b'_f - b)h'_f\left(h_0 - \frac{h'_f}{2}\right)\right] + f'_y A'_s(h_0 - a')\right\} \tag{6.5.17-5}$$

此时，混凝土受压区高度应按下列公式确定：

$$f_y A_s - f'_y A'_s = f_c[bx + 0.8(b'_f - b)h'_f] \tag{6.5.17-6}$$

混凝土受压区高度尚应符合下列条件：

$$x \leq \varepsilon_b h_0 \tag{6.5.17-7}$$

$$x \geq 2a' \tag{6.5.17-8}$$

式中：M——弯矩设计值(kN·m)；

γ_d——结构调整系数，此处取为 1.0；

f_y——普通钢筋抗拉强度设计值(kPa)；

f'_y——普通钢筋抗压强度设计值(kPa)；

a——受拉区纵向普通钢筋合力点至截面近边的距离(m)；

a'——受压区纵向普通钢筋合力点至截面近边的距离(m);
b——矩形截面宽度或T形截面的腹板宽(m);
x——混凝土受压区高度(m);
b'_f——T形截面受压区翼缘计算宽度(m);
h'_f——T形截面受压区翼缘的高度(m);
其他物理量符号含义同前。

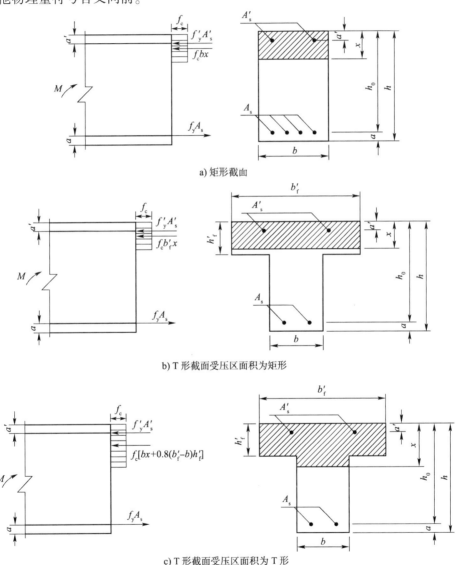

图 6.5.17 钢筋混凝土受弯构件正截面受弯承载力计算

条文说明

设计表达式中引入结构调整系数 γ_d,保持设计表达式可靠度水平与目标可靠度指标一致。弯矩设计值由作用的基本组合计算得到,作用分项系数系考虑作用、围岩、力学性质、几何尺寸和计算方法等变异性和确定性及目标可靠指标的要求综合确定。

6.5.18 当矩形截面和T形截面计算中计入纵向普通受压钢筋时,应满足式(6.5.17-8)的条件;当不满足此条件时,正截面受弯承载力应符合下列规定:

$$M \leqslant \frac{1}{\gamma_d} f_y A_s (h - a - a') \qquad (6.5.18)$$

式中:γ_d——结构调整系数,此处取1.0;

A_s——受拉区纵向普通钢筋的截面面积(m^2);

其他物理量符号含义同前。

6.5.19 当隧道结构为轴心受压构件时,衬砌正截面受压承载力应符合以下规定(图6.5.19):

$$N \leqslant \frac{1}{\gamma_d} 0.9 \varphi (f_c A + f'_y A'_s) \qquad (6.5.19)$$

式中:N——轴力设计值(kN);

γ_d——结构调整系数,此处取为1.0;

φ——钢筋混凝土构件的稳定系数,按表6.5.19采用;

A——构件截面面积(m^2);

A'_s——纵向普通受压钢筋的截面面积(m^2);

其他物理量符号含义同前。

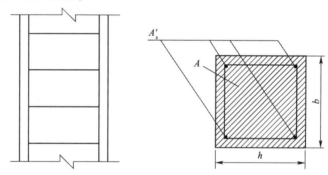

图 6.5.19 配置箍筋的钢筋混凝土轴心受压构件

表 6.5.19 钢筋混凝土轴心受压构件的稳定系数

H_0/b	≤8	10	12	14	16	18	20	22	24	26	28
H_0/d_0	≤7	8.5	10.5	12	14	15.5	17	19	21	22.5	24
H_0/i_0	≤28	35	42	48	55	62	69	76	83	90	97
φ	1.00	0.98	0.95	0.92	0.87	0.81	0.75	0.70	0.65	0.60	0.56
H_0/b	30	32	34	36	38	40	42	44	46	48	50
H_0/d_0	26	28	29.5	31	33	34.5	36.5	38	40	41.5	43
H_0/i_0	104	111	118	125	132	139	146	153	160	167	174
φ	0.52	0.48	0.44	0.40	0.36	0.32	0.29	0.26	0.23	0.21	0.19

注:1. H_0 为构件的计算长度,对钢筋混凝土柱可按《混凝土结构设计规范》(GB 50010—2010)第6.2.20条的规定取用。

2. b 为矩形截面的短边尺寸,d_0 为圆形截面的直径,i_0 为截面的最小回转半径。

6.5.20 钢筋混凝土矩形截面偏心受压构件正截面受压承载力应符合下列规定。

$$N \leq \frac{1}{\gamma_d}(f_c bx + f'_y A'_s - \sigma_s A_s) \quad (6.5.20\text{-}1)$$

$$Ne \leq \frac{1}{\gamma_d}\left[f_c bx\left(h_0 - \frac{x}{2}\right) + f'_y A'_s(h_0 - a')\right] \quad (6.5.20\text{-}2)$$

$$e = e_i + \frac{h}{2} - a \quad (6.5.20\text{-}3)$$

$$e_i = e_0 + e_a \quad (6.5.20\text{-}4)$$

按上述规定计算时,尚应符合下列要求:

1 受拉区或受压较小边纵向普通钢筋的应力 σ_s 可按下列情况确定:

1) 当 $\varepsilon \leq \varepsilon_b$ 时为大偏心受压构件[图6.5.20a)],此时 $\sigma_s = f_y$;此处, ε_b 为相对界限受压区高度; ε 为相对受压区高度, $\varepsilon = x/h_0$。

2) 当 $\varepsilon > \varepsilon_b$ 时为小偏心受压构件[图6.5.20b)],此时 σ_s 可按下列公式近似计算:

$$\sigma_s = \frac{f_y}{\varepsilon_b - 0.8}\left(\frac{x}{h_0} - 0.8\right) \quad (6.5.20\text{-}5)$$

$$-f'_y \leq \sigma_s \leq f_y \quad (6.5.20\text{-}6)$$

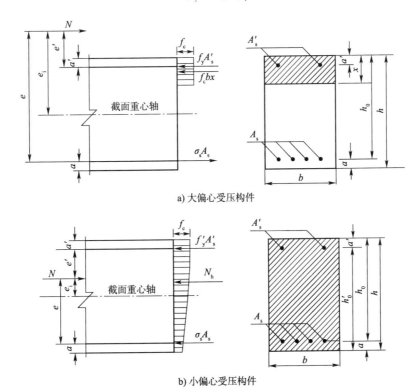

a) 大偏心受压构件

b) 小偏心受压构件

图6.5.20 矩形截面偏心受压构件正截面受压承载力计算

2 当计算中计入纵向受压普通钢筋时,受压区高度应满足 $x \geq 2a'$,如不满足此条件,其正截面受压承载力可按下式计算:

$$Ne' \leqslant \frac{1}{\gamma_d} f_y A_s (h - a - a') \qquad (6.5.20\text{-}7)$$

$$e' = e_i - \frac{h}{2} + a' \qquad (6.5.20\text{-}8)$$

3 矩形截面非对称配筋的小偏心受压构件,当 $N > f_c bh$ 时,尚应按下列公式进行计算:

$$Ne' \leqslant \frac{1}{\gamma_d} \left[f_c bh \left(h'_0 - \frac{h}{2} \right) + f'_y A_s (h_0 - a') \right] \qquad (6.5.20\text{-}9)$$

$$e' = \frac{h}{2} - a' - (e_0 - e_a) \qquad (6.5.20\text{-}10)$$

4 矩形截面对称配筋($A'_s = A_s$)的钢筋混凝土小偏心受压构件,也可按下列近似公式计算钢筋截面面积:

$$A_s = A'_s = \frac{\gamma_d Ne - \varepsilon(1 - 0.5\varepsilon) f_c bh_0^2}{f'_y (h_0 - a')} \qquad (6.5.20\text{-}11)$$

此处,相对受压区高度可按下式计算:

$$\varepsilon = \frac{\gamma_d N - \varepsilon_b f_c bh_0}{\dfrac{\gamma_d Ne - 0.43 f_c bh_0^2}{(0.8 - \varepsilon_b)(h_0 - a')} + f_c bh_0} + \varepsilon_b \qquad (6.5.20\text{-}12)$$

式中:γ_d——结构调整系数,此处取为1.0;

σ_s——受拉区或受压较小边的纵向普通钢筋的应力(kPa),正值代表拉应力,负值代表压应力;

A_s——受拉区或受压较小边的纵向普通钢筋的截面面积(m^2);

A'_s——受压区或受压较大边的纵向普通钢筋的截面面积(m^2);

a——受拉区或受压较小边纵向普通钢筋合力点至截面近边缘的距离(m);

a'——受压区或受压较大边纵向普通钢筋合力点至截面近边缘的距离(m);

e——轴向力作用点到受拉区或受压较小边纵向普通钢筋合力点的距离(m);

e_i——初始偏心距(m);

e_0——轴向压力对截面重心的偏心距(m),$e_0 = M/N$;

e_a——附加偏心距,取0.02m和偏心方向截面最大尺寸的1/30两者的较大值;

e'——轴向压力作用点至受压边(或受压较大边)纵向普通钢筋合力点的距离(m);

h'_0——纵向受压钢筋合力点至截面远边的距离(m);

其他物理量符号含义同前。

条文说明

本条是在《混凝土结构设计规范》(GB50010—2010)相关规定的基础上,用结构调整系数γ_d来考虑隧道衬砌结构的特点得到的。

6.5.21 矩形和T形截面的钢筋混凝土受弯或偏心受压构件的受剪截面应符合下列条件:

1) 当 $h_w/b \leqslant 4$ 时,

$$V \leqslant \frac{1}{\gamma_d} 0.25 f_c bh_0 \qquad (6.5.21\text{-}1)$$

2) 当 $h_w/b \geqslant 6$ 时,

$$V \leqslant \frac{1}{\gamma_{d}} 0.2 f_{c} b h_{0} \qquad (6.5.21-2)$$

3) 当 $4 < h_{w}/b < 6$ 时，按线性内插法确定。

式中：V——构件斜截面上的剪力设计值(kN)；

　　　γ_{d}——结构调整系数，此处取 1.0；

　　　b——矩形截面的宽度或 T 形截面的腹板宽度(m)；

　　　h_{w}——截面的腹板高度(m)；对于矩形截面，取有效高度；对于 T 形截面，取有效高度减去翼缘高度；

　　　其他物理量符号含义同前。

6.5.22 计算斜截面受剪承载力时，剪力计算截面应符合第 6.4.13 条的规定。

6.5.23 对于矩形和 T 形截面的受弯构件，当仅配有箍筋时，其斜截面受剪承载力应符合下列规定：

$$V \leqslant \frac{1}{\gamma_{d}} V_{cs} \qquad (6.5.23-1)$$

$$V_{cs} = 0.07 f_{c} b h_{0} + \alpha_{sv} f_{yv} \frac{A_{sv}}{s} h_{0} \qquad (6.5.23-2)$$

式中：V——构件斜截面上的剪力设计值(kN)；

　　　γ_{d}——结构调整系数，此处取为 1.0；

　　　V_{cs}——构件斜截面上受压区混凝土和箍筋的受剪承载力(kN)；

　　　b——矩形截面的宽度或 T 形截面的腹板宽度(m)；

　　　f_{yv}——箍筋的抗拉强度设计值(kPa)；

　　　α_{sv}——抗剪强度影响系数，应按下列规定采用：当 $V/bh_{0} \leqslant 0.2 f_{c}$ 时，$\alpha_{sv} = 2.0$；当 $V/bh_{0} = 0.3 f_{c}$ 时，$\alpha_{sv} = 1.5$；当 V/bh_{0} 在 $0.2 f_{c} \sim 0.3 f_{c}$ 之间时，α_{sv} 值按直线内插法取用；

　　　A_{sv}——配置在同一截面内箍筋各肢的全部截面面积(m^{2})，$A_{sv} = n_{0} A_{sv0}$，其中，n_{0} 为在同一个截面内箍筋的肢数，A_{sv0} 为单肢箍筋的截面面积(m^{2})；

　　　s——沿构件长度方向的箍筋间距(m)。

6.5.24 矩形和 T 形截面的受弯构件，当配有箍筋和弯起钢筋时，其斜截面受剪承载力应符合下列规定：

$$V \leqslant \frac{1}{\gamma_{d}} (V_{cs} + 0.8 f_{y} A_{w} \sin\theta) \qquad (6.5.24)$$

式中：V——在配置弯起钢筋处的剪力设计值(kN)，按第 6.4.16 条的规定采用；

　　　γ_{d}——结构调整系数，此处取为 1.0；

　　　V_{cs}——构件斜截面上受压区混凝土和箍筋的受剪承载力(kN)，按式(6.5.23-2)确定；

　　　f_{y}——弯起钢筋的抗拉强度设计值(kPa)；

　　　A_{w}——配置在同一弯起平面内的弯起钢筋的截面面积(m^{2})；

　　　θ——弯起钢筋与构件纵向轴线的夹角(°)。

6.5.25 矩形和 T 形截面的受弯构件，当符合下列公式要求时，则不需要进行斜截面的受剪承载力计算，按构造要求配置箍筋。

$$V \leqslant \frac{1}{\gamma_d} 0.07 f_c bh \tag{6.5.25}$$

式中：V——构件斜截面上的剪力设计值(kN)；
γ_d——结构调整系数,此处取为1.0；
其他物理量符号含义同前。

6.5.26 矩形和T形截面的钢筋混凝土偏心受压构件,当配置箍筋时,其斜截面受剪承载力应符合下列规定：

$$V \leqslant \frac{1}{\gamma_d}\left(\frac{1.75}{1+\lambda} f_t bh_0 + f_{yv}\frac{A_{sv}}{s}h_0 + 0.07N\right) \tag{6.5.26}$$

式中：γ_d——结构调整系数,此处取1.0；
λ——偏心受压构件计算截面的剪跨比,$\lambda = M/(Vh_0)$；当承受均布荷载时,$\lambda=1.5$；当承受集中荷载(包括作用有多种荷载,其中集中荷载对支座截面或节点边缘所产生的剪力值占总剪力的75%以上的情况)时,$\lambda=a/h_0$,且当$\lambda<1.5$时$\lambda=1.5$,$\lambda>3$时$\lambda=3$；
f_{yv}——箍筋的抗拉强度设计值(kPa)；
A_{sv}——配置在同一截面内箍筋各肢的全部截面面积(m^2),即$A_{sv}=n_0 A_{sv0}$,其中,n_0为同一个截面内箍筋的肢数,A_{sv0}为单肢箍筋的截面面积(m^2)；
s——沿构件长度方向的箍筋间距(m)；
N——与剪力设计值V相应的轴力设计值(kN),当$N>0.3f_c A$时,$N=0.3f_c A$,其中,A为构件的截面面积(m^2)。

6.5.27 矩形和T形截面的钢筋混凝土偏心受压构件,当符合下列要求时,可不进行斜截面受剪承载力计算,按构造要求配置箍筋。

$$V \leqslant \frac{1}{\gamma_d}\left(\frac{1.75}{1+\lambda} f_t bh_0 + 0.07N\right) \tag{6.5.27}$$

式中：γ_d——结构调整系数,此处取1.0；
其他物理量符号含义同前。

6.5.28 隧道混凝土结构应根据其使用功能及外观要求,按下列规定进行正常使用极限状态验算：

1 对需要控制变形的构件,应进行变形验算。
2 对不允许出现裂缝的构件,应进行混凝土拉应力验算。
3 对允许出现裂缝的构件,应进行受力裂缝的宽度验算。

6.5.29 素混凝土衬砌结构不允许开裂,按作用标准组合进行计算时,构件受拉边缘混凝土拉应力不应大于混凝土抗拉强度标准值。

6.5.30 钢筋混凝土衬砌结构构件,按作用准永久组合并考虑长期作用影响计算时,构件最大裂缝宽度应符合第6.4.18条的规定。

6.5.31 矩形和T形截面的钢筋混凝土受弯和偏心受压构件,按作用标准组合或准永久组合并考虑长期作用影响的最大裂缝宽度可按第6.4.19条确定。

6.5.32 裂缝宽度验算时,钢筋混凝土构件受拉钢筋应力可按第6.4.20条确定。

6.5.33 在作用标准组合和准永久组合下,抗裂验算时截面边缘混凝土的法向应力应按下列公式计算:

1 受弯构件

$$\sigma_{ck} = \frac{M_k}{W_0} \quad (6.5.33-1)$$

$$\sigma_{cq} = \frac{M_q}{W_0} \quad (6.5.33-2)$$

2 偏心受压构件

$$\sigma_{ck} = \frac{M_k}{W_0} + \frac{N_k}{A_0} \quad (6.5.33-3)$$

$$\sigma_{cq} = \frac{M_q}{W_0} + \frac{N_q}{A_0} \quad (6.5.33-4)$$

式中：σ_{ck}——作用标准组合下抗裂验算边缘的混凝土法向应力(MPa)；

σ_{cq}——准永久组合下抗裂验算边缘的混凝土法向应力(MPa)；

M_k——按作用标准组合计算的弯矩值(kN·m)；

N_k——按作用标准组合计算的轴力值(kN)；

M_q——按作用准永久组合计算的弯矩值(kN·m)；

N_q——按作用准永久组合计算的轴力值(kN)；

W_0——构件换算截面受拉边缘的弹性抵抗矩(m³)；

A_0——构件换算截面面积(m²)。

6.5.34 对于钢筋混凝土受弯构件,按作用准永久组合并考虑长期作用影响的最大挠度值可按第6.4.21条确定。

6.5.35 洞门墙可视作挡土墙,除验算其强度、基底应力及稳定性外,还应控制截面和基底的偏心距。计算时,设计参数应按现场试验资料采用;当缺乏试验资料时,可参考表6.5.35所列数值。

表6.5.35 洞门设计计算参数标准值

仰坡坡度	计算摩擦角(°)	重度(kN/m³)	基底摩擦系数	基底控制压应力(kPa)
1:0.50	70	25.0	0.60~0.70	800
1:0.75	60	24.0	0.55	600
1:1.00	50	20.0	0.45	350~400
1:1.25	43~45	18.0	0.40	250~300
1:1.50	38~40	17.0	0.35~0.40	250

条文说明

洞门墙包括隧道门和明洞门。表6.5.35中仰坡坡度是指隧道洞口开挖永久边坡坡度,此表不适用于多年冻土、黄土地区、膨胀性地层等特殊地层。基底控制压应力指标,在一般地质条件下不会超过地基实际承载力,且根据以往洞门设计实践,采用此指标控制基底应力是可行的。但遇特殊情况,如黄土、坡度很陡,地基承载力都较低,此时需按地基实际承载力确定。仰坡坡度1:1和1:1.25的地基容许承载力,当基底为岩层时,采用较大值；当基底为土层时,采用较小值。

6.5.36 洞门墙身截面偏心距不应大于0.3倍截面厚度。对于岩石地基,基底偏心距不应大于1/4墙底厚度,对于土质地基,基底偏心距不应大于1/6墙底厚度。

6.5.37 洞门墙土压力标准值、基底偏心距、墙身截面偏心距计算及洞门墙条带截取应符合附录G的规定。

6.5.38 洞门墙身抗裂和抗压承载能力应符合下列规定:

$$f_{td} \leq \frac{f_t}{\gamma_d} \qquad (6.5.38\text{-}1)$$

$$f_{cd} \leq \frac{f_c}{\gamma_d} \qquad (6.5.38\text{-}2)$$

土压力和洞门结构自重两种荷载组合作用下,洞门墙身拉应力和压应力设计值可按下列公式确定:

$$f_{td} = \max\left\{-\left[\gamma_{G1}G_{k1} \cdot \frac{1}{b_0 t_0^2} \cdot (t_0 \pm 6d_p) \mp \gamma_{G2}G_{k2} \cdot \frac{6}{b_0 t_0^2} \cdot d_e\right]\right\} \qquad (6.5.38\text{-}3)$$

$$f_{cd} = \max\left[\gamma_{G1}G_{k1} \cdot \frac{1}{b_0 t_0^2} \cdot (t_0 \pm 6d_p) \mp \gamma_{G2}G_{k2} \cdot \frac{6}{b_0 t_0^2} \cdot d_e\right] \qquad (6.5.38\text{-}4)$$

式中:f_{td}——墙身拉应力设计值(kPa);

f_{cd}——墙身压应力设计值(kPa);

γ_d——结构调整系数,此处取1.4;

b_0——洞门墙计算条带宽度(m);

t_0——洞门墙厚度(m);

G_{k1}——计算条带墙重标准值(MN);

G_{k2}——土压力标准值(MN);

γ_{G1}——墙身自重分项系数,取1.0;

γ_{G2}——土压力分项系数,取1.4;

d_p——重力作用线至验算截面形心的距离(m);

d_e——土压力合力作用线至验算截面形心的距离(m);

其他物理量符号含义同前。

条文说明

洞门墙身抗裂和抗压承载能力计算公式中,作用分项系数和结构调整系数系根据相关科研成果确定。式(6.5.38-3)右侧方括号内计算出来的值为正时代表结构计算位置受压,为压应力;反之,当方括号内计算出来的值为负时,结构计算位置受拉,为拉应力。为便于其与混凝土轴心抗拉强度设计值直接进行比较,故在公式右侧方括号外增加负号将拉应力修正为正值,将压应力修正为负值。

6.5.39 洞门墙身地基承载力应符合下列规定:

$$f_{pd} \leq \frac{f_p}{\gamma_d} \qquad (6.5.39\text{-}1)$$

土压力和洞门结构自重两种荷载组合作用下,洞门墙的地基压应力设计值可按下列公式确定:

当 $e \leqslant B/6$ 时,

$$f_{pd} = \max\left[\gamma_{G1}G_{k1} \cdot \frac{1}{B^2 b_0} \cdot (B \pm 6d'_p) \mp \gamma_{G2}G_{k2} \cdot \frac{6}{B^2 b_0} \cdot d'_e\right] \quad (6.5.39\text{-}2)$$

当 $e > B/6$ 时,

$$f_{pd} = \frac{4\gamma_{G1}G_{k1}}{3(B-2e)b_0} \quad (6.5.39\text{-}3)$$

式中:f_{pd}——基底压应力设计值(kPa);

f_p——基底控制压应力设计值(kPa),$f_p = f_{pk}/\gamma_p$,此处,γ_p 取 1.0,f_{pk} 为基底控制压应力标准值(kPa);

γ_d——结构调整系数,此处取 1.0;

e——对基底形心取的偏心距(m);

B——洞门基础宽度(m);

d'_p——重力作用线至基底截面形心距离(m);

d'_e——土压力合力作用线至基底截面形心距离(m);

γ_{G1}——墙身自重分项系数,取 1.0;

γ_{G2}——土压力分项系数,取 1.0;

其他物理量符号含义同前。

条文说明

洞门墙身地基承载力计算公式中,作用分项系数和结构调整系数系根据相关科研成果确定。

6.5.40 洞门墙身抗倾覆和抗滑移稳定性应符合下列规定:

$$M_d \leqslant \frac{M_R}{\gamma_d} \quad (6.5.40\text{-}1)$$

$$f_{md} \leqslant \frac{f_m}{\gamma_d} \quad (6.5.40\text{-}2)$$

土压力和洞门结构自重两种荷载组合作用下,倾覆力矩、抗倾覆力矩、地基滑动力和地基摩擦力的设计值可按下列公式确定:

$$M_d = \gamma_{G2}G_{k2} \cdot d_{de} \quad (6.5.40\text{-}3)$$

$$M_R = \frac{\gamma_{G1}G_{k1}d''_p}{\gamma_d} \quad (6.5.40\text{-}4)$$

$$f_{md} = \gamma_{G2}G_{k2} \quad (6.5.40\text{-}5)$$

$$f_m = \frac{1}{\gamma_f}\gamma_{G1}G_{k1}\mu \quad (6.5.40\text{-}6)$$

式中:M_d——倾覆力矩设计值(kN·m);

M_R——抗倾覆力矩设计值(kN·m);

f_{md}——地基滑动力设计值(kN);

f_m——地基摩擦力设计值(kN);

γ_d——结构调整系数,对于式(6.5.40-1)取 1.15,对于式(6.5.40-2)取 0.55;

γ_f——地基摩擦力分项系数,取 1.75;

γ_{G1}——墙身自重分项系数,此处取1.0;
γ_{G2}——土压力分项系数,取1.0;
μ——地基摩擦系数;
d_p''——重力作用线至墙趾的距离(m);
d_{de}——土压力合力作用线至墙趾的距离(m)。

条文说明

洞门墙身抗倾覆和抗滑移稳定性计算公式中,作用分项系数和结构调整系数根据相关科研成果确定。

7 隧道衬砌

7.1 一般规定

7.1.1 矿山法隧道应采用曲墙式衬砌,并宜采用复合式衬砌。

条文说明

交通隧道衬砌一般有直墙和曲墙两种。一般隧道开挖后,围岩均会产生较大侧压力,故此时采用曲墙式衬砌,能改善围岩及结构的受力状态,发挥围岩和衬砌的承载力。直墙衬砌仅适用于一般地区地质条件较好、无侧压力或侧压力较小、开挖后围岩稳定的辅助坑道地段。

7.1.2 开敞式 TBM 法隧道衬砌设计应符合下列规定:

1 隧道应优先采用复合式衬砌,仰拱宜采用钢筋混凝土预制块结构。

2 衬砌宜采用等截面形式,根据地质条件,可采用模筑混凝土、钢筋混凝土或钢纤维混凝土。

7.1.3 护盾式 TBM 或盾构法隧道衬砌设计应符合下列规定:

1 隧道宜采用预制钢筋混凝土衬砌。

2 联络通道门洞区段可采用钢管片、铸铁管片、复合管片。

7.1.4 交通隧道设置仰拱应符合下列规定:

1 重载铁路隧道应设置仰拱,仰拱厚度应大于拱墙厚度,Ⅲ~Ⅵ级围岩段仰拱应采用钢筋混凝土结构;其余铁路隧道宜设置仰拱,Ⅱ级围岩、地下水不发育的Ⅲ级硬质岩地段可设置钢筋混凝土底板,厚度不应小于30cm。

2 公路隧道围岩较差、侧压力较大、地下水丰富的地段可设仰拱;围岩较好、边墙基底承载力和稳定性满足要求时,可不设仰拱。

条文说明

从以往的隧道工程施工、运营经验看,仰拱结构可以改善围岩及支护结构的受力状态。重载铁路因具有轴重大、牵引质量大、运量大的特点而有别于普通货运铁路,为强化重载铁路基底结构,要求隧道衬砌设置仰拱,仰拱厚度大于拱墙厚度,Ⅲ~Ⅵ级围岩段仰拱采用钢筋混凝土结构。结合客货共线铁路、城际铁路和高速铁路等隧道工程设计经验,Ⅱ级围岩、地下水不发育的Ⅲ级硬质岩地段隧道底部一般设置钢筋混凝土底板,其余Ⅲ级围岩段设置混凝土仰拱,Ⅳ级围岩段设置混凝土或钢筋混凝土仰拱,Ⅴ级围岩段设置钢筋混凝土仰拱。

对于公路隧道,Ⅴ级围岩自稳能力差,侧压力较大,基底承载力弱,为了保证结构整体安全及控制沉降,隧道衬砌设仰拱;Ⅳ级围岩一般根据隧道断面、地质构造、地层岩性、地下水等条件确定隧道衬砌是否设仰拱。对于洞口段隧道拱部围岩条件较差,但边墙脚及以下围岩地质条件较好,基底承载能力和稳定性均能满足结构受力要求,此时,为了节约投资,隧道衬砌不设仰拱。

隧道仰拱曲率半径根据地质条件、地下水、隧道断面形状、隧道宽度、运输类型等条件确定。结合工程经验及有关科研成果,重载铁路隧道仰拱曲率较普通隧道适当加大,特殊地层条件下要进一步加大。

7.1.5 喷锚衬砌和复合式衬砌的初期支护,宜按标准设计及工程类比法确定设计参数;施工期间应通过监控量测进行修正。对地质复杂、大跨度、多线和有特殊要求的隧道,除采用工程类比法外,还应结合数值方法和试验进行分析确定。

条文说明

喷锚衬砌和复合式衬砌的初期支护设计,目前仍以标准设计及工程类比法为主,由于地质条件复杂性,不同围岩地质条件自身的承载能力不同,隧道埋置深度、围岩级别、开挖方式、支护手段和支护时间等直接影响到围岩的应力状态和结构受力,有时单凭标准设计及工程类比法还不足以保证支护结构设计的合理性和可靠性,需要采用信息反馈法、数值方法等进行分析确定。对地质复杂、大跨度、多线和有特殊要求的隧道工程,支护结构设计采用工程类比法无法借鉴时,尤其需要采用数值方法和试验等进行分析确定。

7.1.6 复合式衬砌的初期支护应按主要承载结构设计;二次衬砌在Ⅰ～Ⅲ级围岩可作为安全储备,Ⅳ～Ⅵ级围岩及下列情况宜按承载结构设计:

1 浅埋、偏压地段。
2 抗震设防及国防设防段。
3 严寒及寒冷地区衬砌可能承受冻胀力地段。
4 可能承受水头压力地段。
5 流塑性或挤压性围岩、膨胀岩(土)、软土、人工填土、松散堆积体等特殊地质地段。
6 施工中出现大量塌方地段。
7 为确保围岩稳定或周边环境安全,需提前施作二次衬砌地段等。

7.2 喷锚衬砌

7.2.1 在下列条件下,可采用喷锚衬砌:

1 三级及三级以下公路隧道内Ⅰ～Ⅲ级围岩洞身段。
2 各级围岩的辅助坑道,除洞口段、岔洞段、与正洞交叉段及有特殊要求地段外。

条文说明

三级及三级以下公路隧道,由于交通流量小,使用频率较低,Ⅰ～Ⅲ级围岩条件较好,为了控制投资,准予采用喷锚衬砌。

根据辅助坑道使用要求、工程地质条件、水文地质条件、施工方法等因素,同时控制投资,坑道支护类型优先采用喷锚衬砌。辅助坑道洞口、岔洞段及与正洞交叉段,围岩临空面多,经施工多次扰动,围岩力学性能下降,应力集中,地下水容易入侵,使支护结构受力复杂化,是辅助坑道的薄弱环境,故坑道衬砌采用加强支护措施。对运营期间用作泄水洞、运营通风道等的辅助坑道,按使用要求设置衬砌。

7.2.2 在下列情况下,不应采用喷锚衬砌:

1 地下水发育或大面积淋水地段。

2 未胶结的松散岩体或有严重湿陷性黄土的地段。

3 能造成衬砌腐蚀或膨胀性围岩的地段。

4 月平均最低气温低于 -5℃ 地区的冻害地段。

5 有其他特殊要求的隧道。

条文说明

地下水发育或大面积淋水段、未胶结的松散岩体或有严重湿陷性黄土段、能造成衬砌腐蚀或膨胀性围岩段、月平均最低气温低于 -5℃ 地区的冻害地段及有其他特殊要求的隧道，不能单独使用喷锚支护，要求优先选用复合式衬砌。

7.2.3 喷锚衬砌内轮廓，应比整体式衬砌适当放大，除考虑施工误差和位移量外，应再预留 10cm 作为必要时补强用。

7.2.4 喷射混凝土的一般规定如下：

1 喷射混凝土的强度等级不应低于 C25。

2 喷射混凝土应优先采用湿喷工艺，厚度不应小于 50mm，且不宜大于 300mm；含水地层中喷射混凝土支护的厚度不应小于 80mm。

3 喷射混凝土的抗渗等级不应小于 P6；在含水较丰富的地层中，喷射混凝土的抗渗等级不应低于 P8。

条文说明

近年来，交通隧道工程逐渐提高了喷射混凝土强度等级要求，一般采用 C25 甚至更高强度等级的喷射混凝土。当防水要求较高时，一般采用强度等级大于 C30 的高性能喷射混凝土。

由于喷射混凝土的收缩，厚度小于 50mm，容易引起收缩开裂；同时，喷层过薄也不足以抵抗岩块的移动。喷射混凝土要求具有一定的柔性。一般情况下，两车道隧道喷射混凝土厚度不超过 300mm。对于三车道以上的大断面隧道，喷射混凝土层相对柔性大，对 V 级不稳定的围岩，喷射混凝土厚度可能需要大于 300mm。

7.2.5 在围岩变形大、自稳性差的软弱围岩、膨胀性围岩地段，喷锚支护可采用纤维喷射混凝土，钢纤维喷射混凝土的强度等级不宜低于 CF30，合成纤维喷射混凝土的强度等级不应低于 C25，纤维掺量应经过试验确定。

条文说明

喷射混凝土内添加一定数量的钢纤维或合成纤维，各项性能都优于普通喷射混凝土。钢纤维喷射混凝土的韧性，比素混凝土提高 10~50 倍，抗冲击能力比素混凝土提高 8~30 倍。喷射混凝土掺入合成纤维，对喷射混凝土的抗拉强度、韧度、抗裂有显著提高，而对混凝土的施工工艺没有影响。钢纤维喷射混凝土中钢纤维体积率为 0.35%~1.0%，合成纤维喷射混凝土中合成纤维体积率宜为 0.06%~0.25%，但具体工程要通过试验确定钢纤维或合成纤维的掺量。

7.2.6 钢筋网喷射混凝土设计应符合下列规定：

1 钢筋网网格应按矩形布置，钢筋间距宜为 150~300mm。

2 钢筋网钢筋的搭接长度不应小于 30d（d 为钢筋直径）。

3 单层钢筋网喷射混凝土厚度不应小于 80mm，钢筋网喷射混凝土保护层厚度不应小于 20mm；当采用双层钢筋网时，双层钢筋网喷射混凝土厚度不应小于 150mm，两层钢筋网之间的间隔距离不宜小于 80mm。

4 钢筋网应在初喷混凝土后铺挂，与固定装置连接牢固。

条文说明

喷射混凝土内部设置钢筋网，有利于提高喷射混凝土的抗剪强度、抗弯强度、抗冲切和抗弯曲能力，提高喷射混凝土的整体性，减少喷射混凝土的收缩裂纹。实践表明，当钢筋间距小于 150mm 时，喷射混凝土回弹大，且钢筋与壁面之间易形成空隙，不易保证钢筋网喷射混凝土的密实性；当钢筋间距大于 300mm 时，将大大削弱钢筋网在喷射混凝土中的作用。

由于钢筋铺设位置不可能十分准确，所以单层钢筋网喷射混凝土厚度要求不小于 80mm，钢筋网要求不小于 20mm 的保护层厚度。双层钢筋网的喷射混凝土厚度不小于 150mm，是为了保证钢筋网既要有足够的保护层厚度，又要保持两层钢筋网间的距离。

钢筋网喷射混凝土施工顺序是：先初喷射混凝土，铺挂钢筋网，再复喷射混凝土，覆盖钢筋网。

7.2.7 隧道锚杆支护设计应根据工程要求，结合围岩特性及施工方法等因素综合确定锚杆类型，锚杆类型及锚固材料可按表 7.2.7 进行选择。

表 7.2.7 锚杆类型及锚固材料适用范围

孔壁条件	锚杆类型	锚固类型	一般围岩条件			特殊条件			
			硬质岩	软质岩	土砂	坍孔	涌水	大变形	岩爆
自稳	实心锚杆	水泥（砂）浆	□	□	△			□	△
		树脂卷	□	□		□		□	□
		水泥卷	□	□				△	□
	中空锚杆	水泥（砂）浆	□	□	△			□	△
		机械锚固件、水泥（砂）浆	□	△				△	□
		树脂卷或水泥卷、水泥（砂）浆	□	□	△			□	□
	预应力锚索	水泥（砂）浆						□	□
不能自稳	自钻式中空锚杆	水泥（砂）浆		□	□	□	△	□	

注：□表示推荐选用，△表示视条件选用。

条文说明

隧道针对不同的地质条件，开展锚杆支护设计。在节理、层理发育的硬质岩中，因岩石强度高，一般不会出现开挖而使围岩中的应力超过岩石强度的现象，故在此条件下，采用锚杆的目的在于抑制岩块间的滑动，以保持围岩稳定。在软质岩或土砂地层中，往往因开挖而使围岩中的应力超过岩土强度，从而在围岩中出现塑性区，使净空变形加大，故此时采用锚杆的目的在于限制塑性区的产生及发展，尽量减小围岩变形，以达到稳定围岩的目的。

实心锚杆采用水泥基注浆材料时，主要应用于隧道边墙围岩支护，并且在长期的工程实践中积累了丰富的施工经验。

实心锚杆采用树脂卷锚固剂时，常用于煤巷支护。当采用快速、超快速树脂卷锚固剂时,锚杆垫板及螺母可在锚杆搅拌完毕 10~180s 后安装,故此类锚杆的锚固安装非常简便快速,能提高隧道锚杆支护施工效率。实心锚杆采用水泥卷锚固剂时,其主要优点是锚固剂凝结快,凝固后早期强度高,锚杆锚固安装速度快,可及时发挥锚杆支护作用。此两类锚杆实现锚孔全长黏结锚固难度较大,故一般不推荐在大变形地层中使用。

先锚式中空锚杆解决了隧道拱部普通中空钢质锚杆安装具有锚杆下坠的潜在施工风险,垫板及螺母安装等待时间较长的缺点。先锚式中空锚杆采用黏结锚固时,先锚段采用树脂卷或水泥卷锚固,后锚段采用水泥(砂)浆锚固;在后锚段内端杆体上布设出浆孔,由于先锚段只用于锚杆安装锚固,主要承受锚杆自重及施工荷载(螺母预紧力及后锚段注浆压力等),故先锚段设计较短,以降低锚杆成本。

自钻式中空锚杆采用的钻头为一次性钻头,其成本较低。自钻式中空锚杆主要用于软弱围岩、断层破碎带等钻孔后极易塌孔的隧道围岩支护。

预应力实心锚杆和预应力中空锚杆主要应用于软岩、大变形和岩爆地段以及特大跨度、高边墙的隧道洞室。预应力实心锚杆锚固段采用速凝型水泥(砂)浆,锚杆自由段采用缓凝型水泥(砂)浆,此类实心锚杆在乌弄龙、功果桥、三峡地下电站等地下洞室工程中广泛应用。预应力实心锚杆锚固段采用水泥卷锚固剂,锚杆自由段采用水泥(砂)浆充填,此类实心锚杆在龙滩、鲁地拉、水布垭、白鹤滩等水电站地下洞室工程中广泛应用。预应力中空锚杆锚固段采用钢质机械锚固件,锚杆自由段充填水泥(砂)浆,此类中空锚杆已在浙江台缙高速公路苍岭隧道、锦屏二级水电站地下厂房及彭水水电站地下厂房等隧道及地下工程中应用,主要用于硬岩、中硬岩、岩爆等地段隧道(洞)支护。

预应力锚索在隧道工程中应用较少,目前主要应用于隧道洞口、多线地下车站、大变形地段等围岩支护。

7.2.8 系统锚杆设计应符合下列规定:

1 系统锚杆支护设计参数应根据隧道围岩分级、隧道开挖跨度、作用部位、地应力条件等采用工程类比或理论计算确定;对于软岩、大变形和岩爆地段以及特大跨度、高边墙的隧道洞室,应进行理论分析或数值计算复核,并经试验研究后确定。

2 系统锚杆支护应沿隧道周边径向按矩形或梅花形布置,当岩体主结构面或岩层层面明显时,锚杆应与岩体主结构面或岩层层面成大角度布置。

3 锚杆间距、设计长度应结合工程地质、锚杆试验结果等实际情况经计算确定。

4 实心锚杆直径宜采用 22~32mm,中空锚杆直径宜采用 25~51mm。

5 锚杆锚头应设垫板,垫板可选用平面或碟形垫板,垫板厚度不应小于 6mm,其边长或直径不应小于 150mm。

6 锚杆杆体的锚固材料层厚度不应小于 10mm。

7 锚杆的防腐保护措施应根据设计使用年限及所处地层环境作用等级确定。

条文说明

系统锚杆,为使围岩整体稳定,在隧道周边上按一定间距、一定规律布置的锚杆群。系统锚杆主要是对围岩起整体加固作用,使围岩在一定深度范围内形成拱形承载结构,充分发挥围岩岩体抗压强度高的特点,发挥围岩的自承能力。

系统锚杆布置主要根据围岩级别及其结构状态、隧道断面尺寸、开挖方式等条件,一般将锚杆布置在受隧道开挖的影响范围内。一般情况下系统锚杆沿隧道开挖轮廓线径向布置,但当锚杆与岩体主结构面、岩层层面平行或交角太小时,锚杆锚固效果较差,锚杆的组合拱作用效果不好;当锚杆与岩体主结构面、岩层层面成大角度布置时,锚杆能把不利结构面或岩层"串"在一起,共同参与工作。布置系统锚杆时要考虑各锚杆间的共同作用,锚杆的间距一般不大于锚杆长度的1/2。

隧道环境作用等级为 H3 和 H4 时,钢质杆体可采用镀锌或渗锌、环氧涂层或镀锌环氧涂层防腐,钢质垫板及螺母宜采用镀锌或渗锌防腐。

7.2.9 喷锚支护钢架主要应用于围岩条件较差地段、洞口段、浅埋段或地面沉降有严格限制地段,钢架设计应符合下列规定:

1 钢架可设于隧道拱部、拱墙或全环;钢架应在初喷混凝土后及时架设,钢架背后的间隙应设置垫块并充填密实。

2 钢架形状和尺寸应根据开挖断面确定,宜优先选用格栅钢架支护,钢架支护应有足够的刚度和强度,能够承受隧道施工期间可能出现的荷载。

3 钢架间距宜为 0.5~1.2m,连续使用钢架的数量不应少于 3 榀。

4 钢架应分节段制作,节段之间应采用钢板连接,连接钢板平面宜与钢架轴线垂直。

5 相邻钢架之间应设横向连接,采用直径不宜小于 20mm 的钢筋作横向连接;横向连接钢筋间距不应大于 1m,并在钢架内缘、外缘交错布置。

6 钢架与围岩之间的混凝土保护层厚度不应小于 40mm,临空一侧的混凝土保护层厚度不应小于 20mm;当采用喷锚单层衬砌时,临空一侧的混凝土保护层厚度不应小于 40mm。

条文说明

喷锚支护钢架的作用是提高喷射混凝土层的刚度和强度,提高喷锚支护能力,控制围岩变形与松弛。在自稳时间短的围岩中修建隧道时,如果在喷射混凝土尚未达到所需强度之前就需要对开挖面进行支护时,则采用钢架,因钢架架设后,可立即起到支护作用;另外,当围岩压力大或变形发展快时,亦采用钢架,以加强初期支护刚度。

为了充分发挥钢架的支护作用,使钢架与喷射混凝土组成一体结构,故要求在确定钢架的形状、尺寸时,考虑隧道断面形状、喷射混凝土厚度等因素,在不良地质条件下,采用闭合结构。根据围岩条件的不同,选择在隧道拱部设置钢架或在拱墙设置钢架。自稳时间短、初期变形大的地层,或对地面下沉量有严格限制时,采用全环钢架。

钢架分为格栅钢架和型钢钢架,要求有足够强度和一定的刚度,能够承受一定的松动岩柱荷载,同时要保证自身的稳定。格栅钢架与型钢钢架相比,有受力好、质量轻、刚度可调、可现场加工制作,安装方便,能与喷射混凝土紧密结合等优点,形成有一定刚度和强度的钢拱肋支护。

钢架支护间距是根据围岩级别、开挖宽度和开挖进尺确定,并通过施工监控量测成果进行调整。钢架间距太小,喷射混凝土难以保证钢架背后的密实;钢架间距太大,由于钢架支护宽度范围有限,支护作用减弱。

为架设方便,每榀钢架需分节段制作,分节段长度需与开挖断面相适应,节段之间通过钢板用螺栓连接和焊接。

7.2.10 格栅钢架的截面高度宜为 120~220mm,主筋应采用 HRB400 钢筋,腹筋可采用

HRB400 或 HPB300 钢筋;主钢筋直径宜选用 18~25mm,腹筋直径宜选用 10~18mm。

7.2.11 在设置超前锚杆、超前小导管、超前大管棚等支护地段可设置钢架,作为超前支护的尾端支点,钢架截面高度不宜小于 160mm。

条文说明

在设置超前支护的地段,超前支护尾端需要设置较强支撑。

7.3 整体式衬砌

7.3.1 三级及三级以下公路的隧道洞口段、Ⅳ~Ⅵ级围岩洞身段可采用整体式衬砌。

条文说明

整体式衬砌具有较强的支护能力、防水能力和耐久性,具有长期的工程实践经验,能适应多种围岩条件。目前,山岭隧道中整体式衬砌一般采用模筑混凝土或钢筋混凝土衬砌。

7.3.2 整体式衬砌可设计为等截面或变截面,当衬砌承受偏压荷载或较大垂直荷载时,宜采用变截面形式。设置仰拱时,仰拱厚度不应小于边墙厚度。

条文说明

整体式衬砌在隧道支护结构中可以单独使用,更多的是作为复合式衬砌中的二次衬砌使用。整体式衬砌一般采用等截面,当承受偏压荷载或较大垂直荷载时,才考虑采用变截面形式。对设仰拱地段,为保证仰拱与边墙的有效连接,仰拱厚度不小于边墙厚度。

7.3.3 采用整体式衬砌出现下列情况时,宜采用钢筋混凝土结构

1 Ⅳ~Ⅵ级围岩、存在明显偏压的地段。
2 承受一定外水压的地段。
3 具有腐蚀性环境作用的地段。
4 净宽大于 3m 的辅助坑道、通风道、避难洞室等与主隧道交叉的地段。
5 地震动峰值加速度大于 $0.2g$ 的地区洞口段。

条文说明

钢筋混凝土衬砌具有较强的承载能力,在上述特殊地段需要采用钢筋混凝土结构。

7.3.4 整体式衬砌应设置变形缝。

条文说明

设置变形缝的目的是将具有不同承载能力的结构和承受不同荷载的结构完全断开,让变形缝两侧的结构在允许的范围内各自变形。

7.3.5 不设仰拱的整体式衬砌,衬砌边墙基础应符合下列规定:

1 边墙底截面宜适当扩大,应置于稳固的地基上,基础承载力满足设计要求。
2 基础底面不应高于电缆沟的设计开挖底面;路侧边沟开挖底面低于基础底面时,边沟开挖边界距边墙基础的距离应大于 500mm。
3 在洞门墙厚度范围内,边墙基础高程应与洞门墙基础底相同。

条文说明

不设仰拱地段,地基承载能力一般较强,但不能因为电缆沟和边沟开挖破坏地基的整体性,导致边墙脚空虚,影响地基承载力。端墙式洞门的洞门墙基础深度较大,洞门墙基坑开挖可能对隧道衬砌边墙基底造成损伤,故要求衬砌边墙基础加深到洞门墙基地深度。

7.4 复合式衬砌

7.4.1 复合式衬砌设计应综合考虑包括围岩在内的支护结构、断面形状、开挖方法、施工顺序和断面闭合时间等因素,充分发挥围岩的自承能力。

条文说明

　　复合式衬砌的初期支护一般采用喷锚支护,具有支护及时、柔性的特点,并在一定程度上能够随着围岩的变形而变形,力求最大限度地发挥围岩的自承能力。根据围岩条件,复合衬砌初期支护采用喷射混凝土或纤维喷射混凝土、锚杆、钢筋网和钢架等支护形式单一或组合施工,并通过监控量测手段,确定围岩已基本趋于稳定,再进行内层二次衬砌施工。二次衬砌可采用模筑混凝土、喷锚、拼装式衬砌等,但一般采用模筑混凝土。

　　影响二次衬砌受力状态的因素很多,除围岩级别、地下水状态、隧道埋置深度外,还有初期支护的刚度及其施作时间等,故设计二次衬砌要求综合考虑各种因素的影响,以期达到安全、经济的目的。

7.4.2 初期支护及二次衬砌的设计参数,应根据隧道围岩分级、围岩构造特征、地应力条件等采用标准设计及工程类比法、数值方法等分析确定。

条文说明

　　交通隧道复合式衬砌常用的设计参数见附录I。对于活动断裂带、软岩大变形及膨胀岩土、石膏地层等不良地质及特殊岩土地段,衬砌支护参数根据围岩地质条件单独确定。根据西南地区铁路建设经验,砂岩、泥岩、页岩等层状围岩,当岩层倾角不大于15°时,虽然可划定为Ⅲ级围岩,但在隧道施工时拱部易掉块和发生小规模坍塌,为保证施工安全,拱部多架设格栅钢架并设超前锚杆加强支护。

　　四车道公路隧道支护设计参数通过采用工程类比法和数值方法等分析确定,并根据超前地质预报及现场围岩监控量测成果对设计参数进行必要的调整。

7.4.3 复合式衬砌设计应符合下列规定:

1 初期支护应按永久支护结构设计,宜采用喷射混凝土或纤维喷射混凝土、锚杆、钢筋网和钢架等支护单独或组合使用,并应符合第7.2节的规定。

2 二次衬砌应采用模筑混凝土或钢筋混凝土结构,衬砌截面宜采用连接圆顺的等厚度衬砌断面。

3 各级围岩中,所确定的开挖断面,除应满足隧道净空和结构尺寸外,还应考虑围岩及初期支护的变形,预留适当的变形量;各级围岩隧道预留变形量值可根据围岩级别、开挖跨度、埋置深度、施工方法和支护条件,采用工程类比法确定;当无类比资料时,可按表7.4.3-1和表7.4.3-2采用。

表7.4.3-1　铁路隧道预留变形量(单位:mm)

围岩级别	隧道跨度		
	小跨度	中跨度	大跨度
Ⅰ	—	—	—
Ⅱ	—	0~30	30~50

续上表

围岩级别	隧道跨度		
	小跨度	中跨度	大跨度
Ⅲ	10~30	30~50	50~80
Ⅳ	30~50	50~80	80~120
Ⅴ	50~80	80~120	120~170

注:1.浅埋、软岩、跨度较大隧道取大值;深埋、硬岩、跨度较小隧道取小值。
   2.有明显流变、原岩应力较大和膨胀岩(土)、特大跨度隧道,应根据量测数据反馈分析确定预留变形量。

表7.4.3-2 公路隧道预留变形量(单位:mm)

围岩级别	双车道隧道	三车道隧道	四 车 道
Ⅰ	—	—	—
Ⅱ	—	10~30	30~80
Ⅲ	20~50	30~80	80~120
Ⅳ	50~80	60~120	120~150
Ⅴ	80~120	100~150	150~250

注:1.浅埋、软岩、跨度较大隧道取大值;深埋、硬岩、跨度较小隧道取小值。
   2.有明显流变、原岩应力较大和膨胀岩(土),Ⅳ级和Ⅴ级围岩地段的四车道隧道,应根据量测数据反馈分析确定预留变形量。

条文说明

隧道预留变形量是围岩在支护控制的条件下设计所允许的变形量。隧道围岩开挖后会产生一定的变形,为了减小作用于隧道衬砌上的变形压力,允许围岩产生一定的变形,释放部分能量,因此,在确定隧道开挖尺寸时需设定预留变形量。

隧道开挖后,周边变形量是随围岩条件、隧道宽度、埋置深度、施工方法和初期支护刚度等影响而不同。一般Ⅰ级和Ⅱ级围岩变形量小,并且多有超挖,所以不预留或少预留变形量;而Ⅲ级~Ⅴ级围岩则有不同程度的变形量,特别是软弱围岩(含浅埋隧道)的情况复杂,要确定标准预留变形量是困难的。隧道预留变形量采用工程类比法确定;当无类比资料时,按表7.4.3-1和表7.4.3-2先设定预留变形量,再在施工过程中通过量测予以修正。

7.4.4 地震动峰值加速度为0.2g及以上地区,隧道结构可采取以下措施:

1 抗震设防段应采用带仰拱的曲墙式衬砌,设防段衬砌应设变形缝。

2 浅埋、偏压的土质或破碎围岩地段宜进行围岩径向注浆。

3 活动断层破碎带地段,应合理选择支护形式及隧道断面形状,并适当预留断面净空。

7.4.5 隧道仰拱与底板设计应符合下列要求:

1 仰拱或底板开挖后,超挖部分应及时采用同级混凝土或喷射混凝土回填。

2 仰拱或底板施工前,应将基底虚渣、杂物、积水等清除干净。

3 仰拱应超前拱墙衬砌施作,其超前距离宜保持2倍以上衬砌循环作业长度。

4 仰拱或底板施工缝、变形缝处应作防水处理。

5 仰拱或底板施作应分段一次成型。

6 仰拱填充应在仰拱混凝土终凝后施作。

条文说明

隧道仰拱与底板施工前,要求将基底虚渣、杂物、积水等清除干净,并采用同级混凝土对基底回填或找平,以保证底板或仰拱的厚度,同时从根本上消除施工引起基底病害的潜在隐患。及时封闭仰拱或底板是保持洞室稳定的关键,在Ⅳ～Ⅵ级围岩中,仰拱尤其要超前施作。

7.4.6 隧道拱墙超挖部分应采用喷射混凝土回填,预留变形量残余部分采用同级混凝土回填;二次衬砌拱顶应进行充填注浆以保证初期支护与二次衬砌密贴。

条文说明

为了使衬砌密贴围岩,防止因围岩松散而导致地层压力增大,保证衬砌结构的安全稳定,超挖部分应进行回填,这样可以提高围岩与衬砌的黏结力,对防止拱圈围岩下沉及保持墙脚围岩的稳定性效果明显。

二次衬砌拱顶回填注浆采用注浆导管法(预留注浆孔法、纵向预留管道法)或防水板焊接注浆底座法,根据实际需要选用。

7.4.7 二次衬砌施工缝设置及混凝土浇筑应符合下列规定:

1 隧道衬砌纵向施工缝应设在水沟盖板面以下、侧沟过水面以上。

2 隧底结构应整幅连续灌筑,每循环浇筑长度宜与拱墙衬砌浇筑长度相匹配。

3 拱墙二次衬砌混凝土应左右对称、分层连续浇筑,不得留纵向施工缝及施工冷缝。

条文说明

拱墙和仰拱二次衬砌、底板及仰拱充填的环向施工缝要求统筹考虑,设在同一断面内。近年来,拱墙二次衬砌出现了较多衬砌背后空洞、衬砌渗漏水、衬砌掉块等病害,这与防排水施作和衬砌混凝土浇筑行为有关,故拱墙二次衬砌不能设纵向施工缝以及出现施工冷缝。

7.4.8 二次衬砌设置变形缝应符合下列规定:

1 明洞衬砌与洞内衬砌交界处应设变形缝,洞口段衬砌在距洞口5～12m的隧道内应设变形缝。

2 地质条件明显变化处、不同衬砌类型交界处,宜设置变形缝;在连续软弱围岩中,每30～100m宜设一道变形缝。

3 最冷月平均气温低于-15℃的寒冷地区,距洞口100～200m范围的衬砌段应根据情况设置变形缝。

4 变形缝处混凝土结构的厚度不应小于300mm,变形缝的宽度宜为20～30mm。

5 拱、墙、仰拱的变形缝应设在同一断面位置,应结合施工缝进行设置。

条文说明

隧道洞口地质条件复杂,地基承载力和衬砌受力差异较大,衬砌大多出现不同程度的横向变形错位,故洞口段衬砌设置变形缝。

不同围岩级别地基承载力不同,隧道采用衬砌类型及厚度不同,所承受的围岩压力不同,为防止不均匀沉降或变形而导致衬砌破坏,故在地质条件明显变化处、不同衬砌类型交界处要求设置变形缝。

严寒地区衬砌结构由于冷缩影响,往往导致衬砌开裂,为此在受温度变化影响较大的范围内,为防止衬砌由于温度应力导致衬砌开裂,故在严寒地区距洞口100～200m范围的衬砌段要求根据情况设置变形缝。

变形缝结合施工缝设置,可以减少1道专门的工序。变形缝内设置一定厚度的隔离层,如沥青木板或沥青麻丝,或具有一定耐久性和防水性能的柔性材料等。

7.4.9 隧道开挖宽度较大或围岩地质条件较差时,应进行开挖方法设计,明确各部开挖顺序、临时支护措施及支护参数。

条文说明

对于开挖宽度较大或围岩地质条件较差的隧道,隧道设计不仅要确定支护参数的强度和刚度,还要确定隧道开挖方法、开挖顺序、临时支护措施及支护参数。

7.5 管片衬砌

7.5.1 盾构法隧道宜采用装配式圆形衬砌结构,隧道内直径的确定应综合考虑设计时速、单双线情况、接触网悬挂方式、疏散救援方式、中隔墙、车辆特点及后期补强空间等因素。

7.5.2 盾构法隧道宜采用钢筋混凝土、钢纤维混凝土、铸铁、钢等单层预制结构形式,在满足工程使用、结构受力、防水和耐久性等要求的前提下,宜优先选用单层预制钢筋混凝土衬砌。根据需要可设置现浇模筑二次衬砌。

条文说明

盾构法隧道衬砌使用的材料有钢筋混凝土、纤维混凝土、钢、铸铁或这几种材料的组合;衬砌形式有板式、箱式等多种;形状有矩形、六角形和翼形等。目前盾构法隧道大量使用的为钢筋混凝土矩形板式衬砌。该类型衬砌具有制作方便、耐久性好、制造精度高、防水效果好和有较高的经济效益等优点。其他类型的衬砌只在受力复杂或开口部位等特殊情况下有所应用。

盾构法隧道衬砌选型应根据工程地质和水文地质条件、功能要求、隧道大小、使用条件等因素确定。从国内外盾构法隧道衬砌的应用情况看,单层衬砌在耐久性、受力、变形和防水等方面均能满足需求,因此,一般情况下优先采用单层衬砌结构。考虑到交通隧道工程的耐久性要求高,管片衬砌抗变形能力不如现浇钢筋混凝土结构好,尤其是处于对混凝土耐久性不利的地层环境时,管片结构易腐蚀且修复比较困难,可以考虑管片衬砌内部设置现浇模筑二次衬砌。

7.5.3 盾构法隧道管片厚度应根据隧道所处工程水文地质条件、隧道直径、建筑材料、结构荷载、施工工艺等条件,通过工程类比和结构计算分析确定。单层预制钢筋混凝土管片厚度宜为盾构外径的0.04倍~0.06倍。

条文说明

由于盾构法施工的隧道断面为圆形,结构受力较好,管片结构多受抗裂控制,故其厚度不宜太厚。近年来国内外大直径盾构法隧道的管片分块及厚度统计如表7.5.3-1所示,钢筋混凝土管片衬砌的厚度经验取值见表7.5.3-2。

表7.5.3-1 盾构法隧道管片分块及厚度统计

管片环外径(m)	管片分块(块)	管片厚度(mm)
8~10	7~8	300~400
10~12	7~9	400~500
12~15	9~12	500~600

注:钢筋配筋量可根据结构计算确定。

表 7.5.3-2　盾构法隧道管片厚度经验取值

盾构衬砌环外径 D_w (m)	$5 \leq D_w < 8$	$D_w \geq 8$
管片厚度(m)	$0.05D_w \sim 0.06D_w$	$0.04D_w \sim 0.05D_w$

7.5.4 盾构法隧道管片环宽应根据曲线拟合、运输、拼装、防水等因素确定,单层预制钢筋混凝土管片衬砌环宽度宜为 1.5~2.0m。

条文说明

综合考虑管片运输、拼装、提高曲线段施工精度、减少接头数量、降低漏水缺陷概率、降低工程造价、提高施工速度等因素,目前我国铁路盾构法隧道衬砌环宽度推荐选取 1.5~2.0m。

7.5.5 盾构法隧道管片分块应根据管片尺寸、管片制作、运输与拼装、盾构构造、结构受力、防水效果等因素确定,一般可分为 7~12 块。

条文说明

据统计,国内外大直径盾构法隧道外径为 8~15m,管片分块 7~12 块,其中以 8~10 块的居多。如广深港客运专线狮子洋隧道外径 10.8m,采用 7+1 分块方式;黄岗隧道外径 10.1m,采用 8 等分块方式;武汉长江隧道外径 11.0m,采用 9 等分块方式;南京长江越江隧道外径 14.5m,采用"7+2+1"分块方式,上海长江口越江隧道外径 15m,采用"7+2+1"分块方式。

7.5.6 盾构法隧道衬砌环根据使用要求,一般分为进洞环、出洞环、标准环、变形缝环等类型。

7.5.7 盾构法隧道管片拼装可分为通缝、错缝两种方式,对防水要求高、软土地区、大直径的隧道,应优先采用错缝拼装方式;衬砌环组合可采用通用衬砌环、直线与楔形衬砌环组合等方式。

条文说明

通缝和错缝之间的本质区别是一个管片环整体刚度上的差异。通缝拼装管片衬砌整体刚度较小,变形较大,内力较小,管片拼装工艺较简单;错缝拼装管片衬砌整体刚度较大,变形较小,内力较大,拼装管片精度要求较高。当地层较为坚硬、螺栓刚度很大时,两种接头形式的区别很小;当地层软弱而且管片间接头螺栓的刚度较小时,通缝和错缝的差异较大,在这种条件下,考虑到衬砌结构变形以及防水问题,采用错缝是较为有利的。

通用衬砌环为采用一种类型的楔形管片进行直线、曲线地段的衬砌环拼装,它让管片衬砌环在 360°范围内按照纵向螺栓的模数进行旋转,以适应盾构隧道衬砌环的空间位置。通用衬砌环可减少管片模板类型,简化衬砌环拼装工艺,但对管片拼装要求较高。

直线与楔形衬砌环组合方式需设置直线环、左偏环、右偏环三种衬砌环类型。盾构法隧道拼装时需要根据当时隧道的偏移情况决定下一环的衬砌类型。该拼装方式为目前我国地铁盾构隧道衬砌环的主流拼装方式。

7.5.8 楔形衬砌环楔形量可根据管片种类、管片宽度、管片外径、曲线半径、曲线楔形环使用比例、管片制作方便等因素确定,一般应符合下列规定:

$$\delta = kB_{cq}\frac{D_w}{R_q} \tag{7.5.8}$$

式中：δ——楔形衬砌环的理论楔形量；

　　　k——综合修正系数，根据隧道直径、衬砌环宽度、线路曲线半径、楔形环间距等综合确定，通常可取 1.5~2.5；

　　　B_{cq}——衬砌环幅宽(m)；

　　　D_w——衬砌环外径(m)；

　　　R_q——衬砌环所在的平面曲线半径(m)。

条文说明

楔形衬砌环楔形量 δ 是衬砌环最大宽度与最小宽度之差，对应的角度 β 称为楔形角。实际工程中采用一种楔形衬砌环满足曲线拟合和修正线路蛇形误差两种功能，如图 7.5.8 所示。

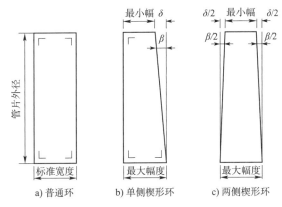

图 7.5.8 楔形衬砌环

7.5.9 衬砌环封顶块拼装方式可采用隧道轴向插入或隧道径向插入，接头角角度和插入角角度应根据断面力的传递、结构稳定性、组装方式、施工条件、管片制造等因素确定。

条文说明

盾构衬砌环一般由数块 A 型管片、两块 B 型管片和一块 K 型管片组成。衬砌环拼装时，K 型管片可以从隧道轴向插入，也可以从径向插入，如图 7.5.9-1 所示。

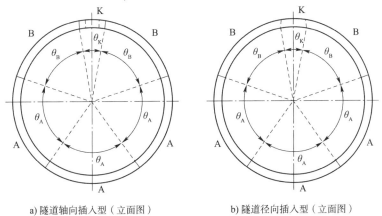

图 7.5.9-1 K 型管片类型

如图 7.5.9-2 所示，径向插入型管片的接头角度按 $\alpha_r = \theta_k/2 + \omega$ 计算。其中 ω 是插入管

片所需富裕的角度,一般采用2°~5°,可能条件下取较小值。轴向插入型管片一般可不设接头角度,但考虑包括盾构长度在内的施工条件及管片接头的干扰,有时也需要设定接头角度。

管片插入角一般为17°~24°,具体根据施工条件确定。

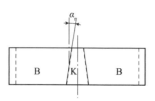 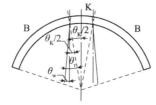 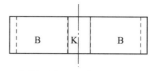

a) 隧道轴向插入型管片(俯视图)　　b) 隧道径向插入型管片(立面图)　　c) 隧道径向插入型管片(俯视图)

图 7.5.9-2　管片接头角和插入角

7.5.10　衬砌环接头分为环向接头和纵向接头,管片间可采用斜直或弯形螺栓接头形式。

条文说明

常用的接头形式有螺栓接头、插销式接头和榫接头等。

螺栓接头是最常用的接头形式,采用螺栓将管片连接成环,然后再将衬砌环拼装成隧道衬砌结构。管片设计时需考虑螺栓接头对结构的影响,螺栓孔与螺栓尺寸根据现行相关规范进行配套设计。

插销式接头在管片纵向接头中应用较多,具有作业效率高、对自动化施工适应性强等优点。该类型接头不但能确保衬砌环错缝拼装时的纵向效应,同时还具有锁销的功能,对确保隧道轴向的连续性以及隧道防水都具有一定作用。

榫接头主要用在衬砌环的纵向接头方面,接头部分设有凹凸,通过凹凸部位的啮合作用进行力的传播,一般情况下榫接头都与有紧固力的接头一起使用。由于接头的组装精度高,故对施工管理要求也相应较高。

7.5.11　管片应根据连接方式、起吊方式、拼装方式、注浆要求,以及结构受力等因素综合合理确定手孔、定位孔、起吊孔、注浆孔的位置与尺寸,螺栓手孔、预埋件等薄弱部位应设置钢筋。

7.5.12　管片接缝构造应满足受力、拼装定位、防水的要求,接缝尺寸和角度应有利于减少局部应力集中以及管片制造、运输、拼装过程中的碰撞破损,并应符合下列规定:

1　管片边缘宜设置尺寸5mm×5mm的倒角。

2　管片接缝内侧边缘处应预留嵌缝槽,槽宽不宜小于10.0mm,嵌缝槽深宽比不小于2.5。

7.6　明洞衬砌

7.6.1　下列地段应考虑设置明洞:

1　洞顶覆盖层薄,不宜大开挖修建路堑且难以用暗挖法修建隧道的地段或暗挖法修建不经济、存在较大的安全风险地段。

2　受危岩落石、塌方、泥石流等威胁的地段。

3　修建高路堑会危及公路或铁路运营安全及附近重要建(构)筑物安全的地段。

4 公路、铁路、沟槽等建(构)筑物需在隧道上方通过,不宜采用暗挖施工或立交桥跨越的地段。

5 为减少洞口边仰坡开挖、保护洞口环境,需要延伸隧道长度的地段。

条文说明

明洞是指以明挖法修建的隧道。明洞拱背通常有回填土石覆盖,也可部分裸露或全裸露。修建明洞的主要原因如下:

(1)洞顶覆盖薄,围岩成洞条件差,综合考虑明挖法修建隧道在技术、经济、工期、安全、环保等方面比暗挖法修建隧道或大开挖修建路堑方案更有优势。

(2)隧道口或路基受不良地质危害、难以整治的段。

明洞为防坍塌建筑物,对防御塌方、落石有明显的效果;当采用坡面防护措施,不能确保线路安全时,明洞建筑是经常采用的。在山区铁路和公路中,防治泥石流病害的原则,一般是上游采取水土保持,中游设坝拦截,下游修建桥渡、导流堤、急流槽及渡槽等措施排泄,当有困难或不经济时,经过比选,采用明洞渡槽引渡,避免对线路的危害。

(3)修建高路堑地段,可能存在危岩落石或雨季路堑坍塌引起的次生灾害,危及线路运营安全,或高路堑开挖会危及附近建(构)筑物安全。

(4)当公路、铁路、河沟、灌溉渠等跨越线路,由于地形、地质以及线路条件的限制,有困难而又需在隧道上方通过时,常以明洞结构代替立交桥、过水渡槽。

(5)在可以改善环境条件,避免自然环境受到破坏时,适合设置明洞,将隧道延长。

7.6.2 明洞结构可分为拱形明洞、棚洞等类型,设计时应根据地形、地质、施工条件,考虑结构安全、经济实用、美观等因素分析确定,并应符合下列规定。

1 洞顶回填土层较厚或一次塌方量大、落石较多或需要克服来自仰坡方向滑坡推力时,宜采用拱形明洞。

2 建筑高度受限制的地段,可采用矩形明洞。

3 路基外侧地形狭窄、内外侧墙基底地质构造明显不同,外侧基础工程量较大或洞顶荷载较小时,可采用棚洞。

4 需保护洞口自然环境或防范洞口边仰坡滚石时,应加长隧道修建拱形明洞或棚洞,洞顶可进行绿化。

条文说明

拱形明洞结构整体性较好,纵向刚度大,承载力较大,具有很好的抗滑能力,能适应较大的山体压力,因此,在一般情况下,一次塌方量可能较大,基础设置条件较好时,采用拱形明洞。

当线路外侧地形狭窄或基岩埋藏较深的半路堑,设置拱形明洞确有困难时,为了便利施工,采用棚洞。棚洞根据外侧支承结构形式分为墙式、柱式、刚架式、悬臂式等。在选用时,根据地形、地质条件,其次结合运营安全、施工难易及经济与否等因素综合比较确定。

7.6.3 明洞结构设计应符合下列规定:

1 明洞应采用钢筋混凝土结构。

2 拱形明洞可按整体式衬砌设计,当衬砌边墙侧压力较大、地基承载力不足或有抗震要求时,应设置仰拱。

3 半路堑式明洞应考虑偏压影响,拱形明洞外侧边墙宜适当加厚;当地形条件允许时,可采用反压回填或设置反压墙。

4 棚洞盖板宜采用T形截面构件;设置内边墙时宜采用重力式结构,当岩层坚固完整时,可采用锚杆式边墙;外侧支承结构根据地形、地质情况可采用墙式、柱式、刚架式、悬臂式等类型。

5 防落石危害的明洞,应检算落石冲击荷载下明洞结构的安全性。

6 气温变化较大地区或地质条件存在明显变化的地段,应根据具体情况设置变形缝。

条文说明

拱形明洞按路堑形式分为路堑式、偏压直墙式、偏压斜墙式及单压式四种。由于明洞所受荷载受外界影响较大、根据近年来的工程经验,明洞衬砌(半路堑式明洞外墙除外)采用钢筋混凝土结构。拱圈截面采用对称式结构,为等截面或变截面形式,对于一般的单线拱形明洞,常采用等截面。

棚洞结构主要由盖板、内边墙和外侧支承结构三部分组成。棚洞盖板一般多采用T形截面构件,便于预制吊装,缩短工期。棚洞内边墙根据地形、地质情况,有重力式和锚杆式两种。重力式边墙适用于内侧有足够净宽或岩层破碎的地段,棚洞边墙承受结构的全部水平力,起挡土墙的作用。锚杆式边墙适用于路堑内侧不宽阔,但岩层坚硬完整,能提供一定的锚固力地段,考虑地下水对岩层稳定的影响,以及锚杆的强度和耐久性,锚杆式内墙设在岩层无水或地下水较少的情况。棚洞外侧支承结构有墙式、柱式、刚架式、悬臂式等类型,具体选用时,根据落石、塌方和地质情况确定。墙式棚洞一般适用于外侧地基承载力较低,但地基稳定的半路堑。柱式或刚架式棚洞适用于外侧地形狭窄,基岩埋藏较深,采用柱式结构并将柱基下到较好的基岩上。当山坡较陡,岩层坚硬完整,但坡面有少量的剥落、掉块或少量塌方,而外侧地基不良或外侧岩壁陡峻,不能设置基础或设置基础工程太大时,采用悬臂式棚洞,以确保线路运营安全;但在地震动峰值加速度0.1g以上的地震区,一般不采用悬臂式棚洞。

设置沉降缝是为了减少不均匀受力或不均匀变形对结构的破坏。位于洞口段的明洞,一般地质条件复杂且明洞砌体和混凝土不可避免地要遭受大气温度变化的影响,故气温变化较大地区或地质条件存在明显变化的地段明洞要求设置变形缝,变形缝的间距视明洞长度、覆土或暴露情况、温差大小及地质情况酌情确定。

7.6.4 明洞基础设计应符合下列规定:

1 当基岩裸露或埋置较浅时,基础可设置于基岩上;当基础位于软弱地基上或两侧边墙基础软硬不均时,应采取仰拱、整体式基础、桩基、加深基础或地基加固处理等措施。

2 明洞基础应有一定的嵌岩深度和护基宽度,外墙基础趾部距外侧稳固地层的边缘,应保持适当的水平距离;当地基坚硬完整时,基础可做成台阶状。

3 在横向斜坡地形,明洞外侧基础深度超过路基面以下3m时,宜设置横向拉杆或采用锚杆锚固于稳定的岩层内;若为棚洞的立柱,宜加设纵撑与横撑。

4 局部地段外墙基础设置困难时,可采用拱、梁跨越。

5 明洞受河岸冲刷影响地段,应根据情况设置防护。

条文说明

拱形明洞不设在软弱地基上或两侧边墙基础硬软不均的地基上,以免基础下沉或产生不均匀沉陷,导致明洞结构破坏;当不可避免时,需采取措施,以保证安全。若基岩不深,可加深基础至基岩上;当基础加深有困难时,可加设混凝土或钢筋混凝土仰拱。当明洞基础位于软弱地层或填筑土、弃渣堆积层等地基上,而修建深基础工程量大,施工困难时,可采用整体式基础,亦可考虑采用桩基础或加固地层等措施。

位于斜坡地段单压明洞的外墙基础,为确保基底稳定,其趾部应埋入稳固的地层中,并与外侧稳固地层边缘保持适当的水平距离:对于完整坚硬岩层,约0.5m;对于一般岩层,约1.0m;对于松软岩层,应大于1.5m。外墙地基为坚硬完整的岩层时,为了节约砌体和混凝土,减少开挖数量和施工困难,基础切割成台阶。

路基面以下超过3m的深基础,一般指半路堑单压明洞的外边墙基础。因外墙基础深时,墙也高,墙底的向外转动对拱圈内力的影响大,在路基面处加设横向拉杆或将深基础墙身用锚杆锚固于基岩上,均可减少墙底的向外转动,改善结构受力条件。柱式棚洞立柱为深基础时,于路基面加设纵撑和横撑,主要给立柱加设约束条件,以减少其长细比的影响。

由于单压明洞局部地段外墙基础很深,当设置困难时,为了减少工程量、方便施工,可采用拱梁跨越。

山区铁路、公路一般多傍山沿河而行,明洞设计时,要考虑河岸冲刷可能影响基础稳定,根据地形、地质、流速等情况,设置河岸防护,确保明洞安全。

7.6.5 明洞洞顶回填应根据明洞设置目的、作用以及地形条件、边仰坡病害确定,并应符合下列规定:

1 明洞顶回填土的厚度和坡度应根据明洞的用途和要求确定。为防御一般的落石、崩塌而设的明洞,回填土的厚度不宜小于2.0m,填土坡度宜为1:1.5~1:5。

2 山坡有严重的危石、崩塌风险时,应予以清除或加固处理。

3 采用明洞式洞门时,明洞拱背可部分裸露,裸露部分宜设装饰层。

4 立交明洞上的回填土厚度应结合公路、铁路、沟渠等构筑物的高程,考虑自然环境、美化要求、结构设计需要等综合研究确定。

5 明洞顶设置过水渠、过泥石流漕渡等构筑物时,明洞设计应考虑其影响。

条文说明

有的明洞为防御落石、崩塌而设,有的因公路、铁路、沟渠在线路上方通过而修建,还有的因受泥石流等危害而修建。由于明洞的用途不同,洞顶回填土的厚度和坡度也不一样,故在确定明洞顶回填土的厚度、坡度时,根据明洞的用途和要求确定。

洞顶回填土的横向坡度,以能顺畅排除坡面水为原则。加大填土坡度时,只会增加偏压恒荷载,对拱圈受力不利,因此,在满足排水的前提下,填土坡坡度越缓越好。但是考虑山坡崩坠的石块,受雨水冲刷而带来的泥石,以及坡面零星的坍塌,多堆积于坡脚附近,因而设计填土坡较实际填土适当加大。以往设计时,根据防护落石、防止崩塌和支撑边坡稳定等需要,对填土坡作了如下的要求:①为满足洞顶排水的需要,设计回填土坡度不应小于2%;②在一般落石、坍塌的情况下,采用设计填土坡坡度1:5~1:3、实际填土坡坡度1:10~1:5;③为支撑边坡稳定或防护山坡可能发生大量塌方、泥石流、滑坡时,采用设计填土坡坡度1:3~1:1.5、实际填土坡坡度1:5~1:3。

明洞一般适用于建成后山体基本稳定,只有少量塌方落石情况,如山坡存在有严重的危石或坍塌威胁时,为了确保明洞施工及运营安全,需结合具体情况予以清除或加固处理。

近年来交通隧道应用明洞式洞门逐渐增多,对于减小洞口自然环境破坏、保护和美化自然环境起到了很好的效果。明洞拱背裸露部分设置装饰层起到拱背防水和美观作用。

明洞顶设置过水渠、过泥石流漕渡等构筑物时,一般要求过水沟渠或普通排水沟沟底距洞顶外缘不小于1.0m,排洪、引导泥石流的渡槽底面距洞顶外缘厚度不小于1.5m。

7.6.6 明洞边墙背后回填应根据围岩级别、明洞类型、设计要求和施工方法确定,并应符合下列要求:

1 衬砌设计考虑了围岩弹性反力作用时,墙背超挖部分应采用混凝土、片石混凝土或浆砌片石回填。

2 衬砌设计考虑了地层或回填土主动土压力时,墙背回填料的内摩擦角不应小于设计要求的地层计算摩擦角或回填料计算摩擦角。

条文说明

明洞边墙背开挖,因围岩不同而有两种情况,一种是边墙部位垂直开挖,另一种是自墙底起坡开挖。边墙与边坡间的回填,结合这两种情况并根据设计要求确定。

(1)在Ⅱ~Ⅳ级围岩地段,边墙部位一般均自墙顶起坡开挖,要求与围岩密贴,若设计时考虑了围岩弹性反力作用,此时墙背有超挖,则视超挖大小,采用混凝土或水泥砂浆砌片石回填密实,以创造边墙受力条件。

(2)在Ⅴ级围岩地段,边墙部位一般不能垂直开挖,墙背后须用填料回填。若明洞墙背主动土压力是按地层计算摩擦角计算的,则墙背回填料的摩擦角不低于地层计算摩擦角。若计算采用了设计要求的回填料计算摩擦角,则墙背回填料的摩擦角不低于设计要求的回填料计算摩擦角,否则侧压力将增大,影响结构安全。回填料的内摩擦角由试验取得。

7.7 构 造 要 求

7.7.1 承受荷载的隧道建筑物各部结构的截面最小厚度不应小于表7.7.1的规定。两车道、三车道隧道及地下风机房的衬砌结构最小厚度不宜小于300mm。

表7.7.1 截面最小厚度(单位:mm)

隧道类型	建筑材料种类	隧道(暗洞、明洞)衬砌	洞门端墙、翼墙和洞口挡土墙
铁路隧道	混凝土	250	300
公路隧道	混凝土	200	300
公路隧道	片石混凝土	—	500

条文说明

表7.7.1规定的截面最小厚度,主要是从各种材料的施工要求出发,以便施工质量得到保证。辅助坑道需要设模筑衬砌时,其截面最小厚度亦需符合表7.7.1的规定。

7.7.2 混凝土基础台阶的坡线和竖直线之间的夹角不应大于45°;当为砌体基础时,不应大于35°。

条文说明

扩大基础台阶的坡线与竖直线之间的夹角的容许值,随基础材料种类而异。根据国内外的试验资料及使用经验,对于上述夹角,混凝土为45°,砌体为35°。

7.7.3 钢筋混凝土构件中最外侧钢筋的混凝土保护层厚度应根据环境作用类别和作用等级确定,并应符合现行相关标准的规定。

条文说明

钢筋混凝土构件中最外侧钢筋的混凝土保护层厚度应根据环境作用类别和作用等级确定,并应符合现行《混凝土结构耐久性设计标准》(GB/T 50476)、《公路工程混凝土结构耐久性设计规范》(JTG/T 3310)和《铁路混凝土结构耐久性设计规范》(TB 10005)的规定。

7.7.4 隧道暗洞及明洞衬砌钢筋混凝土结构一侧受力钢筋最小配筋百分率不小于0.2%,全部受力钢筋最小配筋百分率不小于0.4%;其余钢筋混凝土结构构件中纵向受力钢筋的配筋百分率不应小于表7.7.4规定的数值。

表7.7.4 纵向受力钢筋的最小配筋百分率

受力类型		最小配筋百分率(%)
受压构件	全部纵向受力钢筋 强度等级500MPa	0.50
	全部纵向受力钢筋 强度等级400MPa	0.55
	全部纵向受力钢筋 强度等级300MPa、335MPa	0.60
	一侧纵向受力钢筋	0.20
受弯构件、偏心受拉、轴心受拉构件一侧的受拉钢筋		0.20和$45 f_t/f_y$中的较大值

注:1. f_t为混凝土轴心抗拉强度设计值(MPa),f_y为普通钢筋抗拉强度设计值(MPa)。

2. 偏心受拉构件中的受压钢筋,应按受压构件一侧纵向受力钢筋考虑。

3. 受压构件的全部纵向受力钢筋和一侧纵向受力钢筋的配筋率以及轴心受拉构件和小偏心受拉构件一侧受拉钢筋的配筋率应按构件的全截面面积计算。

4. 受弯构件、大偏心受拉构件一侧受拉钢筋的配筋率应按全截面面积扣除受压翼缘面积$(b_f'-b)h_f'$后的截面面积计算。

5. 当钢筋沿构件截面周边布置时,"一侧纵向受力钢筋"系指沿受力方向两个对边中的一边布置的纵向受力钢筋。

条文说明

隧道及明洞衬砌结构主要按现行《混凝土结构设计规范》(GB 50010)偏心受压和偏心受拉构件设计,但隧道衬砌结构与工民建结构的构件差异较大,表7.7.4中受压构件全部受力钢筋最小配筋百分率要求系针对柱、压杆等截面长宽比不大于4的构件规定的,其目的是强调强柱弱梁,避免混凝土突然压溃,并使受压构件具有必要的刚度和抵抗偶然偏心作用的能力;而对隧道及明洞衬砌等长宽比大于4的构件,受力钢筋最小配筋率可适当降低。

通过调研铁路、公路隧道衬砌结构设计情况,隧道衬砌结构按一侧纵向受力钢筋最小配筋百分率不小于0.2%,全部纵向受力钢筋最小配筋百分率不小于0.4%进行设计,实践证明能够保证衬砌结构安全。

7.7.5 受拉钢筋的锚固应符合下列规定:

1 受拉钢筋最小锚固长度应符合表7.7.5-1的规定。

2 梁端部钢筋伸过支点的长度不应小于$10d$(d为钢筋直径),并设置弯钩。

3 绑扎骨架的受拉光圆钢筋末端应设弯钩,受拉普通钢筋末端可设弯钩,纵向受压钢筋、焊接骨架及焊接网可不设弯钩。受拉钢筋设弯钩时应符合表7.7.5-2和图7.7.5的规定。

表 7.7.5-1 钢筋最小锚固长度 (单位:mm)

钢筋种类	HPB300			HRB400			HRB500		
混凝土等级	C25	C30	≥C40	C25	C30	≥C40	C25	C30	≥C40
受压钢筋(直端)	30d	25d	20d	35d	30d	25d	40d	35d	30d
受拉钢筋 直端	—	—	—	45d	40d	35d	50d	45d	40d
受拉钢筋 弯钩端	25d	20d	20d	30d	25d	20d	35d	30d	25d

注:1. 当带肋钢筋直径大于 25mm 时,其锚固长度应增加 10%。
  2. 采用环氧树脂涂层钢筋时,其锚固长度应增加 25%。
  3. 当混凝土在凝固过程中易受扰动时,其锚固长度应增加 10%。
  4. 受弯及大偏心受压构件中的受拉钢筋截断时宜避开受拉区。

表 7.7.5-2 受拉钢筋弯钩形式和技术要求

锚固形式	技术要求
90°弯钩	带肋钢筋末端 90°弯钩,弯钩内径 4d,弯后直段长度不小于 12d
135°弯钩	带肋钢筋末端 135°弯钩,弯钩内径 4d,弯后直段长度不小于 5d
180°弯钩	光圆钢筋末端 180°弯钩,弯钩内径不小于 2.5d,弯后直段长度不小于 3d

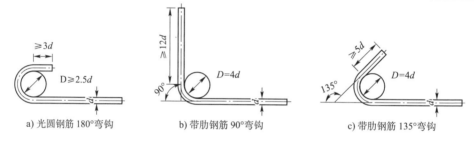

图 7.7.5 受拉钢筋弯钩形式和技术要求

条文说明

受拉钢筋最小锚固长度取决于钢筋抗拉强度设计值 f_y 和混凝土轴心抗拉强度设计值 f_t,并与锚固钢筋的直径及外形有关,即 $\alpha f_y/f_t d$。其中,光圆钢筋 α 取 0.16,带肋钢筋 α 取 0.14。

7.7.6 钢筋混凝土构件钢筋弯起应符合下列规定:

1 纵向受力钢筋需要弯起时,弯起钢筋的弯终点外应留有平行于梁轴线方向的锚固长度,且在受拉区不应小于 20d(d 为弯起钢筋的直径),在受拉区不应小于 10d。

2 弯起钢筋的弯起角,对于梁,宜取 45°或 60°;对于板,宜为 30°~45°。

3 HPB300 钢筋的最小弯曲半径应为 10d,HRB400 钢筋的最小弯曲半径应为 14d,HRB500 钢筋的最小弯曲半径应为 18d。

7.7.7 对腐蚀环境下的构件,浇筑在混凝土中并部分暴露在外的钢质预埋件及连接件应与混凝土构件中的钢筋隔离,或对外露部分采取可靠的防腐措施。

7.7.8 钢筋连接应符合下列规定:

1 隧道衬砌受力钢筋接头宜设置在受力较小处,受拉钢筋宜采用套筒机械连接方式,其他钢筋可采用绑扎搭接。

2 隧道衬砌拱部及边墙钢筋接头不宜采用焊接,不可避免时应有保证安全的措施。

3 焊接接头应相互错开,焊接接头连接区段长度为35d(d为钢筋较大值)且不小于500mm,凡接头中点位于该连接区段长度内的焊接接头均属于同一连接区段。

4 位于同一连接区段内受力钢筋的焊接接头、机械连接接头面积百分率,对受拉主钢筋接头,不应大于50%;受压主钢筋的接头面积百分率可不受此限制。

5 钢筋的连接还应满足现行《混凝土结构设计规范》(GB 50010)的相关规定。

条文说明

各种类型钢筋接头的传力性能(强度、变形、恢复力、破坏状态等)均不如直接传力的整根钢筋,任何形式的钢筋接头均会削弱其传力性能。因此,钢筋连接的基本原则为:连接接头设置在受力较小处;限制钢筋在构件同一跨度或同一层高内的接头数量;避开结构的关键受力部位,并限制接头面积百分率等。

隧道拱墙衬砌背后铺设有塑料防水板,钢筋接头采用焊接时产生的电火花易灼伤防水板,严重可能引起火灾事故,故隧道衬砌拱部及边墙钢筋接头不建议采用焊接。

7.7.9 钢筋的直径和间距应符合表7.7.9-1~表7.7.9-3的要求。

表7.7.9-1 柱中钢筋的直径和间距(单位:mm)

类别	直径	间距
纵向受力主筋	直径≥12	50≤间距≤300
箍筋	(1)直径≥6且≥d/4(d为主筋中的最大直径); (2)当纵向钢筋配筋率>3%时,直径≥8	(1)间距≤400及截面的短边尺寸且≤15d(d为主筋的最小直径); (2)当纵向钢筋配筋率>3%时,间距≤10d且≤200(d为主筋的最小直径)
构造钢筋	对于偏心受压柱,当截面高度h≥600mm时,应在垂直于弯矩作用平面的侧面上设置纵向构造钢筋,d≥10,并相应设置复合箍筋或拉筋	

表7.7.9-2 板中钢筋的直径和间距(单位:mm)

类别	直径	间距
纵向受力主筋	受力钢筋直径6、8、10	(1)当板厚≤150mm时,间距≤200; (2)当板厚>150mm时,间距≤1.5h且≤250
构造钢筋	分布钢筋直径≥6,间距≤250	

表7.7.9-3 梁中钢筋的直径和间距(单位:mm)

类别	直径	间距
纵向受力主筋	(1)当梁高<300mm时,直径≥8; (2)当梁高≥300mm时,直径≥10	下部钢筋净间距≥25且≥d,上部钢筋净间距≥30且≥1.5d(d为主筋的最大直径);当下部钢筋多于两层时,2层以上钢筋横向中距应是下面2层中距的2倍
箍筋	(1)当截面高度≤800mm时,直径≥6; (2)当截面高度>800mm时,直径≥8; (3)配有计算需要的纵向受压钢筋时,直径≥d/4(d为受压钢筋中的最大直径)	(1)当150mm<梁高≤300mm时,间距150~200; (2)当300mm<梁高≤500mm时,间距200~300; (3)当500mm<梁高≤800mm时,间距250~350; (4)当梁高>800mm时,间距300~400; (5)当$KV>0.07R_abh_0$时取小值,反之取大值

续上表

类　别	直　径	间　距
构造钢筋	（1）对于架立钢筋，当梁跨度<4m时，直径≥8；当梁跨度为4~6m时，直径≥10；当梁跨度>6m时，直径≥12； （2）当梁的腹板高度≥450mm时，在梁的两个侧面应沿高度配置纵向构造钢筋，每侧纵向构造钢筋的间距不宜大于200mm，截面面积不应小于腹板截面面积的0.1%	

注：1. 当按计算需设置弯起钢筋时，从支座起前一排的弯起点至后一排的弯终点的距离不应大于上表中 $KV > 0.07R_a bh_0$ 时的箍筋间距。

2. 截面的腹板高度取值：对于矩形截面，取有效高度；对于T形截面，取有效高度减去翼缘高度；对于I形截面，取腹板净高。

8 特殊岩土和不良地质隧道

8.1 岩溶隧道

8.1.1 岩溶隧道勘察设计应根据地形、地质、水文条件及工程所处环境等特点,综合考虑施工、运营、维护要求,合理确定技术方案和工程措施。

条文说明

岩溶是指可溶性岩石(碳酸盐岩、石膏、岩盐等)受水体以化学溶蚀为主、机械侵蚀和崩塌为辅的地质营力综合作用,以及由此产生的地质现象的统称。岩溶发育与地壳运动有关,其基本规律如下:当地壳上升,侵蚀基准面下降时,岩溶水在适应侵蚀基准面的过程中剧烈下切,形成垂直岩溶系统;当地壳处于相对稳定状态时,岩溶水则作水平方向运动,形成水平岩溶系统;当地壳处于间歇性上升时,相应地出现了垂直岩溶系统与水平岩溶系统断续地相互交替的现象。

根据隧道内岩溶的表现形态,隧道岩溶段的处治方案可按"溶洞或管道""岩溶水"和"溶蚀带"等三种形态制定处治方案。

溶洞或管道的处治方案应根据溶蚀洞穴或管道与隧道的相互位置关系及其自身的洞穴发育规模等信息制定。一般地,大型溶洞采用跨越方案和支顶加固方案,小型溶洞采用护拱、封闭、换填和回填等方案。

岩溶水的处治方案根据涌水量、水质、围岩地质条件等信息制定。一般采用堵水方案和排水方案,前者包括预注浆堵水、后注浆堵水和补注浆堵水等措施,后者包括依靠隧道自身的排水系统排水以及涵洞排水和泄水洞排水等措施。

溶蚀带的处治方案综合溶蚀带与隧道的相互位置关系及发育规模、围岩和溶蚀充填物的地质条件等信息制定,一般可综合上述两种处治方案并结合超前预支护方案。

隧道岩溶不良地质的表现形态往往是以上两种或三种形态的混合体,因此岩溶处治需考虑到复杂性,遵循"因地制宜、综合治理"的基本原则。

8.1.2 岩溶隧道应根据实际情况对岩溶水采取截、堵、排、防等处理措施,并应保护、疏通、恢复岩溶原有排水通道。

条文说明

对岩溶水的处理需根据水源、水量、水压、水的活动规律和工程地质情况等综合研究,慎重考虑,因地制宜地采取截、堵、排、防的治理措施。

"以疏导为主"就是要尽量不改变岩溶水的径流路径,保持其原有循环和储存平衡状态,减少水对主体结构和生态环境的破坏,故对岩溶水的既有排泄通道应尽量"恢复或维持"。但实践证明,由于既有通道存在淤堵或暴雨季节岩溶水量骤增的可能,从而引起岩溶水位上升对隧道衬砌结构造成破坏,因此,对既有排泄通道采取利用但不依赖的设计理念,必要时通过设置人工排泄通道以提高岩溶水的排泄能力。

对岩溶水采取引排措施时,调查核实地表有无水环境敏感区,考虑排水对地表环境的影响与破坏,若影响、破坏较大,采取"以堵为主、限量排放"的原则。

高压富水段是岩溶隧道修建技术的难点和关键,其高压岩溶水往往给注浆堵水或排水降压造成了极大的施工困难和安全风险,因此,在高压富水段处理时需进行充分研究,比较堵、排方案的可能性和残留风险等级,并视具体岩溶情况采取堵或排的处理方案。

8.1.3 岩溶隧道衬砌结构设计应综合考虑围岩级别、岩溶类型、地下水发育状况、岩溶洞壁稳定状况、与隧道的空间关系等因素,确定结构类型及参数;当不能保证衬砌背后积水充分排放(无压排放)时,衬砌应按承受一定水压力设计。

8.1.4 可溶岩地段隧道衬砌结构应结合围岩级别及衬砌受力情况合理设置构造钢筋或受力钢筋;对于隧道洞身揭示有溶槽、溶洞、岩溶管道、暗河、溶蚀破碎带等岩溶现象或岩溶水发育地段,隧道结构体系应进行针对性设计,衬砌结构应采用钢筋混凝土。

条文说明

近年来可溶岩地段隧道,特别是隧道洞身揭示有溶槽、溶洞、岩溶管道、暗河、溶蚀破碎带等岩溶现象或岩溶水发育地段,出现了多次岩溶水破坏隧道衬砌的事故,对隧道运营安全造成了较大的影响,故有必要加强可溶岩地段隧道衬砌的强度及刚度。

8.1.5 岩溶隧道超前地质预报应以地质调查法为基础,以钻探和物探相结合的综合方法,预测地层岩性、地质构造、岩溶发育程度、岩溶类型、地下水分布等,探明岩溶在隧道内的分布位置、规模、充填情况及岩溶水的发育情况,综合分析评判突水、突泥的可能性及危害性。

条文说明

由于岩溶发育的复杂性、隐蔽性、不确定性,岩溶发育的宏观规律理论上可说清楚,但具体到哪个位置是否发育岩溶、岩溶的规模、充填情况等,目前根据理论还很难说清楚。根据目前科技发展水平,靠单一的预报手段很难满足快速安全施工需要,故需进行综合超前地质预报。

8.1.6 施工过程中应进行隧道周边隐伏岩溶探测,评估隐伏溶洞对隧道长期运营的影响,对存在安全隐患的岩溶,应进行处治。

条文说明

岩溶地区隧底隐伏岩溶洞穴探测应符合下列要求:①采用综合物探查明隧底隐伏岩溶洞穴的位置、规模;②根据物探资料布置验证钻孔;③根据钻探验证结果修订物探异常成果图,作出预测隐伏岩溶图;④隐伏岩溶图比例为1:100~1:500,标明隐伏岩溶的位置、规模、埋藏深度、类型和验证钻孔。

8.1.7 隧道穿越溶洞应根据溶洞规模、充填情况及其与隧道的关系、地下水情况,采取下列处理措施:

1 小型溶洞可采取浆砌或干砌片石封闭、回填、护拱防护、加强衬砌、抛石注浆等措施。

2 大型干溶洞,拱部及边墙宜采取回填措施,基底可采取板跨、梁跨、拱跨、钢管群桩、桩基托梁、填筑等措施。

3 大型充填型溶洞,并根据充填物的性质及稳定性,采取封闭掌子面、超前预注浆加固、超前支护等措施,基底可采取钢管群桩、旋喷桩等措施。

4 大型充水型溶洞，可采用梁跨、拱跨、泄水等措施。
5 大型过水型溶洞，可根据具体情况，采取泄水洞、梁跨、拱跨、迂回导坑等措施。

条文说明

对溶洞的处治，应根据不同类型的溶洞特征，制定不同的处治措施。

根据溶蚀洞穴的发育规模，总体可分为"小型溶洞"和"大型溶洞"两类。"小型溶洞"一般指出露于隧道拱顶上方、边墙侧部及底板下方，且发育有限（溶洞洞径<1/2隧道开挖洞径，或溶洞洞径<6m）、充填物易于清理的溶蚀洞穴。"大型溶洞"一般指洞穴深浚（溶洞洞径≥1/2隧道开挖洞径，或溶洞洞径≥6m），且充填丰满，难于回填或不宜填塞的溶蚀洞穴。

根据溶洞充填物特征，可将溶洞分为充填型、半充填型和无充填型三类。"充填型溶洞"指溶洞内有充填物充填的溶洞。"半充填型溶洞"指溶洞内既有部分充填物，又有一部分空腔的溶洞。"无充填型溶洞"指溶洞内无充填物的溶洞。

对小型岩溶洞穴，应综合考虑岩溶洞穴的充填特征、所处位置以及方便现场施工，采取下列处治措施：

（1）无充填或半充填型小型溶洞：当小型溶洞位于隧道拱部上方时，需清除洞内充填物，如有条件，对溶穴腔壁进行适当的喷锚防护，并保证锚杆嵌入基岩不少于1.0m，在隧道衬砌施工后，浇筑混凝土护拱，护拱加设锁脚锚杆，最后吹（堆）砂充填；当小型溶洞位于隧道边墙侧部时，在隧道衬砌施工前，先浇筑片石混凝土或浆砌片石护墙，后墙背以干砌片石回填；当小型溶洞位于隧道底板（或仰拱）下方时，在清除溶蚀充填物后，采用干砌片石、片石混凝土换填。

（2）充填型小型溶洞：当岩溶洞穴位于隧道拱部和边墙位置时，若岩溶洞穴内充填物已发生滑落，在岩溶洞穴内充填物清除后，采用喷射混凝土或水泥砂浆回填；若岩溶洞穴充填物未发生滑落，在岩溶洞穴位置采取喷锚网防护；当岩溶洞穴位于隧道基底位置时，在清除岩溶洞穴内的充填物后，采用混凝土回填密实的处治方案。

（3）对隐伏型小型溶洞，采取局部注浆措施，对隐伏岩溶进行注浆回填或注浆固结。

对大型干溶洞，应因地制宜进行处理。拱部及边墙一般采取回填措施，基底处治需根据其发育特点采取下列处理措施：

（1）当隧道基底处的溶洞深度很深，同时溶洞纵向跨度不大（一般小于3m）时，采用隧道弃渣回填量大，并有可能影响地下水通道，可采用型钢混凝土+板跨的处治方案。

（2）隧道基底处的溶洞，可采取洞渣回填后，采用"托梁+钢筋混凝土板"的跨越结构处治溶洞，托梁断面尺寸一般采用（1.0~1.5）m（宽）×（1.0~1.3）m（高），托梁两端置于完整基岩上的长度不小于2m，钢筋混凝土板厚度一般为0.3~1.5m。

（3）当隧道基底处的溶洞深度较深（5~20m）时，可采用钢管群桩加固处治方案。

（4）当隧道基底处的溶洞纵向发育范围较大，基底深度较深（20~30m）时，可采用桩基+承台的处治方案。

（5）当隧道基底处的溶洞规模大，发育深度很深（≥30m）时，可采用填筑方案，以路基形式通过。

对大型充填型溶洞，应根据充填物的性质，采取下列处理措施：

（1）当充填物为淤泥或粉细砂时，需封闭掌子面，采用超前预注浆加固地层，并采取超前大管棚支护,采用预留核心土或侧壁导坑法开挖。开挖后应及时进行径向补充注浆,并及时施作二次衬砌结构。

(2)当充填物为粉质黏土时,对于拱部及边墙的溶洞可采用超前小导管支护,必要时在隧道拱部设大管棚超前支护,分步开挖,钢架支撑的处治方案,开挖后及时进行径向加固注浆。基底的溶洞可采取钢管群桩或高压旋喷桩进行加固处治。加固后及时施作二次衬砌结构。

(3)当充填物为块石土时,需封闭掌子面,采用全断面超前预注浆的形式加固块石土,并采取超前大管棚支护,留核心土法或侧壁导坑法开挖,开挖后及时进行施作初期支护及二次衬砌。

对大型含水型溶洞,根据溶洞中含水率的大小,采取下列处理措施:

(1)充水型溶洞(溶槽),采取以注浆加固堵水为主的处治原则;注浆加固堵水处治可根据涌水量大小、水压力高低、隧道施工特点,选择采取超前预注浆堵水和揭示后径向注浆堵水两种方式处治。

(2)过水型溶洞,遵循"宜疏不宜堵"的原则,可根据具体情况,采取泄水洞、梁跨(拱跨)、迂回导坑等措施。

8.1.8 岩溶隧道地下水发育地段应加强施工期及运营期衬砌结构健康监测设计。

8.2 膨胀岩(土)隧道

8.2.1 隧道应根据岩性、成因、膨胀率、膨胀力等情况,采用工程类比法、数值方法等进行设计。

条文说明

膨胀土的成因主要划分为两大类,具体如下:①残积、坡积相膨胀土,由泥岩、页岩、石灰岩等沉积岩或基性、中酸性火成岩风化而成;②冲击、洪积、冰水沉积相膨胀土,由流水搬运、分选、堆积而成。

膨胀岩的岩性特征主要划分为五大类,具体如下:①沉积型泥质膨胀岩,泥岩、页岩、泥质粉砂岩类膨胀岩;②火成岩类膨胀岩,低温热液型中基性侵入岩体蒙脱石化后形成的膨胀岩;③蒙脱石化凝灰岩类膨胀岩,凝灰岩蚀变后形成的膨胀岩;④固结断层泥类膨胀岩,区域性活动断层柔性剪切带形成的半成岩断层泥膨胀岩;⑤含硬石膏或无水芒硝类膨胀岩,红色沉积岩系中夹有层状硬石膏或无水芒硝。

由于具有遇水膨胀的特性,膨胀性围岩隧道在施工和运营过程中经常产生较多的病害。膨胀性围岩隧道常见的病害包括围岩开裂、导坑下沉、坍塌冒顶和底鼓等;衬砌变形包括拱圈、拱脚、边墙尤其是仰拱的变形等。

影响隧道内膨胀性围岩性能变化的因素较多,如膨胀性矿物的成分及含量、物理力学指标、地下水、衬砌结构刚度和施工方案等。由于人们对于膨胀岩的认识尚不成熟,在判别膨胀岩等级、膨胀量和膨胀压力的方面国内外尚无统一的判别标准,加之隧道工程的复杂性,目前设计还主主要依据工程类比,结合数值方法确定支护参数。

8.2.2 膨胀岩(土)隧道结构设计应符合以下规定:

1 断面形状可选用圆形或接近圆形。

2 内轮廓设计应预留足够的变形量，预留变形量可根据围岩膨胀变形量或现场监测确定。

3 隧道应采用复合式衬砌，二次衬砌宜采用钢筋混凝土结构，初期支护、二次衬砌均应设仰拱。

4 仰拱曲率应尽量加大，并与边墙连接圆顺，适当加强仰拱的强度和刚度。

条文说明

对于膨胀性围岩隧道，由于隧道开挖改变了地下水富存环境，围岩含水状态改变，导致围岩变形量大且延续时间较长，常作用较大的膨胀侧向压力和底部压力，有时侧向压力还大于垂直压力，从而导致边墙变形大并出现底鼓，故隧道衬砌应采用复合衬砌，并推荐采用带仰拱的圆形或接近圆形的马蹄形断面。初期支护应及时提供一定的支护抗力，使围岩不致发生松散，并允许基岩的塑性变形有一定发展，以充分发挥围岩的自承作用；二次衬砌作为永久结构物，可保证隧道长期稳定，并便于防水措施的实施。为保证二次衬砌具有足够的承载力，要求采用钢筋混凝土结构。仰拱施作及时能提前发挥衬砌的整体承载能力。

膨胀性围岩隧道关键是如何确定二次衬砌最佳施作时间，如围岩变形不充分，过早施作二次衬砌，则可能被围岩膨胀压力破坏；施作过晚，则变形过大、围岩松弛，造成坍方，故通过现场试验、量测来确定二次衬砌施作时间。

由于围岩变形大，防止衬砌侵入建筑限界，故隧道设计断面要预留较大的变形量，该变形量需根据围岩膨胀变形量或现场监测确定。

8.2.3 初期支护可采用可缩式钢架、长锚杆、预应力锚杆、钢纤维喷射混凝土等措施以适应围岩的变形，对于底鼓现象严重的岩层宜采用长锚杆加固底部围岩。

条文说明

当膨胀性围岩隧道产生较大变形时，喷射混凝土层可能会出现混凝土裂缝、剥落、掉块和破坏或钢架扭曲等现象。为了抵抗和控制围岩大变形，采用可缩式钢架、长锚杆、预应力锚杆、钢纤维喷射混凝土等措施，或者采用双层初期支护，支护刚度逐渐加大。可缩式钢架是由U形钢架制作，每榀钢架设5~7个可缩接头。

8.2.4 初期支护应及时封闭成环，缩短围岩暴露时间，变形基本稳定后及时施作二次衬砌。

条文说明

膨胀性围岩隧道支护应早支护、柔支护、及时成环，使围岩在控制条件下产生围岩压力；实施分层支护，刚度逐渐加大，在围岩发生一定变形后提高对围岩变形控制能力。

8.2.5 膨胀岩(土)隧道应采取截、排水措施，减少围岩遇水膨胀变形。

条文说明

水是膨胀性围岩隧道产生病害的主要根源，对膨胀性围岩强度和体积有较大影响。围岩含水量的变化直接使其强度和体积发生变化，所以，需及时施作喷锚闭合支护，封闭暴露的围岩，防止施工用水和水汽浸入岩体。

当隧道未施作底部支护时，基底便成为围岩应力释放的集中部位，如果基底经常积水，使岩体浸泡软化，吸水膨胀，将可能产生底鼓现象。如不及时加以控制，便会产生墙脚内移、边墙剪断、拱圈破损、坍塌而导致整个支护衬砌破坏。在开挖后及时施作初期支护，迅速有效地支护封闭围岩，防止围岩变形过大而松弛、坍塌，阻止水侵入岩体，减少围岩风化、吸水软化和膨胀。同时需做好地表截水、排水工程,减少地表水下渗到隧道。

8.3 黄土隧道

8.3.1 黄土隧道应根据黄土类型、物理力学指标、断面尺寸和施工方法等情况,采用工程类比、理论计算方法进行设计。

条文说明

依据黄土的堆积时代,黄土地层分为老黄土和新黄土,见表 8.3.1-1;依据黄土的成因类型,分为风积、冲积、洪积、坡积黄土;依据黄土体在一定压力下受水浸湿发生湿陷的程度,分为自重湿陷性黄土、非自重湿陷性黄土和非湿陷性黄土;依据黄土的塑性指数,分为砂质黄土或黏质黄土。黄土的湿陷性和湿陷程度,按室内浸水(饱和)压缩试验,在一定压力下测定的湿陷系数进行判断,见表 8.3.1-2。

表 8.3.1-1 黄土地层的堆积时代与特征划分

地层时代			地层名称	岩土名称	湿陷性及其他特征
第四纪 Q	全新世 Q_4	近期 Q_4^2	新黄土	新近堆积黄土状土	黏质新黄土、砂质新黄土	一般为自重或非自重湿陷性黄土地基,常具有高压缩性
		早期 Q_4^1		黄土状土		
	更新世 $Q_1 \sim Q_3$	晚更新世 Q_3		马兰黄土		
		中更新世 Q_2	老黄土	离石黄土	黏质老黄土、砂质老黄土	部分土层上部具有湿陷性
		早更新世 Q_1		午城黄土		不具有湿陷性

表 8.3.1-2 黄土的湿陷性分类及湿陷性程度分级

湿陷性类型		评价指标
湿陷性	非湿陷性黄土	$\delta_s < 0.015$
	湿陷性黄土	$\delta_s \geq 0.015$
湿陷程度	湿陷性轻微	$0.015 \leq \delta_s \leq 0.030$
	湿陷性中等	$0.030 < \delta_s \leq 0.070$
	湿陷性强烈	$\delta_s > 0.070$

注:δ_s 为湿陷系数。

黄土因成因、形成年代和区域不同,工程性质差异很大,黄土普遍垂直节理发育特点,新黄土具大孔隙和湿陷性,施工中易沿垂直节理滑落掉块,甚至出现塌方危及作业人员安全。因此,需结合区域黄土的特点,因地制宜进行勘察、设计和施工,保证施工和运营安全。

8.3.2 黄土隧道的深浅埋分界深度应根据黄土形成的年代及断面尺寸确定,老黄土(Q_1、Q_2)隧道可取 $1.4(H+B) \sim 1.7(H+B)$,新黄土(Q_3、Q_4)隧道可取 $1.8(H+B) \sim 2.1(H+B)$。

条文说明

黄土隧道的深浅埋分界影响因素主要包括黄土性质(即形成年代)、隧道断面尺寸(隧道开挖深度 H、隧道开挖宽度 B)等。

8.3.3 黄土隧道设计应符合以下规定:

1 黄土隧道宜采用曲墙带仰拱的复合式衬砌结构。二次衬砌宜采用钢筋混凝土结构。

新黄土(Q_3、Q_4)浅埋地段隧道拱部可不设置系统锚杆。

2 当地基承载力不足时,初期支护可采用设置锁脚锚杆(管)、增大拱脚截面、设钢管桩等措施控制拱脚下沉,必要时设置临时仰拱。

3 黄土隧道应设置超前支护,超前支护可采用小导管、管棚等。当掌子面自稳能力差、易坍塌时,宜采用喷射混凝土封闭或塑料锚杆加固等措施。

条文说明

工程实践表明,复合式衬砌对于保证施工安全及运营期结构稳定更为有利。根据黄土隧道衬砌现场试验研究和量测资料,垂直压力是不均匀的,大致呈马鞍形分布,侧压力比较大,其侧压力系数约为0.5,故黄土隧道要求采用曲墙带仰拱的复合式衬砌结构。实践证明,带仰拱、边墙曲率较大(矢高不小于弦长的1/8)的复合衬砌,能促使围岩较快的稳定,为了避免或减少土体应力集中,隧道开挖轮廓应圆顺。郑西线大断面黄土隧道工程试验证实,在下列场合,可以不设置锚杆:①浅埋隧道或上方围岩可能产生整体下沉的拱部;②设置长管棚超前支护的范围内。

从黄土隧道的施工经验来看,其拱部初期支护整体沉降比例较大,在施工过程中需采用可靠的工程措施进行处理,常用的控制技术包括设置锁脚锚杆(管)、大拱脚、钢管桩、临时仰拱等。

黄土隧道施工,因围岩的自稳能力差,需要进行超前预支护或预加固处理。管棚工法、超前小导管、掌子面塑料锚杆加固、掌子面喷射混凝土封闭等作为隧道施工的几种重要的辅助工法,在避免因围岩过度松弛造成的局部失稳坍塌,防止隧道塌方,有效地限制地表沉陷等方面发挥着重要作用。根据黄土隧道工程经验,超前小导管采用外径42mm的无缝钢管,长度为3.5~5.0m,搭接长度不小于1m;超前管棚采用外径89~159mm的钢管,外插角为0°~1°,管棚搭接长度不小于3m。

8.3.4 黄土隧道应对隧道施工及运营安全有影响的裂缝、坑洞、陷穴等进行处理。明穴、坑洞可夯填处理,暗穴可灌浆、灌混凝土或夯填处理,表层应进行隔水封闭处理。地表裂缝宜采用灌浆充填、夯填灰土封闭处理。

条文说明

由于黄土的多孔性、湿陷性,遇水软化,其抗压强度和抗剪强度随含水率的增加而显著降低,水对黄土地层整体性和稳定性的危害性极大,且反应灵敏。由于黄土遇水软化、坍塌,对位于隧道附近地表冲沟、陷穴、裂隙,予以回填、铺砌,并做好地表水的引排设施,将水排至隧道范围以外,以免下渗影响结构安全。

8.3.5 黄土隧道边、仰坡宜采取加固坡脚、加强坡面防护和排水的综合防护措施,并宜采取带截水缘骨架或锚杆(索)的框架梁护坡,绿化植被应结合当地气候条件、土体性质及工程实际选用。

条文说明

边、仰坡坡度结合地形、地质条件及边坡的稳定性综合考虑,原则上坡度采用1:0.75~1:1.25。封闭式防护主要有浆砌片石与喷射混凝土等防护方式,此类防护应用范围很广,但不利于排水,对边坡的长期稳定性有影响。骨架护坡+植物防护的结构形式不仅考虑了力学稳定性,从边坡长期工作状态来看是很有利的。骨架护坡采用混凝土浇筑或预制混凝土构件拼装,护坡骨架嵌入坡面,并确保坡面排水顺畅。边、仰坡临时防护一般采用锚喷网、土钉墙、挡土墙、围护桩等防护措施。

8.3.6 隧道通过湿陷性黄土时,应进行湿陷性评价,地基湿陷量计算和湿陷等级划分应符合下列要求:

1 黄土隧道地基湿陷量的计算值 Δ_s 应按下式计算:

$$\Delta_s = \sum_{i=1}^{n} \beta \delta_{si} h_i \tag{8.3.6}$$

式中:δ_{si}——隧道地基下第 i 层土的湿陷系数;

h_i——隧道地基下第 i 层土的厚度(mm);

β——隧道地基湿陷变形计算修正系数。

黄土隧道地基湿陷量 Δ_s 的计算值,应从隧道基底算起,至其下非湿陷黄土层的顶面为止,其中湿陷系数 δ_{si} 小于 0.015 的土层不累计。

2 黄土隧道地基湿陷等级可按表 8.3.6 划分。

表 8.3.6 黄土隧道地基湿陷等级及湿陷程度

隧道地基湿陷等级	划分标准(mm)	隧道地基湿陷程度
一	$\Delta_s \leq 50$	轻微
二	$50 < \Delta_s \leq 350$	中等
三	$\Delta_s > 350$	严重

条文说明

湿陷性黄土是一种非饱和的欠压密土,具有大孔和垂直节理,在天然湿度下,其压缩性较低,强度较高,但遇水浸湿时,土的强度显著降低,在附加压力或附加压力与土的自重压力下引起湿陷变形。黄土的湿陷变形具有突发性、非连续性和不可逆性,其破坏程度比一般压缩变形强烈得多。

黄土隧道湿陷性评价主要集中在洞口及浅埋地段,重点评价黄土湿陷性对洞口稳定性及基础产生的影响。黄土隧道地基的湿陷变形会引起衬砌结构破坏。黄土隧道地基的湿陷变形一般根据地基土的自重湿陷系数,采用分层总和法计算,并采用现行《湿陷性黄土地区建筑标准》(GB 50025)规定的地区取值修正。

8.3.7 湿陷性黄土隧道应综合考虑地形地貌、浸水条件、地基湿陷等级等因素,因地制宜,以封闭隔水、加强结构为主,必要时可采取表 8.3.7 的地基处理措施,以防止地基湿陷对隧道衬砌及洞门结构产生危害。

表 8.3.7 湿陷性黄土地基处理方法

名 称	适 用 范 围	处理厚度(m)
换填法	洞门端、挡、翼墙地基、明洞地基、隧道地基	0.5~3
挤密桩法	明洞地基、隧道地基	3~20
混凝土灌注桩	洞门端、挡、翼墙及明洞地基	15 以上

条文说明

湿陷性黄土的干密度小,含水率较低,属于欠压密的非饱和土,其可压实和可挤密的效果好,采取的地基处理措施需根据湿陷性厚度、隧道空间大小及施工工序、对初期支护的影响等要求,确定地基处理厚度及平面尺寸。

换填法是一种浅层处理湿陷性的传统方法,在湿陷黄土地区使用较为广泛,处理厚度一般为0.3~3.0m;当处理厚度超过3m时,挖、填土方量大,施工工期长,施工质量不易保证。

挤密桩法适用于处理地下水位以上的湿陷性黄土,可处理地基的深度为5~20m。当以消除地基土的湿陷性为主要目的时,一般采用土挤密桩法;当处理厚度大于15m时,一般采用柱锤冲扩挤密桩法进行处理;隧道内一般采用无振动挤密桩进行处理。

明洞工程湿陷性黄土地基可结合地基的湿陷性等级、类型、湿陷层的厚度及湿陷量,采用换填法、挤密桩法或混凝土灌注桩法等进行处理。当场地内有易形成集中入渗通道的陷穴、坑洞等可能对隧道地基产生危害的不良地质时,可综合考虑地形地貌、浸水条件等因素,根据地基的湿陷性要素采取洞内换填、桩基处理等措施。新近堆积黄土及饱和黄土地基不满足承载力要求时,可采用换填、树根桩或混凝土桩等一种或多种相结合的处理方法。

8.4 瓦 斯 隧 道

8.4.1 通过含瓦斯地层的隧道,应根据不同地段瓦斯赋存或涌出情况、瓦斯动力现象划分瓦斯工区、瓦斯地段等级,确定瓦斯隧道类型,并针对不同瓦斯地段等级进行防治瓦斯设计。瓦斯隧道施工期间,还应根据预测及揭示地质资料及时修正设计。

条文说明

通过含瓦斯地层的隧道均为瓦斯隧道,瓦斯隧道等级按隧道内瓦斯工区的最高级别确定。

8.4.2 瓦斯隧道施工应坚持安全第一,遵循超前预报先行、施工通风为主、瓦斯监测并重、综合措施配套、应急预案落实的基本原则。

条文说明

为贯彻落实我国《安全生产法》中"安全生产工作应当以人为本,坚持安全发展,坚持安全第一、预防为主、综合治理的方针",瓦斯隧道需坚持安全第一,遵循超前预报先行、施工通风为主、瓦斯监测并重、综合措施配套、应急预案落实的基本原则。

瓦斯隧道在建设过程中,若发生灾害,其后果往往非常严重。为准确查明瓦斯地质条件,有针对性地采取措施,防止瓦斯事故发生,超前地质预报是首要手段,前方煤层瓦斯赋存条件、煤层性质则是超前探测所需进行的工作内容,其目的是了解前方地层瓦斯基本状态、煤层产状、煤层特性、顶底板岩层性质等,以进一步修正瓦斯隧道等级,从而调整工程措施和管理等级,确保施工安全。

对于通过含瓦斯地层,施工中采取的注浆等封闭措施、或抽排放的措施,只能达到减少瓦斯溢出的目的,对于渗入或涌入隧道的瓦斯,只有通过通风稀释到安全浓度以下后,才能确保安全。工程实践表明,加强施工通风,尤其是加强局部瓦斯易于集聚地段的通风,消除瓦斯积聚,是防止瓦斯事故发生的根本。

煤系地层各煤层瓦斯赋存条件不同、非煤系瓦斯逸出通道和逸出量的不确定性,隧道施工过程中高、低瓦斯的情况可能发生转换。工程实践中,铁路瓦斯隧道施工只有建立了完善的瓦斯监测系统,以"持续监测"之不变应"瓦斯条件"之万变,及时处理异常情况,隧道施工风险才能有效控制,安全才有保障。针对防止煤与瓦斯突出,防突效果的检验至关重要,但究其根本,仍然是对煤层中瓦斯含量、瓦斯压力等参数的检测,也是瓦斯监测的范畴。

瓦斯隧道修建的工程实践中,在超前预报、施工通风和瓦斯监测的基础上,对洞内施工作业、施工设备及人员以及防突揭煤等方面进行全面综合管理,合理组织,以确保瓦斯隧道安全、有序施工。同时,参建单位针对瓦斯隧道的复杂性,结合影响安全的因素多的特点,通过在勘察设计、施工的全过程中开展风险评估工作,在安全管理方面制定应急预案,在施工中开展应急演练等,可很好地减小危及安全的风险发生的概率。

8.4.3 瓦斯隧道按全工区绝对瓦斯涌出量和煤层瓦斯突出危险性进行分类,其分类标准见表8.4.3。瓦斯隧道中只要有一处突出危险,该处所在工区即为瓦斯突出工区。瓦斯隧道的类型应按隧道内瓦斯工区的最高等级确定。

表8.4.3 瓦斯工区的分类

项 目	分 类	判定指标		备 注
		小跨度	中等、大、特大跨度	
隧道工区	非瓦斯工区	0		按绝对瓦斯涌出量进行判定
	微瓦斯工区	$<0.3 m^3/min$	$<0.5 m^3/min$	
	低瓦斯工区	$0.3 m^3/min \sim 1.0 m^3/min$	$0.5 m^3/min \sim 1.5 m^3/min$	
	高瓦斯工区	$\geq 1.0 m^3/min$	$\geq 1.5 m^3/min$	
	瓦斯突出工区	判定瓦斯突出应同时满足下列4个指标: (1)煤层瓦斯压力$\geq 0.74 MPa$; (2)瓦斯放散初速度$\geq 10 L/min$; (3)煤的坚固性系数≤ 0.5; (4)煤的破坏类型为Ⅲ类、Ⅳ类或Ⅴ类		按瓦斯压力、瓦斯放散初速度、煤的坚固系数及煤的破坏类型进行判定

条文说明

隧道施工是按施工工区进行组织和管理,而瓦斯隧道的瓦斯防治工作也是按工区划分进行组织管理,故瓦斯隧道的类型是根据隧道内各施工工区的最高瓦斯级别确定的,分为微瓦斯隧道、低瓦斯隧道、高瓦斯隧道及瓦斯突出隧道。

由一座隧道洞口(或辅助坑道口)开辟工作面施工的隧道范围称为隧道施工工区。瓦斯隧道工区划分根据煤与瓦斯地层分布及瓦斯防治、辅助坑道设置、工期及施工组织安排等,经技术经济比较后综合确定,划分为不同类型的工区后,在施工机械、施工方法、施工管理上区别对待,从而达到简化施工和降低造价的目的。比如低瓦斯工区除加强通风和瓦斯监测外,可采用普通非防爆的施工机械设备;但是高瓦斯工区则采用防爆设备;而煤与瓦斯突出工区,除采用防爆设备外,还有防突措施和相应的装备,且施工专业性强、工程费用大、处理工期长。工区划分有条件时尽量将高瓦斯或煤与瓦斯突出等高风险段划分在一个工区,便于集中管理,控制风险。

非煤系地层瓦斯隧道在施工阶段的工区划分可以参照表8.4.3的绝对涌出量进行。由于非煤系地层的瓦斯赋存条件复杂多样,其溢出、涌出方式具有相当的不确定性,在勘察、设计期间甚至施工阶段,其瓦斯涌出量也难以通过预测、测量的方式量化,为安全计,当无法确定绝对瓦斯涌出量时,将非煤瓦斯工区划分为低瓦斯工区。根据地层中瓦斯的赋存、运移特征,当隧道工区通过圈闭构造、节理裂隙密集带及断层等瓦斯富集构造及运移通道时将该段划为高瓦斯区段,相应工区为高瓦斯工区。在施工中,通过瓦斯检测等进一步核实和修订工区瓦斯等级。

煤与瓦斯突出的根本是瓦斯动力现象,所以煤与瓦斯的动力现象是认定突出煤层的首要判据。隧道工程区域或隧道经由的矿区发生煤与瓦斯动力现象的基本特征不明显时,则需根据动力现象中抛出煤的吨煤瓦斯含量对突出煤层进行认定;按动力现象基本特征或抛出煤瓦斯含量都还不能判定性质的瓦斯动力现象,则根据测定的煤层突出危险性指标或典型突出预兆进行综合分析,作出认定结论。

8.4.4 瓦斯隧道结构设防等级可根据地层赋存瓦斯情况,按表8.4.4确定。

表8.4.4 瓦斯隧道结构设防等级

设防等级	吨煤瓦斯含量（m^3/t）	瓦斯压力（kPa）
三	<2	<150
二	≥2	150~740
一	—	≥740

注:当按吨煤瓦斯含量及瓦斯压力确定的设防等级不一致时,取较高者。

条文说明

瓦斯隧道中既有含瓦斯地段也有不含瓦斯地段,含瓦斯地段的瓦斯情况各异,对封闭瓦斯措施的要求不同,故将瓦斯隧道细分为不同等级的设防地段,根据各设防等级地段的瓦斯具体情况,构建对应的瓦斯隧道设防结构体系,从而使设计更科学合理。瓦斯地段分为三级设防地段,二、三级结构设防地段的瓦斯压力阈值,通过计算确定。

8.4.5 隧道内微瓦斯工区的电气设备可使用非防爆型,低瓦斯、高瓦斯及瓦斯突出工区的电气设备应使用防爆型。

条文说明

根据《煤矿安全规程》第441条规定,选用井下电气设备需符合表8.4.5的要求。交通隧道建设基本是以穿煤通过为主,与矿井以找煤、采煤是有极大区别的。隧道施工更类似于矿井中的巷道掘进;隧道施工通风也是以压入式、巷道式为主。按瓦斯隧道的划分,参照《煤矿安全规程》的规定,低瓦斯、高瓦斯及瓦斯突出工区的电气设备应使用防爆型。

表8.4.5 井下电气设备选型

设备类别	突出矿井和瓦斯喷出区域	高瓦斯矿井、低瓦斯矿井				总回风巷、主要回风巷、采区回风巷、采掘工作面和工作面进、回风巷
		井底车场、总进风巷、主要进风巷		翻车机洞室	采区进风巷	
		低瓦斯矿井	高瓦斯矿井			
高低压电机和电气设备	矿用防爆型（增安型除外）	矿用一般型	矿用一般型	矿用防爆型	矿用防爆型	矿用防爆型（增安型除外）
照明灯具	矿用防爆型（增安型除外）	矿用一般型	矿用防爆型	矿用防爆型	矿用防爆型	矿用防爆型（增安型除外）
通信、自动控制的仪表、仪器	矿用防爆型（增安型除外）	矿用一般型	矿用防爆型	矿用防爆型	矿用防爆型	矿用防爆型（增安型除外）

工区的电气设备主要是固定的设备,在安装配置好后,要换装非常困难,对工期也不利;另一方面,一旦进入瓦斯区段,其洞口至瓦斯区段间处于回风流中,为保证安全,该段固定设备也需要按瓦斯的要求进行配置。因此,对工区的电气设备配置和管理从进洞开始按工区最高瓦斯类别要求进行。

低瓦斯、高瓦斯工区及煤与瓦斯突出工区采用防爆型机电设备是为了防止电气设备工作时产生火花引爆瓦斯。当低瓦斯、高瓦斯工区或瓦斯突出工区与非瓦斯工区、微瓦斯工区开挖贯通后,如低瓦斯、高瓦斯工区或瓦斯突出工区尚未封闭或设立风门等防止瓦斯涌入后者工区的措施时,则非瓦斯工区和微瓦斯工区的固定设备和照明从一开始也需使用防爆型。

8.4.6 高瓦斯工区和瓦斯突出工区的作业机械应使用防爆型,微瓦斯工区和低瓦斯工区的作业机械可使用非防爆型。

条文说明

《煤矿安全规程》和《煤炭工业矿井设计规范》(GB 50215—2015)的相关规定表明,在矿井中使用无轨运输设备均要求采用防爆型;使用有轨运输设备时,突出矿井必须使用防爆要求的机车,低瓦斯矿井的主要回风巷、采区进(回)风巷使用符合防爆要求的机车。

低瓦斯工区只要满足最小回风风速 0.25m/s,可以把瓦斯浓度稀释控制到 0.5% 以下,这种情况下采用非防爆的作业机械是安全的。调研成贵铁路、兰渝铁路等低瓦斯隧道施工使用设备配置中,均采用的通用型的无轨设备,因此,微、低瓦斯工区的作业机械能使用非防爆型。

8.4.7 高瓦斯工区和瓦斯突出工区供电应配置两路电源。工区内采用双电源线路时,工区电源线路不得分接隧道以外的任何负荷。

条文说明

《煤矿安全规程》第 436 条规定:"矿井应当有两回路电源线路(即来自两个不同变电站或者来自不同电源进线的同一变电站的两段母线)。当任一回路发生故障停止供电时,另一回路应当担负矿井全部用电负荷。区域内不具备两回路供电条件的矿井采用单回路供电时,应当报安全生产许可证的发放部门审查。采用单回路供电时,必须有备用电源。备用电源的容量必须满足通风、排水、提升等要求,并保证主要通风机等在 10min 内可靠启动和运行。"

8.4.8 瓦斯隧道开工前必须对施工作业及管理人员进行安全技术培训;爆破工、电工、瓦检员等特种作业人员必须持证上岗;在有煤(岩)与瓦斯突出危险地段,尚应配备专职防突员。

条文说明

《煤矿安全规程》第 9 条规定:"煤矿企业必须对从业人员进行安全教育和培训。培训不合格的,不得上岗作业。主要负责人和安全生产管理人员必须具备煤矿安全生产知识和管理能力,并经考核合格。特种作业人员必须按国家有关规定培训合格,取得资格证书,方可上岗作业。矿长必须具备安全专业知识,具有组织、领导安全生产和处理煤矿事故的能力。"

结合交通隧道施工特点,爆破工、电工、瓦检员等均为特种作业人员,瓦斯隧道爆破、电气设备等均有特殊要求,而瓦检员更是相对普通隧道施工增加的一个保证安全的重要岗位;而瓦斯突出区段,由于突出煤层的危险性和危害性,加之综合防突措施的工序的复杂性和揭煤防突"四位一体"的要求,为确保安全,配置专职防突员是非常必要的。

8.4.9 瓦斯工区应建立专门机构进行通风、防突、防暴及瓦斯检测工作,设置消防设施;高瓦斯工区、煤与瓦斯突出工区还应配备救护队或与附近有资质的矿山救护队签订服务协议。

条文说明

《煤矿安全规程》第5条规定,"煤矿企业必须设置专门机构负责煤矿安全生产与职业病防治管理工作,配备满足工作需要的人员及装备"。第676条规定,"所有煤矿必须有矿山救护队为其服务。井工煤矿企业应当设立矿山救护队,不具备设立矿山救护队条件的煤矿企业,所属煤矿应当设立兼职救护队,并与就近的救护队签订救护协议;否则,不得生产。"

8.4.10 瓦斯工区施工期间应进行连续通风,并建立瓦斯通风监控、检测的组织系统,全程监测瓦斯和通风状况。

条文说明

瓦斯隧道施工中,瓦斯检测、监测和施工通风是防止瓦斯事故的基本手段。隧道开挖进入含瓦斯地层后,工作面一定范围内渗入或涌入隧道的瓦斯基本是持续不断的(气囊等状况除外),只有通过施工通风持续不间断送入足够的风量,才能够将作业环境及隧道内的瓦斯稀释到安全浓度以下后,也才能确保施工安全。但瓦斯尤其是非煤瓦斯的逸出、涌出位置及强度往往是难以预测的,往往也是突发的、可变的;从安全需要,要求隧道施工具备全过程及时检测、实时监测瓦斯的能力。

8.4.11 瓦斯工区各处允许浓度应符合下列要求:

1 采用压入式通风的瓦斯工区,应将洞内各处的瓦斯浓度稀释到0.5%以下。

2 采用巷道式通风的瓦斯工区,应将开挖工作面及回风巷道风流中的瓦斯浓度稀释到0.5%以下;当平巷仅作巷道式通风的回风道时,其瓦斯浓度应小于0.75%。

条文说明

独头施工的瓦斯隧道采用压入式通风,整个巷道都是回风流。考虑到洞内有电气设备,工作面还有后部工序作业,故工作面风流中瓦斯浓度稀释在0.5%以下。结合交通隧道的特点,采用巷道式通风的瓦斯隧道,利用平导或正洞作为回风巷道时,考虑到巷道内有电气设备,和其他作业工序,故风流中瓦斯浓度稀释在0.5%以下。

《煤矿安全规程》第171条规定,"矿井总回风巷或者一翼回风巷中甲烷或者二氧化碳浓度超过0.75%时,必须立即查明原因,进行处理"。当平导施工完成后,且不利用平导运料、出渣的情况下,将平导仅作为回风巷道时,回风巷道类似于煤矿系统中的总回风巷,故要求平导仅作为回风巷道时,其瓦斯浓度小于0.75%。

8.4.12 瓦斯工区洞内最低风速不应小于0.25m/s,防止瓦斯局部积聚的风速不宜小于1m/s。

条文说明

《煤矿安全规程》第136条对井巷中的允许风流速度进行了规定,其中,采煤工作面、掘进中的煤巷和半煤岩巷最低允许风速为0.25m/s,掘进中的岩巷及其他通风人行巷道最低允许风速为0.15m/s。在瓦斯隧道中,若风量过小、风速过低,就不能有效地稀释瓦斯及其他有害其他气体,可能威胁安全生产,因此,为保证施工安全,瓦斯工区洞内最低风速不小于0.25m/s。

当洞内风速为0.3m/s时,甲烷会从发生点反流形成甲烷带;当风速为0.5m/s时,甲烷几乎不会发生反流,但也会形成甲烷带;当风速大于1m/s时,甲烷散乱,则不会形成甲烷带,不会在上部聚积。我国南昆线家竹箐隧道实测资料,洞内防瓦斯聚积风速小于1m/s时,拱顶瓦斯浓度大多大于2%。因此,对瓦斯易于积聚的空间,为防止瓦斯局部积聚,保证施工安全,要求防止瓦斯局部积聚的风速不宜小于1m/s。

8.4.13 瓦斯隧道及辅助坑道调整通风方案或因故停风重启等情况,应根据瓦斯检测及监测结果进行安全评估后,方可恢复正常施工。

8.4.14 隧道内瓦斯浓度限值及超限处理措施应符合表8.4.14的规定。

表8.4.14 隧道内施工瓦斯浓度限值及超限处理措施

序号	地 点	限值	超限处理措施
1	微瓦斯工区任意处	0.5%	超限处20m范围内立即停工、查明原因、加强通风监测
2	局部瓦斯聚集(体积大于$0.5m^3$)	2.0%	超限处附近20m停工、断电、撤人、进行处理、加强通风
3	开挖工作面及其他作业地点风流中	1.0%	停止电钻钻孔
		1.5%	必须停止工作,撤人、切断电源、查明原因、加强通风
4	回风巷或工作面回风流中	1.0%	停工、撤人、处理
5	放炮地点附近20m风流中	1.0%	严禁装药放炮
6	煤层放炮后工作面回风流	1.0%	继续通风,不得进入
7	局扇及电气开关20m范围内	0.5%	停机、通风、处理
8	电动机及开关附近20m范围内	1.5%	必须停止工作,切断电源、撤人、进行处理
9	竣工后洞内任何处	0.5%	查明渗漏点,进行整治

8.4.15 隧道穿越突出煤层应严格按照"超前综合防突措施先行、工作面综合防突措施补充"的原则开展设计与施工,并编制防突揭煤专项设计、施工方案。

8.4.16 防突揭煤包括煤与瓦斯危险性预测、防突措施、效果检验和安全防护措施。

8.4.17 煤与瓦斯突出危险性预测宜根据试验确定。当无试验确定的临界值时,超前突出危险性预测临界值按表8.4.17-1确定,工作面突出危险性预测临界值按表8.4.17-2确定。

表8.4.17-1 超前突出危险性预测临界值

指 标	临 界 值	突出危险预测
瓦斯压力P、煤瓦斯含量W_0	$P<0.74MPa$ 且 $W_0<8m^3/t$	无突出危险
	$P\geq0.74MPa$ 或 $W_0\geq8m^3/t$	有突出危险

表8.4.17-2 工作面突出危险性预测临界值

序号	预测类型	预测方法	预测指标	突出危险性临界值
1	岩墙揭煤突出危险性预测	综合指标法	综合指标D	0.25
			综合指标K	20(无烟煤)、15(其他煤)
		钻屑瓦斯解吸指标法	钻屑瓦斯解吸指标$\Delta h_2(Pa)$	160(湿煤)、200(干煤)
			钻屑瓦斯解吸指标 $K_1[mL/(g\cdot min^{1/2})]$	0.4(湿煤)、0.5(干煤)
2	煤层中掘进突出危险性预测	复合指标法	钻孔瓦斯涌出初速度$q(L/min)$	5
			钻屑量$S(kg/m)$	6
		"R"指标法	R_m	6
		钻屑指标法	$\Delta h_2(Pa)$	160(湿煤)、200(干煤)
			$K_1[mL/(g\cdot min^{1/2})]$	0.4(湿煤)、0.5(干煤)
			钻屑量$S(kg/m)$	6

条文说明

《防治煤与瓦斯突出规定》第43条规定了采用煤层瓦斯压力和瓦斯含量进行突出危险性预测以及各指标的临界值。瓦斯突出隧道的实际施工中,在超前综合突出危险性预测时,也采用了瓦斯压力、吨煤瓦斯含量两项参数进行预测。

现场调研发现,隧道工作面突出危险性预测采用综合指标法和钻屑指标法的相对较为普遍。表8.4.17-3为常见瓦斯突出危险性预测方法的简介与参照规范。国内外关于突出危险性预测的方法还有很多,但预测准确率还有待提高。

表8.4.17-3 瓦斯隧道防突预测方法

序号	预测类型	预测方法	备注
1	岩墙揭煤突出危险性预测	综合指标法	通过测定煤的瓦斯压力、坚固性系数和瓦斯放散初速度等参数,再换算成综合指标进行瓦斯突出危险性预测。测试方法可参照《防治煤与瓦斯突出规定》第72条执行
		钻屑瓦斯解吸指标法	通过实测钻屑解吸指标进行瓦斯突出危险性预测。测试方法可参照现行《钻屑瓦斯解吸指标测定方法》(AQ/T 1065)执行
2	煤层中开挖掘进掌子面突出危险性预测	复合指标法	通过实测钻孔瓦斯涌出初速度和钻屑量进行瓦斯突出危险性预测。测试方法可参照现行《钻孔瓦斯涌出初速度的测定方法》(MT/T 639)和《钻屑瓦斯解吸指标测定方法》(AQ/T 1065)执行
		"R"指标法	"R"值是反应地应力、煤质特征、瓦斯赋存的一项综合预测指标。测试方法可参照《防治煤与瓦斯突出规定》第77条执行
		钻屑指标法	通过实测钻屑指标进行瓦斯突出危险性预测。测试方法可参照现行《钻屑瓦斯解吸指标测定方法》(AQ/T 1065)执行

8.4.18 超前防突以预抽煤层瓦斯法为主,工作面防突可采用钻孔预抽瓦斯、钻孔排放瓦斯、水力冲孔、超前管棚及注浆加固煤体等措施。

条文说明

超前防突措施以预抽煤层瓦斯法为主,并应符合以下规定:①预抽范围保证隧道开挖轮廓外沿煤层走向不小于15m,且外边缘至开挖轮廓的距离不小于10m;②预抽煤层瓦斯的抽放孔穿过煤层进入顶(底)板不小于0.5m,当钻孔不能一次穿透煤层全厚时,应当保证钻孔末端至少超前工作面20m;③抽放孔在整个预抽区域内均匀布置,钻孔间距根据实际的煤层有效抽放半径确定,且孔底间距不宜大于4m;④穿层抽放孔的封孔段长度不得小于5m,顺层抽放孔的封孔段长度不得小于8m,孔口抽采负压不得小于15kPa,当预抽瓦斯浓度低于30%时,应检查封孔质量及管路气密性;⑤瓦斯抽放时间应根据瓦斯有效抽放率、钻孔瓦斯衰减系数等参数计算确定;⑥做好钻孔施工参数的记录及抽采参数的测定。

工作面防突措施选用的注意事项包括:①优先采用钻孔排放措施,当钻孔排放瓦斯较困难时,采用抽放;②超前管棚及注浆加固煤体的时机,应在检验其他防突措施有效后且在揭煤前实施;③采取工作面防突措施时,揭煤工作面与突出煤层间的最小法向距离,预抽瓦斯、排放钻孔均为5m,超前管棚及注浆加固煤体为2m。

8.4.19 瓦斯隧道应采用复合式衬砌。结构设防段瓦斯封闭系统由二次衬砌、初期支护、瓦斯隔离层、围岩封堵圈等根据需要组合构成。

条文说明

目前交通隧道一般采用复合式衬砌,其较单层衬砌具有更好的瓦斯封闭效果,且符合"形成封闭瓦斯的多道防线"的设计思路。根据瓦斯赋存条件,考虑不同封闭措施(图8.4.19)的设防效果,按需要进行组合,以充分发挥各单元的功能优势。

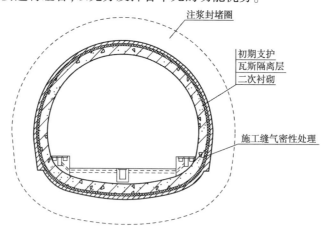

图 8.4.19 交通隧道瓦斯封闭系统示意图

隧道结构设防地段结合瓦斯赋存条件、瓦斯涌出及补给情况采用超前周边注浆、开挖后径向注浆等措施封闭围岩瓦斯通道,减少瓦斯涌(逸)出量。

结构设防段初期支护喷射混凝土要求全环设置,厚度不小于10cm。当瓦斯涌出量或压力较大,采用围岩注浆封闭瓦斯或加大通风能力较困难或不经济时,应在初期支护变形基本稳定后喷射混凝土层或喷涂防瓦斯层。

结构设防段二次衬砌厚度一般不小于40cm,混凝土透气系数不大于1×10^{-11} cm/s,并根据瓦斯赋存(排放)条件、围岩注浆、初期支护封闭瓦斯效果,选择设置瓦斯隔离层、衬砌背后注浆、二次衬砌抗渗混凝土等瓦斯防治措施。瓦斯隔离层的透气系数不大于1×10^{-14} cm/s,厚度不小于1.5mm,幅宽不小于3m;垫层应采用单位面积质量不低于400g/m²且标称断裂强度不小于20kN/m的土工布。

二次衬砌施工缝、变形缝采用综合防渗措施时,其封闭瓦斯的性能不应低于衬砌本体。

8.5 高地应力区隧道

8.5.1 高地应力区隧道设计应符合下列规定:
1 隧道洞轴宜与最大主应力方向平行或成小角度相交。
2 隧道衬砌断面宜采用近似圆形断面。

条文说明

高地应力是一个相对的概念,它与岩体所承受的应力历史和岩体强度、岩体弹性模量等诸多因素有关。对于高地应力的判定,国内外没有统一的认识,法国隧道协会、日本应用地质协会、苏联顿巴斯矿区、《水力发电工程地质勘察规范》(GB 50287—2016)、《水电工程地下建筑物工程地质勘察规程》(NB/T 10241—2019)、《公路工程地质勘察规范》(JTG C20—2011)、《工程岩体分级标准》(GB/T 50218—2014)、《铁路隧道设计规范》(TB 10003—2016)等均对高地应力分级进行了划分,见表8.5.1。

表 8.5.1 高地应力分级

判据		一般地应力	高地应力	极高地应力	备注
法国隧道协会	R_{c1}/σ_{max1}	>4	4~2	<2	(1) R_{c1} 为岩石饱和单轴抗压强度(kPa); (2) σ_{max1} 为最大主应力(kPa)
日本应用地质协会		>4	4~2	<2	
苏联顿巴斯矿区		>4	4~2	<2	
《水力发电工程地质勘察规范》(GB 50287—2016)、《水电工程地下建筑物工程地质勘察规程》(NB/T 10241—2019)		>4	4~2.2	<2.2	
		>4	4~2	≤2	
	σ_{max1}	<20	20~40	≥40	
《工程岩体分级标准》(GB/T 50218—2014)、《公路工程地质勘察规范》(JTG C20—2011)、《铁路隧道设计规范》(TB 10003—2016)	R_{c2}/σ_{max2}	>7	7~4	<4	(1) R_{c2} 为岩石饱和单轴抗压强度(kPa); (2) σ_{max2} 为垂直洞轴线方向的最大初始应力(kPa)

当高地应力区隧道洞轴布置与最大主应力方向平行时,此时隧道结构承受围岩压力最小;当高地应力区隧道洞轴布置与最大主应力方向垂直时,此时隧道结构承受围岩压力最大。为了减小高地应力对隧道结构的作用,要求高地应力区隧道洞轴布置与最大主应力方向平行或成小角度相交。

交通隧道衬砌断面形式一般为马蹄形、圆拱曲墙形、半圆形或圆形,从空间利用而言,马蹄形断面较优;从结构受力而言,圆形开挖断面较优,有利于减小应力集中。

8.5.2 高地应力区隧道应结合地应力大小、水文地质及围岩条件,按照硬质岩段可能发生岩爆、软质岩段可能发生大变形进行分级,岩爆及软岩大变形分级可按表8.5.2-1、表8.5.2-2确定。

表 8.5.2-1 岩爆分级表

岩爆分级	岩石强度应力比 (R_c/σ_{max})	分级描述
轻微	4~7	围岩表层有爆裂、剥离现象,内部有噼啪、撕裂声,人耳偶然可听到,无弹射现象;主要表现为洞顶的劈裂~松脱破坏和侧壁的劈裂~松脱、隆起等;岩爆零星间隔发生,影响深度小于0.5m;对施工影响小
中等	2~4	围岩爆裂、剥离现象较严重,有少量弹射,破坏范围明显;有似雷管爆破的清脆爆裂声,人耳常可听到围岩内的岩石撕裂声;有一定持续时间,影响深度0.5~1m;对施工有一定影响
强烈	1~2	围岩大片爆裂脱落,出现强烈弹射,发生岩块的抛射及岩粉喷射现象;有似爆破的爆裂声,声响强烈;持续时间长,并向围岩深部发展,破坏范围和块度大,影响深度1~3m;对施工影响大
极强	<1	围岩大片严重爆裂,大块岩片出现剧烈弹射,震动强烈,有似炮弹、闷雷声,声响剧烈;迅速向围岩深部发展,破坏范围和块度大,影响深度大于3m;严重影响施工

注:1. 岩爆判别适用于完整~较完整的中硬、坚硬岩体,且无地下水活动的地段。
2. R_c 为岩石饱和单轴抗压强度(kPa), σ_{max} 为最大地应力(kPa)。

表 8.5.2-2 大变形分级表

大变形等级	围岩强度应力比 (R_b/σ_{max})	围岩变形特征
Ⅰ级	0.25~0.5	开挖后围岩位移较大,持续时间较长;一般支护开裂或破损较严重,相对变形量3%~5%,围岩自稳时间短,以塑流型、弯曲型、滑移型变形模式为主,兼有剪切型变形
Ⅱ级	0.15~0.25	开挖后围岩位移大,持续时间长;一般支护开裂或破损严重,相对变形量5%~8%,洞底有隆起现象,围岩自稳时间很短,以塑流型、弯曲型变形模式为主
Ⅲ级	<0.15	开挖后围岩位移很大,持续时间很长;一般支护开裂或破损很严重,相对变形量大于8%,洞底有明显隆起现象,流变特征很明显,围岩自稳时间很短,以塑流型为主

注:1. R_b 为围岩强度(kPa),σ_{max} 为最大地应力(kPa)。
  2. 相对变形量为变形量与隧道当量半径之比。

条文说明

高地应力地区隧道围岩失稳主要表现为:硬岩地层产生岩爆、剥离或隆爆(起)现象;软岩中发生大变形,使洞室缩径。

关于岩爆分级问题,国内外提出了多种划分方法,主要是以强度、能量、刚度等理论为基础,表 8.5.2-3 汇总了国内外常用岩爆分级经验判据。其中,Hoek 判据、Russenes 判据、Turchaninov 判据、二郎山隧道判据、《公路隧道设计规范 第一册 土建工程》(JTG 3370.1—2018)判据等单指标能够反映洞室开挖过程影响和初始应力场的偏应力特征;而《水利水电工程地质勘察规范》(GB 50487—2008)判据、《水力发电工程地质勘察规范》(GB 50287—2016)判据、《铁路隧道设计规范》(TB 10003—2016)判据、《水电工程地下建筑物工程地质勘察规程》(NB/T 10241—2019)等仅以原岩应力场的最大主应力为特征参量,不能反映洞室开挖过程影响和初始应力场的偏应力特征。

表 8.5.2-3 部分岩爆判据及其分类方法

判据名称	判别式	判别阈值	岩爆级别	备 注
Hoek 判据	$\dfrac{\sigma_{max}}{\sigma_c}$	<0.34	少量片帮	(1) $\sigma_{\theta max}$ 为围岩的最大切向应力; (2) σ_v 为隧洞垂向作用应力; (3) σ_c 为岩石饱和单轴抗压强度
		0.34~0.42	严重片帮	
		0.42~0.56	中等岩爆	
		>0.7	严重岩爆	
	$\dfrac{\sigma_v}{\sigma_c}$	<0.2	无或支护后稳定	
		0.2~0.5	剥落和片帮破坏	
		>0.5	可能岩爆破坏	
Russenes 判据	$\dfrac{\sigma_\theta}{\sigma_c}$	<0.23	无岩爆	(1) σ_θ 为洞室切向应力; (2) σ_c 为岩石饱和单轴抗压强度
		0.23~0.30	低等岩爆	
		0.30~0.55	中等岩爆	
		≥0.55	严重岩爆	
Turchaninov 判据	$\dfrac{\sigma_\theta + \sigma_L}{\sigma_c}$	≤0.3	无岩爆活动	(1) σ_θ 为洞室切向应力; (2) σ_L 为洞室轴向应力; (3) σ_c 为岩石饱和单轴抗压强度
		0.3~0.5	有岩爆可能	
		0.5~0.8	一定会发生岩爆	
		>0.8	有严重岩爆	

续上表

判据名称	判别式	判别阈值	岩爆级别	备注
二郎山隧道判据、《公路隧道设计规范 第一册 土建工程》（JTG 3370.1—2018）	σ_θ / σ_c	<0.3	无岩爆	(1)σ_θ为洞室切向应力； (2)σ_c为岩石饱和单轴抗压强度
		0.3~0.5	轻微岩爆	
		0.5~0.7	中等岩爆	
		0.7~0.9	强烈岩爆	
		≥0.9	剧烈岩爆	
《水利水电工程地质勘察规范》（GB 50487—2008）、《水力发电工程地质勘察规范》（GB 50287—2016）、《铁路隧道设计规范》（TB 10003—2016）、《水电工程地下建筑物工程地质勘察规程》（NB/T 10241—2019）	σ_c / σ_{max}	4~7	轻微岩爆	(1)σ_{max}为最大地应力； (2)σ_c为岩石饱和单轴抗压强度
		2~4	中等岩爆	
		1~2	强烈岩爆	
		<1	极强岩爆	

近年来结合西南山区铁路、公路隧道工程经验，提出了软岩大变形的三种类型，即挤压型、膨胀型和松动型，见表8.5.2-4。软岩大变形衬砌支护采取主动式（柔性）与被动式（刚性）相结合的综合处置方法，在适当控制下产生一个合理的塑性圈，允许变形，有控制地释放围岩变形能，且尽可能控制围岩的强度不快速下降，不产生松动圈。

表8.5.2-4　三种大变形特征及工程措施基本概念

类型	定义	机理	成因	变形特征	工程措施基本理念
挤压型	大埋深软弱围岩的挤压性变形	剪切滑移	软弱围岩在高地应力作用下的塑性滑移	变形有明显的优势部位和方向，一般边墙收敛较大	以变形量级预测确定，预留变形量、提高支护韧性
膨胀型	膨胀性软岩中的变形	膨胀性围岩	膨胀性矿物与水反应发生的体积膨胀	变形无明显的优势部位和方向（底鼓）	控制地下水，加强仰拱，提高支护韧性
松动型	软弱围岩的松动引起的"大变形"	松动、离层	软弱或破碎围岩由于支护刚度不足或不密贴或不及时	突发性，位移速率递增	增加支护刚度，确保围岩与支护密贴

在国内外对隧道变形分级的研究中，提出了不同的分级方法及标准，见表8.5.2-5和表8.5.2-6，由于不同分级方法所依托的工程项目不同，地质条件迥异，故存在不同的变形分级方法及标准。从国内外变形分级调研情况看，大变形分级主要为三级，故建议挤压型围岩变形分级采用三级分级法。

表 8.5.2-5 挤压型围岩变形分级（一）

判 据	变 形 程 度				
	无挤出	轻微	中等	严重	极严重
	相对变形量（%）				
《铁路隧道设计规范》(TB 10003—2016)			3~5	5~8	>8
《公路隧道设计规范 第一册 土建工程》(JTG 3370.1—2018)			2~3	3~5	≥5
兰渝铁路工程			1.5~3	3~5	>5
Hoek 判据	≤1	1~1.25	2.5~5	5~10	10~15
Aydan 判据	≤1	1~2	2~3	3~5	>5
Singh & Goel 判据		1~3	3~5	>5	

注：相对变形量为变形量与隧道当量半径之比。

表 8.5.2-6 挤压型围岩变形分级（二）

判 据	变 形 程 度				
	无挤出	轻微	中等	严重	极严重
	围岩强度应力比				
《铁路隧道设计规范》(TB 10003—2016)	—	0.25~0.5	0.15~0.25	<0.15	—
兰渝铁路工程	—	—	0.15~0.25	0.1~0.15	<0.1
Hoek 判据	≥0.36	0.22~0.36	0.15~0.22	0.11~0.15	<0.11

注：围岩强度应力比为围岩强度与最大地应力之比。

8.5.3 岩爆隧道设计应遵循以防为主，防治结合的原则，对可能发生岩爆段应进行监测和预报，根据岩爆等级进行以下预案设计：

1 轻微和中等岩爆段初期支护可采用网喷混凝土或钢纤维喷混凝土、系统锚杆、超前锚杆等联合措施，根据需要喷洒水或打设注水孔。

2 强烈及以上岩爆段可采用网喷混凝土或钢纤维喷混凝土、系统锚杆、柔性锚杆、超前锚杆及钢架加强等综合措施，必要时采取打设超前应力释放孔、应力解除爆破、钻孔高压注水等措施。

条文说明

岩爆隧道防治方法之一是改善围岩应力，此方法主要是降低洞室围岩应力使围岩应力小于围岩强度，避免洞室岩爆的发生。在施工中主要采取如下措施：在洞身开挖爆破时，采用"短进尺、多循环"，采用光面爆破技术，尽量减少对围岩的扰动，改善围岩应力状态。选择合适的开挖断面形式，也可改善围岩应力状态。也可采取应力解除法，通过打设超前钻孔或在超前钻孔中进行松动爆破，在围岩内部造成一个破坏带，即形成一个低弹区，从而使洞壁和掌子面应力降低，使高应力转移至围岩深部，施工时可在掌子面上打设超前钻孔，既可以起到超前钻探地质的作用，又可以起到释放掌子面应力的作用。超前钻孔的布置形式及参数与地质预测预报孔相同。

岩爆隧道防治方法之二是改善围岩性质。在施工过程中,采取对工作面附近隧道岩壁喷水或钻孔注水来促进围岩软化,从而消除或减缓岩爆程度。但这种方法在隧道施工中对隧道围岩的稳定有一定的影响。

岩爆隧道防治方法之三是对围岩进行支护加强和超前支护加固。围岩加固的作用是改善掌子面及1～2倍洞径洞段内围岩的应力状态,支护的作用不但改变了应力大小的分布,而且使洞壁从一维应力状态变为三维应力状态。常采用的加固措施有:锚杆和超前锚杆、喷射混凝土、钢架或型钢、二次衬砌等,施工中可采取以上支护措施的有效组合来防止岩爆的发生。

8.5.4 高地应力软岩隧道可根据大变形等级按下列要求进行预案设计:

1 选择合理的隧道断面形状,适当加大边墙和仰拱矢度;加大预留变形量,二次衬砌采用钢筋混凝土。

2 Ⅰ级大变形可采取长短锚杆结合、网喷或喷钢纤维混凝土、设置钢拱架、提高喷射混凝土强度等措施。

3 Ⅱ级大变形可采取喷层留纵缝、网喷或喷钢纤维混凝土、长锚杆、型钢钢架或可缩式钢架、掌子面补强或封闭等措施。

4 Ⅲ级大变形可采取预加固地层、喷层留纵缝、网喷或喷钢纤维混凝土、长锚杆、型钢钢架或可缩式钢架、掌子面补强或封闭、两次或多次支护等措施。

条文说明

高地应力软岩大变形地段的支护结构需满足如下要求:

(1)柔性,即支护结构需具有较大的柔性,允许围岩变形,减少支护结构上所承受的围岩压力,降低切向应力集中程度,但又不使围岩因过分松弛而导致坍塌。

(2)可缩性,即支护结构需有很高的可缩性,允许收敛量达到一个较大值(小于极限值),使围岩压力明显降低,支护结构与洞室变形相适应。

(3)边支边让、先柔后刚,即初期支护结构需紧跟掌子面,支护要快,全过程地及时给围岩提供一定的支撑力,防止岩体松散,使围岩在变形过程中强度不致有太大的降低;在变形后期,围岩压力不再随变形调整而减少,反而增大时,需提高支承抗力,施作刚度较大的支护结构,防止围岩变形破坏。

(4)采用两次支护或多次支护,即软岩大变形宜采用喷锚复合衬砌,根据"围岩—变形"特征曲线适时调整支护抗力与支护柔性间的关系,使变形量与收敛速度受到控制。

高地应力软岩大变形隧道防治措施为:大变形地段隧道设计需合理选择隧道的断面形状,Ⅰ级大变形的隧道宜加大边墙和仰拱矢度,Ⅱ、Ⅲ级大变形地段宜采用近圆形或圆形断面,并预留适当的净空。其他防治措施说明如下:

(1)喷、锚、网支护,即隧道开挖后需及时喷混凝土封闭开挖面,加铺钢筋网增强喷射混凝土的抗拉能力,设置径向锚杆加固围岩,使隧道周围形成一个加固环;设置纵向变形缝,其环向间距和缝宽可根据变形量设置;变形稳定后采用喷射混凝土封闭,当变形严重时采用喷射钢纤维混凝土加固。

(2)长锚杆(索)加固,即采用长锚杆(索)治理大变形,锚杆需穿过塑性区,抑制塑性区内的剪切位移,并把塑性区围岩同弹性区围岩连接起来,形成深孔高效系统锚固,提高塑性区围岩的承载力。

(3)钢拱架支护,即除上述喷锚支护外,还可根据变形情况增设闭合钢拱架支护,提高支护刚度;可采用可缩性的U形钢拱架,在隧道开挖初喷混凝土后架设,其后再喷混凝土填满并覆盖。

(4)超前支护措施,可采用超前锚杆、小导管超前注浆、长管棚超前注浆加固等方式。

当变形量很大时,需采取防止喷层开裂脱落、锚杆拉断、衬砌压坏开裂的控制变形且允许变形的构造措施,可采用喷层预设纵向伸缩缝、喷层中掺加各类纤维、聚合物或各类网片、可缩钢支撑、可缩式、可屈服锚杆、适当加大预留变形量、加强二次衬砌等措施。

Ⅱ、Ⅲ级大变形段根据变形情况还可采取掌子面补强、两次支护或多次支护、开挖断面及时封闭等措施。

8.5.5 大变形隧道二次衬砌施作时机应根据现场监测分析确定,并适当延长二次衬砌拆模时间。

条文说明

大变形隧道二次衬砌支护过早,二次衬砌将承受较大的围岩压力,若衬砌受力工况不符合设计工况,则二次衬砌可能遭受收敛变形过大、开裂、侵限、底鼓等病害,故要求大变形隧道二次衬砌施作时机根据现场监测分析确定。适当延长二次衬砌拆模时间将增强二次衬砌初期抵抗自重及围岩压力的承载能力。

8.6 严寒及寒冷地区隧道

8.6.1 隧道所处气候环境分类可根据最冷月平均气温,按表8.6.1确定。

表8.6.1 隧道所处气候环境分类

最冷月平均气温(℃)	气候环境分类
−3~2.5	微冻地区
−8~−3	寒冷地区
<−8	严寒地区

条文说明

对于微冻地区、寒冷地区及严寒地区的划分参考了《混凝土结构耐久性设计标准》(GB/T 50476—2019)的规定,用于指导建筑材料的选择。

8.6.2 严寒及寒冷地区隧道存在冻害地段应设置抗冻设防段,设防段长度可根据隧道长度、当地最冷月平均气温、地下水水量、隧道内外气温、风速、行车速度和密度等综合确定。一般情况下可参考当地最冷月平均气温和邻近既有隧道的设防条件类比确定。

条文说明

交通隧道建成之后,由于地表地层的冻融,形成如图8.6.2所示的冻融分布。由于有地热,不论气候如何寒冷,地表以下只在一定深度范围内结冰,地层深部为不冻区。连续三年在0℃以下区域称为永冻区。永冻区上方为冻融区,永冻区与冻融区的分界为永冻区上限;永冻区与不冻区分界为永冻区下界。冻融区位于地表一定深度,一般厚度几米至十几米,而永冻区厚度可达几十米至一百多米。在隧道建成后,由于冷热空气进入洞内,故冻融区沿隧道周边从洞口一直发展到洞内,长度可达数百米。隧道周边的冻融圈冬季冻结夏季融化,为防止冬季冻结产生冻害,这个段落需设置保温衬砌。再向洞内,则为不冻区的一般衬砌。

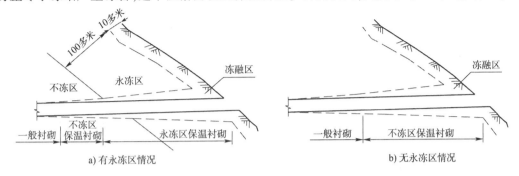

图8.6.2 围岩冻融分布及隧道衬砌分类

如图8.6.2所示,保温衬砌分为两种:①永冻区保温衬砌——位于永冻区,洞周为冻融圈;②非永冻区保温衬砌——位于不冻区,洞周同样为冻融圈。由于永冻区的厚度一般不超过50m,最大不超过120m,而高寒地区最冷时洞口冷空气深入洞内造成冻害的长度远大于此值,故保温段的长度常常深入到不冻区,其具体长度由一月份平均气温确定,缺少实测资料时可参考表8.6.2确定。

表8.6.2 洞口保温段长度

洞口海拔(m)	一月份平均气温(℃)	保温段长度(m)
3300	-10	680
3600	-10.5	690
3800	-11	710
4000	-12	750
4200	-13	830
4400	-14	860
4400	-15	900
4800	-16	930

8.6.3 隧道抗冻设防段设计应满足下列要求:

1 采用曲墙带仰拱的复合式衬砌,混凝土抗渗等级不低于P10、抗冻性能指标不低于F300。

2 衬砌设计应考虑冻胀作用,采用钢筋混凝土衬砌时,衬砌厚度不小于40cm。

3 衬砌应设置伸缩缝,设置位置应避开地下水集中出露处。

4 隧道洞门及位于地下水位以下的洞口段应按冻融破坏环境设计。

5 隧道位于强冻胀性及以上围岩中时,洞口浅埋段应优先采用明挖法施工,并采用非冻胀性材料回填;暗挖段应优化断面形状或设置保温层、缓冲层等措施。

6 衬砌背后应进行压浆回填,避免衬砌背后积水。

条文说明

在多年冻土区修建隧道实践经验不多,结合多年冻土区年平均地温为负温不利的场地及施工环境因素,各级围岩隧道衬砌均采用曲墙带仰拱的封闭结构,并适当加大边墙曲率,混凝土强度耐久性及抗渗性较一般地区予以提高。

在多年冻土层修建隧道后,由于受开挖爆破、人为活动、运营后热源散热及洞外气温的影响,改变了围岩的温度条件,使衬砌背后的多年冻土形成一个冻融交替的融化圈,融化圈厚度直接与受季节性洞内外气温变化的影响有关,一般近似于上限深度,具体需通过测试了解冻融圈的动态变化。由于冻融圈的存在,寒季时,融化圈中的地下水,由液态水变为固态水,体积变大、产生较大的冻胀力,故在多年冻土区隧道衬砌设计时,除考虑围岩压力作用外,尚需考虑冻胀力对衬砌的往复作用影响。冻胀力的大小及分布与围岩含水率、颗粒组成以及地温、冻结速度、围岩孔隙度等有关。冻胀力的计算,目前尚无通用的并经实际检验的计算方法。结合冻融圈的存在,衬砌与支护(含隔热层、防水板)呈复合型,作用于隧道衬砌的荷载计算边界可假定以冻融圈为界,其荷载分别按冻融圈内松弛压力或冻胀力计算确定,荷载分布可按均匀分布。

8.6.4 严寒及寒冷地区隧道应结合气候条件和地下水发育程度,采取以下防寒排水措施:

1 最冷月平均气温 $-8 \sim -3$℃地区,抗冻设防段应采用保温水沟。

2 最冷月平均气温 $-15 \sim -8$℃地区,抗冻设防段应采用深埋中心水沟(管),检查井应设置保温措施,地下水宜直接引排至中心水管。

3 最冷月平均气温低于 -15℃地区,抗冻设防段应采用深埋保温中心水沟(管)或防寒泄水洞,检查井应设置保温措施,衬砌背后应设置保温盲沟,地下水应直接引排至深埋中心水沟(管)或防寒泄水洞。

4 洞外排水沟(管)应采取深埋保温措施,设置保温出水口。

条文说明

严寒地区隧道防排水设计,要求结合局部气候条件和地下水发育程度制定有针对性的防寒措施,无具体资料时参考表8.6.4确定保温排水措施。

表8.6.4 保温排水措施设置表

最冷月平均气温 t_1(℃)	极端最低温度 t_2(℃)	隧道长度(m)	低端洞口排水保温措施			高端洞口排水保温措施		
			距洞口<500m	距洞口500~1000m	距洞口1000~1500m	距洞口<500m	距洞口500~1000m	距洞口1000~1500m
$-8 < t_1 \leq -3$	$-20 < t_2 \leq -10$	<500	双侧保温水沟			双侧保温水沟		
		500~3000	双侧保温水沟	双侧保温水沟		双侧保温水沟	双侧保温水沟	
		>3000	双侧保温水沟	双侧保温水沟	双侧保温水沟	双侧保温水沟	双侧保温水沟	双侧保温水沟
$-15 < t_1 \leq -8$	$-35 < t_2 \leq -20$	<500	中心浅埋水沟			双侧保温水沟		
		500~3000	中心浅埋水沟	中心浅埋水沟	双侧保温水沟	双侧保温水沟	双侧保温水沟	双侧保温水沟
		>3000	中心浅埋水沟	中心浅埋水沟	双侧保温水沟	双侧保温水沟	双侧保温水沟	双侧保温水沟

续上表

最冷月平均气温 t_1(℃)	极端最低温度 t_2(℃)	隧道长度(m)	低端洞口排水保温措施			高端洞口排水保温措施		
			距洞口<500m	距洞口500~1000m	距洞口1000~1500m	距洞口<500m	距洞口500~1000m	距洞口1000~1500m
$t_1 \leq -15$	$t_2 \leq -35$	<500	中心深埋水沟或防寒泄水洞			双侧保温水沟		
		500~3000	中心深埋水沟或防寒泄水洞	中心深埋水沟或防寒泄水洞	中心浅埋水沟	中心深埋水沟或防寒泄水洞	中心深埋水沟或防寒泄水洞	中心浅埋水沟
		>3000	中心深埋水沟或防寒泄水洞	中心深埋水沟或防寒泄水洞	中心浅埋水沟	中心深埋水沟或防寒泄水洞	中心深埋水沟或防寒泄水洞	中心浅埋水沟

注:1. 中心浅埋水管设置于仰拱内或仰拱下紧贴仰拱位置。
2. 双线隧道若中心浅埋水管设置于仰拱内,则宜全隧贯通设置,设置于仰拱下时可参照本表。
3. 中心深埋水沟及防寒泄水洞均设置于最大冻结深度以下,当黏性土最大冻结深度大于2m时,宜优先采用防寒泄水洞。
4. 高端洞口设置中心深埋水沟或防寒泄水洞时,洞内其他段落设置中心浅埋水管,保温深埋水沟或防寒泄水洞坡度向洞内逐渐减缓,但不小于3‰,以有效减小保温深埋水沟或防寒泄水洞与浅埋水管连接部位高差。

经调查,目前隧道冻害衬砌冻胀破坏的相对较少,大部分还是水沟冻结造成积水积冰影响行车,因此,对排水的保温措施进行了加强和细分。由于影响隧道内气温、水温的因素较多,目前确定防寒水沟的形式与长度,主要根据工程类比,即根据当地最冷月平均气温和参照邻近既有隧道确定。设计时宜考虑温度随距离洞口长度的加大而升高,洞内冻结深度随距离洞口长度的加大而减小的影响,施工配合期间宜加强对隧道所处区域局部气候的观测,当与设计期间预想条件有偏差时及时调整。

严寒地区设置中心水沟(管)或防寒泄水洞的隧道宜尽量减少检查井数量以减少冷桥和对流热损失,可适当加大管径方便检修。

凡采用上述几种防寒水沟的隧道,其配套排水设施应能防寒。配套排水设施指衬砌外的盲沟、横沟、水沟检查井、洞外水沟及出水口等。为防止流水冻结,均需采用防寒措施,以保证洞内外排水系统流水畅通。

9 辅助坑道

9.1 一般规定

9.1.1 隧道辅助坑道可分为横洞、平行导坑、斜井、竖井和泄水洞五种类型。

9.1.2 辅助坑道类型选择应遵循下列原则：

1 辅助坑道宜优先选择横洞，受地形条件限制时，可选择斜井或平行导坑；特殊条件下经过技术、经济比较后方可选择竖井。

2 高瓦斯隧道应结合施工通风优先选用平行导坑。

3 地下水或岩溶水发育、有长期补给来源或揭示大型地下水通道的隧道应根据预测涌水量，充分利用平行导坑、横洞分流排水，必要时设置泄水洞。

条文说明

横洞向洞口方向为下坡，能自然排水，运输方便，故优先使用。当长隧道埋深不大，或隧道地表旁有沟谷时，也可采用斜井。平行导坑能增加多个工作面进行施工，以加快正洞施工速度，并解决施工中的运输、通风、排水、测量、超前地质预报等问题，保证施工安全。对有大量地下水或瓦斯的隧道，或利用平行导坑扩建为第二线隧道时，采用平行导坑更有利。当隧道上方有低洼沟谷时，可在隧道的一侧或顶部设置竖井。它自身的掘进是垂直向下进行的，开挖爆破效率较低。竖井中的运输采用吊桶或罐笼垂直提升，地面需要较宽阔的场地安装井架和天轮等设备，地下需布置井底车场，运输能力有限而能源消耗较大，其施工效率较低。

瓦斯隧道施工时，为防止瓦斯爆炸，加强通风是最主要的安全措施，由于需要风量大，风管式通风往往不能满足要求，因此，优先采用巷道式通风平行导坑。此外，设置平行导坑后多一个通向洞外的出口，对于防止瓦斯灾害有显著作用。

岩溶水发育的高风险隧道考虑突水、涌泥，安全风险大，选择横洞、平行导坑能自然排水，还有利施工作业人员的疏散。在岩溶发育和地下水发育地段一般不设置斜井和竖井。

9.1.3 辅助坑道应选择在地质条件好的地层中，避免穿过工程地质及水文地质条件复杂和不良地质地段，当需要通过时，应采取可靠的工程技术措施。

条文说明

在特殊情况下，如特长或长隧道因施工组织及通风、排水需要，需在较差的地质地段设置辅助坑道时，通过查明不良地质条件，采取合理、可靠的工程技术措施，经过专家论证后进行设计和施工，确保施工安全。

9.1.4 辅助坑道运输方式应根据施工机械配置，辅助坑道的坡度、长度、断面大小、出渣量及工期等条件，经技术经济比较确定。

9.1.5 辅助坑道的洞（井）口位置选择应结合地形条件、洪水位高程、施工场地布置、交通条件、环境保护及弃渣综合确定。辅助坑道洞（井）口、洞（井）身应设有排水系统，保障施工和运营安全。斜井和竖井排水应纳入正洞排水系统统筹考虑。

条文说明

隧道施工中的弃渣、废水、废气、噪声都会给工程环境造成不良影响,特别是弃渣堵塞水道、河道,造成水患和占用农田时有发生。以往辅助坑道洞(井)口位置的选择和设计,与自然环境、自然景观的协调考虑甚为不足,因此,要求辅助坑道洞(井)口选位的设计、施工场地布置及弃渣场等符合环境保护要求,与环境保护、道路交通总体布置以及自然景观相协调。

近年来辅助坑道运营经验表明,辅助坑道在竣工后,由于洞(井)口、洞(井)身排水不畅或积水严重,引起塌方,甚至威胁隧道安全,因此,要求做好洞(井)口、洞(井)身排水系统,斜井和竖井排水纳入正洞排水系统统筹考虑。

9.1.6 辅助坑道断面尺寸应根据用途、运输要求、支护类型、设备外形尺寸及技术条件、人行安全及管路布置、安全距离等因素确定。

条文说明

地质条件较好时,横洞、平行导坑及斜井一般采用直墙断面,节省工程量,降低施工难度;地质条件较差地段可采用曲墙断面。

设置辅助坑道的目的,主要是增加工作面从而加快施工进度,而影响的关键多在于出渣速度。因此,设计时根据运输要求确定采用单车道或双车道断面,同时还需综合考虑设备、管路布置等要求,力求提高断面利用率,缩小断面面积,以降低造价和加快施工进度。辅助坑道同时兼作施工通风道或运营通风道时,要求核算其横断面面积。

横洞、斜井及平行导坑有关安全因素的规定如下:

(1)坑道的一侧必须留有宽度不小于0.7m的人行道,另一侧的间隙宽度不得小于0.3m。

(2)斜井人车停车点,在坑道一侧,必须留有宽1m以上的人行道。

(3)在双车道运输的坑道中,两条轨道中心线之间的距离必须使两列车车体最突出部分之间的间隙大于0.2m,错车线范围不小于0.4m,并考虑设置定型渡线道岔的可能性。

(4)弃渣装载点,两列列车车体的最突出部分之间的距离不得小于0.7m;在有摘挂钩作业的车场,两列列车车体的最突出部分之间的距离不得小于1.0m。

竖井内提升容器之间以及提升容器最突出部分和井壁、罐道梁之间的最小间隙见表9.1.6。

表9.1.6 竖井内设备间距表(单位:cm)

罐道和井梁布置		间隙类别				备 注
		容器和井壁之间	容器和容器之间	容器和罐道梁之间	容器和井梁之间	
罐道布置在容器一侧		15	20	4	15	罐耳和罐道卡子之间为2
罐道布置在容器两侧	木罐道	20	—	5	20	有卸载滑轮的容积,滑轮和罐道梁间隙增加2.5
	钢罐道	15	—	4	15	

续上表

罐道和井梁布置		间隙类别				备注
		容器和井壁之间	容器和容器之间	容器和罐道梁之间	容器和井梁之间	
罐道布置在容器正面	木罐道	20	20	5	20	—
	钢罐道	15	20	4	15	
钢丝绳罐道		35	50	—	35	设防撞绳时,容器之间的最小间隙为20

9.1.7 辅助坑道支护结构可采用喷锚衬砌;软弱破碎围岩、挤压性围岩、新黄土地段等特殊地质地段,洞(井)口段、岔洞段、与正洞交叉段及有特殊要求地段应采用复合式衬砌,竖井马头门应采用模筑衬砌。兼作运营服务使用的辅助坑道应按永久工程进行结构和防排水设计,设计使用年限为60年。

条文说明

横洞、平行导坑及斜井的衬砌常用喷锚衬砌和复合式衬砌;竖井衬砌常用喷锚衬砌和模筑衬砌。实践证明,喷锚衬砌具有支护及时、柔性、密贴,且施工灵活、简便、工序少、施工空间大、安全可靠等优点,对加快施工进度、节约劳动力及原材料、降低工程成本等效果显著,也能保证施工安全,故被广泛采用。

洞(井)口段及软弱破碎围岩地段往往地质复杂,为保证施工安全,采用复合式衬砌。辅助坑道与正洞交叉段结构受力复杂,为保证施工安全和后期隧道运营安全,采用复合式衬砌。有些兼作运营服务使用的辅助坑道(如后期被用作运营通风道,防灾救援、疏散通道等)因有特殊要求,也采用复合式衬砌。

9.1.8 采用单车道断面的横洞、斜井或平行导坑,应每隔一定距离设置错车道,无轨运输斜井错车道间距宜为200~300m,无轨运输横洞、平行导坑错车道间距宜为300~500m;采用有轨运输时,辅助坑道错车道间距可适当加大。

9.1.9 辅助坑道在隧道主体工程竣工后,应按下列规定进行处理:

1 对排水系统进行整理,水流应通畅。

2 为运营服务的辅助坑道,洞(井)口及与正洞连接处应设置安全防护设施;不予利用的洞(井)口应封闭,但应留设排水通道。

3 作为紧急出口或避难所使用的,辅助坑道的洞(井)口宜设置临时待避场地,并具有接受外部救援的条件。

条文说明

兼做运营服务使用的辅助坑道,做好洞(井)口及与正洞连接处的安全防护措施,并对其底面进行平整处理,设防火门(安全门)和应急照明设施。对高瓦斯隧道或瓦斯突出隧道或工区的辅助坑道,不建议作为运营期救援疏散设施,而是直接废弃并做安全可靠处理,以减少运营期间瓦斯爆炸的潜在安全风险。

仅作为施工使用的辅助坑道,要求对其洞(井)口及与正洞连接处采用片石混凝土或混凝土进行封堵,厚度不小于5m;竖井的井口采用钢筋混凝土盖板封闭或以弃渣回填处理。高瓦斯隧道或瓦斯突出隧道工后废弃辅助坑道处理,要求采取可靠措施封堵其与正洞连接段或横通道段、甚至整个辅助坑道,采取可靠的瓦斯排放措施及洞外防护措施等,以确保隧道运营安全。

9.1.10 辅助坑道作为运营通风道时,在弯曲、变径、分岔等断面变化处应采用曲线相连接,平顺过渡。

9.1.11 辅助坑道与正洞、横通道、通风道交叉口段应尽可能避开不良地质或特殊地质区域,交叉口段支护设计应考虑结构空间效应并适当加强,并应进行开挖步骤和监控量测设计。交叉口段的施工缝、变形缝应做防水措施设计。

9.2 开挖、支护和衬砌

9.2.1 横洞、平行导坑、斜井和泄水洞可采用全断面法或台阶法施工;竖井井身宜采用普通凿井法,特殊情况可采用反井法、钻井法施工。

9.2.2 辅助坑道开挖应采用光面爆破,控制循环进尺,减少对围岩的扰动。

9.2.3 辅助坑道开挖后应及时施作喷锚支护,洞(井)口、岔洞及与正洞交叉段、软弱围岩段,应采取超前支护措施确保安全。辅助坑道与正洞交叉段支护后,应及时施作二次衬砌。

9.2.4 喷锚衬砌设计应满足下列要求:

1 采用锚、喷、网(钢架)联合支护方式,厚度不应小于5cm。

2 喷射混凝土采用湿喷工艺,强度等级不得小于C25。

3 锚杆可采用全长黏结型锚杆,水泥(砂)浆胶结材料的抗压强度等级不应低于M20。

9.2.5 辅助坑道复合式衬砌应符合下列规定:

1 洞(井)口段、与正洞交叉段设置长度不小于10m。

2 初期支护应采用锚、喷、网(钢架)联合支护方式,喷射混凝土强度等级不应低于C25。

3 二次衬砌采用模筑混凝土结构,厚度不应小于25cm,混凝土强度不应低于C30。

9.2.6 辅助坑道宜设置混凝土铺底,其厚度不小于20cm。软弱破碎围岩、黄土、挤压性围岩等特殊地质、不良地质地段应设置仰拱,其厚度不小于30cm。

9.2.7 横洞、平行导坑、斜井及泄水洞的结构支护参数,应根据围岩级别、工程地质、水文地质、坑道宽度、埋置深度、施工方法、使用功能等条件,通过工程类比确定,施工过程中根据现场监控量测对支护参数进行调整。

条文说明

辅助坑道结构支护参数,根据围岩级别、工程地质、水文地质、坑道宽度、埋置深度、施工方法、使用功能等条件,通过工程类比确定,施工过程中根据现场围岩条件对支护参数进行调整。当缺乏足够资料时,设计时参考根据近年设计施工经验总结的附录Ⅰ表I.0.8-1和表I.0.8-2选用。

9.2.8 辅助坑道应进行监控量测和超前地质预报设计,施工阶段应将监控量测和超前地质预报纳入施工工序;穿越瓦斯等有害气体地层的辅助坑道,在施工及运营维护过程中应加强有害气体检测及通风。

9.3 横洞和平行导坑

9.3.1 傍山、沿河隧道需设辅助坑道时,宜优先采用横洞,其位置应考虑施工需要和施工主攻方向。横洞与隧道中线连接处的平面交角不宜小于40°，并应有向洞外不小于3‰的下坡。

条文说明

傍山、沿河的隧道，当施工需要时可采用横洞施工，方便实用。其连接形式根据地质、施工的主攻方向和进度要求及横洞的长短，确定采用单联或双联。

横洞与隧道连接处成喇叭口状，其交角的大小对围岩的稳定影响较大；交角小，连接处的跨度就大，当地质较差时容易发生坍塌；交角大，对围岩稳定有利，但考虑到转弯过急，车辆运行容易掉道，一般受连接曲线半径控制，需将曲线内侧作大量切削，跨度同样有所增加，仍不利于围岩的稳定。根据施工实践的经验，提出横洞与隧道中线连接处的平面交角不宜小于40°，以利结构安全和车辆运行。

根据一般的排水坡度要求及有利于重车下坡运行要求，规定横洞的下坡坡度。

9.3.2 平行导坑的设置应符合下列要求：

1 宜设在地下水来源或出渣运输方便的一侧。对于预留第二线的隧道，应设在二线位置上；位于软弱围岩和特殊地质地段的平行导坑断面、衬砌宜结合二线综合考虑。

2 平行导坑与隧道的净距应按地质条件、隧道断面尺寸、施工方法、运营、疏散救援等因素确定。

3 平行导坑纵坡宜与正洞纵坡一致，其坑底高程应根据其功能、运输方式、地下水富程度等确定，一般宜低于隧道水沟底面不少于1.2m。兼作排水通道的平行导坑应根据水力计算确定。

条文说明

平行导坑施工完后，兼有排水作用，设在地下水来源一侧，能截断地下水来源，保证正洞防排水效果。当预留增建第二线时，平行导坑设在预留二线位置，以备扩挖；对于位于软弱围岩和特殊地质地段的平行导坑结构结合二线综合考虑，主要是指在平行导坑将来扩建为第二线隧道可能性极大的前提下，平行导坑考虑按正线衬砌施作，以免今后反复，投资加大。

平行导坑与正洞的线间距主要根据相互之间的施工影响来确定，间距太小，围岩变形、爆破震动等相互影响大；线间距太大，横通道太长，增加投资。

一般情况下，平行导坑底部高程低于隧道水沟底面不小于1.2m，使横通道的纵坡由隧道向平行导坑布置为下坡，有利于正洞水流向平行导坑排出和重车出渣；但由于横通道两端设有反向曲线，采用有轨运输时两端均需铺设道岔，坡度不能太大，否则，下坡车辆易溜车掉道，上坡可能超过机车牵引限坡。岩溶水、地下水发育隧道在不影响施工运输及运营防灾功能的前提下，需尽量降低其坑底高程。在考虑兼运营隧道排水作用时，要加深平行导坑内水沟的深度。

9.3.3 有轨运输错车道的有效长度宜为1.5倍施工车辆长度。

9.3.4 平行导坑与正洞之间应设置横通道，并应符合下列规定：

1 应尽量避免通过断层、岩层破碎带等不良地质地段。

2 与隧道中线的交角宜为40°。

3 间距应根据施工及进度需要、运营期间功能要求、设备洞室等综合考虑，宜为300～500m。

4 横通道通行净空不宜小于 2.0m×2.2m(宽×高);横通道应设防护门。

条文说明

平行导坑设置横通道主要是用作养护维修或防灾救援通道、施工正洞通道、电缆过轨通道和设备洞室,故横通道间距综合考虑上述因素确定。横通道间距过大,则不利于通风、排水及协调配合正洞施工的需要;间距过小,则加大工程量,提高了造价,还可能互相干扰,影响进度。

9.3.5 横洞和平行导坑应设置排水沟,其排水能力应满足正洞施工及其自身排水的要求。当作为运营期间救援通道或紧急出口时,排水沟应设盖板。

条文说明

实践证明,横洞和平行导坑不仅对解决施工通风、运输,减少施工干扰起一定作用,还对解决施工排水,加快施工进度有相当重要的作用,因此,排水沟过水能力需满足正洞排水的要求,以保证施工期间排水通畅。

9.4 斜井和竖井

9.4.1 隧道需增加工作面时,可在洞身地质条件较好地段采用斜井或竖井。斜井和竖井井口位置应考虑场地条件和防洪要求,井口应高出洪水频率为 1/100 的水位至少 0.5m,且有可靠的防洪措施。

条文说明

斜井和竖井设置在工程地质和水文地质较差的地段时,其施工难度大、进度慢、造价高且不安全,因此,斜井和竖井要求设置在地质条件较好的地段。设置斜井或竖井的目的在于增加正洞工作面,加快施工进度,满足工期要求;如果忽视这些要求,井身施工工期长,且增加造价,将达不到设置斜井或竖井的预期效果。

斜井施工与竖井施工相比较,斜井的施工设备和施工技术较简单,而竖井施工需要一套专门的设施,如吊盘、抓岩机、吊桶、稳车等;竖井的施工进度慢,排水困难且造价高,安全性也差,同时竖井测量投点困难,向正洞延伸测量误差较大。因此,优先推荐设置斜井,在不适宜设置斜井时采用竖井。

斜井和竖井提升设备的安装及转载要求一定的场地,以满足提升能力的需要,故井口场地要求满足提升系统的布设和竖井建筑物的布置,利于出渣和空气排放。

井口高出洪水频率为 1/100 的水位至少 0.5m,是根据工程实践中的经验教训总结出来的。当洪水位高程难以确定、洞(井)口有可能被洪水淹没时,需确保有可靠的防洪措施。

9.4.2 斜井的设置应符合下列规定:

1 斜井运输提升方式应根据提升量、斜井长度及井口地形选择,各种提升方式的斜井倾角应符合下列规定:

1) 采用有轨箕斗提升时,不宜大于35°。
2) 采用轨道矿车提升时,不宜大于25°。
3) 采用皮带式输送机提升时,不宜大于20°。

2 井底车场与隧道中线连接处的平面交角不宜小于40°。

3 井口场坪应设计为向洞外不小于3‰的下坡,井底应设缓坡段;井口和井底变坡点应设置竖曲线,竖曲线半径宜采用12~20m。

4 斜井应设置宽度不小于0.7m的人行道,倾角大于15°时应设置台阶。

5 采用无轨运输的斜井,其坡度应与运输车辆的爬行能力相适应,其综合坡度不宜大于10%;斜井宜按200~300m的间距设置缓坡段,缓坡段坡度不宜大于3%,并应与错车道或防撞设施结合设置。斜井宜按300~500m的间距设置一处安全防撞设施。

6 有轨运输的斜井井身纵断面不宜变坡,井身每隔30~50m应设一个躲避洞。倾角在15°以上的有轨运输斜井必须采取相应的安全措施,在适当位置设置挡车设备,应有轨道防滑措施。

条文说明

近年来,斜井施工数量逐年增多,根据调查大多倾角在25°以下,斜井倾角小、修建速度快,工作人员上下方便安全,运输效率高,对隧道快速施工起到一定作用。当采用轨箕斗提升时,斜井的倾角达35°,但其长度较短。当采用矿车提升时,倾角超过25°,容易出现运输掉渣,造成脱轨。目前皮带运输主要用于出渣和运输混凝土细骨料,一般要求皮带运输倾角不大于20°,具体设计时结合厂家产品性能进行控制。

斜井的轴线与隧道中线的交角大小是根据地形、地质条件及其本身的参数确定的,交角过大或过小时,采用连接通道与隧道连接。连接通道与隧道相接处必然形成喇叭口状,其交角过小或大,连接处跨度增大,对围岩稳定及衬砌支护结构不利,当地质条件较差时,容易发生坍塌。从支护结构受力和出渣运输两方面考虑,连接通道与隧道中线交角选用40°~45°。

井口和井底变坡点设置竖曲线,是为了缓和变坡点前后坡度的急剧变化,使车辆能够平稳顺利通过变坡点,不致发生掉道和脱钩。

斜井设置宽度不小于0.7m的人行道,适用于矿车提升的斜井,也适用于采用皮带输送机提升的斜井,但前者是设在一侧,后者是设在皮带输送机与轨道之间。

汽车下坡行驶时,为了防止制动失灵等在洞内造成人员安全事故,设置防撞设施是很有必要的。防撞设施一般采用砂袋码砌或轮胎码砌,或与混凝土墙组合,其尺寸不得小于2.5m×0.7m×1.2m(长×宽×高)。

由于井身变坡会给提升带来不利,如纵断面是凹形,钢线绳与轨面之间呈现弓弦状,极易撞击顶板,增加钢丝绳的磨损及造成车辆掉道;如纵断面是凸形,车辆行经变坡点时,其重心落在后轮,前轮翘起,不能保持稳定,易发生掉道,不安全,故有轨运输斜井纵断面不设边坡。

9.4.3 倾角大于30°的斜井,衬砌基础宜做成台阶状或设置基座。

9.4.4 竖井的设置应符合下列规定:

1 平面位置宜设在隧道的外侧,与隧道的净距宜为15~20m。

2 竖井断面宜采用圆形,根据提升设备、管路布置、安全通道、安全距离等因素综合确定断面尺寸;竖井较浅时,可选择矩形断面。

3 井筒内应设置安全梯或其他升降安全设施,还应设置可靠的防坠器。

4 井筒与井底车场连接处(或称马头门)应能满足通过隧道内所需材料和设备的要求。

5 竖井应根据使用期限、井深、提升量,并结合安装维修等因素,选用钢丝绳罐道或刚性罐道。

6 井口应设钢筋混凝土锁口圈，锁口圈底部宜采用钢筋混凝土扩大基础，并与锁口圈连成整体。

7 竖井在一般地质条件下可不设壁座，但在井口段、地质条件较差的井身段及马头门的上端应设壁座，其形式、间距可根据地质条件、施工方法及支护类型确定。

条文说明

竖井设在隧道中线上时，对正洞施工有干扰，不安全，而且竖井与隧道接头处拱顶衬砌结构处理较复杂，如竖井漏水将威胁正洞，处理也较困难，而设在中线一侧，则可避免上述缺陷。根据以往的实践，竖井与隧道的净距一般为15～20m，当地质条件差时，选用较大值；竖井与隧道的净距还要考虑井口地形和井底车场的布置，以利于出渣、进料和施工。

位于山岭地区的深大竖井，由于其经过地层地质条件复杂多变，从受力方面考虑，采用圆形断面。位于城市浅埋地段的竖井，其埋深较浅，受力明确，为方便正洞施工，可设于隧道正上方，选择矩形断面。现行铁路工程圆形竖井支护结构设计实际采用的参数见表9.4.4。矩形竖井支护结构一般进行专项设计。

表9.4.4 圆形竖井支护结构设计参数

围岩级别	喷锚衬砌		模筑衬砌	
	竖井直径≤5m	5m＜竖井直径＜7m	竖井直径≤5m	5m＜竖井直径＜7m
Ⅱ	喷射混凝土厚10cm；局部设置锚杆，长2.0m	喷射混凝土厚15cm，局部设置钢筋网片；锚杆长2.0m，间距1m	模筑混凝土厚30cm	模筑混凝土厚30cm
Ⅲ	喷射混凝土厚15cm，必要时配钢筋网；设置长2.5m的锚杆；必要时设钢架	喷射混凝土厚20cm，配钢筋网；锚杆长2.5m，间距1m；必要时加设钢架或混凝土圈梁	模筑混凝土厚30cm	模筑混凝土厚35cm
Ⅳ	—	—	模筑混凝土或钢筋混凝土厚35cm	模筑混凝土或钢筋混凝土厚40cm
Ⅴ	—	—	模筑混凝土或钢筋混凝土厚40cm	模筑混凝土或钢筋混凝土厚45cm

注：Ⅵ级围岩地段采用特殊支护措施。

井筒内应设置安全梯，安全梯主要是作为井下发生突发事故停电时的安全设计，而在正洞贯通前，它又是唯一的出口，平时也可利用安全梯检查井筒装备和处理卡罐等事故。

为了消除提升容器在运行时的横向摆动，保证提升容器高速安全地运输，沿井筒纵向安设罐道。其中钢丝绳罐道结构简单，安装维修方便，可节约钢材或木材，减少投资，不需罐道梁，减轻井壁负荷，从而有利于井筒护壁采用喷锚支护，可缩短建井周期，同时提升容器运行稳定，改善提升系统的受力情况。

竖井采用罐笼提升时，深井采用钢丝绳罐道，浅井采用单侧布置的刚性罐道。

竖井井口多处在松散的表土层或风化破碎的岩层内，而且还要承受井架、提升荷载和井口附近的建筑等传来的荷载，因此，竖井井口设钢筋混凝土颈，其井颈的形式、尺寸和材料根据井口地质条件、井架和井口建筑物传给井颈的荷载及施工方法等因素来确定。

马头门是十字交叉点,结构特殊,受力情况复杂,要承受井筒传来的力,故马头门要求施作模筑混凝土衬砌。

在竖井支护中,一般地质条件下均采用无壁座支护;当地质条件差,衬砌与地层间黏结力弱,地基承载力低,或者需承受上方较大的荷载,设置壁座可以扩散承受负荷、减轻单位地基承载力,故在井口段、地质条件较差的井身段及马头门的上端设壁座。

9.4.5 竖井与隧道正洞的连接可采用单向垂直通道双联式或双向环形通道双联式(图9.4.5)。当竖井承担正洞施工段落短、出渣量较少时,可采用单向垂直通道双联式;当竖井承担正洞施工段落长,且要求快速施工时,可采用双向环形通道双联式。

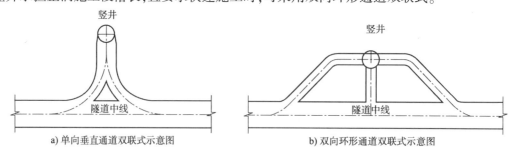

图9.4.5 竖井与正洞的连接示意图

9.4.6 斜井和竖井井底车场,应根据井身长度、地质条件、运量要求、提升方式、运输设备等因素,结合调车安全、作业方便等要求合理布置,并满足快速出渣运出洞外的要求。

条文说明

斜井和竖井随着井身长度、提升方式、运输设备及施工组织安排的不同,井底车场布置的规模大小有很大差别。设计时可根据运量要求,综合考虑上述因素,结合井口地形、施工方便、施工安全、经济合理以及提升能力等情况,尽可能地将辅助性工作和设备安装于地面,如车辆、工具的修理,电瓶车充电,炸药及雷管的存放以及变电所和空压机等;如不便于设在地面时,应尽量利用正洞设置以减少工程量。

9.4.7 斜井和竖井井底应根据涌水量和施工组织安排,选择地下水的排出方式和相应的排水设施,并根据井身长度、提升方式、使用期限及施工便利等因素考虑各种洞室的设置。

条文说明

采用斜井和竖井作为辅助坑道时,地下水的排出直接影响到工程的进度、造价及施工安全,因此,在勘测设计过程中切实了解和掌握地下水的情况,并根据涌水量的大小和施工组织安排及有关规定,确定井下泵房、水仓等排水系统的设置。

9.5 泄 水 洞

9.5.1 泄水洞应按永久工程设计,并满足结构安全、使用功能及耐久性要求。

条文说明

作为运营期间排水通道的泄水洞设计,需重视其"结构安全性""使用功能""可维护性"和"耐久性",避免运营期间泄水洞局部垮塌堵塞,失去排水功能,甚至影响正洞运营安全。

9.5.2 泄水洞断面应根据排水量、施工方法及机具配置、运营维护要求等因素综合确定,并应考虑设置单侧人行维护通道,宽度不小于55cm。

条文说明

泄水洞的断面净空按排水量、施工方法、机具配置和运营维护要求拟定。宜万铁路野三关隧道出口施工时,沿层面发育岩溶通道与3号暗河和水洞坪岩溶洼地相连通,观测最大涌水量为29.73万 m^3/h,实测水压力达1.2MPa,为有效排泄岩溶水,降低隧道结构的水压力,平行于隧道左侧设置长5.2km泄水洞,为满足ITC312挖装机配合自卸车无轨运输作业要求,排水洞内净空采用4.0m×4.3m(宽×高),隧底设置过水通道将泄水洞与出水点连通,岩溶水得到有效治理,确保了运营期间的安全。

9.5.3 邻近正洞的泄水洞排水段拱墙应设置泄水减压孔,间距不宜大于3m,深度应按揭露富水地层的地下水径流通道原则设计。

条文说明

隧道地下水水量丰富、水压较高段,当设置泄水洞时,采取泄水洞排水段拱墙钻孔排水或设带泄水孔的渗水衬砌,对降低邻近正洞的水压、减少水量较为有效。

9.5.4 泄水洞纵坡不应小于3‰,设计流速不小于0.3m/s,并不大于8m/s。泄水洞过水槽应采用模筑混凝土结构,厚度不小于最小结构厚度或20cm。

条文说明

为防止泄水洞因流速过小在沟底产生泥沙淤积,或因流速过大造成过水槽道冲刷,因此,要求泄水洞的设计流速要大于不淤流速,同时小于允许不冲流速。不淤流速参考了《灌溉与排水工程设计标准》(GB 50288—2018)的相关规定,而允许不冲流速参考了《灌溉与排水工程设计标准》(GB 50288—2018)、《水工隧洞设计规范》(SL 279—2016)和《水工隧洞设计规范》(NB/T 10391—2020)的相关规定。《灌溉与排水工程设计标准》(GB 50288—2018)第7.2.14条规定:"排水沟和排洪沟的最小流速不宜小于0.3m/s";附录C第C.0.4条规定,喷射法施工的防渗衬砌结构的允许不冲流速小于10m/s,现场浇筑的防渗衬砌结构的允许不冲流速小于8m/s。《水工隧洞设计规范》(SL 279—2016)第9.5.9条规定:"锚喷衬砌隧洞的允许流速不宜大于8m/s"。《水工隧洞设计规范》(NB/T 10391—2020)第7.2.3条规定:"喷射混凝土支护的永久隧洞的过水流速不宜大于8m/s"。

泄水洞过水槽模筑混凝土结构厚度确定参考《水工隧洞设计规范》(SL 279—2016)和《水工隧洞设计规范》(NB/T 10391—2020)的相关规定。《水工隧洞设计规范》(SL 279—2016)第9.5.6条规定:"不衬砌和锚喷衬砌隧洞的底部应采用现浇混凝土找平,厚度不宜小于0.2m"。《水工隧洞设计规范》(NB/T 10391—2020)第7.1.10条规定:"不衬砌与锚喷支护隧洞的底部宜浇筑不小于0.2m厚的混凝土底板"。

9.5.5 泄水洞洞外排水系统应设置消能、沉淀、拦污等设施,并与自然水系、既有排水设施顺接,避免对周边环境造成不利影响。

条文说明

泄水洞洞内水排至洞口后,需与洞外排水系统顺接,必要时设置具备检修、维护功能的缓冲井(池)实现顺接。洞外排水系统根据地形地质和水力学条件、运行方式、下游水深和变幅、下游河床的抗冲能力、水流衔接、消能防冲要求以及对相邻建筑物的影响,选择合理的消能防冲措施,参照现行《溢洪道设计规范》(SL 253)的相关规定进行设计。

洞外排水系统流经、汇入既有水体时,需按当地设防洪水频率进行防洪安全性评价,其排放水质标准符合环境保护要求,必要时采取下列措施:对既有水工、水利构筑物进行加固、补强;设置易于维护的沉淀、过滤、净化设施。

洞外排水系统需避开不良、不稳定地质体,当无法避开时,预先进行工程处理,消除隐患,防止次生灾害。同时,避免对相邻工程及其基础产生冲击、冲刷、淘蚀及浸泡等不利影响,当难以避免时,相邻工程应进行防护或特殊设计。

10 洞口及洞门

10.1 一般规定

10.1.1 隧道洞口设计应遵循"早进洞、晚出洞"的原则,洞口不应大面积开挖边仰坡,有条件时尽量采用不刷仰坡进洞方案。

条文说明

隧道洞口设计遵循"早进洞、晚出洞"的原则是贯彻环境保护的理念,避免在洞口形成高边坡和高仰坡,防止滑坡、坍塌、围岩落石等不良地质危害,减少对原有地表的形态破坏,保护自然环境。

10.1.2 洞口边仰坡顶面及其周围区域,应根据地表径流情况设置排水沟、截水沟或急流槽等设施,并与路基排水系统、天然沟渠共同组成有效的综合排水系统。

条文说明

洞口排水系统是为了防止施工和运营阶段洞口上方坡面水汇集对洞口边仰坡的冲刷危害,避免洞口路面过水而流入隧道,以及对洞口施工场地造成影响。边仰坡防护设计包括边仰坡防护平面布置,正面、纵断面及结构设计图等,洞外排水系统设计包括洞外排水系统平面、结构图等。

10.1.3 洞口段应结合地形、地质条件和施工方法等确定工程措施,必要时可采取地表注浆、锚固桩等预加固措施。

10.1.4 洞门结构应能防止洞口边仰坡碎落、滚石、坍塌物等掉落至行车区域。

条文说明

洞门的功能要具备拦截洞口边仰坡可能的碎落、滚石、坍塌物。

10.1.5 易产生积雪的洞口,宜考虑防止积雪危害的工程措施。

条文说明

积雪危害主要是降雪堆积、风吹雪堆积、雪崩堆积造成的危害,洞顶积雪增加洞顶荷载和地表水下渗,可能引起边仰坡垮塌。

10.1.6 洞口及洞门设计应与周边自然环境相协调,位于城镇、风景区的洞门,宜进行景观设计。

条文说明

洞门与自然环境相协调,就是要求保护和最大限度地恢复原有地形、恢复自然景观、减少人工痕迹,避免过多的人工修饰,淡化或隐藏支挡结构物的存在。位于城镇、风景区的洞门是人们关注的重点,有必要在隧道洞口设计中引入景观设计,将洞口作为一个与周边环境协调的"景点"建筑。隧道洞门景观设计从与周围环境协调的角度出发,使隧道洞口的设计在满足基本功能的同时,达到既与周边环境有机融合又成为周边景点亮点的目的。

10.1.7 洞口应设置必要的检查和维护设施及铭牌、号标等相关标志。

条文说明

洞口设置必要的检查和维护设施,方便施工及运营期间对洞口边仰坡、洞门及洞门墙背进行检查维护,对洞门墙背落石堆积物进行清理,对截(排)水沟进行疏通和修补。

交通隧道的铭牌和号标记载着隧道的名称、编号、长度和工程竣工时间。隧道铭牌的尺寸根据洞口尺寸确定,以达到铭牌与洞门的和谐统一。铭牌放置在隧道洞口坡面上,或做成碑、牌立于洞口的一侧,或因地制宜刻于洞口附近的岩壁上,或直接镶嵌于洞口衬砌上。

10.2 洞口工程

10.2.1 隧道洞口位置确定应符合下列规定:

1 洞口位置应尽量避让沟谷地形和傍山地形,避开滑坡、崩塌、泥石流等不良地质地段,避免洞口出现较大偏压受力状态。

2 洞口位置应设于山体稳定、地质条件较好的位置。

3 隧道轴线宜与地形等高线呈大角度相交。

4 线路应避免沿沟进洞,当不可避免时,应结合防排水工程确定洞口位置。

5 漫坡地形的洞口位置,应结合进洞条件、洞外路堑设置条件、边仰坡防护、排水、用地、弃渣等因素,综合分析确定。

条文说明

洞口选择不当会造成洞口塌方,长期不能进洞或病害整治工程大,不易根治而留隐患。洞口位置选择一般要求地质条件好,线路垂直或接近垂直地形等高线。

合理选择洞口位置,是保护环境和保证顺利施工、安全运营及节省工程造价的重要条件。近年来交通隧道工程建设已重视洞口位置的选择,但仍有不足之处,分析其原因,主要是对隧道洞口所处的地质条件较差,岩层破碎、松散、风化严重等情况不够重视。洞口施工或路堑开挖时破坏了山体原有的平衡,极易产生坍塌、顺层滑动等现象。

洞口线路沿沟进洞时,往往地质条件差,地层压力大,极易产生塌方、滑移等病害,要尽量避开,当线路必须通过时,采取合理的挡护措施并要认真做好防排水工作。

10.2.2 洞口设计应符合下列规定:

1 减少洞口边仰坡开挖,避免形成高边坡、高仰坡,最大限度地减少对原地面的扰动。

2 洞口边仰坡应根据岩石(土)性质、气候、水文条件及边仰坡高度,采取工程加固和植被防护相结合的措施,有条件时可接长明洞;地震区边仰坡宜采用锚网喷、锚杆框架梁、预应力锚索桩等柔性防护措施。

3 当隧道洞口无法避免通过危岩落石发育区时,应遵循多重防护、综合治理的原则,根据危岩落石特征、范围、地形地貌等因素开展危岩落石防护设计。

4 隧道洞口危岩落石可选用清除、支顶、锚固、灌浆、防护网等主动防护措施,或拦石墙、落石槽、型钢栏栅、防护网等被动防护工程措施;有条件时,可接长明洞或设置棚洞。

5 受暴雨、洪水、泥石流影响时,应设置防洪设施。

6 附近地面建筑及地下预埋物与洞口相互影响时,应采取防范措施。

7 洞口位于林区时,应考虑树木倒伏对运输安全的影响

条文说明

隧道洞口设置超前管棚、接长隧道(明洞)等措施,达到减少边仰坡开挖高度的目的。以最大限度降低边仰坡开挖高度、控制开挖范围,是保持边仰坡稳定、减小原地形破坏与保护洞口景观的要求。

在不良地质地段,如有落石、岩堆、掉块威胁线路安全时,一般要早进洞或加接明洞,设柔性钢丝网防护,对于有些大型危石和集中落石区,根据具体情况分别采用清除、支顶、锚杆、锚索加固等措施处理,保证隧道安全运营。

陡崖一般整体稳定,通常不采用切坡的方式处理,避免对陡崖产生扰动。如陡崖存在危石,先进行清理,必要时采用喷锚或设防护网防护,同时接长明洞,使洞口外移或设防护棚。

洪水、泥石流地段,多采用隧道或明洞等方式绕避;若洞顶有冲沟通过,则加接明洞作渡槽引渡。设在山凹地形、沟谷地形的洞口,根据暴雨洪水情况与汇水条件,设置满足洪水排泄要求的沟渠。

经验证明,用明洞遮拦危石、支挡滑坡、引渡泥石流及水沟等,对线路通畅起到一定作用。

10.2.3 隧道的进洞方式应根据洞口的地形、地质等条件确定,一般可采用下列方法:

1 洞口坡面较为陡峭,岩层完整、无落石及风化剥落时,可采用贴壁进洞。

2 洞口覆盖层较薄或地层松散破碎时,可采用护拱+管棚进洞或地表预加固进洞。

3 洞口存在显著地形偏压或一侧露空的傍山地形,可采用回填暗挖进洞或半明半暗进洞。

条文说明

隧道进洞方法包括贴壁进洞法、套拱加短管棚进洞法、套拱加长管棚进洞法、地表锚杆或小导管注浆预加固进洞法、回填暗挖进洞法、半明半暗进洞法等。

(1)贴壁进洞法:清除洞口上方地表的危石,对进洞坡面进行适当的防护,依托钢拱架辅以超前小导管或锚杆实施进洞。本法适用于进洞面山坡较为陡峭、地质条件相对较好的Ⅰ~Ⅲ级围岩隧道洞口。

(2)套拱加短管棚进洞法:沿隧道周边开挖轮廓线外钻孔打入短管棚,钢管长度一般为10~15m,管径采用76mm或89mm,管内注浆对岩体进行加固。管棚端头宜外露1m左右,直接浇筑在混凝土套拱内,或先修筑套拱再钻进管棚孔,待套拱达到一定强度后开挖进洞。本法适用于较破碎的Ⅲ级和Ⅳ级围岩洞口。

(3)套拱加长管棚进洞法:先修筑套拱,利用套拱内预埋的导向管钻管棚孔,长管棚宜采用20~40m长、直径108mm或127mm钢管高压注浆固结岩体,在管棚的保护下开挖进洞。本法适用于Ⅴ~Ⅵ级围岩或存在偏压等的特殊情况洞口。

(4)地表锚杆或小导管注浆预加固进洞法:确定浅埋隧道土体松动压力范围,利用锚杆或小导管的剪切抗力效应和悬吊效果,控制地表沉降,提高工作面自稳性。当围岩具备成拱条件后,暗挖进洞,在掘进过程中辅以超前支护或设套拱,喷、锚、网与钢拱架支护。本法适用于洞口段覆盖较浅、地层破碎或偏压地形的洞口。

(5)回填暗挖进洞法:可在覆盖较薄或拱肩露空的一侧先回填一定厚度的水泥土或施作

混凝土(浆砌片石)挡墙,使其符合暗挖的要求,进洞开挖时需辅以套拱与长(短)管棚预加固。本法适用于两侧地面横坡很陡,或洞口地处一边露空、另侧地面横坡很陡的傍山地形区洞口。

（6）半明半暗进洞法:先施工洞口套拱,即露空部分(低侧)采用混凝土套拱配护拱(盖挖法),通过锚杆使其与岩体紧密连接,暗挖靠山部分(高侧)则采用普通套拱,利用套拱(护拱)内预埋的导向管钻孔施作管棚及注浆后开挖进洞。在逐榀架设钢拱架时,钢拱架布设在暗挖围岩壁和露空部分的混凝土护拱内侧,当其全断面封闭后施作喷射混凝土,形成连续的初期支护,在该初期支护的保护下逐步向前推进。本法适用于地质条件相对较好、洞口轴线与地面线斜交的洞口。

10.2.4 桥隧相连的洞口设计应综合考虑地形、地质条件、桥梁结构等因素,并符合下列要求:

1 桥台进洞段隧道内净空尺寸,应满足桥梁结构、桥梁架设及维修要求。

2 合理设计桥隧连接方式及施工工序,统筹考虑隧道洞口、桥台基坑,必要时对洞口稳定性进行验算。

3 隧道洞口排水系统应与桥梁排水系统协调布置,防止隧道排水对桥台造成不利影响。

10.2.5 铁路隧道洞口上方有公路跨越或邻近洞口的路堑顶有公路并行时,应考虑延长洞口、接长明洞并在靠近铁路的公路一侧设置防撞护栏,护栏等级应符合有关规定。

10.2.6 设计速度为160km/h 及以上的铁路隧道,洞门设计应考虑空气动力效应对周围环境的影响,并应满足表10.2.6 中的微气压波峰值要求,必要时通过设置洞口缓冲结构降低微气压波峰值。洞口缓冲结构设置应考虑列车类型、隧道长度、隧道净空有效面积、洞口环境等因素,可采用等截面开孔式、变截面式或辅助坑道开孔等形式。

表 10.2.6 微气压波峰值控制标准

建筑物至洞口的距离	建筑物有无特殊环境要求	基 准 点	微气压波峰值
<50m	有	建筑物	按要求
	无		≤20Pa
≥50m	有	距洞口20m 处	<50Pa

条文说明

旅客列车行车速度大于160km/h 的隧道,视洞口环境如周围人居、建筑物、相关工程状况,结合旅客舒适度要求,考虑是否增设缓冲结构。洞口缓冲结构设置需考虑列车类型及长度、隧道长度、隧道净空有效面积、隧道洞口附近地形、隧道间距和居民情况等因素。缓冲结构形式从实用美观角度出发,结合洞口附近的地形环境条件确定,一般采用与隧道衬砌内轮廓形状相似的开孔式或不开孔式结构,也可采用其他结构形式。单线双洞隧道,采用横通道型缓冲结构。洞口地形陡峭隧道,采用平导型缓冲结构。当横断面不变时,缓冲结构一般在侧面或顶面开减压孔,减压孔面积根据实际情况确定,一般为隧道净空有效面积的 $1/5 \sim 1/3$。

10.2.7 公路隧道洞口可根据景观及洞口环境亮度情况,设置遮光棚等视觉明、暗适应构造措施。

10.2.8 公路隧道洞口景观设计应符合下列规定：

1 在线路平纵面设计时,应将隧道洞口的景观作为设计要素,使洞口景观设计融入线路的总体设计中。

2 洞口景观设计应与结构使用功能设计相结合；景观设计时,可利用景观构造物实施减少洞口亮度、洞口防废气串流及支护边坡等功能。

3 应将洞口区域周边一定范围内的地形、地质、植被等条件,人工构造物及人文环境等因素,纳入景观设计规划,避免破坏原有的自然景观或人文景观。

4 洞口景观设计应力求简洁明快,与周围的自然环境融为一体。

5 洞口景观设计应与洞门结构形式相协调。

10.3 洞门工程

10.3.1 隧道洞门宜与隧道轴线正交,可设计为墙式洞门或明洞式洞门,洞门形式应根据洞口地形、地质条件及周边环境条件确定,并与洞外路基工程相协调。

条文说明

洞门是隧道结构的重要组成部分,其作用是支撑隧道边仰坡,拦截仰坡上少量剥落、掉块,并将仰坡的水引离隧道,以稳固洞口,保证洞口线路安全。隧道洞门根据隧道跨度、洞口地形、地质条件、水文条件、周围建(构)筑物以及自然景观和人文景观等进行设计。不论隧道轴线与地形等高线的关系如何,洞门与隧道轴线正交,视觉美观,有利于行车安全。

隧道洞门形式主要有两类,即墙式洞门和明洞式洞门。墙式洞门主要包括端墙式洞门、翼墙式洞门、柱式洞门、耳墙式洞门和台阶式洞门等,适用于仰坡陡峻、山凹地形、斜交地形的狭窄地带,见表10.3.1-1。其中,端墙式洞门和柱式洞门适用于围岩较好的地层；翼墙式洞门、耳墙式洞门和台阶式洞门适用于围岩较差的地层,台阶式洞门还适用于偏压地层。墙式洞门施工过程中,开挖进洞均需不同程度地对洞口边仰坡进行刷坡处理,过多的刷坡破坏了原有地貌和植被,有时甚至危及洞口山体的稳定。

表10.3.1-1 墙式洞门

类型	简　图	适用范围
端墙式	正面　　纵断面	适用于仰坡陡峻、山凹地形,斜交地形的狭窄地带,岩层较好
翼墙式	正面　　纵断面	适用于仰坡陡峻、山凹地形、斜交地形的狭窄地带,岩层较差

续上表

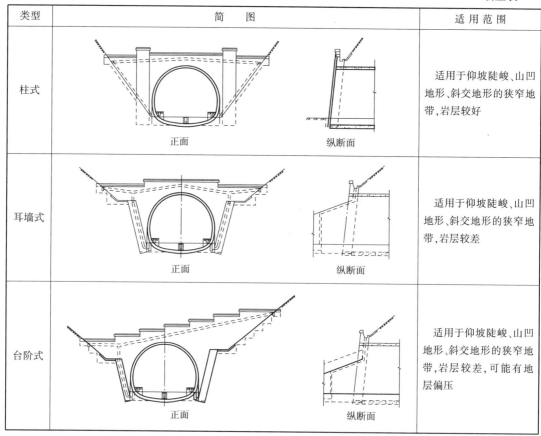

类型	简 图	适 用 范 围
柱式	正面　纵断面	适用于仰坡陡峻、山凹地形、斜交地形的狭窄地带,岩层较好
耳墙式	正面　纵断面	适用于仰坡陡峻、山凹地形、斜交地形的狭窄地带,岩层较差
台阶式	正面　纵断面	适用于仰坡陡峻、山凹地形、斜交地形的狭窄地带,岩层较差,可能有地层偏压

明洞式洞门主要包括直切式洞门、斜切式洞门、帽檐斜切式洞门、反斜切式洞门、喇叭口式洞门、棚洞式洞门和框架式洞门等。明洞式洞门(除棚洞式洞门和框架式洞门外)是隧道洞口段衬砌突出于山体坡面的结构,见表10.3.1-2,适用于地形开阔、边仰坡不高、仰坡较平缓、隧道轴线与地形等高线正交或接近正交的地带。不同的洞口形式采用不同的排水形式。直切、斜切式洞口采用加檐型或喇叭口型排水形式,反斜切式洞口采用喇叭口型排水形式。棚洞式洞门是明洞式洞门的一种,在仰坡、边坡较高,易发生碎落的洞口采用棚洞。

表10.3.1-2 明洞式洞门

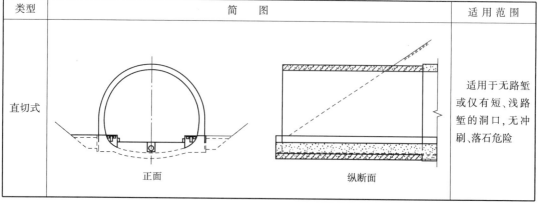

类型	简 图	适 用 范 围
直切式	正面　纵断面	适用于无路堑或仅有短、浅路堑的洞口,无冲刷、落石危险

续上表

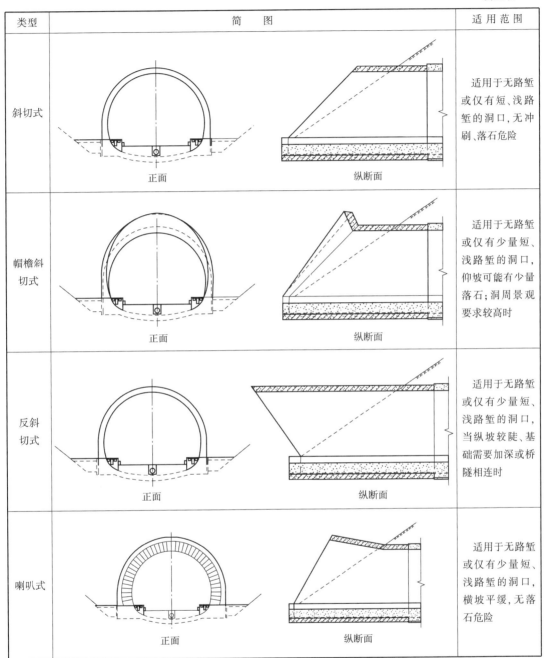

类型	简图	适用范围
斜切式	正面　　纵断面	适用于无路堑或仅有短、浅路堑的洞口,无冲刷、落石危险
帽檐斜切式	正面　　纵断面	适用于无路堑或仅有少量短、浅路堑的洞口,仰坡可能有少量落石;洞周景观要求较高时
反斜切式	正面　　纵断面	适用于无路堑或仅有少量短、浅路堑的洞口,当纵坡较陡、基础需要加深或桥隧相连时
喇叭式	正面　　纵断面	适用于无路堑或仅有少量短、浅路堑的洞口,横坡平缓,无落石危险

10.3.2 墙式洞门设计应符合下列规定：

1 墙式洞门宜优先选用重力式洞门,重力式洞门可设计为仰斜式或衡重式墙身,墙面坡度宜取1:0.05~1:0.25。洞门墙墙身厚度不应小于0.5m,翼墙墙身厚度不应小于0.3m。

2 仰坡坡脚至洞门墙背的水平距离不应小于1.5m,洞门端墙顶高出仰坡坡脚不应小于0.5m,洞门端墙与仰坡间水沟的沟底至衬砌拱顶外缘的高度不宜小于1.0m。洞门端墙顶部宜设置墙帽,其外挑宽度为10~20cm。

3 铺设有砟轨道的地段,当洞口有翼墙或挡土墙时,沿轨枕底面水平方向由线路中线至邻近翼墙、挡土墙的距离,至少有一侧(曲线地段系曲线外侧)不应小于3.5m。

4 洞门端墙与主洞衬砌之间应设置保证结构完整性的连接钢筋。

5 洞门端墙和翼墙应按挡土墙结构进行设计,应保证洞门墙结构的强度、稳定性和抗震性。高烈度地震区,应采用抗震性能较好的轻型钢筋混凝土洞门。

6 洞门与仰坡之间的排水沟宜设置于洞门墙体上;当设置于回填土上时,回填土应夯填密实(压实度要求不小于90%)或用强度等级较低的混凝土、砌体筑填,并在沟底设置防渗层。

7 洞门端墙应根据地基情况设置变形缝。

8 洞门墙背应做防排水设计,在洞门墙背与回填土体之间宜设置砂砾透水层或纵横透水管,并在墙身底部(路面以上约30cm高度处)设置一排泄水孔,在多雨水地区可设置多排泄水孔。泄水孔间距宜为2m×2m,泄水孔径宜为10cm。墙背泄水孔底部应设置隔水层,不容许积水渗入墙基底部。

9 墙式洞门的墙身嵌入路堑边坡的深度,硬岩岩质不宜小于0.3m,软岩或土质不宜小于0.5m。

10 洞门设计中宜设置维修阶梯,维修阶梯可与截水沟(或急流槽)结合设置或单独设置。

条文说明

洞门墙墙背顶部构造要求见图10.3.2,洞顶仰坡坡脚至洞门墙背有一定的水平距离,是为防仰坡土石掉落至轨行区或路面上,也便于洞门端墙与仰坡之间设置排水沟。洞门端墙顶高出仰坡坡脚不小于0.5m,一是为了防止掉落土石弹出飞落到轨行区或路面,同时也作为养护维修人员在拱顶检查维修时的安全防护。洞顶排水沟沟底与衬砌拱顶外缘之间要求一定的填土厚度,以免落石冲击破坏拱圈。

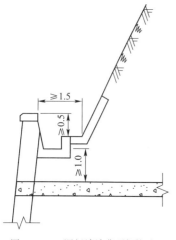

图10.3.2 洞门墙墙背顶部构造要求(尺寸单位:m)

为便于维修抽换轨枕,规定铺设有砟轨道的地段,沿轨枕底面水平方向由线路中线至邻近翼墙、挡土墙的距离,至少有一侧(曲线地段系曲线外侧)不应小于3.5m。

洞门端墙与主洞衬砌之间设置连接钢筋,使洞口段衬砌及洞门结构形成整体,有利于洞口的整体稳定。

当洞口地形、地质、水文情况较差时,为防止端墙、翼墙、挡土墙基础不均匀沉陷而造成墙身开裂,需要对较长的洞门端墙、翼墙、挡土墙设变形缝。

为使墙后积水迅速排出,在墙身处设置泄水孔。

10.3.3 明洞式洞门设计应符合下列规定:

1 洞口段衬砌应采用钢筋混凝土结构,应伸出原山坡坡面或设计回填坡面不小于0.5m。

2 采用斜切式洞门、帽檐斜切式洞门和喇叭口式洞门时,斜切面仰坡坡度应大于或等于原山坡坡度或设计回填坡面坡度。

3 帽檐斜切式洞门帽檐高度不应小于1.5m,仰坡坡脚至帽檐与衬砌交接距离不宜小于1.5m。

4 棚洞式洞门为设置于棚洞端部的洞门结构形式,适用于无落石危险地段,宜采用与棚洞连为一体的钢筋混凝土结构。棚洞式洞门的结构形式可分为拱形、框架式、组合式等。

5 明洞式洞门,宜设置利于排水及防仰坡碎落的门檐(挡块)构造,门檐设置宜与洞门建筑及洞口景观相协调。

6 设计回填坡面宜按自然山坡坡度回填,应分层回填密实,坡面宜采用植草或三维植物网等防护措施。

条文说明

明洞式洞门结构是洞口衬砌的一部分,采用钢筋混凝土结构是明洞衬砌的要求。为了防止坡面水和泥土流入衬砌内壁,要求洞口衬砌伸出原山坡坡面或仰坡设计面不小于0.5m。

设计回填坡面按原山坡坡度回填,是为了恢复原地形。坡面一般采用适合当地生长条件并与周边协调的植物防护,或网格防护。

10.3.4 洞门墙基础的设置应符合下列要求:

1 洞门墙基础应置于稳固的地基上,并埋入地面一定深度,土质地基埋入深度不应小于1.0m,岩质地基埋入深度不应小于0.5m,并低于洞口墙脚各种沟槽的基底。

2 在冻胀性土上设置基础时,基底应置于最大冻结线以下0.25m或采取其他工程措施。

3 当地基承载力不足时,可根据具体情况,采用扩大基础、筏板基础、桩基、地基换填、压浆等措施。

4 洞门扩大基础的台阶坡线与竖直线之间的夹角(刚性角),对于砌体基础不应大于35°,对于混凝土基础不应大于45°。

条文说明

隧道洞口地形、地质比较复杂,有的半硬半软,有的全被松散堆积体所覆盖,有的地面倾斜陡峻,还有河岸冲刷,个别的还存在软弱面或滑动面等。为了保证洞门的安全稳定,其基础要求置于稳固地基上。洞门墙基础及两侧需嵌入地面一定深度,以保证端墙的稳定,基础嵌入深度依地质条件而定。

根据设置基础的经验,要求基底设置于冻结线以下0.25m。所谓冻结线即指当地最大的冻结深度。当冻结线较深时,为避免基础埋置过深、圬工结构过大及施工困难,采取非冻结性的砂石材料换填,并做好隔水处理,或用桩基及其他加固措施解决。一般岩石地基和碎石土层地基,不考虑冻结深度的影响,但要清除表面风化层。

在松软地基上设置基础,地基强度不够时,一般结合具体条件采取扩大基础、筏板基础、桩基、地基换填、压浆加固地基等措施。

当墙基砌筑在围岩稳定坚硬的斜坡上,斜坡基础切割成台阶形式,以防墙体滑动。

10.3.5 洞门墙计算应符合下列规定:

1 洞门墙宜按照工程类比法初步拟定洞门墙尺寸,对墙身截面强度、偏心距、基底应力、抗滑和抗倾覆稳定性进行验算,根据验算结果确定墙身厚度。

2 洞门墙结构验算需要的地层计算摩擦角、地层重度、基底摩擦系数、地基容许承载力等参数,应按地质勘察资料采用。

3 洞门墙上的主要作用为墙背土压力、墙身自重和地震作用力;作用于洞门墙墙背上的主动土压力可按库仑理论计算,以土压力的水平分力控制设计,墙前部的被动土压力可不计入内。

条文说明

作用在洞门上的外力主要是土压力,因此,应将洞门视作挡土墙验算强度和应力。洞门墙验算时,一般以压应力及偏心距两个条件控制,但遇高洞门墙时,设计时还需适当控制截面拉应力。

作用于洞门端墙及挡(翼)墙墙背的主动土压力按库仑理论计算。无论墙背仰斜或直立,土压力的作用方向均假定为水平;墙前部的被动土压力一般不予考虑。

10.3.6 隧道洞门端墙钢筋可按结构承载要求或按照护面钢筋要求设置。

11 超前地质预报及监控量测

11.1 一般规定

11.1.1 隧道设计应根据地质条件、施工方法、支护参数及周边环境等因素,开展超前地质预报和监控量测方案设计。

条文说明

隧道工程地质条件复杂多变,由于技术及其他客观原因,地质勘察很难准确全面揭露隧道所穿越地层的地质条件,隧道设计所采用的地质资料可能与揭露的实际情况不完全相符。为了使隧道支护设计更符合实际围岩变形需求,防止发生地质灾害造成人员伤亡和经济损失,要求隧道施工过程中开展超前地质预报和监控量测工作。

11.1.2 隧道施工超前地质预报和监控量测方案应包括目的、内容、方法及技术要求、信息分析与反馈等。

条文说明

隧道施工期间实施超前地质预报的目的为:①进一步查清隧道开挖工作面前方的工程地质与水文地质条件,指导工程施工顺利进行;②降低地质灾害发生的概率和危害程度;③为优化隧道衬砌结构设计提供地质资料等。

隧道施工期间实施监控量测的目的为:①确保施工安全及结构的长期稳定性;②验证支护结构效果,确认支护参数和施工方法的合理性,为调整支护参数和施工方法提供依据;③确认二次衬砌施作时间;④监控工程对周围环境的影响等。

11.1.3 隧道施工应根据隧道超前地质预报和监控量测的成果信息,对施工开挖方法、支护参数及时进行调整,实现信息化设计与施工。

条文说明

在隧道施工过程中,根据所揭露的地质状况、围岩或支护结构的变形、支护结构受力、周边环境的影响等情况,对隧道支护参数和施工方法及时进行调整,使衬砌结构设计和施工方法更适用于实际围岩情况。

11.2 超前地质预报

11.2.1 隧道设计阶段应根据隧道环境及特点进行超前地质预报设计,选择的预报方法应与施工方法相适应。

条文说明

隧道超前地质预报是保证隧道施工安全的重要环节和重要技术手段,故对于复杂地质条件的隧道,超前地质预报设计是隧道设计的重要内容之一。针对矿山法隧道、TBM法隧道和盾构法隧道,选择与施工方法相适应的超前地质预报方法。

11.2.2 隧道超前地质预报可采用地质调查法、超前钻探法、物探法和超前导坑预报法,在实施过程中应根据隧道环境及特点,选择适宜的方法并积极采用综合预报方法,提高预报的准确性。

条文说明

根据隧道超前地质预报技术发展水平,目前还未有一种能解决所有地质问题的预报手段,对地质条件复杂的隧道要求采用地质调查及勘探相结合、物探与钻探相结合、长距离与短距离相结合、地面与地下相结合、超前导坑与主洞探测相结合的方法,以提高预报准确率。

地质调查法包括隧道地表补充地质调查、洞内开挖工作面地质素描和洞身地质素描、地层分界线及构造线的地下和地表相关性分析、地质作图等工作。超前钻探法包括超前地质钻探、加深炮孔探测及孔内摄影等工作。物探法包括弹性波反射法(地震波反射法、水平声波剖面法、负视速度法等)、电磁波反射法(地质雷达探测)、高分辨直流电法等方法。超前导坑预报法包括平行超前导坑法、正洞超前导坑法等方法。

11.2.3 超前地质预报宜积极应用凿岩台车预报、风枪凿岩预报、爆破震源预报等施工-预报一体化探测新方法,减小对隧道施工工序的影响。

11.2.4 隧道超前地质预报可采用长距离预报、中长距离预报和短距离预报,预报长度的划分和预报方法的选择应符合下列规定:

1 长距离预报长度100m以上,可采用地质调查法、地震波反射法及100m以上的超前钻探法等方法。

2 中长距离预报长度30~100m,可采用地质调查法、弹性波反射法及30~100m的超前钻探法等方法。

3 短距离预报长度30m以内,可采用地质调查法、弹性波反射法、电磁波反射法(地质雷达探测)及小于30m的超前钻探法等方法。

11.2.5 隧道设计应根据工程地质与水文地质条件、地质因素对隧道施工影响程度、诱发环境问题的程度等,对隧道分段进行地质复杂程度分级,并应根据施工过程中的超前地质预报成果和实际地质条件进行动态调整。

条文说明

隧道超前地质预报设计前,对隧道地质复杂程度进行分级,不同级别的地段采用不同的预报方法,一般地段减少预报手段,重点地段增强预报手段,有利于突出重点,集中优势资源,提高预报正确性。隧道地质复杂程度分级,见表11.2.5。

表11.2.5 地质复杂程度分级

影响因素		复杂程度分级			
		复杂	较复杂	中等复杂	简单
地质复杂程度(含物探异常)	岩溶发育程度	强烈发育,以大型暗河、廊道、较大规模溶洞、竖井和落水洞为主,地下洞穴系统基本形成	中等发育,沿断层、层面、不整合面等有显著溶蚀,中小型串珠状洞穴发育,地下洞穴系统未形成,有小型暗河或集中径流	弱发育,沿裂隙、层面溶蚀扩大为岩溶化裂隙或小型洞穴,裂隙连通性差,少见集中径流,常有裂隙水流	微弱发育,以裂隙状岩溶或溶孔为主,裂隙不连通,裂隙透水性差

续上表

影响因素		复杂程度分级			
		复杂	较复杂	中等复杂	简单
地质复杂程度(含物探异常)	涌水、涌泥程度	特大型涌突水(涌水量≥10000m³/h)、大型涌突水(涌水量1000~10000m³/h)、突泥,高水压	较大型涌突水(涌水量500~1000m³/h)、突泥	中型涌水(涌水量100~500m³/h)、涌泥	小型涌水(涌水量<100m³/h),涌突水可能性极小
	断层稳定程度	大型断层破碎带、自稳能力差、富水,可能引起大型失稳坍塌	中型断层带,软弱,中~弱富水,可能引起中型坍塌	中小型断层,弱富水,可能引起小型坍塌	中小型断层,无水,掉块
	地应力影响程度	极高应力($R_c/\sigma_{max}<4$),开挖过程中硬质岩时有岩爆发生,有岩块弹出;软质岩岩芯常有饼化现象,岩体有剥离、位移极为显著	高应力($R_c/\sigma_{max}=4\sim7$),开挖过程中硬质岩可能出现岩爆,岩体有剥离和掉块现象;软质岩岩芯时有饼化现象,岩体位移显著	—	—
	瓦斯影响程度	瓦斯突出	高瓦斯	低瓦斯和微瓦斯	无
地质因素对隧道施工影响程度		危及施工安全,可能造成重大安全事故	存在安全隐患	可能存在安全问题	局部可能存在安全问题
诱发环境问题的程度		可能造成重大环境灾害	施工、防治不当,可能诱发一般环境问题	特殊情况下可能出现一般环境问题	无

注:R_c为岩石饱和单轴抗压强度(kPa);σ_{max}为最大地应力(kPa)。

11.2.6 隧道超前地质预报设计应包括下列主要内容:

1 工程地质与水文地质条件,着重说明不良地质与特殊岩土、可能存在的主要工程地质问题及地质风险。

2 地质复杂程度分级。

3 超前地质预报的设计原则、预报方案、(分段)预报内容、方法选择及不同方法的组合关系、技术要求(同一种预报方法或不同预报方法间的重叠长度、超前钻孔的角度及长度等),需要时应编制气象、重要泉点和洞内主要出水点(流量大于1 L/s的出水点)、暗河流量等观测计划和观测技术要求等。

4 超前地质预报实施工艺要求(必要时提出)。

5 超前地质预报工作安全措施。

6 超前地质预报工作量。

7 其他需要说明的问题。

11.2.7 隧道超前地质预报应包括下列主要内容:

1 地层岩性,重点预报软弱夹层、破碎地层、煤层及特殊岩土。
2 地质构造,重点预报断层、节理密集带、褶皱等影响岩体完整性的构造发育情况。
3 不良地质,重点预报岩溶、人为坑洞、瓦斯等发育情况。
4 地下水,重点预报岩溶管道水及富水断层、富水褶皱、富水地层中的裂隙水等发育情况。

11.3 监控量测

11.3.1 隧道工程应进行监控量测设计;施工阶段应编制监控量测实施方案,并将监控量测作为关键工序纳入现场施工组织。

11.3.2 监控量测范围应包括正洞、辅助坑道、洞口边仰坡,受施工影响的地表及建(构)筑物等;有长期监测需求的段落,隧道监控量测方案应永临结合、统筹兼顾。

条文说明

隧道施工中对围岩、地表、支护结构的变形和稳定状态,以及周边环境动态进行的经常性观察和量测工作,统称为监控量测。隧道正洞、辅助坑道和洞口边仰坡均需要进行监控量测工作,监控量测项目选择需要统筹考虑施工期和运营期的监测需求。

11.3.3 监控量测应根据监测需求、监测环境等因素,合理选择监控量测方法。

条文说明

监控量测既是隧道设计文件的重要组成内容,也是隧道施工作业中关键的重要作业环节。在设计阶段,由设计单位对监控量测目的、监控量测项目以及测点的布置等进行设计。在施工阶段,作为施工组织设计的一个重要组成部分,纳入施工工序。制定合理而周密的现场量测方案,是保证监控量测工作有效开展的关键。隧道开工之前,施工单位根据环境条件、地质条件、设计要求、施工方法及施工进度安排等编制监控量测实施方案,确定量测项目、仪器、测点布置、量测频率、数据处理、反馈方法、组织机构及管理体系,并在施工的全过程中认真实施。

11.3.4 监控量测设计应包括以下内容:

1 确定监控量测项目。
2 确定测点布置原则、监控量测断面及监控量测频率。
3 确定监控量测控制值。

条文说明

监控量测设计需结合具体隧道工程地质与水文地质条件、支护参数、施工方法和监控量测目的等进行,其内容一般包括以下几个方面:①监控量测项目,包括必测项目与选测项目,根据隧道特点和监控量测要求确定;②测点的布置原则,根据地质条件、断面大小及施工开挖方法确定,并选取监控量测断面及测试频率;③各监控量测项目的控制值,根据隧道结构安全性和周边环境的要求以及其他相应规范、法规的要求选取。

隧道监控量测项目分为必测项目和选测项目,其中必测项目是隧道工程进行的日常监控量测项目,选测项目是必测项目的拓展和补充。矿山法和盾构法隧道监控量测项目分别见表11.3.4-1 和表11.3.4-2。

11 超前地质预报及监控量测

表 11.3.4-1　矿山法隧道监控量测项目

序号	类型	监控量测项目	量 测 仪 器
1	必测项目	洞内、外观察	现场观察、数码设备、罗盘仪
2		拱顶下沉	水准仪、钢挂尺、全站仪、三维激光扫描仪、机器视觉
3		净空变化	收敛计、全站仪、激光测距仪、三维激光扫描仪、机器视觉
4		地表沉降(浅埋段)	水准仪、钢钢尺、全站仪、三维激光扫描仪、机器视觉
5		拱(墙)脚位移 (不良地质和特殊岩土隧道段)	全站仪、三维激光扫描仪、机器视觉
6		气体浓度	气体浓度检测仪
7	选测项目	围岩压力	压力计
8		接触压力	压力计
9		锚杆轴力	锚杆轴力计
10		钢架内力	钢筋计、应变计
11		喷混凝土内力	混凝土应变计
12		二次衬砌内力	混凝土应变计、钢筋计
13		地表水平位移	全站仪、GNSS、三维激光扫描仪、机载雷达
14		地中水平位移	测斜仪
15		围岩内部位移	多点位移计
16		纵向位移	全站仪、三维激光扫描仪、多点位移计、滑动测位计
17		隧底隆起	水准仪、全站仪、三维激光扫描仪、机器视觉
18		二次衬砌位移变化	收敛计、全站仪、激光测距仪、三维激光扫描仪、机器视觉设备
19		开挖及支护断面扫描	三维激光扫描仪
20		爆破振动	测振仪
21		孔隙水压力	渗压计
22		水量	三角堰、流量计
23		裂缝	量角器、钢卷尺、游标卡尺、千分尺、千分表、裂缝测试仪、位移计、测宽仪、成像设备、取芯机
24		风速	便携式风速仪、固定式风速仪
25		温湿度(作业环境WBGT指数、相对湿度)	湿球黑球温度热指数测定仪、热力指数计
26		超前探孔孔内温度	温度传感器
27		炮孔温度	温度传感器
28		水温	便携式测温仪
29		风管出风口温度	便携式测温仪
30		洞口外环境温度	便携式测温仪
31		围岩表面温度	测温激光枪、热敏电阻温度计
32		围岩内部温度	温度传感器
33		初期支护表面温度	测温激光枪、热敏电阻温度计
34		二次衬砌表面温度	测温激光枪、热敏电阻温度计
35		二次衬砌内部温度	温度传感器
36		远程视频监控	视频监控设备

注：1. GNSS 为全球导航卫星系统，是包含全球定位系统(GPS)、格洛纳斯(GLONASS)、伽利略(GALILEO)、北斗等在内的所有基于卫星的空基无线电导航定位系统的统称。
　　2. 作业环境 WBGT 指数又称湿球黑球温度，是综合评价人体接触作业环境热负荷的一个基本参数，单位为℃。

表 11.3.4-2 盾构法隧道监控量测项目

序号	类型	监测项目	主要监测设备及元器件
1	必测项目	地表、路面、地下管线沉降	水准仪
2		建筑物局部倾斜	水准仪
3		建筑物整体倾斜	全站仪、垂线仪
4		建筑物裂缝宽度、长度和深度	读书显微镜、测缝计、钢尺
5		隧道水平净空变化	全站仪、收敛计
6		隧道管片结构竖向位移	水准仪、全站仪
7		工作井净空变化	收敛计、全站仪
8		工作井横撑受力	轴力计
9	选测项目	土体分层沉降	分层沉降仪、多点位移计
10		土体水平位移	测斜仪
11		管片背后土压力	压力盒
12		管片背后孔隙水压力	孔隙水压计
13		管片钢筋受力	钢筋计
14		管片表面应变	表面应变计
15		管片工作缝开闭状态	测缝计
16		地下水位	水位计

11.3.5 监控量测控制值包括隧道内位移、地表沉降、爆破振动等,应根据地质条件、隧道施工安全性、隧道结构的长期稳定性,以及周围建(构)筑物特点和重要性等因素制定。

条文说明

监控量测的主要目的是确保隧道施工安全性和结构的长期稳定性,根据这一目的,同时考虑周围建(构)筑物特点和重要性,综合隧道所处的地质条件和施工方法等多方面因素,制定监控量测基准。该基准根据隧道施工情况不断完善。

11.3.6 隧道洞周围岩或初期支护的允许相对位移 U_0 可按表 11.3.6 选取。

表 11.3.6 隧道洞周围岩或初期支护允许相对位移 U_0

围岩级别	埋深(m)		
	<50	50~300	>300
Ⅲ	0.10%~0.30%	0.20%~0.50%	0.40%~1.20%
Ⅳ	0.15%~0.50%	0.40%~1.20%	0.80%~2.00%
Ⅴ	0.20%~0.80%	0.60%~1.60%	1.00%~3.00%

注:1. 相对位移是指洞周收敛值与两监测点间距离之比。
2. 硬质岩取表中较小值,软质岩取表中较大值。
3. 本表适用于高跨比 0.8~1.2 的隧道正洞和辅助坑道。
4. Ⅱ级围岩以及Ⅲ~Ⅴ级围岩其他高跨比隧道,应根据实测数据综合分析或工程类比确定。
5. 拱顶相对下沉指拱顶下沉值减去隧道下沉值后,与原拱顶至隧底高度之比。

条文说明

隧道洞周围岩或初期支护的允许相对位移值主要参考了《岩土锚杆与喷射混凝土支护

工程技术规范》(GB 50086—2015)、《水工隧洞设计规范》(NB/T 10391—2020)、《水电水利工程施工安全监测技术规范》(DL/T 5308—2013)等规范及相关隧道工程施工变形控制值的应用案例。隧道周壁任意点的实测相对位移值或用回归分析推算的总相对位移值均小于表 11.3.6 所列的数值。当位移速率无明显下降,而此时实测位移值已接近该表所列数值,或者喷射混凝土表面出现明显裂缝时,要立即采取补强措施,并调整原支护设计参数或开挖方法。

11.3.7 隧道监控量测应根据监测预警等级和预警标准建立预警管理制度,隧道施工过程中当监控量测数据达到预警标准时,必须及时进行分析并制定相应措施。

11.3.8 监控量测可根据初期支护安全风险特征、监控量测相对位移值、位移速率按表 11.3.8-1 进行分级管理。

表 11.3.8-1 初期支护监测控制等级划分

管理等级	初期支护安全风险特征	量测数值特征	
		相对位移值	位移速率
一级(绿色)	初期支护无明显异常变形征兆,无开裂或局部环向开裂	$U < p \cdot U_0$	<5.0mm/d
二级(黄色)	局部初期支护出现外鼓现象,喷射混凝土局部出现纵斜向开裂、掉块,环向裂缝进一步扩展	$p \cdot U_0 \leq U < q \cdot U_0$	5.0~10.0mm/d
三级(红色)	钢架扭曲变形,喷层出现大面积纵(斜)向开裂、掉块现象,裂缝大于 0.5mm 且存在持续发展趋势	$U > q \cdot U_0$	≥10.0mm/d

注:1. 管理等级对应的总位移量占比阈值 p、q,可根据现场实际施工情况进行动态调整,无资料参考时可分别按 1/3 和 2/3 取值。
2. 特殊地质隧道应结合地质条件和隧道变形及支护措施,制定针对性分级控制监控量测标准。

条文说明

《蒙西华中铁路隧道施工监控量测实施方案》(蒙华工技〔2016〕92号)中变形速率管理值见表 11.3.8-2 和表 11.3.8-3。

表 11.3.8-2 一般地段变形速率管理等级

项 目	变形速率(mm/d)		
管理等级	正常(绿色)	预警二级(黄色)	预警一级(红色)
拱顶下沉	<5.0	5.0~10.0	≥10.0
水平收敛	<3.0	3.0~6.0	≥6.0
地表沉降	<5.0	5.0~10.0	≥10.0

表 11.3.8-3 黄土地段变形速率管理等级

项 目	变形速率(mm/d)		
管理等级	正常(绿色)	预警二级(黄色)	预警一级(红色)
拱顶下沉	<10.0	10.0~20.0	≥20.0
水平收敛	<5.0	5.0~10.0	≥10.0
地表沉降	<10.0	10.0~20.0	≥20.0

注:本表不适用于采用特殊施工工法(如盾构法、预切槽法等)的隧道。

11.3.9 盾构法隧道管片结构位移控制值应根据工程地质条件、隧道设计参数及当地工程经验等确定,当无地方经验时,可按表 11.3.9 确定。

表 11.3.9 盾构法隧道管片结构位移控制值

监测项目及岩土类型		累计值(mm)	变化速率(mm/d)
管片结构沉降	坚硬~中硬土	10~20	2
	中软~软弱土	20~30	3
管片结构差异沉降		0.04%L_s	—
管片结构净空收敛		0.2%D	3

注:L_s 为沿隧道轴向两监测点间距;D 为隧道开挖直径。

11.3.10 盾构法隧道施工位移管理等级划分及应对措施可按表 11.3.10 确定。

表 11.3.10 盾构法隧道施工位移管理等级及应对措施

管理等级	管理指标	应对措施
一级(绿色)	位移测量值<1/3 控制值	正常施工
二级(蓝色)	位移测量值≥1/3 控制值	警戒,加强监测,检查施工及周围建(构)筑物情况,根据情况商讨并制定预案
三级(黄色)	位移测量值≥70% 控制值	预警,立即实施预案
四级(橙色)	位移测量值≥80% 控制值	紧急预警,检查预案实施情况,完善并加强补救措施,必要时暂停施工
五级(红色)	位移测量值≥控制值	报警,必须立即停止施工

11.3.11 地表沉降控制值应根据地层稳定性、周围建(构)筑物的安全要求分别确定,并取最小值。

条文说明

山岭隧道浅埋段需根据具体环境条件制定符合工程要求的地表沉降控制值。

对于城市环境下的盾构隧道,上海黄浦江盾构隧道工程提出地表允许沉降值为 30mm,并相继在上海、广州、北京、深圳、成都等城市地铁工程中作为控制值使用。广深港高速铁路狮子洋隧道和长株潭城际铁路湘江隧道、树木岭隧道等盾构法施工的隧道也曾将 30mm 列为控制标准。从实际使用情况看,地铁盾构隧道基本上满足要求,但铁路盾构隧道超标现象较多(如湘江隧道超标比例达到 50%),因此,铁路隧道盾构法施工的地表沉降控制值需结合具体工程环境条件和要求来确定。

《城市轨道交通工程监测技术规范》(GB 50911—2013)第 9.2.2 条规定了盾构法隧道地表沉降控制值,见表 11.3.11;其中,工程监测等级根据工程自身风险等级、周边环境风险等级和地质条件复杂程度进行划分。

表 11.3.11 盾构法隧道地表沉降控制值

监测项目及岩土类型		工程监测等级					
		一级		二级		三级	
		累计值(mm)	变化速率(mm/d)	累计值(mm)	变化速率(mm/d)	累计值(mm)	变化速率(mm/d)
地表沉降	坚硬~中硬土	10~20	3	20~30	4	30~40	4
	中软~软弱土	15~25	3	25~35	4	35~45	5
地表隆起		10	3	10	3	10	3

注:本表适用于标准断面的盾构隧道。

11.3.12 锚杆轴力、钢架内力、喷射混凝土内力和二次衬砌内力的控制值可按结构材料强度设计值选取。

11.3.13 爆破振动安全允许标准应符合表 11.3.13 的规定。

表 11.3.13 爆破振动安全允许标准

序号	保护对象类别		安全允许质点振动速度(cm/s)		
			$f \leq 10Hz$	$10Hz < f \leq 50Hz$	$f > 50Hz$
1	土窑洞、土坯房、毛石房屋		0.15~0.45	0.45~0.9	0.9~1.5
2	一般民用建筑物		1.5~2.0	2.0~2.5	2.5~3.0
3	工业和商业建筑物		2.5~3.5	3.5~4.5	4.2~5.0
4	一般古建筑与古迹		0.1~0.2	0.2~0.3	0.3~0.5
5	运行中的水电站及发电厂中心控制室设备		0.5~0.6	0.6~0.7	0.7~0.9
6	水工洞室		7~8	8~10	10~15
7	交通隧道		10~12	12~15	15~20
8	矿山巷道		15~18	18~25	20~30
9	永久性岩石高边坡		5~9	8~12	10~15
10	新浇大体积混凝土	龄期:初凝~3d	1.5~2.0	2.0~2.5	2.5~3.0
		龄期:3~7d	3.0~4.0	4.0~5.0	5.0~7.0
		龄期:7~28d	7.0~8.0	8.0~10.0	10.0~12.0

注:1. 爆破振动监测应同时测定质点振动相互垂直的三个分量。
　2. 表中质点振动速度为三个分量中的最大值,振动频率为主振频率。
　3. 频率范围根据现场实测波形确定或按如下数据选取:硐室洞室爆破 f 小于20Hz;露天深孔爆破 f 在 10~60Hz 之间,露天浅孔爆破 f 在 40~100Hz 之间;地下深孔爆破 f 在 30~100Hz 之间,地下浅孔爆破 f 在 60~300Hz 之间。

11.3.14 采用分部开挖法施工的隧道应每分部分别建立位移控制值,同时应考虑各分部的相互影响。

条文说明

大断面隧道采用 CD 法、CRD 法、双侧壁导坑法等分部开挖法时,应分别设立全断面位移监控标准和管理水平以及各施工部位位移监控标准和管理水平,要充分考虑各个施工部位之间的相互影响。

11.3.15 二次衬砌的施作应在满足下列要求时进行:

1 一般地段,隧道水平净空变化速度及拱顶或底板垂直位移速度明显下降,且隧道位移相对值已达到总相对位移量的90%以上。

2 浅埋、软弱围岩等特殊地段,应视现场具体情况确定二次衬砌施作时间。

条文说明

二次衬砌和仰拱的施作时间直接影响到衬砌结构的受力状态和安全稳定性,过早施作会使二次衬砌承受较大的围岩压力,过晚又不利于初期支护的稳定。因此,在施工中进行监控量测,及时掌握围岩和支护的变化规律,确定二次衬砌和仰拱的施作时间,使衬砌结构安全可靠。对浅埋、软弱围岩等特殊地段,单靠工程类比法进行设计时,不能保证设计的可靠性和合理性,所以根据工程现场的实际具体情况,依据现场监控量测提供的有效资料,确定二次衬砌的施作时间,以保证二次衬砌受力合理、安全、可靠、耐久。根据现场施工经验来看,一般情况下,当位移速率持续小于 0.2mm/d 时,或隧道位移相对值已达到采用指数函数回归后得出总相对位移量的 90% 以上时,围岩与支护结构一般达到基本稳定。

11.3.16 高地应力软岩隧道二次衬砌的施作时机应根据监测结果确定,在围岩和初期支护位移基本稳定,位移速率明显减小并趋于收敛时施作。无经验时,可按如下初期支护净空变化位移速率(七日平均值)确定施作时机:

1 中小跨度净空变化位移速率小于 1mm/d。
2 大跨及以上净空变化位移速率小于 2mm/d。

条文说明

控制高地应力软岩隧道变形的主要因素有岩体强度、区域地质构造影响程度、地应力条件、地下水发育特征、围岩完整性等,加之地层频繁的内动力地质作用,引起隧道开挖应力重分布而产生的围岩蠕变现象加剧,引起软岩隧道出现大的变形。根据既有大变形隧道初期支护变形情况来看,各条铁路线隧道大变形情况较为复杂,变形值存在较大差异,南昆铁路家竹箐隧道初期支护最大收敛达 210cm,拱顶下沉达 60~80cm;兰武二线乌鞘岭隧道最大水平收敛达 121cm,最大拱顶下沉 36.7cm;兰渝木寨岭隧道水平收敛达 100~300cm,最大洞顶下沉达 198cm,兰新高铁大梁隧道水平收敛达 80~101cm,最大拱顶下沉 85cm。

《铁路挤压性围岩隧道技术规范》(Q/CR 9512—2019)第 6.3.5 条规定,二次衬砌施作应在围岩和初期支护变形基本稳定后进行。变形基本稳定应符合以下标准:变形速率明显下降并趋于缓和;当无经验时,可按变形速率(7d 平均值)中小跨度小于 1mm/d、大跨度及以上小于 2mm/d 执行,并对二次衬砌进行加强。

11.3.17 施工监控量测应包括以下主要内容:

1 现场情况的初始调查。
2 编制实施方案。
3 现场监控量测。
4 数据分析及信息反馈。
5 提交监控量测成果。

条文说明

施工监控量测工作一般按照下面的程序进行:

(1)现场情况的初始调查,施工前对隧道工程的地质条件、地下水状况及施工影响区域内的周边环境进行初始调查,掌握工程特点和难点,为监控量测工作的顺利开展做好准备。

(2)编制实施方案,现场监控量测小组按照监控量测设计的要求,结合初始调查结果编制实施方案。

(3)现场监控量测,基准点、测点的埋设严格按照相应规范进行,以确保监控量测数据可靠。测点埋设后及时取得初始监测值。

(4)数据分析及信息反馈,现场监控量测工作由现场监控量测小组实施,并根据监控量测数据对隧道施工安全及结构的稳定性做出分析评价,并及时进行信息反馈。

(5)提交监控量测成果,监控量测小组一般以周报(特殊情况要形成日报)的形式提交监控量测成果(包括纸质和电子文件)。当出现异常现象时,及时反馈,以便采取相应的对策。

全隧道现场监控量测工作结束后,一般在一个月内编写出该工程的施工监控量测总结报告。

12 隧道施工方法及辅助工程措施

12.1 一般规定

12.1.1 长隧道、特长隧道和地质条件复杂的隧道应编制指导性施工组织设计。
条文说明
　　长隧道、特长隧道及地质条件复杂的隧道编制施工组织设计图,其目的是为了确定重点隧道土建工程施工总工期,并据此编制切合实际的概(预)算。编制施工组织设计,主要内容包括施工方案、工区划分、进度指标,据以指导施工。
12.1.2 可能遇岩溶、高瓦斯、岩爆、挤压性围岩等特殊地质的隧道,设计阶段应做针对性预处理工法及措施设计;施工中应结合现场情况及信息反馈,及时调整施工方法、辅助施工措施等。
12.1.3 不良地质和特殊岩土地段隧道施工应符合下列规定:
　　1 施工前应进行超前地质预报,探明地质情况,采取预防对策。
　　2 施工中应加强对围岩及支护体系的监控量测,当发现围岩和支护体系变形速率异常时,应立即采取有效措施。
　　3 施工中应有足够的抢险、救援物资储备。
　　4 处理坍塌应在查明坍塌情况、制定出安全措施后进行。
12.1.4 富水岩溶隧道施工应加强超前地质预测预报,并采取预防措施,防止突泥、涌水发生;反坡施工段应配备足够的抽水设备;隧道开挖及支护应根据岩溶的大小、充填情况与隧道的相对位置等具体情况,采取相应的安全措施;对岩溶填充物的清理及对溶洞围岩处理,制定专项安全措施。
12.1.5 瓦斯突出隧道应编制预防煤与瓦斯突出和揭煤、过煤的专项施工方案,并制定包括组织、技术、安全、通风、抢险、救护等安全保障措施。瓦斯隧道施工应根据预报和瓦斯监测结果采取加强通风、注浆封堵、钻孔引排等措施预防瓦斯灾害。
12.1.6 岩爆段隧道施工应提高机械化程度,减少工作面作业人员;施工过程中设专人观测记录岩爆发生时间、位置、强度、频率等信息,总结岩爆发生规律,发现异常时立即示警撤离人员及设备;针对不同强度等级的岩爆,应采取可靠的支护措施,制定专项施工方案。
12.1.7 挤压性围岩和膨胀岩隧道施工应符合下列规定:
　　1 预留变形量应根据监控量测结果及时调整,监控量测应对围岩内部应力、应变进行监测。
　　2 施工前应根据围岩特性,制定系统的超前支护和初期支护施工方案。
　　3 软岩及土质隧道宜采用机械开挖,各分部开挖断面应圆顺;地下水及施工用水应及时排出,不得浸泡开挖面及拱脚岩体。

4 开挖后应及时支护暴露的岩体,分部开挖应设临时仰拱或横撑,支护应尽早封闭成环。

5 初期支护宜分层施作、逐层加强,必要时设置伸缩钢架或活动接头,控制变形发展。

12.2 矿 山 法

12.2.1 矿山法隧道应根据环境条件、地质条件、隧道长度、断面大小、设备条件、工期要求、场地条件等因素,综合确定施工方法。

1 岩质隧道可采用钻爆法施工,根据围岩自稳能力及断面大小等因素可选择全断面法或台阶法等。

2 土质隧道、软岩隧道可采用非爆破开挖,根据围岩自稳能力及断面大小等因素可选择台阶法、中隔壁法、双侧壁导坑法。

浅埋隧道周边环境对开挖振动控制要求较高时,可采用控制爆破或非爆破开挖。

条文说明

全断面法具有较大的作业空间,有利于大型机械配套作业,提高施工速度,且工序少、干扰小,便于施工组织和管理。

台阶法因其灵活多变、适用性强等优点,已成为大断面隧道施工的主流施工方法。实际施工中视围岩条件和机械设备情况可派生出各种台阶法。

12.2.2 矿山法施工应符合下列规定:

1 Ⅰ~Ⅲ级围岩一般采用全断面法开挖;Ⅳ级、Ⅴ级围岩在采取有效措施稳定掌子面后可采用全断面法开挖。

2 Ⅲ级、Ⅳ级围岩可采用台阶法开挖;Ⅴ级围岩在采取必要的超前支护措施稳定掌子面后也可采用台阶法开挖,必要时设临时仰拱。

3 中等~特大跨度Ⅴ级围岩隧道,可采用中隔壁法或双侧壁导坑法开挖。

4 Ⅵ级围岩在采取辅助施工措施后,可采用分部开挖法或台阶法开挖。

12.2.3 特殊岩土和不良地质隧道施工方法的选择应符合下列规定:

1 对于富水软弱破碎围岩,单线隧道开挖宜采用预留核心土台阶法,双线和多线隧道开挖可采用三台阶法、中隔壁法或双侧壁导坑法。

2 岩溶隧道开挖宜采用台阶法,必要时采用中隔壁法;在Ⅱ级、Ⅲ级围岩条件下,岩溶仅影响隧道底部小部分断面时,可采用全断面法。

3 瓦斯隧道煤系地层开挖宜采用台阶法。

4 根据断面大小和围岩地质情况,挤压性围岩、膨胀岩、黄土隧道开挖可采用台阶法、中隔壁法或双侧壁导坑法。

12.2.4 隧道施工应根据围岩级别及自稳能力,合理控制循环进尺和施工步距;当隧道地质条件变化时,应及时变更设计,调整施工方法,做好工序衔接,并采用相应的工程措施。

12.3 TBM 法

12.3.1 TBM法施工适用于岩质隧道,以下不良地质地段宜采用矿山法施工:

1 高地应力软岩大变形地段。

2 膨胀岩(土)地段。
3 宽大断层破碎带及软弱破碎带地段。
4 突水、突泥地段。
5 岩溶发育地段。
6 高瓦斯及瓦斯突出地段。

条文说明

高地应力软岩大变形地段,膨胀岩(土)地段,宽大断层破碎带及软弱破碎带地段,突水、突泥地段,岩溶发育地段,高瓦斯及瓦斯突出地段,总体上不适宜采用TBM法施工,主要因为地质条件复杂、地质灾害风险较高导致TBM掘进困难、施工风险较高,TBM事故可能频发,事故处理困难,施工经济性较差。

12.3.2 长大隧道在进行TBM法与矿山法施工方案比选时,应考虑工程地质、水文地质、道路运输、施工场地布置、材料供应、供电等条件,并应考虑工程场址、环境保护等要求。

12.3.3 TBM选型应遵循下列原则:

1 安全性、可靠性、先进性、经济性相统一。
2 满足隧道断面、长度、埋深和地质条件、沿线地形以及洞口条件等环境条件。
3 满足安全、质量、工期、造价及环保要求。
4 后配套设备与主机配套,满足生产能力与主机掘进速度相匹配,工作状态相适应,且能耗小、效率高的原则,同时应具有施工安全、结构简单、布置合理和易于维护保养的特点。

条文说明

TBM选型要求遵循安全性、可靠性的原则,并兼顾技术先进性和经济性的原则。经济性从两方面考虑:一是完成隧道开挖、衬砌的成洞总费用;二是一次性采购TBM设备的费用,TBM设备的费用分摊在工程预算内。

TBM选型根据隧道施工环境综合分析,TBM性能的发挥很大程度上依赖于工程地质与水文地质条件。工程地质与水文地质条件是影响TBM法隧道施工质量的重要因素,也是TBM选型的重要依据。TBM对隧道通过的地层最为敏感,不同类型的TBM适用的地层也不同。一般情况下,以Ⅱ级、Ⅲ级围岩为主的硬岩隧道较适合采用开敞式TBM,以Ⅲ级、Ⅳ级围岩为主的隧道较适合采用护盾式TBM。

TBM设备配置依据工程项目的大小、难易程度、安全、质量、工期、造价、环保以及文明施工等要求,在充分调研的基础上进行选型。工程施工对TBM的工期要求包含TBM前期准备、掘进、衬砌、拆卸转场等全过程;TBM的前期准备工作包含招标采购、设计、制造、运输、场地、安装、调试、进洞等;开挖总工期满足预定的隧道开挖所需工期的要求;对边掘进边衬砌的TBM,TBM成洞的总工期满足预定的成洞工期要求;TBM的拆卸、转场满足预定的后续工期的要求。

后配套设备选型与主机配套,其生产能力相匹配,工作状态相适应,配套合理,其生产能力满足施工组织设计所要求的工期,能确保实现进度目标。后配套设备选型时,满足操作者劳动强度和劳动条件的改善,配备污染少、能耗小、效率高的施工机械,以减少作业场所环境污染,有利于环境保护。

12.3.4 TBM选型应进行技术经济比选并考虑下列因素:

1 隧道长度、平纵断面尺寸等隧道设计参数。
2 隧道的地质条件，具体包括：
1）围岩级别、岩性、岩石的坚硬程度（单轴饱和抗压强度 R_c）、断层数量和宽度、充填物种类和物理特性。
2）岩体完整程度和岩体完整性系数。
3）岩石磨蚀性及石英含量。
4）岩体主要结构面的产状与隧道轴线间的组合关系。
5）围岩初始地应力状态。
6）含水、出水状态等水文地质。
7）有害、可燃性气体及放射性物质的分布情况。
3 隧道周边环境、进出口施工场地、交通情况、气候条件、水电供应情况等施工环境。
4 隧道施工总工期及节点工期要求。

条文说明

TBM 对地质参数较为敏感，地质适应性对 TBM 选型尤为重要。

岩石的单轴饱和抗压强度是影响 TBM 选型的主要因素之一。TBM 在硬岩中施工，主要问题是刀盘、刀具、刀圈及轴承等严重磨损以及受损部件的频繁更换，费时费力且耗资巨大。一般岩石的单轴饱和抗压强度越低，TBM 的掘进速度越高，反之掘进越慢。但是当岩石的单轴饱和抗压强度太低时，TBM 掘进后围岩的自稳时间短甚至不能自稳，也会存在一定的安全风险。岩石的单轴饱和抗压强度值在一定范围内，TBM 既能保持一定的掘进速度，又能使隧道围岩在一定时间内保持自稳。不同类型 TBM 有其各自适用的最佳岩石单轴饱和抗压强度范围值，大多数 TBM 适用于岩石的单轴饱和抗压强度值为 20～150MPa。

岩石结构面的发育程度是影响 TBM 法工作效率的主要因素。一般情况下，节理较发育和发育时，TBM 掘进效率较高；节理不发育，岩体完整时，TBM 破岩困难。当节理很发育，岩体破碎，自稳能力差时，TBM 支护工作量增大，同时岩体给 TBM 撑靴提供的反力低，导致掘进推力不足，也不利于 TBM 工作效率的提升。岩体结构面越发育，密度越大，节理间距越小，完整性系数越小，TBM 掘进速度有越高的趋势，因此，岩体完整性程度也是影响 TBM 掘进难易的主要控制因素。

岩石的耐磨性对掘进设备（尤其是刀盘和刀具）的磨损起决定性作用。岩石的硬度、岩石中矿物颗粒特别是石英等高硬度矿物颗粒的大小及其含量高低，决定了岩石的耐磨性指标。一般来说，岩石的硬度越高，耐磨性越好，对掘进设备的磨损越大、TBM 的工作效率也越低。TBM 换刀量和换刀次数的增大，势必影响到 TBM 应用的经济效益和工作效率。

岩体主要结构面产状与隧道轴线间的组合关系影响到围岩稳定性，从而影响 TBM 的工作效率。当岩体主要结构面或优势结构面的走向与隧道轴线间的夹角小于 45°，且结构面倾角较缓（≤30°）时，隧道边墙及拱部围岩因结构面与隧道开挖临空面的不利组合而出现不稳楔块，常发生掉块和坍塌，影响 TBM 正常工作，降低 TBM 工作效率，甚至危及 TBM 施工安全。

当围岩处于高地应力状态下，若围岩为坚硬、脆性、较完整或完整的岩体，则隧道围岩极有可能发生岩爆，严重时将危及掘进设备及施工人员的安全；若围岩为软岩，则隧道围岩将产生较大的变形。两者均会给TBM施工带来极大的困难。

TBM工作效率与围岩含水率和出水量的大小、含水和出水围岩的范围及围岩是硬质岩还是软质岩有关。富含水和涌漏水地段,围岩强度会有不同程度的降低,特别是软质岩的强度降低很多,导致围岩的稳定性进一步降低,影响TBM的工作效率。隧道内大量的涌突水,必将恶化TBM的作业环境,从而降低TBM的工作效率。

12.3.5 TBM选型时应重点考虑岩石的可掘性、开挖面稳定性、开挖时洞壁稳定性、断层带长度、挤压地层的存在等因素,这些因素制约TBM施工性能。

条文说明

TBM法通常适用于在稳定性好、中~厚埋深、中等强度围岩中掘进的长隧道。施工前掌握隧道的地质条件对TBM法施工是极为重要的。制约TBM性能较为重要或较常见的不良地质情况包括可掘性极限、开挖面和开挖洞壁的不稳定性、断层和挤压/膨胀地层;此外,影响TBM施工的不良地质还有黏性土地层、地下水、瓦斯、岩爆、高岩温地层、高温水和溶洞等。

TBM开挖岩体能力的主要指标是TBM在最大推力作用下的掘进速度。它与岩石类别、岩石单轴饱和抗压强度、围岩裂隙发育、岩石耐磨度、孔隙率等有关。如果TBM不能快速掘进或刀具磨损超过可接受限度,则这种岩层的可掘性差。

如果开挖岩体破碎,会导致开挖面发生重大不稳定现象,由于塌落、积聚的石块作用于刀盘或卡住刀盘,造成刀盘不能旋转;或因开挖面不稳定造成超挖严重,在TBM前方形成空洞;或因支护工作量过大,使TBM利用率过低。

洞壁不稳定将影响开敞式TBM正常掘进。断层带较长时,将给正常掘进、支护和处理带来困难。护盾式TBM对隧道变形快速收敛十分敏感。

12.3.6 TBM适用的主要地质范围应符合下列规定:

1 开敞式TBM主要适用于岩石整体较完整~完整、有较好自稳性的硬岩地层(50~150MPa);当采取有效支护手段并经论证,也可适用于软岩隧道,但掘进速度应予以限制。

2 双护盾式TBM主要适用于较完整、有一定自稳性的软岩~硬岩地层(30~90MPa)。

3 单护盾式TBM主要适用于有一定自稳性的软岩地层(5~60MPa)。

条文说明

敞开式TBM需要支撑靴板撑紧洞壁围岩,以提供TBM前进时的反力,适用于围岩整体性比较完整、岩体抗压强度较高的地层。通常采用敞开式TBM在稳定性良好、中厚埋深、中高强度的岩层中掘进特长隧道。在掘进通过破碎带岩体时,敞开式TBM可以用自身的支护系统,采用喷锚支护稳定围岩;当掌子面前方遇到局部破碎带时,TBM可以用自身携带的超前钻机和注浆系统预加固破碎带岩体,确保顺利通过。一般情况下,相比护盾式TBM,敞开式TBM具有设备造价低,转弯半径小,喷锚支护、护盾相对短且不易被卡等诸多优势,适用范围较广。

双护盾式TBM具有主推进油缸、辅助推进油缸以及撑靴油缸,掘进和管片拼装可以同步进行,互不干扰,理论上其掘进速度较快。双护盾式TBM在经过良好地层和不良好地层时,通过工作模式的转变能较好地适应。但是,双护盾式TBM机身较长,调向相对困难,容易造成卡机等问题。

当软弱围岩所占比例较大,且撑靴无法撑住洞壁的隧道时,考虑采用单护盾式 TBM 掘进。单护盾式 TBM 的主机比双护盾式 TBM 要短一些,方向调整相对灵活,更容易避免围岩收缩挤压作用较大时护盾被卡,掘进速度的影响因素中减少了岩石支护的处理时间;另外,单护盾式 TBM 的价格比双护盾式 TBM 要低。

12.3.7 TBM 的组装场应设于洞口前方,当洞口场地不能满足整机组装要求时,应设置组装预备洞室。TBM 完成掘进后应根据地形地质条件、施工组织进行拆卸,有条件时应尽量在洞外拆卸;当需在洞内拆卸时,应设置拆卸洞。

条文说明

TBM 体积庞大,其部(构)件种类、数量多,因此,洞口应设置足够大的临时停放场地,散件的组装须在洞口附近,待 TBM 组装调试完成后,沿轨道进入正洞施工。组装场地由于承受较大的地面荷载,一般采用混凝土硬化,当地基承载力较低时,要先加固地基。

12.3.8 开敞式 TBM 施工应设置始发洞,其长度按 TBM 主机长度确定,并应采用钢筋混凝土衬砌。

12.3.9 管片(仰拱块)拼装完成后,应及时对衬砌背后进行豆砾石等材料充填,并注浆固结。

12.4 盾 构 法

12.4.1 盾构法适用于第四纪地层、无侧限抗压强度中等偏低的地层和软岩地层的隧道施工;在硬质岩层和含有大量粗颗粒漂石、块石的地层中不宜采用。

12.4.2 盾构选型应遵循下列原则:

1 适应工程地质、水文地质条件。

2 在安全可靠的前提下,统筹考虑技术先进性和经济合理性。

3 满足隧道开挖直径、埋深、周围环境等条件。

4 满足质量、工期、造价及环保要求。

5 后配套设备应与主机相匹配,其生产能力应与主机掘进速度相匹配。

12.4.3 盾构选型应进行技术经济比选并考虑下列因素:

1 隧道沿线工程地质:

1)地貌、地层岩性、地质构造等特性。

2)断层及破碎带的范围、岩性、水文特征。

3)岩层中特殊地质(如球状风化体、溶洞、有害气体、放射性岩体等)分布。

4)土工试验资料:重度、含水率、液限及塑限、黏聚力、内摩擦角、标贯击数、压缩系数及压缩模量、孔隙率、不排水抗剪强度、土不均匀系数、颗粒分析及粒度分布等。

5)岩石物理力学指标:单轴抗压强度、岩石质量指标(RQD 值)、岩石石英含量、磨蚀性等。

2 隧道沿线水文地质条件,具体包括:

1)地下最高和最低水位、流速、流向、渗透系数、孔隙水压力及腐蚀情况。

2)河床变迁情况。

3)沿线水域分布。

3 隧道设计、施工组织与施工条件：

1）隧道长度、平纵断面、横断面形状及尺寸。
2）施工组织及节点工期。
3）施工场地条件及交通情况。
4）周围环境条件、沿线建（构）筑物和地下管线分布。
5）辅助工法。

12.4.4 盾构选型可根据地层渗透系数、颗粒级配、地下水压力、环保标准、辅助工法、施工环境、安全等因素确定。土压平衡或泥水平衡盾构选型应符合下列规定：

1 当地层渗透系数小于 1×10^{-7} m/s 时，宜选用土压平衡盾构；当地层渗透系数大于 1×10^{-4} m/s 时，宜选用泥水平衡盾构；当地层渗透系数在 $1\times10^{-7}\sim1\times10^{-4}$ m/s 时，可选用土压平衡或泥水平衡盾构。

2 地层颗粒级配以粉土、粉质黏土、淤泥等粒径小且小粒径比例高的黏稠地层为主时，宜选用土压平衡盾构；以砾石、粗砂、细砂地层为主时，可选用泥水平衡或土压平衡盾构。

3 当地下水水头压力大于 0.3MPa 时，宜选用泥水平衡盾构。当采用土压平衡盾构时，应增加螺旋输送机长度，或采用二级螺旋输送机，或增加保压泵。

12.4.5 盾构工作井设计应符合下列要求：

1 工作井位置应根据线路平纵断面、施工组织及工艺、运输条件、周边环境、隧道特点等综合比选后确定。

2 工作井形状和尺寸应综合考虑结构深度、地质条件、结构尺寸、施工工艺等因素，满足盾构组装、始发、接收、拆卸、材料及渣土运输等要求。

3 始发工作井洞口应设置密封装置。

4 盾构始发、接受前应对端头周围地层进行加固，加固措施可选用降水、注浆、深层搅拌桩、高压旋喷、冻结法、大管棚等。

条文说明

根据施工工艺和使用功能要求，工作井分为始发工作井、接收工作井和中间工作井。始发工作井用于组装、调试盾构，隧道施工期间作为管片、其他施工材料、设备、出渣的垂直运输及作业人员的出入通道。一般情况下在盾构的前后应留出洞口封门拆除、初期推进时出渣、管片运输和其他作业所需的空间。接收工作井的宽度应大于盾构直径 1.5m，工作井的长度应大于盾构主机长度 2m。从理论上说，井壁预留洞口大小略比盾构的外径大一些即可，但考虑到井壁洞口的施工误差、隧道设计轴线与洞口轴线间耳朵夹角、密封装置的需要，需留出足够的余量。

洞门密封装置是为了防止盾构始发掘进时掌子面泥土、地下水从盾壳和洞门的间隙处流失，以及防止盾尾通过洞门后同步注浆发生浆液流失而设置的临时密封装置，一般由帘布橡胶板和折页式密封压件组成。

始发、到达段土体加固方案可根据洞口附近隧道埋深、地质条件、盾构类型、地面环境等条件确定，加固方法可选用降水、注浆、深层搅拌桩、高压旋喷、冻结法、大管棚等。地层加固范围及效果根据盾构类型、地质条件、周边环境等因素确定。地层加固长度不小于盾构主机长度，加固深度和宽度至少延伸至盾构隧道外轮廓 $0.3D\sim0.5D$（D 为盾构隧道开挖外轮廓直径)范围。对于洞口段需要加固的土体,加固后地层无侧限抗压强度一般不小于1.0MPa,起到防塌、防水作用;当盾构始发、接收过程中不采用降水措施时,加固后的地层渗透系数不大于1×10^{-5}cm/s。

12.4.6 盾构穿越浅覆土段、重要或有特殊保护要求的建(构)筑物时,应根据需要采取必要的保护措施。

条文说明

盾构近距离穿越建(构)筑物时,通过预加固、优化盾构掘进参数,及时进行盾尾同步注浆、二次注浆、土体加固注浆等措施,确保建(构)筑物运营及使用安全。

12.4.7 管片脱离盾尾后,应及时进行同步注浆和即时注浆,其注浆量应根据地层条件、施工状态和环境保护要求确定;二次注浆的注浆量应根据监测结果确定。

条文说明

盾构同步注浆就是在隧道内将具有适当的早期及最终强度的材料,按规定的注浆压力和注浆量在盾构掘进的同时填入盾尾孔隙内。其目的是:①尽早填充地层,减小地基沉陷量,保证环境安全;②确保管片衬砌的早期稳定性和间隙的密实性;③作为衬砌防水的第一道防线,提供长期、均匀、稳定的防水能力;④作为隧道衬砌结构的加强层,使其有耐久性和一定强度。

同步注浆的浆液应结合地质条件、掘进方式、施工条件和成本控制等因素,选择惰性浆液或活性浆液。

12.5 明 挖 法

12.5.1 明挖隧道应根据地形、地质条件及围护、支护结构类型,确定合理的围护结构、地基加固、开挖、支护、支撑等的施工方案。

条文说明

明挖隧道通常位于城市或其附近,根据环境条件,基坑采用放坡开挖或围护开挖。常用的围护结构有围护桩、地下连续墙、水泥土墙等。围护开挖的基坑根据周边建(构)筑物的保护要求,采取钢材、混凝土内支撑或土层预应力锚杆(索)支撑。放坡开挖的基坑边坡一般采用锚杆、钢筋网和喷射混凝土支护。基坑开挖、支护、支撑采用分段分层施作,因此,需要确定合理的施工方案。

12.5.2 基坑开挖可分为放坡开挖和围护开挖。场地开阔,且周边环境对沉降位移要求不高时,基坑可采用放坡开挖或局部放坡开挖;放坡开挖受限制时,基坑应采用围护开挖。

条文说明

放坡开挖时,边坡按使用年限可分为临时边坡和永久边坡。放坡开挖的坡度与护坡措施应根据地区经验、岩土特性、开挖深度综合确定,必要时采用稳定分析方法进行验算。软土地层中采用单级放坡开挖的基坑开挖深度不大于4m,采用多级放坡开挖的基坑开挖深度不大于7m。

12.5.3 基坑支护设计时,应综合考虑基坑周边环境和地质条件的复杂程度、基坑开挖深度及支护结构破坏后果的严重程度,确定基坑安全等级、地面允许最大沉降、围护墙的水平位移等控制要求。

条文说明

由于我国地域广大,各地工程地质和水文地质条件千差万别,故各地建筑及地铁基坑工程的安全等级分级标准并不统一。基坑工程设计时,根据建设场地的工程地质和水文地质条件,以及基坑周围环境条件和环境保护要求,因地制宜地确定基坑工程的安全等级。

《建筑基坑支护技术规程》(JGJ 120—2012)中关于基坑支护结构的安全等级见表12.5.3-1。我国部分城市地铁基坑工程的安全等级标准见表12.5.3-2~表12.5.3-4。

表12.5.3-1 支护结构的安全等级

安全等级	破 坏 后 果
一级	支护结构失效、土体过大变形对基坑周边环境或主体结构施工安全的影响很严重
二级	支护结构失效、土体过大变形对基坑周边环境或主体结构施工安全的影响严重
三级	支护结构失效、土体过大变形对基坑周边环境或主体结构施工安全的影响不严重

表12.5.3-2 上海地铁基坑工程的安全等级

基坑等级	地面最大沉降量及围护墙水平位移控制要求	环境保护要求
一级	(1)地面最大沉降量≤0.1%H; (2)围护墙最大水平位移≤0.14%H	基坑周边以外0.7H范围内有地铁、共同沟、煤气管、大型压力总水管等重要建筑或设施
二级	(1)地面最大沉降量≤0.2%H; (2)围护墙最大水平位移≤0.3%H	基坑周边以外0.7H范围内无重要管线和建(构)筑物;而离基坑周边0.7H~2H范围内有重要管线或大型的在用管线、建(构)筑物
三级	(1)地面最大沉降量≤0.5%H; (2)围护墙最大水平位移≤0.7%H	离基坑周边2H范围内没有重要或较重要的管线、建(构)筑物

注:H为基坑深度(m)。

表12.5.3-3 广州地铁2号线、南京地铁1号线基坑工程的安全等级

基坑等级	地面最大沉降量及围护墙水平位移控制要求	周边环境保护要求
特级	(1)地面最大沉降量≤0.1%H; (2)围护墙最大水平位移≤0.1%H或30mm,两者取较小值	(1)离基坑0.75H周围有地铁、煤气管、大型压力总水管等重要建筑市政设施; (2)开挖深度≥18m,且在1.5H范围内有重要建筑、重要管线等市政设施,或在0.75H范围内有非嵌岩桩基础埋深≤H的建筑物
一级	(1)地面最大沉降量≤0.15%H; (2)围护墙最大水平位移≤0.2%H且≤30mm	(1)离基坑周围H范围内埋设有重要干线、在用的大型构筑物、建筑物或市政设施; (2)开挖深度≥14m,且在3H范围内有重要建筑、管线等市政设施,或在1.2H范围内有非嵌岩桩基础埋深≤H的建筑物
二级	(1)地面最大沉降量≤0.3%H; (2)围护墙最大水平位移≤0.4%H且≤50mm	仅基坑附近H范围外有必须保护的重要工程设施
三级	(1)地面最大沉降量≤0.6%H; (2)围护墙最大水平位移≤0.8%H且≤100mm	环境安全无特殊要求

注:H为基坑深度(m)。

表 12.5.3-4　深圳地铁一期工程基坑工程的安全等级

项　目	安　全　等　级		
	一级	二级	三级
基坑深度（m）	>14	9~14	<9
地下水埋深（m）	<2	2~5	>5
软土厚度（m）	>5	2~5	<2
基坑边缘与邻近建筑物基础或重要管线边缘净距(m)	<0.5H	0.5H~1.0H	>1.0H
地面最大沉降量（mm）	≤0.15%H	≤0.2%H	≤0.3%H
最大水平位移允许值（mm）	0.25%H	排桩、墙、土钉墙 0.5%H / 钢板桩、搅拌桩 1.0%H	排桩、墙、土钉墙 1.0%H / 钢板桩、搅拌桩 2.0%H

注：H 为基坑深度（m）。

12.5.4 基坑工程设计应包括支护体系选型、支护结构的强度及变形计算、稳定性验算、降水要求、开挖要求、环境保护要求及监测内容等，其中稳定性验算内容应符合表 12.5.4 的规定。

表 12.5.4　基坑工程稳定性验算内容

支护类型	整体失稳	抗滑移	抗倾覆	内部失稳	抗隆起（一）	抗隆起（二）	抗管涌或渗流	抗承压水突涌
放坡	△	—	—	—	—	—	—	○
土钉支护	△	△	△	△	—	—	—	○
重力式围护结构	△	△	△	—	△	—	△	○
桩、墙式围护结构	○	—	△	—	△	△	△	○

注：△为应验算，○为必要时验算；抗隆起（一）为围护墙以下土体上涌；抗隆起（二）为坑底土体上涌。

条文说明

基坑围护结构要求满足构件强度、刚度、稳定性要求、整体抗滑动和抗倾覆稳定、坑底抗隆起及抗渗流稳定性以及抗承压水稳定性等要求，以确保基坑的稳定和周边环境的安全。在软土地层中围护结构的入土深度一般为基坑深度的 0.7~0.9 倍。

基坑设计严格控制基坑开挖引起的地面沉降量和降水，对由于土体位移可能引起的周围建(构)筑物、地下管线产生的危害加以预测，并提出安全、经济、技术合理的基坑支护措施，防止过量的地面变形对周围建筑和市政管线造成危害，如采用回灌措施保护既有建筑物和地下管线。

12.5.5 基坑开挖应根据地质、环境条件等制定开挖方案，并应自上而下、分段分层开挖后及时支撑和支护，避免基坑坑壁或边坡坍塌。

12.5.6 基坑围护结构应结合地层情况、基坑深度经综合技术经济比较后确定，主要包括基坑围护桩、地下连续墙以及旋喷、搅拌法水泥土墙等。

条文说明

基坑围护桩成桩方法根据设计及工程地质、水文地质、环境条件和结构类型，选用振动沉桩、静力压桩、钻(挖)孔灌注桩等。基坑围护桩一般有型钢桩、混凝土桩等，需要根据围护桩类别及工程地质、水文地质、环境条件等选择相应的振动沉桩、静力压桩、钻(挖)孔灌注桩施工工艺。

地下连续墙根据地质、地下障碍物、施工环境等选择成槽机械,岩石成槽选用冲击钻机,土层采用液压成槽机。地下连续墙分单元施工,单元槽段长度根据施工环境、槽壁稳定性及钢筋笼起吊能力划分,一般采用4~8m;槽段开挖采用间隔式,间隔一个单元槽段。

水泥土墙施工方法分为搅拌法和旋喷法;其中,深层搅拌法施工一般采用多轴式钻掘搅拌机,高压喷射注浆施工选择单管法、二重管法及三重管法。水泥土墙桩内插入H型钢等芯材,提高墙体强度和刚度。

对于砂、土地层,当基坑深度较小时,可采用重力式挡土墙、土钉墙或其他轻型支挡结构;当基坑深度为10~13m时,可采用型钢水泥土搅拌桩墙工法(SMW工法)、钻孔灌注桩、钻孔咬合桩,但在易发生流砂且基坑周边存在高大建筑物的地段,优先考虑采用钻孔咬合桩,或考虑采用地下连续墙作为围护结构;当基坑深度≥15m时,一般采用地下连续墙。

12.5.7 基坑的支撑体系可采用钢管支撑、型钢支撑、钢筋混凝土支撑、锚杆(索)体系。选择支撑形式时,需根据基坑尺寸、拆装的方便性、可回收利用性、支撑受力的大小、对变形的控制性能及经济性能进行综合比较。

12.5.8 放坡开挖应符合下列规定:

1 基坑边坡一般采用锚杆、钢筋网、喷射混凝土等支护形式,永久边坡宜采用工程加固和植被防护相结合的措施。

2 放坡开挖应随基坑开挖及时刷坡及支护,边坡应平顺。

3 放坡坡度应根据地质、基坑深度经稳定性分析并结合支护加固措施确定。

4 放坡开挖基底边缘至隧道结构边缘的距离不得小于0.5m,设排水沟、集水井或其他设施时,可根据需要适当加宽。

5 坡顶、坡面、坡脚应采取截排水措施。

12.6 辅助工程措施

12.6.1 隧道通过浅埋段、严重偏压段、自稳性差的软弱地层、断层破碎带时,可采取辅助工程措施,并应根据隧道施工及结构、周边建(构)筑物情况确定超前支护及围岩加固措施,见表12.6.1。

表12.6.1 常用的超前支护及围岩加固措施

项 目		措 施
围岩支护措施	超前支护	超前锚杆
		超前小导管
		超前管棚
		超前水平旋喷
		掌子面玻璃纤维锚杆
	临时封闭措施	喷射混凝土
		临时仰拱
	临时支撑	临时构件支撑
		锁脚锚杆(管)

续上表

项	目	措 施
围岩加固措施	超前加固	超前周边注浆
		超前帷幕注浆
	周边加固	周边注浆
	地表加固	地表砂浆锚杆
		地表注浆
		地表竖向旋喷

条文说明

围岩稳定措施分为围岩支护措施和围岩加固措施。自稳性差的地段是指采用锚杆、喷射混凝土、钢支撑等难以保持围岩稳定,容易发生开挖面失稳、隧道坍塌、冒顶等地段,对这类地层采取围岩稳定措施以增强围岩的稳定性。在围岩涌水突泥地段、地下水丰富需要治理的地段,可采取围岩加固措施以减少地下水对隧道施工和运营危害或减少地下水流失。

12.6.2 在无地下水的软弱地层、薄层水平层状岩层、开挖数小时内拱顶围岩可能剥落或局部坍塌的地段,可采用超前锚杆支护。

条文说明

超前锚杆支护主要是利用预先施作的锚杆将隧道拱部一定范围的节理发育岩体串联在一起,阻止岩块沿裂隙面滑移,从而在隧道周边形成一定厚度的承载环,充分发挥围岩自承能力,阻止围岩因过大变形而坍塌的一种辅助工法。超前锚杆支护的柔性较大,整体刚度较小。超前锚杆支护常用的设计参数见表 12.6.2。

表 12.6.2 超前锚杆支护常用的设计参数

项目	中空或实心公称外径(mm)	锚杆长度(m)	搭接长度(m)	环向间距(cm)	设置范围	外插角	注浆要求
参数	22~25	3~5	1~2	(1)Ⅲ级围岩:40~60。(2)Ⅳ级围岩:30~50	隧道中线两侧各60°~75°区域	5°~30°	采用早强水泥基注浆材料,强度等级不低于 M20

注:当地质条件明显不对称时超前锚杆支护采用不对称布置,当地质条件较差时设置双层超前锚杆支护。

12.6.3 在隧道开挖后拱部易出现剥落或局部塌方的地段;塌方段、浅埋段、地质较差的洞口段,可采用超前小导管支护。

条文说明

超前小导管是利用钢花管沿隧道纵向,在拱部开挖轮廓线外一定范围内对软弱围岩进行注浆加固的一种辅助工法,如图 12.6.3-1 和图 12.6.3-2 所示。

在软弱地质条件下,通过超前小导管对隧道拱部一定范围内的围岩进行注浆加固,不仅能提高围岩的整体强度,还可起到超前支护的作用,能够有效防止洞室坍塌,减小地表沉降。超前小导管设计的经验参数如下:

(1)杆体设计:超前小导管采用直径 42~50mm 的热轧无缝钢管制作,注浆小导管壁上交错设直径 6~8mm 注浆孔,孔间距 150~250mm,呈梅花形布置,前端制成锥形,尾部预留不小于 1.0m 的无孔止浆段。

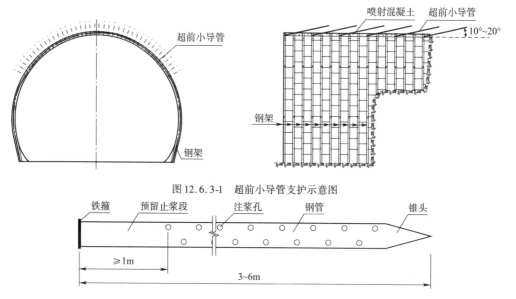

图 12.6.3-1　超前小导管支护示意图

图 12.6.3-2　超前小导管示意图

（2）杆体长度：一般 3～6m，根据初期支护钢拱架间距及设计的纵向搭接长度确定。

（3）布置方式：一般沿隧道中线两侧各 60°～75°区域沿开挖轮廓线周边布设，环向间距为 300～500mm，两环间纵向水平搭接长度不小于 1m。

（4）外插角：一般为 10°～20°。

12.6.4　在地质较差的隧道洞口段、地面沉降有较高控制要求的浅埋段及塌方段、围岩破碎段、土质地层等，可采用超前管棚支护。

条文说明

超前管棚支护是沿开挖轮廓线外，以较小的外插角向掌子面前方打入一组钢管，与钢拱架组合形成强大的管棚预支护加固体系，支承来自管棚上部的围岩变形；通过钢管表面布设的注浆孔向围岩注浆，加固软弱破碎围岩，提高围岩自稳能力，管棚中钢管起着支承上部围岩压力和充当注浆管的双重作用。当上部荷载较大时，在钢管内增设钢筋笼，以提高钢管的抗弯刚度。管棚超前预支护构造图见图 12.6.4-1。

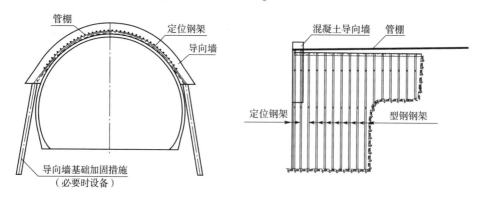

图 12.6.4-1　管棚超前预支护构造示意图

隧道施工变形一般由三个部分构成，即掌子面前方先行变形、掌子面变形和掌子面后方变形。对于软弱围岩隧道,掌子面前方先行变形的影响范围约为1.5倍隧道开挖宽度,因此,施工中超前支护的最小长度为1.5倍隧道开挖宽度加一定的安全余量(一般取5m),详见图12.6.4-2。

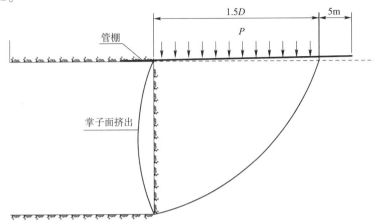

图12.6.4-2 软弱围岩地段超前管棚一次施作长度

超前管棚支护设计的经验参数如下:

(1)杆体设计:超前管棚选用热轧无缝钢管制作,中管棚管径为50~89mm,大管棚管径为89~159mm,钢管分节段,节段长4~6m,节段之间以套管连接。

(2)管壁注浆孔:钢管管壁四周布设注浆孔(图12.6.4-3),孔径10~16mm,孔间距200~300mm,呈梅花形布置,尾部预留2~3m的无孔止浆段。

(3)杆体长度:管棚长度根据需要加固和支承的范围确定,一次支护长度10~45m,中管棚长度一般不超过20m,大管棚长度一般不超过45m。

(4)布置方式:超前管棚沿隧道开挖轮廓线100~200mm外布设,中管棚环向间距300~500mm,纵向搭接长度2~3m,大管棚环向间距一般不大于3~5倍管径,纵向搭接长度通常不小于5m。

(5)外插角:中管棚一般为2°~8°,长管棚一般为1°~3°。

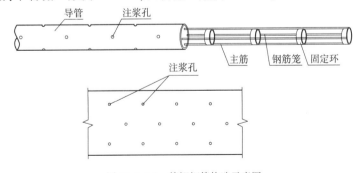

图12.6.4-3 管棚钢管构造示意图

此外,超前管棚根据需要在管内插入钢筋笼或钢筋束,超前管棚注浆采用水泥基注浆材料,其强度等级不低于M20。超前管棚起点设套拱,套拱采用整体式钢筋混凝土结构或钢架结构,套拱内预埋钢管导向管,套拱基础需保证套拱稳定。洞口管棚起点设混凝土导向墙,导向墙基底稳固,导向管位置准确,导向墙纵向长度不小于1m。

12.6.5 隧道开挖掌子面自稳能力差、易坍塌时,可采用水平旋喷、帷幕注浆、纤维锚杆加固、喷射混凝土封闭等稳定措施。

条文说明

水平旋喷是以高压泵为动力源,通过水平钻机钻杆、喷嘴把配置好的浆液喷射到土体内;喷射流以巨大的能量将一定范围内的土体切削,并在喷嘴作缓慢旋转和进退的同时切割土体,强制土体颗粒与浆液搅拌混合;浆液凝固后,形成水平圆柱状水泥土固结体即水平旋喷桩。水平旋喷桩适用于含水率大的淤泥质黏土、黏性土、粉土、砂性土地段,根据需要采用周边加固或全断面加固。水平旋喷桩设计的经验参数如下:

(1)水平旋喷桩直径需要通过现场试验确定,单管法为 0.3～1.0m,二重管法为 0.6～1.4m,三重管法为 0.7～2.0m。

(2)水平旋喷桩一次施作长度为 10～20m,每一循环的搭接长度不小于 2.0m。

(3)水平旋喷桩布孔间距根据地质条件确定,以相邻孔浆液能互相搭接形成拱形结构为原则,周边加固时旋喷桩孔外倾角为 3°～10°。

(4)当需要增加旋喷桩的抗拉、抗弯强度时,在旋喷桩内插入型钢或钢管。

帷幕注浆主要加固隧道开挖轮廓线以外 3～8m 的范围。帷幕注浆设计的经验参数如下:

(1)根据地层裂隙状态、地下水情况、加固范围、设备性能、浆液扩散半径和对注浆效果的要求等,综合确定注浆孔数、布孔方式及钻孔角度。

(2)帷幕注浆段一次注浆长度视具体情况合理确定,一般取 15～50m,每一循环注浆搭接长度为 5～8m。

(3)岩石地层帷幕注浆设计压力根据地质条件合理确定,一般比静水压力大 0.5～1.5MPa。

纤维锚杆具有较高的抗拉强度和较大的脆性,既能有效抑制掌子面挤出变形,又易于开挖机械切割或破除,主要应用于黏结性、半黏结性土层及破碎围岩。纤维锚固加固设计的经验参数如下:

(1)纤维锚杆可采用实心或中空锚杆,公称外径 25～38mm,长度一般为 14～24m。

(2)每一循环搭接长度按掌子面破裂面的深度确定,一般取 3～6m。

(3)纤维锚杆加固按梅花形布设,间距一般取 1～2m。

12.6.6 隧道穿越软弱围岩地段、富水断层破碎带地段、涌水严重地段、涌泥或塌方严重等地段可采用注浆法加固岩体,提高围岩强度和自稳能力。

条文说明

注浆加固方法应结合地质条件,选用超前局部注浆、超前周边注浆、全断面预注浆、开挖后径向注浆等。

根据工程地质与水文地质条件等因素,超前围岩预注浆选用超前局部预注浆、超前周边预注浆、超前全断面帷幕预注浆等措施。注浆圈厚度和注浆段长度根据地质条件、涌水量和水压力等因素确定;注浆孔中心间距根据注浆范围、浆液扩散半径以及各孔扩散范围相互重叠等因素确定,一般取浆液扩散半径的 1.5～1.7 倍。浆液扩散半径根据不同的地质条件、注浆压力、浆液种类等在现场试验确定,也可按工程类比法选定,并在施工中不断修正。

隧道开挖后对围岩暴露的股状水、裂隙水、大面积淋水采用围岩径向注浆堵水。隧道开挖后围岩渗水量大小、出水位置、渗水形态已暴露,注浆堵水目标明确。根据围岩地质条件、涌水形态、涌水规模和防排水要求等因素,选用全断面径向注浆、局部径向注浆等措施,注浆圈厚度一般为2~6m。

隧道围岩破碎、岩体层间接合较差的地段,采用小导管径向注浆加固围岩。小导管长度和间距,需根据隧道断面大小、围岩加固范围确定。

12.6.7 在地层松散、围岩稳定性较差、掌子面自稳能力弱、开挖过程中可能引起塌方的浅埋段或洞口地段,可采用地表注浆、地表锚杆支护、地表竖向旋喷等措施加固地层。

条文说明

地表注浆加固设计的经验参数如下:

(1)注浆加固范围:沿隧道纵向超出不良地质地段5~10m,沿隧道横向加固宽度按计算破裂面确定或1.5~2.0倍隧道开挖宽度控制。

(2)注浆孔竖向设置:孔径不小于110mm,孔深低于隧道开挖底部1.0m以下。

(3)注浆孔间距为单孔浆液扩散半径的1.4~1.7倍,注浆孔布置按梅花形或矩形排列。

(4)注浆压力按现场试验确定。

地表锚杆支护设计的经验参数如下:

(1)锚杆加固范围:沿隧道纵向超出不良地质地段5~10m,沿隧道横向加固宽度按计算破裂面确定或1.0~2.0倍隧道开挖宽度控制。

(2)锚杆垂直设置:根据地形及主结构面具体情况采用倾斜设置。

(3)锚杆采用实心锚杆或中空锚杆,间距为1.0~1.5m,呈梅花形布置。

(4)锚孔直径大于杆体直径30mm,锚孔充填水泥基注浆材料的强度等级不低于M20。

12.6.8 在设有钢架支护的地段,宜设锁脚锚杆(管)。

条文说明

锁脚锚杆(管)用于分部开挖或全断面开挖钢架支护锁脚,以控制初期支护沉降变形为主要目的。地质情况好时,采用锁脚锚杆;地质情况较差时,采用锁脚锚管。锁脚锚杆(管)设计的经验参数如下:

(1)锁脚锚杆(管)设置在钢架底端或钢架接头位置,通常2根为一组,并与钢架焊接。

(2)锁脚锚杆采用实心锚杆或中空锚杆,锁脚锚管采用注浆小导管,锁脚锚杆(管)长度一般为2.5~4.0m。

(3)锁脚锚杆(管)向下支护方向与初期支护轴线方向成15°~30°的夹角。

12.6.9 隧道施工变形较大、施工工序转换较复杂或紧急抢险时,可设置施工临时封闭和临时支撑措施。

条文说明

临时封闭和临时支撑包括掌子面临时封闭、分部开挖上台阶或中台阶临时封闭、临时构件支撑等,一般用于地质条件很差、断面较大,需进行工序转换的隧道;也用于控制掌子面失稳、支护结构开裂、控制变形继续发展、隧道塌方后的处理等。

12.6.10 隧道通过充填型溶洞、采空区、湿陷性黄土、软土等地基承载力或变形不能满足设计要求的地段,应进行地基处理。

条文说明

地基处理,根据地基岩(土)体类型、处理深度、处理范围结合经济性等因素,一般采用换填、旋喷桩、树根桩、灰土挤密桩、注浆加固等方法。换填法一般适用于处理深度不超过3m的软弱地基。旋喷桩适用于处理砂类土、黏性土、黄土和淤泥等。树根桩适用于处理淤泥、淤泥质土、黄土、黏性土、粉土、砂土、碎石土及人工填土等。灰土挤密桩适用于处理地下水位以上的湿陷性黄土、素填土和杂填土等,处理深度一般为5~15m。钢管桩注浆适用于处理流塑状淤泥质土、岩溶充填物及堆积体等。袖阀管注浆适合在软黏性土地层中劈裂注浆。

13 防水与排水

13.1 一般规定

13.1.1 交通隧道防排水工程的勘察、设计,必须遵照国家有关政策和法规,重视环境保护,针对地质条件、生态环境、工程工作环境等特征,综合考虑施工、运营、维护条件,通过技术、经济比较,合理确定技术方案和工程措施。

条文说明

隧道防排水技术方案和工程措施受制于工程地质、水文地质、气象条件、生态环境等因素,防排水工程的成败取决于施工技术、方法、工艺、维护条件及水平。鉴于隧道工程实施对环境的不利影响往往是不可逆转的,因此,隧道防排水的设计必须高度重视环境保护。

防排水工程对施工技术的要求较为严格,对工程投资和工期影响较大,必须紧密结合工程条件和环境特征、运营要求和安全需要,进行技术、经济比较,选择技术成熟可靠、施工工艺简单、维护简便的技术方案,以期在充分发挥防排水系统综合功能的基础上,合理、有效地运用投资。

防排水系统需要进行维护方能达到期望的效果,故需要充分考虑运营维护条件,提高防排水设备的可维护性。

13.1.2 交通隧道防水等级及标准应符合本指南第 2.0.13 条的规定。

13.1.3 交通隧道防排水工程设计应包括下列内容:

1 工程各部位防水等级、设防要求、防水体系的构成。
2 降水、堵水措施及技术要求。
3 防水层选用的材料及其技术指标、施工工艺要求、质量保证措施。
4 防水混凝土的抗渗等级、技术指标;施工缝、变形缝构造及技术要求、质量保证措施。
5 洞口、洞身排水系统构成、选用材料及设备配置;强排设计及设备配置、选型。
6 环境保护相关工程及技术要求。
7 保证施工安全的工程措施。
8 运营维修及养护的技术要求。

13.1.4 交通隧道应对地表水和地下水做妥善处理,洞内外及相邻工程间应设置完善的防排水设施,以保证结构和设备的正常使用,确保行车安全,减少对环境的破坏,防止次生灾害的发生。

条文说明

我国既有交通隧道中,由于防排水工程设计、施工、维修养护存在问题,有相当一部分隧道有渗、漏水现象,导致各种不同类型的损害,严重影响了隧道的稳定和运营安全。另外,隧道修建过程防水不力和排水过度诱发的地下水位下降、水环境破坏及次生灾害,也影响了隧道工程的可持续发展,而排水系统的不完善往往导致隧道排水淤塞不畅,或对相邻工程基础产生冲刷和浸泡,给运营安全带来隐患。为了预防、减轻、消除地表水和地下水的不利影响,以及与隧道修建和运营之间的矛盾,隧道修建首先要着眼于采取适当措施处理地表和地下水。

13.1.5 交通隧道应对防排水系统有直接影响的地表水体(系),根据地表径流条件采取截流、封堵、汇集引排等措施,减少地表水下渗。

条文说明

对直接影响隧道防排水系统的地表水体(系)进行截流、封堵、汇集引排是一种主动防水的措施,以相对简单的方式减少地表渗入水量、降低隧道衬砌防水压力和洞内排水系统的排水量。此类措施对沟河、塘库等效果显著,但对位于岩溶垂直渗流带的隧道事倍功半、效果极差。

13.1.6 隧道防水应以结构自防水为主体,设计除根据需要选择建筑材料构建防水体系外,还应注重衬砌结构对工作环境及其变化的适应性,控制裂缝产生与发展,保证结构防水的耐久性。

条文说明

隧道修建及运营将改变结构的工作环境,包括结构的围岩环境(应力、变形、劣化)、基础沉降变形、地下水位变化、水量变化、排水系统堵塞等,隧道结构设计需使其适应这些变化,以确保结构受力、裂缝发生发展处于可控状态,保证作为防水主体的二次衬砌结构防水功能正常发挥,从结构方面达到耐久的目的。单纯依靠建筑材料,往往事倍功半且易失效。

13.1.7 隧道排水系统应根据其工作环境,采取防淤积、防堵塞、防冻结措施,充分考虑可维护性,保证排水通畅。洞内排水应满足道床、人员走行面、设备安装处、线缆沟槽无滞水的要求。洞外排水应结合施工期间排水系统、辅助坑道设置、相邻工程排水系统统筹考虑,不得对相邻工程基础、结构产生冲刷。

条文说明

隧道排水系统是在随时间、季节变化的环境中工作,其功能的降低或失效多有发生,而系统重建的困难和投入都很大。因此,设计需根据其工作环境采取"防淤积、防堵塞、防冻结"的措施,并对排水系统位置、系统构成、结构尺度、材料选择等方面充分考虑维修方法、维修器具的需要,保证其可维护性。洞外的排水系统还需注意与相邻工程排水系统顺接和能力匹配,防止对基础、结构的冲刷或浸泡,以消除对运营安全的危害。

13.2 防　　水

13.2.1 隧道防水系统可结合地表处理、围岩防渗、衬砌结构自防水、防水层防水、接缝防水等,根据需要组合构成。

条文说明

隧道防水系统除了衬砌本体自防水、衬砌背后敷设防水层外,还可以考虑隧道周边围岩加固防渗以及地表防渗处理,但是否采取围岩、地表的防渗处理需结合隧道所处的工程地质条件、环境条件以及隧道的防水等级、处理措施的技术经济合理性等因素来确定。

13.2.2 隧道防水设计应重视防止地表水的下渗。隧道浅埋段可采用下列措施进行地表处理：

1 洞顶地表局部为洼地、漏斗等,可采用开沟疏导、填平积水洼地等措施,促使地表径流畅通,必要时可结合地形、地质条件及水量等,设置泄水洞引排至影响隧道区域外。

2 地表有废弃的坑穴、钻孔等,结合截、排水条件,对其回填不透水材料,并分层夯实封闭。

3 洞顶有流水的沟槽,宜根据沟槽的状况予以整治,确保水流畅通,必要时可对沟床铺砌。

4 洞顶设有高水位水池或有河流、水塘、水库等时,宜有防渗漏措施,对溢水应有疏导设施。

5 岩层风化严重、岩体松散破碎、地下水位较高或有涌水风险时,宜采用地表注浆方式进行加固处理。

条文说明

工程实践表明,地表处理工艺简单、施工相对方便、安全风险小,而根据地形、水文条件,采取地表处理措施后大幅度减少地表水下渗,极大改善隧道结构工作环境,更有利于保证洞内防排水措施的有效性。因此,防水系统设计要重视地表处理的可行性。只要地表处理不产生明显的环境问题,则优先选择地表处理方案。

13.2.3 围岩破碎软弱地段,地下水发育且存在突水、突泥可能的特殊地质地段或环境敏感地段,应对隧道围岩注浆防(堵)水。注浆方案应根据地质情况、施工方法、支护预期的变形量、相邻隧道的相互影响及其他构筑物的位移、沉降、水资源保护要求等进行设计。

条文说明

交通隧道可能遭遇具有复杂地质条件的地段,如围岩破碎、富水、易坍塌地段及地下水存在突水、突泥地段等。隧道通过对环境影响小但具有危及施工安全的地段时,通常按"先堵后排"的原则,通过洞内注浆超前固结围岩,强化地层,降低地层透水性,减少地下水涌出,以改善施工作业环境,降低施工风险。

隧道通过环境保护要求高的地段时,除加强衬砌结构本体的防水适应性外,根据隧道埋深条件,将洞内径向或超前注浆加固围岩措施作为降低围岩渗透性,减少围岩渗漏水的重要措施,从而减少对环境的影响。如渝怀线圆梁山隧道、歌乐山隧道等,通过超前注浆在隧道周边形成5~8m围岩注浆加固圈,改变了注浆圈内岩体的渗透性能,以限制排水量,实现控制排放,并与初期支护共同保证施工期间洞室稳定及安全,在此基础上采用抗水压衬砌,将工程对地表环境的影响降至最低,达到限量排放的目的。

13.2.4 隧道衬砌应具有相应的防水能力,其设计应遵循下列原则：

1 隧道衬砌应采用防水混凝土,防水等级为一、二级的隧道工程模筑混凝土抗渗等级不应低于P8;地下水发育地段及寒冷地区抗冻设防段隧道,模筑混凝土抗渗等级不应低于P10。

2 当存在侵蚀性地下水时,应针对侵蚀类型,采用抗侵蚀性混凝土等措施。

3 当隧道净水头不超过50m,且地面生态和社会环境敏感时,可采用全封闭防水型衬砌。

4 隧道地下水位高且环境条件敏感的地段,应在保护环境的前提下采取限量排放的设计措施。除选用注浆防水外,还应采用适应一定水压作用的抗水压衬砌结构;抗水压衬砌段应向普通衬砌段延伸不少于30m,并应考虑分区防水措施。

条文说明

隧道衬砌混凝土抗渗等级的确定与防水要求、衬砌后水压、衬砌厚度等有直接关系。

有侵蚀性地下水的防水措施,针对不同的侵蚀类型采用不同的抗侵蚀混凝土;也可在衬砌外面做黏土隔水层、外贴防水层,如在衬砌背后压乳化沥青或沥青水泥浆液;或在衬砌外面涂抹防蚀涂料,如环氧煤焦油涂料、乳化沥青涂料、偏氧乙烯共聚乳液、苯乙烯涂料等。总之,对待侵蚀性的地下水,要因地制宜,尽可能采用多道防线达到衬砌防侵蚀的目的。

不排水的全封闭防水型衬砌,在隧道净水头不超过30m的地方广泛应用。大量的工程实践表明,当净水头超过60m时,在不采取其他措施的情况下,对隧道防水材料和结构的要求都将大大提高,从结构本身达到防水目的将很困难。因此,当隧道净水头不超过50m时,选用不排水的全封闭防水型衬砌是适宜的。

对于环境要求高且地下水位相对于隧道很高的地段,为减小对环境的影响,隧道需采用适应一定水压作用的抗水压衬砌结构。但是隧道的外水压力作用一般难以确定,其与围岩渗透系数、岩层结构、地质构造、渗流类型、补给水源、排水或出水点等条件密切相关。在不同的地质条件下,水压值可以有不同程度的折减,而折减的主要方法是根据开挖后暴露的渗漏水状况决定。隧道衬砌结构设计时,一般通过工程类比或渗流计算分析确定隧道的外水压力,并在工程实施中进行实测验证,调整结构。此外,由于隧道建成后的环境特性、围岩的渗透、衬砌与围岩的密贴性等因素,加之水的流动性,极易造成衬砌背后"窜水"。因此,规定抗水压衬砌向普通衬砌段延伸不少于30m,并采用分区防水措施。

13.2.5 隧道二次衬砌的施工缝、变形缝应采取可靠的防水措施,并优先选用可修复的防水构造形式及材料。

条文说明

隧道二次衬砌的施工缝和变形缝防水设防要求见表13.2.5。根据施工缝、变形缝的结构特征、不同的防水等级选用不同的防水措施,防水等级越高,拟采用的措施越多。一方面是为了解决缝渗漏率高的问题,另一方面是防止因结构变形而出现防水能力退化,保证工程整体的防水质量。

表13.2.5 施工缝和变形缝防水设防要求

工程部位		施　工　缝						变　形　缝			
防水措施		中埋式止水带	排水板	预埋注浆管	背贴式止水带	防水密封材料	水泥基渗透结晶型防水涂料	中埋式止水带	排水板	背贴式止水带	防水密封材料
防水等级	一级	应选	至少选两种					应选	至少选两种		
	二级	应选	至少选一种					应选	至少选一种		
	三级		可选一种						可选一种		

缝隙漏水是引起隧道衬砌渗漏水的一个薄弱环节。以往衬砌施工缝防水主要是"以防为主",即通过设置多道隔水措施,力图达到施工缝防水的目的,但在开通运营的隧道中,施工缝的渗漏水仍是主要的病害之一。为了更好地达到防水效果,将衬砌施工缝的防水措施

由"全防为主"调整为"防排结合",即在衬砌背后的施工缝位置 1.0~1.5m 范围铺设排水板,通过增加地下水在施工缝的渗流途径,以减小地下水沿施工缝的渗流,这样就在二次衬砌背后施工缝部位形成了一个排水通道,及时有效地将地下水引排至隧道内纵向盲管,进而由纵向盲管引排至洞内侧沟,同时施工缝本身敷设隔水措施,确保施工缝防水措施安全、可靠。

防水密封材料是一些能使建筑上的接缝保持水密、气密性能,并且具有一定强度,能连接结构件的填充材料。常用的密封材料有硅酮、聚氨酯、聚硫、丙烯酸酯等。

13.2.6 复合式衬砌初期支护与二次衬砌之间应设置防水层,防水层一般由防水板与缓冲层组成,宜采用分离式。

条文说明

防水层由塑料防水板与缓冲层组成,其中,防水板厚度不小于1.5mm;缓冲层材料一般采用土工布,其单位面积质量不小于$300g/m^2$。铺设前先铺设缓冲层,一方面有利于无钉铺设工艺的实施,另一方面防止防水层被刺穿损坏。

此外,防水层根据工程地质、水文地质条件和工程防水要求,采用全封闭、半封闭铺设方式。地下水发育或环境要求较高、排水限制严格的隧道地段,防水层采用衬砌全环铺设;其余地段则在衬砌拱部和边墙范围铺设。

13.2.7 防水层铺设应满足下列要求:

1 基面应平整、无尖锐物,其平整度应符合 $D/L \leqslant 1/10$ 的要求(D 为基面相邻两凸面间凹进去的深度;L 为基面相邻两凸面间的距离,且 $L \leqslant 1m$),否则应进行喷射混凝土或抹水泥砂浆找平处理。

2 缓冲层应固定牢靠,其固定点的间距拱部宜为 0.5~0.8m、边墙宜为 0.8~1.0m、隧底宜为 1.0~1.5m。局部凹凸较大时,应在凹处加密固定点,使缓冲层与基面密贴。缓冲层接缝搭接宽度不应小于5cm。

3 铺设固定应松紧适度并留有余量,以保证混凝土浇筑后与初期支护表面密贴。

4 防水层可按规定采用黏接或焊接,焊接应采用双焊缝,单条焊缝的有效焊接宽度不应小于15mm;分段铺设的防水层边缘部位应至少预留600mm余量以利搭接;防水层搭接缝应与衬砌施工缝错开 1.0~2.0m。

5 应采用防水板铺设台车,尽量推广宽幅防水板铺设工艺,减少施工接缝。

条文说明

防水层是隧道防水的重要屏障,其铺设质量直接影响防水效果。防水层一般在初期支护结构趋于稳定后进行铺设,铺设前基面平整,无突出物。因此,铺设前除对基面外露的锚杆头、钢筋头等突出物予以割除外,还需对基面平整度进行检查。铺设时注意留有铺设余量,防止固定点间的防水层被绷紧,导致浇筑二次衬砌混凝土时防水层与初期支护间形成空隙。防水层由于幅宽限制,接缝较多,其防水的关键取决于搭接密封的程度。

13.2.8 地下水发育、侵蚀性环境地段隧道,宜根据水文地质单元采用分区隔离防排水技术,分区应根据地下水量、水压大小和水质变化确定。富水、侵蚀性环境地段可采用带注浆管的背贴式止水带与防水板密封焊接进行分区,背贴式止水带设于施工缝位置。分区可按模筑混凝土衬砌一次施作段长度进行,高水压地段可辅以衬砌背后一定范围注浆实现压力分区。

条文说明

在城市地铁修建中,分区隔离防水技术使用较多,并且取得了较为成功的经验。对于富水的隧道,近年来国际上较成功的防水方法是采用分区隔离的防水技术。通过采取防止地下水纵向窜流的分区措施,实现根据不同水文地质单元有针对性地采取防排水工程措施,提高隧道防排水系统的可靠性,合理运用工程投资。

在防水板处设置背贴式止水带,既解决了防水板损伤后渗漏水乱窜的问题,又在接缝外侧增加了一道防水措施,同时也解决了以往在二次衬砌出现漏水时难以准确找到出水点的问题;通过预留的注浆管注浆,可将衬砌与止水带之间的不密实缝隙填实,确保接缝不漏水,从而提高了隧道防水的可维护性。岩溶发育地段通过在分区防水节点处衬砌背后一定范围注浆形成防渗墙,增加渗水阻力,降低相邻区域内衬砌的水压力。

13.2.9 隧道管片衬砌结构防水应以管片混凝土本体防水为基础,辅以特殊部位防水处理,注重接缝、螺栓孔、注浆孔的防水,形成完整的防水体系。当地下水发育且水压较高或工程有其他要求,需在管片内设置混凝土内衬结构时,防水体系还应包括内衬结构防水。

条文说明

盾构隧道衬砌结构防水措施见表13.2.9。管片精度直接影响拼装后隧道衬砌接缝缝隙的防水。为满足防水需要,管片衬砌采用高精度钢模制作,管片制作尺寸的允许偏差满足:宽度为±1mm;弧长为±1mm;厚度为-1~+3mm。

表 13.2.9 盾构隧道衬砌结构防水措施

防水等级	防水措施					混凝土内衬或其他内衬	外防水涂料
	高精度管片	接缝防水					
		密封垫	嵌缝	注入密封胶	螺孔密封圈		
一级	必选	必选	全隧道或部分区段应选	可选	必选	宜选	宜选
二级	必选	必选	部分区段宜选	可选	必选	局部宜选	对混凝土有中等以上腐蚀的地层宜选

13.2.10 钢筋混凝土管片衬砌应采用防水混凝土,抗渗等级不应小于P12,混凝土还应满足抗裂、抗冻和抗腐蚀性等耐久性要求。当隧道处于侵蚀性介质的地层时,应采用耐侵蚀混凝土或外涂耐侵蚀防水涂层的措施。

条文说明

侵蚀性介质的地层一般是指化学侵蚀环境达到H3、H4级的地层,管片混凝土结构,除了混凝土的配合比和耐久性指标满足相应的要求外,管片表面还要采取涂装或设防护面层等附加防腐蚀措施。当中等及以上腐蚀性地层采用钢筋混凝土预制管片时,管片迎水面一般需涂抹防腐涂层。常用的防腐蚀涂层包括水泥基渗透结晶型防水材料、高渗透改性环氧、环氧聚氨酯等。

13.2.11 管片接缝应至少设置一道密封垫沟槽,大直径盾构隧道的管片接缝可结合防水要求设置两道或多道密封垫沟槽,密封垫沟槽应沿管片侧面成环设置;管片接缝防水可采用弹性密封垫防水、嵌缝防水和注入密封剂等方式。

条文说明

管片接缝防水十分重要,应具有很高的可靠性。对接头防水而言,在满足衬砌管片自身抗渗性和管片制作精度的条件下,密封材料是不可缺少的。

管片接缝密封垫需选用具有良好弹性或遇水膨胀性、耐久性、耐水性的橡胶类材料,其外形与沟槽相匹配。嵌缝防水材料具有弹塑性和收缩性小、与潮湿混凝土结合力强、便于施工等特性。管片接缝密封垫能被完全压入密封垫沟槽内,密封垫沟槽的截面面积为密封垫截面面积的1~1.5倍。管片接缝密封垫需满足在设计水压、接缝最大张开量和错位值下不渗漏的技术要求。在接缝张开6mm时,密封垫耐水压力一般不小于0.8MPa。嵌缝作业一般在盾构掘进影响范围外进行。

13.2.12 管片上的螺栓孔不得渗水,螺栓孔口应设置锥形倒角的螺孔密封圈沟槽,螺栓孔密封圈的外形应与沟槽相匹配。螺栓孔密封圈宜采用具有良好弹性、耐久性、耐水性的橡胶类材料。

13.2.13 管片预埋注浆孔不得渗水,预埋注浆孔应至少设置一道密封圈,密封圈在混凝土浇筑前固定。注浆管密封圈宜采用具有良好弹性、耐久性、耐水性的橡胶类材料。

13.2.14 盾构始发掘进前,洞门应设置密封止水装置,宜使用橡胶板、压板、止水箱等及时止水,或预埋注浆管实施注浆止水。工作井与隧道结合处结构宜采用柔性材料连接;软土地层距结合处一定范围内的衬砌段,宜增设变形缝或采用适应变形量大的密封垫。

13.2.15 管片衬砌内需设置混凝土内衬结构时,内层衬砌混凝土浇筑前,应将外层管片的渗漏水引排或封堵;在内衬与管片间应设置塑料防水板防水层,合理确定内衬混凝土的抗渗要求。

13.2.16 管片与土体间的间隙应及时注浆充填,注浆完成后注浆孔应封填密实。

条文说明

在软弱地层中盾构掘进时所产生的掉块、塌落、地层下沉等现象所产生的偏压作用在管片衬砌上,导致管片接缝张开,这是盾构隧道产生漏水的主要原因。因此,在盾构掘进过程中及时在管片壁后进行充填注浆,管片壁后注浆达到一定厚度将不仅能防止由于偏压产生的漏水,而且在其自身作为防水层方面也能发挥较大作用。

13.2.17 附属洞室应按其使用功能、安装设备需要的防水要求等确定防水等级,其防水系统构成宜与正洞防水系统一致,并应与正洞防水系统连接牢固形成整体,加强工程连接处的防水措施。

13.3 排　　水

13.3.1 隧道一般采用自流排水,当无自流排水条件时应采用机械排水。

条文说明

隧道排水是指采用各种排水措施,使进入隧道结构内的地下水能顺着预设的各种管沟排出洞外。自流排水是隧道内维修、维护较为方便,运营较经济的方式。非自流排水系统由于其系统构成较为复杂,维修、维护工作量大且条件较差,运营管理不便,运营能耗较大,尽量避免采用。

13.3.2 隧道的排水系统包括洞内排水系统和洞外排水系统两部分。洞内排水系统由衬砌背后排水盲管、泄水管(孔)及排水沟组成,必要时设置泄水洞。

13.3.3 衬砌背后排水系统由引水盲管、环向排水盲管、纵向排水盲管、立体防排水板等根据需要组合形成,其设置应符合下列规定:

1 当围岩有涌水点时,应根据流量设一根或多根引水盲管引排至洞内侧沟或中心排水沟等主要排水沟;引水盲管设于围岩与初期支护间,采用不透水管材,管材应能承受不小于0.5MPa的压力,其管径不宜大于段内喷混凝土厚度,否则应在围岩壁面凿槽埋置。

2 衬砌背后应设环向排水盲管,将水引入纵向排水盲管或侧沟泄水管(孔);环向排水盲管间距宜为8~12m,当地下水发育时可适当加密至3~5m;盲管设置于初期支护与防水板或二次衬砌间,采用直径不小于50mm带反滤层的透水管。

3 衬砌边墙背后底部宜设纵向排水盲管,用以连接和汇集环向排水盲管并将汇水引入侧沟;纵向排水盲管设置于初期支护与防水板或二次衬砌间,与侧沟坡度相同且高于其排泄底面不小于0.4m;纵向排水盲管采用直径不小于80mm带反滤层的透水管。纵向排水盲管宜8~12m分段铺设并引入侧沟,以便于维护。

4 围岩或初期支护稳定完整、地下水丰富、渗漏面较大且渗流通道不稳定地段,可沿壁面铺设立体防排水板形成衬砌背后排水通道。

13.3.4 隧道边墙应设置泄水管(孔),将衬砌背后积水引入侧沟。泄水管(孔)直径不得小于80mm,间距一般不大于3m。

13.3.5 洞内排水沟的设置应符合下列规定:

1 洞内主要排水沟应与线路坡度一致且不宜小于3‰;隧道内线路平坡段、车站隧道或隧道车站段范围内,主要排水沟泄水底面排水坡不得小于1‰。

2 主要排水沟的断面应根据进入隧道水量大小确定,保证足够的排泄能力;水沟的设置及构造应便于维护,并应铺设盖板;采用无仰拱衬砌段,水沟深度应具有疏干隧道底部一定范围围岩内滞水的功能。

3 隧道两侧均应设置排水沟,必要时设置中心排水沟;公路隧道洞内宜按地下水与运营清洗污水、消防污水分离排放的原则设置排水沟;排水沟的设置不得影响行车安全,并便于清理和检查。设中心排水沟时,中心排水沟应作为主要排水沟,双侧水沟作为次要排水沟,设计时不宜考虑侧沟的纵向排水能力;侧沟与中心水沟间应设置满足引排侧沟水的横向导水管,其孔径不得小于100mm,纵向间距不宜大于10m,与侧沟连接处孔口距侧沟排泄底面不小于0.1m(防淤塞);横向导水管应顺直,以确保排水顺畅,便于维护,不应出现"倒吸虹"现象。

4 中心排水沟应设置盖板或采用暗埋管沟。当采用暗埋管沟时,管内径不得小于600mm,且应设置满足养护、维修需要的检查井;隧道底板下与围岩接触的暗埋管沟,宜采用无砂混凝土或渗水盲管并设置反滤层,仰拱以上的暗埋管沟宜采用混凝土或钢筋混凝土管。

5 隧道底部结构顶面应设排向侧沟或中心排水沟的横向排水坡,横向排水坡度不应小于2‰;中心排水沟采用暗埋管沟时,可在底部结构顶面设纵向排水明槽,通过检查井排入中心水沟。

13.3.6 洞内电缆槽底应高于侧沟过水面0.1m,并于沟槽间沟身设泄水孔,以防槽身积水。

13.3.7 分修隧道间的通道应设不小于0.3%的纵向排水坡,水量较大或通道较长时应设与隧道侧沟相通的纵向排水沟。

13.3.8 平行导坑、横洞宜设单侧纵向排水沟,排水沟坡度与线路纵坡一致且不小于0.3%;坑道底部结构顶面应设横向排水坡,坡度宜为2%。

13.3.9 斜井、竖井在隧道施工期间如采用机械强制排水,运营期间应保证其排水系统与隧道排水系统工程的连通,以排除井身渗、积水。

条文说明

无论运营期间斜(竖)井是否封闭、回填,必然是一个集水和存水空间,排水不畅将可能导致隧道衬砌结构破坏或防水失效,因此,有必要保证原斜井排水系统与隧道排水系统的连通。

13.3.10 当地下水发育、有长期补给来源或揭示大型地下水通道,可利用辅助坑道或设置泄水洞等作为截、排水设施。需利用平行导坑排水的隧道,应根据分段水量和洞内水沟排泄能力,利用或设置横通道,及时将水引离隧道。

条文说明

施工揭示隧道地下水水量很大,仅靠排水沟不能排泄丰富的地下水,此时根据实际情况利用或设置辅助坑道、泄水洞作为截、排水设施。如隧道有辅助坑道利用时,尽可能利用原辅助坑道截、排水;否则,根据地形、地质、地下水情况增设辅助坑道或泄水洞截、排水。

13.3.11 当隧道设有平行导坑或泄水洞排水时,应利用平行导坑、泄水洞或增设的横通道向隧道周边围岩做钻孔排水等开放性排水措施,以缓解隧道防排水压力;为满足平行导坑或泄水洞在运营期间需要较高防水等级的其他功能,必要时可接管引流或加设离壁式衬砌。

条文说明

平行导坑、泄水洞采用钻孔排水或设置带泄水孔的渗水衬砌,对降低隧道结构的外水压、减少洞内水量较为有效,通过减轻隧道结构防排水压力来确保隧道防排水系统的有效性、耐久性,达到并维持设计期望的防水等级。但当平行导坑、泄水洞本身由于运营要求具有其他功能时,在开放式排水不能满足这些功能所需要的防水等级的条件下,采取在集水钻孔上接引水管引流至排水沟,或在渗水衬砌内设离壁式衬砌的方式来满足要求。

13.3.12 无自流排放条件的隧道,采用机械强制排水时应符合下列规定:

1 机械排水工区应根据隧道通过各段地下水特征、防水措施及进入隧道水量等划分,单线隧道每工区长度不宜大于3.0km,双线隧道每工区长度不宜大于1.5km。

2 每工区于线路最低点设宜与正洞隔离的集水池及泵站,工区上游排水系统均应汇水于集水池,集水池有效容积不应小于本工区10min渗水量且不小于30m^3。

3 泵站排水能力应满足设计排水量要求,并配备备用泵;泵站应设计为自灌式,采用自动、就地、远动三种控制方式,并在控制室内配备显示排水泵工作状态和水位信号的装置。

4 泵站内应设两根扬水管,扬水管由衬砌结构穿出时应设防水套管;洞外管道埋置较深或维修困难时,应设维修用管道井和管沟,管沟高度不小于1.2m。

13.3.13 洞内水排至洞口后,应与洞外排水系统顺接,必要时设具检修、维护功能的缓冲井(池)实现顺接。

13.3.14 岩溶隧道排水系统应满足下列要求:

1 地下水发育地段宜采用凸壳型排水板;边墙至侧沟泄水孔间距不大于3m,直径不小于80mm;隧底宜设置排水系统。

2 隧道排水能力应具有一定的安全储备。

3 排水系统应充分考虑施工、运营期间的可维护性。

4 充填溶洞段宜在隧道核心区以外设置独立的排水系统,排水措施应考虑充填物流失。

5 当利用天然岩溶管道作为排水通道时,应对岩溶管道的排泄能力进行评估,确保排水顺畅。

6 岩溶隧道宜尽量顺坡施工,涌突水风险极高的富水岩溶段不应反坡施工。

条文说明

岩溶水具有的"滞后效应"是指隧道揭穿岩溶管道后,其原有的水力平衡被打破,径流条件发生改变,随着岩溶水向隧道内的汇流速度加快,原有的岩溶排泄管道被逐渐疏通,岩溶水的运移速度逐渐加快,对降雨的反应越敏感,岩溶涌水量越大。考虑到岩溶水的这种滞后特性,在施工过程中遇到岩溶问题时,不能盲目进行封闭处理,需对该岩溶所处的地质和水文环境进行详细的调查分析,并结合雨季观测情况,对岩溶最大涌水量进行预测,从而进行合理的整治处理。例如渝怀铁路武隆隧道2号~3号岩溶暗河施工过程中,先后发生多次特大涌水;2002年雨季最大涌水量为138万 m^3/d,2003年雨季最大涌水量高达718.67万 m^3/d。"滞后效应"导致前后的涌水量呈数倍的增长,大量水涌入隧道,导致洞内暗河段部分已施作的初期支护变形侵限,局部段落发生坍塌,岩溶充填物被冲出形成空洞,隧道横洞洞口场地被毁,大量施工机具设备被冲入乌江,给施工造成了极大的破坏和困难。因此,排水系统需充分考虑岩溶水的"滞后效应",加强雨水量观测和岩溶水地表补给区的水文地质条件调查,其排水能力有一定的安全储备。

岩溶涌突水具有突发性强、发生概率高等特点,反坡施工时一旦发生突水,隧道内会迅速被水淹没,施工作业人员很难及时撤退逃生,近年来岩溶隧道在反坡工区施工时均发生过类似灾难。反坡地段施工需结合隧道工期及岩溶水量情况,尽量通过设置泄水洞或利用横洞、平导等辅助坑道,形成顺坡施工条件。

13.3.15 寒冷和严寒地区排水系统应采取防冻措施,根据气候条件设置保温水沟、深埋水沟或防寒泄水洞及保温出水口等形式的排水系统。

条文说明

水是寒冷地区隧道产生病害的根源。多年的经验揭示,寒冷地区已建隧道的病害多是排水设计不当或排水设施失效导致的。冻害地区排水通道由于所处低温环境而难以顺畅时,防水材料在冻结及冻融条件下性能也极易降低。因此,设置一个适合寒冷地区的完善、具有保温性能的防排水系统是避免隧道产生病害的关键。

寒冷地区隧道常用排水沟形式根据所处地区最冷月平均气温按表13.3.15选用。

表 13.3.15 不同温度的排水沟形式

最冷月平均气温（℃）	黏性土最大冻结深度（m）	常用排水沟形式
-5 ~ -10	≤1.0	一般水沟、密井暗管、保温水沟
-10 ~ -15	1.0 ~ 1.5	保温水沟、隧底结构下纵向保温排水盲沟
-15 ~ -25	1.5 ~ 2.5	隧底结构下纵向保温排水盲沟、防寒泄水洞
< -25	>2.5	防寒泄水洞（必要时设泄水竖井、盲沟）

13.3.16 侵蚀性地下水地段排水设计时，除满足隧道排水系统设置有关要求外，尚应重视排水系统的有效性和可维护性，并满足下列要求：

1 排水系统材料应具有一定的抗蚀性。

2 侵蚀性地下水地段，其排水系统设置时宜采取较大的排水纵坡，确保排水顺畅及一定的流速。

3 地下水具有侵蚀性，其结晶物或沉积物易堵塞排水系统管路时，设计时宜适当加大排水管径，采用方便维护、耐维修器具冲击的管材。当有平行导坑等辅助坑道时，应结合影响范围段落及危害程度，设置横向排水通道、集水钻孔，及时引排地下水。当无辅助坑道可利用时，可结合地下水量、运营维护条件等，设置泄水洞等构筑物。

条文说明

侵蚀性地下水地段，排水系统材料需具一定抗蚀性，这是排水系统有效性的根本保证；采用较大的排水坡度将地下水及时引排，避免淤积，减少侵蚀介质的汇集，避免地下水对混凝土结构侵蚀程度的恶化；同时也减小水中物质的沉积，避免排水系统的堵塞。

若地下水的矿物成分含量高，结晶物易沉淀或结晶速度快，极易造成排水管路的堵塞，导致排水系统失效，从而可能造成衬砌后水环境条件变化，影响隧道结构或造成结构薄弱环节出现渗水、漏水等。采用较大的排水口管径，利于清除沉积物，保证排水通畅。如渝怀线的老寨隧道，在隧道还未竣工就发现边墙泄水孔被乳白色的结晶物堵塞，造成部分衬砌出现裂纹，施工缝渗漏水严重。在部分避车洞扩大排水孔，排水孔径做到50cm，经过观察发现，其结晶物沉积速度很快，两三个月就达到2~3cm厚。结合该隧道地下水环境状况，在隧道左侧20m处设置了一个泄水洞，并在结晶物危害集中、水流集中等地段，设置横通道等排水构筑物，解决了该隧道排水问题。

13.3.17 洞口防排水设计应符合下列要求：

1 隧道、明洞、辅助坑道的洞口边、仰坡应具备良好的排水功能；当洞口位于土质围岩及人工填筑土体、松散软弱岩体、易风化剥落岩体、沿天然沟槽或与之小角度相交进洞等环境时，除坡面应根据具体情况采取防止地表水下渗和冲刷的防护措施外，应在开挖坡面周边设置截水沟和排水沟，排水设施的结构设计使用年限不小于30年。

2 洞口截、排水沟应根据地形设置，应与洞外路基排水系统良好连接；水沟纵坡不应小于3‰，当纵坡较陡时，沟身应设急流槽、缓坡段、基座和消能设施，并根据流量调整下游排水系统排泄能力；沟口应设垂裙，以保证稳定，防止冲刷。

3 洞外路堑汇水不宜流入隧道。当隧道出洞方向线路为上坡时，宜将洞外路堑侧沟做成与线路坡度相反且不小于2‰的坡度。

4 洞外排水应以较短途径引排到自然沟谷中,避免对相邻工程及其基础产生冲击、冲刷、淘蚀及浸泡等不利影响;当难以避免时,相邻工程应予以防护或进行特殊设计。

5 洞外排水系统应避开不良、不稳定地质体,当无法避开时,应预先进行工程处理,消除隐患,防止次生灾害。

条文说明

隧道、明洞和辅助坑道洞口设置截水沟和排水沟的目的,是防止地表水冲刷洞口和辅助坑道边、仰坡的水流入隧道。截水沟、排水沟一般按沟底宽度0.4m、沟深0.6m设计,汇水面积较大或接引地表自然沟槽时,水沟的设计流量按1/50洪水频率进行计算,沟顶高出设计水位0.2m。截水沟的布置避免影响边、仰坡景观效果。

对洞外水流的处理,是为保证隧道正常运营和安全而规定的。当隧道长度小于500m、洞外路堑汇水量较小、含泥量少、不易淤积且通过经济技术和维护条件比较可行时,洞外路堑侧沟水可以经由隧道引排,但需验算隧道排水系统能力,并在高端洞口外设置便于维护的沉淀井及拦污设施。

13.3.18 明洞防排水设计应符合下列要求:

1 明洞衬砌外缘应敷设外贴式防水层或防水涂料,明洞与暗洞连接处防水层接头应密封搭接。

2 明洞结构回填土表面均应铺设隔水层,隔水层应优先选用黏土层,黏土隔水层以上宜设置厚度不小于200mm的耕植土。

3 明洞顶部应设置截、排水系统。明洞顶截水沟应设置在洞顶边仰坡外不小于5m,截水沟坡度应根据地形设置,且不应小于0.3‰,沟水应引至沟谷或涵洞处排泄,并不应对相邻工程产生冲刷等不利影响。

4 靠山侧边墙底或边墙后,宜设置纵向和竖向盲沟,将水引至边墙进水孔排入洞内排水沟。

条文说明

明洞衬砌和洞内衬砌一样,需设防水层。考虑到防水材料不断革新,不一定选用以往的甲种、乙种防水层,可采用防水涂料,防水层或防水涂料根据明洞所处的工程地质、水文地质、结构特点及工程重要性来选择,其物理性能符合国家相关标准、规范要求。明洞与暗洞连接处往往是渗漏水的薄弱环节,要求明洞防水层与暗洞防水层密封搭接。

为了防止洞顶地表汇水的渗透,明洞结构回填土表面铺设隔水层,以减少或隔断水流的通路。隔水层与边坡的搭接处往往是水流下渗通道,需与边坡连接良好。隔水层优先选用黏土层,在黏土层上面加铺200mm厚的耕植土,以防止干旱季节黏土干裂,失去隔水作用。有耕植土也便于种草、植树。在黏土缺乏的工点也可选用复合防水层,如图13.3.18所示。

明洞建筑于露天空旷地区,一般有地表径流的影响,如不设法截、拦、排走,容易引起冲刷坡面,产生坍塌;或流入回填土体内部,浸泡回填料,增加明洞负荷。

根据目前明洞工程实际应用,明洞衬砌拱脚背后(或边墙脚背后)纵向排水管设置纵坡不小于2‰;衬砌边墙背后竖向排水管设置间距一般为5~10m。

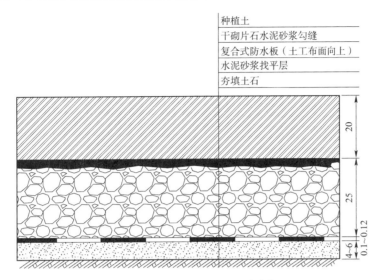

图 13.3.18 复合防水层示意图(尺寸单位:cm)

14 铁路隧道运营及防灾通风与照明

14.1 一般规定

14.1.1 铁路隧道正常运营通风应使隧道内具有符合卫生标准的空气环境,保证隧道中旅客、乘务人员、维护人员免受有害气体的危害,减少有害气体、粉尘、湿气、高温等对隧道衬砌及有关设备的腐蚀和影响。运营通风应包括正常运营通风和维护通风。

条文说明

隧道通风系统是长隧道不可缺少的部分,若在长隧道内不解决运营通风问题,将危害养护人员、乘务人员、旅客的身体健康,腐蚀隧道内各种设备和衬砌。

14.1.2 隧道运营通风方式可分为自然通风和机械通风。隧道运营通风方式应根据技术、经济条件,考虑安全、通风效果等因素,综合比较确定。

14.1.3 隧道运营通风应结合防灾通风统筹设计,防灾通风应满足火灾情况下旅客安全疏散救援的烟雾控制要求。

条文说明

当隧道需要同时设置运营和防灾通风系统时,隧道运营通风系统可同时作为防灾通风系统使用,因此,隧道运营通风应结合防灾通风统筹设计,以达到经济合理的目的。

14.1.4 隧道内照明应满足养护维修作业和紧急情况下人员疏散救援通行要求。

14.2 运营及防灾通风

14.2.1 运营隧道内空气卫生及氧含量标准应满足本指南第2.0.23条的要求。

14.2.2 隧道运营通风设计应调查收集隧道所在地的气压、温度、湿度、自然风速、风向等气象资料,并根据需要进行实地观测。

14.2.3 隧道运营通风应尽可能利用列车活塞风和自然风,当利用列车活塞风与自然风的共同作用可完成隧道通风时,应选择自然通风。

14.2.4 瓦斯突出隧道应采用机械通风,其余瓦斯隧道应根据线路条件、自然环境条件、瓦斯封闭效果、运营维护模式等综合确定。

条文说明

根据78座铁路瓦斯隧道统计资料,不同隧道类型和不同瓦斯等级的瓦斯隧道,设置机械通风的情况不尽相同,且规律性不明显。从运营安全角度,规定瓦斯突出隧道不考虑单双线和隧道长度,均采用机械通风;其余瓦斯隧道根据线路条件(如时速标准、线型、纵坡)、自然环境条件(如隧道自然风条件、洞口高程差)、瓦斯封闭效果、运营维护模式、行车密度和速度、隧道净空断面、辅助坑道设置等,综合确定是否设置机械通风、预留机械通风条件或预留机械通风土建条件。需要注意的是,由于机械通风是一个系统,洞外的供电系统满足今后机械通风供电要求时,隧道内可先期预留土建条件;不满足时,供电系统也应列为预留对象,同时预留土建和供电系统条件。根据运营实测数据确定机械通风设备的安装时机。

14.2.5 隧道运营通风应按挤压原理计算,并考虑列车通过隧道的活塞作用和自然风的影响。

条文说明

目前我国铁路隧道运营通风大多采用纵向式通风。现场试验研究表明,采用纵向式通风方式的隧道,洞内空气主要以挤压方式排出洞外。自然风对运营通风的影响,当自然风方向与隧道内风速方向一致时,起助力作用,反之起阻力作用。为安全,自然风一般按阻力考虑。

14.2.6 维护工况时,隧道内最大风速不宜大于8m/s,最小风速不应小于0.15m/s。

14.2.7 设置机械通风的瓦斯隧道通风量,应在稀释隧道内瓦斯、防止瓦斯积聚的最小风速,以及隧道正常换气通风的需风量中取大者确定。防止瓦斯积聚的最小风速按1m/s计。

条文说明

根据南昆线家竹箐隧道运营通风试验研究结果,瓦斯是瓦斯隧道运营通风的主要对象,瓦斯逸出量是瓦斯隧道运营通风计算的依据之一。瓦斯逸出量与瓦斯压力、衬砌及缝隙的渗透系数有直接关系。衬砌及缝隙的渗透系数是依据家竹箐隧道的科研成果确定的。瓦斯逸出量可按下式估算:

$$q_w = \frac{K_s A_w (p_w^2 - p_a^2)}{2h_t \rho_a g p_a} \quad (14.2.7\text{-}1)$$

式中:q_w——瓦斯逸出量(m^3/s);

K_s——衬砌及缝隙的渗透系数(m/s),可通过试验测定;

A_w——透气面积(m^2),$A_w = L_1 S_t$,其中,L_1为隧道穿越煤系地层的长度(m),S_t为隧道断面湿周(m);

p_w——透气压力(MPa),可取封闭后煤层内的瓦斯压力值;

p_a——隧道内空气压力,无实测资料时可取0.1MPa;

h_t——渗透厚度(m),可取衬砌厚度;

ρ_a——气体密度(kg/m^3);

g——重力加速度(m/s^2)。

瓦斯隧道最小风速的需风量可按下式计算:

$$q_{min} = v_{min} \cdot A_t \quad (14.2.7\text{-}2)$$

式中:q_{min}——隧道全长最小风速需风量(m^3/s);

v_{min}——瓦斯隧道最小风速,取1m/s;

A_t——隧道通风断面面积(m^2)。

14.2.8 瓦斯隧道运营期间,当隧道内瓦斯浓度达到0.4%时,应启动风机进行通风;当瓦斯浓度降到0.3%以下时,可停止通风。

运营通风应在列车进入隧道前或列车驶出隧道后进行,列车在隧道内运行时不应进行通风。

14.2.9 隧道运营通风应充分利用施工斜井、竖井、横洞和平行导坑等辅助坑道,通风道与隧道的夹角宜采用15°~30°。

条文说明

为节省工程投资,隧道通风设计时应充分利用辅助坑道,并根据通风要求对辅助坑道断面进行核算。选择风道与隧道连接处的夹角,需考虑夹角对通风效果的影响、地形和地质条件、施工等因素。风道与隧道连接处的夹角一般不小于15°,以便施工,但也不能过大,以免影响通风效果。

采用洞口风道式通风,紧靠风机的一段风道顺直,风道的中心线应与风机轴线一致。风道与隧道连接处,风道底部高程高出隧道沟槽盖板顶面。当风道坡度较大时,风道与隧道连接段需有不小于10m的缓坡,以使风流通畅。

14.2.10 通风道应按永久工程设计,并根据运营通风要求核算其断面积,以符合通风的要求。通风道在弯曲、折曲、扩径、缩径、分岔等变化处应采用曲线连接,平顺过渡。

条文说明

为了减小风道沿程阻力和局部阻力损失,要求通风道内壁面平滑,在变化处平顺过渡。通风道内风速一般采用13~18m/s。

14.2.11 隧道防灾通风应遵循人烟分离的原则,结合防灾疏散救援工程及应急疏散预案进行防排烟气流组织设计。

条文说明

为了确保隧道运营期突发火灾事故时能有效实施应急通风,减少人员生命财产损失,要求结合防灾疏散救援工程及应急疏散预案进行隧道防灾通风设计。

14.2.12 隧道火灾防排烟通风设计,应根据隧道长度、断面大小、纵坡、洞内外环境条件、行车方式、人员疏散条件和火灾规模等因素计算确定。

14.2.13 隧道防灾通风设计应符合下列要求:

1 隧道内紧急救援站应采取机械加压送风防烟措施,可采用半横向式排烟通风、集中排烟通风等方式。

2 隧道口紧急救援站应采用自然排烟或与机械加压防烟相结合的防灾通风方式。明线长度小于250km的隧道口紧急救援站,两端隧道洞口段宜采用机械加压防烟方式。

3 紧急出口及避难所应采取机械加压送风防烟措施,可采用纵向通风方式。

4 双洞隧道之间、单洞隧道与平行导坑之间的横通道作为人员疏散通道时,横通道应具有防烟功能。

条文说明

半横向式排烟通风方式、集中排烟通风方式示意图如图14.2.13-1和图14.2.13-2所示。

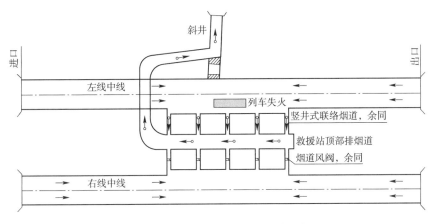

图 14.2.13-1 半横向式排烟通风方式示意图

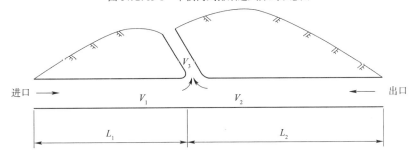

图 14.2.13-2 集中排烟通风方式示意图
L_1、L_2-部分隧道长度；V_1、V_2、V_3-流量

14.2.14 隧道防排烟通风标准应符合下列要求：

1 紧急救援站内横通道防护门处的风速不应小于 2m/s；等待区域的新风量不应小于 10m³/(人·h)；当设置机械排烟系统时，应同时设置补风系统。

2 隧道口紧急救援站两端隧道内通风风速不应小于 2.0m/s，风向由洞内吹向明线段。

3 紧急出口、避难所防护门处通风风速不应小于 1.5m/s；避难所的新风量不应小于 10m³/(人·h)。

4 人员疏散路径上的风速不宜大于 8m/s。

5 排烟道内的设计风速不宜大于 18m/s。

14.2.15 隧道机械通风的选型及布置应符合下列要求：

1 机械通风方式可采用射流风机纵向式通风、洞口风道纵向式通风、竖(斜)井分段纵向式通风。

2 隧道通风可采用射流风机或轴流风机，或者射流风机和轴流风机的组合。

3 采用射流风机时，宜选用推力功率比大的射流风机；正洞内射流风机应采用壁龛式安装，并采取可靠的安全防护措施；射流风机纵向布置及设置间距，应综合考虑隧道净空断面、风机效率、活塞风利用、火灾对策、经济性等因素。

4 采用轴流风机时，宜选用低风压、大风量的轴流风机；采用多台轴流风机时，宜并联设置。

5 瓦斯隧道通风机应选用防爆型，并具有短时间反转控制风流大小及方向的功能。

条文说明

射流风机是一种开放进、出口的特殊隧道专用轴流风机,主要用于公路、铁路及城市轨道交通等隧道内纵向通风系统,提供全部推力;也可用于半横向通风系统或横向通风系统中的敏感部位,如隧道的进、出口,起诱导气流或排烟等作用。

射流风机、轴流风机应满足现行《隧道用射流风机技术条件》(JB/T 10489)和《一般用途轴流风机技术条件》(JB/T 10562)的要求。

对于瓦斯隧道,虽然通风风机一般安装在洞口或斜(竖)井口,已远离瓦斯地段,但由于消防需要,风机需具备短时反转以控制风流大小及方向的功能,含瓦斯的风流可能经过风机,所以为保证安全,要求瓦斯隧道通风设备选用防爆型。

14.2.16 瓦斯隧道风机台数应有一定的备用量,采用射流风机时应有50%的备用量,采用轴流风机时应有100%的备用量。备用风机应在10min内启动。

14.2.17 风机房分洞外风机房和地下风机房,应根据养护维修及运营管理需要,经技术经济比较确定。瓦斯隧道等特殊隧道宜设置洞外风机房。

条文说明

根据国内外调研,长大交通隧道机械通风风机房选择地下风机房方式居多,主要原因在于:①减少征地,有利于保护环境;②减少电力、通信线路等的铺设和维护;③设备隐蔽性好,避免了人为破坏、遭受雷击等不利情况;④避免了管理人员长期在山上工作,方便管理人员的工作和生活。

14.3 照 明

14.3.1 隧道内应急照明设置应满足下列要求:

1 疏散通道、紧急救援站和其他疏散路径上,均应设置疏散照明。

2 所有疏散路径上,均应设置指示标志指示疏散方向。每隔100m的指示标志应加标两个方向分别距洞口或紧急救援站、紧急出口、避难所等的距离。

3 应急照明在正常供电电源中断后,应能在5s内完成应急电源转换并恢复到规定的照度。

条文说明

疏散照明是为人员在非常情况下疏散提供基本通行照度、用于确保疏散通道被有效辨认和使用的应急照明,一般在满足照度要求的前提下均匀布置。疏散指示标志用于指引疏散方向,标示隧道洞口、紧急救援站、紧急出口或避难所的位置。

14.3.2 隧道照明应采用高效率、防腐蚀、防潮、防振、抗风压的灯具,其防护等级不宜低于IP65。时速200km及以上的铁路隧道照明灯具,应通过与工作状态所承受列车风及气动荷载相匹配的风洞效应测试。

条文说明

时速200km及以上的铁路隧道内列车风及气动荷载较大,灯具等隧道壁上附着物掉落的潜在风险较大,故要求隧道内照明灯具通过与工作状态所承受列车风及气动荷载相匹配的风洞效应测试,以确保照明灯具及其安装安全可靠。

IP65的含义是:防尘达到6级,无尘埃进入;防水达到5级,任何方向喷水无有害影响。

14.3.3 在可能有瓦斯泄出的隧道内,照明灯具应具有防爆性能。

14.3.4 正常照明光源宜选用发光二极管、高压钠灯、金属卤化物灯等;应急照明应选用能快速点燃的光源。

14.3.5 隧道内照明设备的布置应符合下列规定:

1 设备布置严禁侵入铁路建筑限界,不应妨碍司机对信号的瞭望。

2 隧道照明灯具在单线隧道内宜布置在一侧,双线隧道内宜布置在两侧并优先采用交错布置方案。

3 无应急照明的隧道,其灯具至轨面的安装高度不宜小于 3.5m;设有应急照明的隧道,其灯具至疏散通道地面的安装高度不宜大于 3.0m。

条文说明

无应急照明的隧道,为了提高照度的均匀性并减弱眩光,照明灯具至轨面的安装高度一般不小于 3.5m。设有应急照明的隧道,考虑到烟雾主要在高处积聚,降低照明灯具安装高度更有可能避免灯光被烟雾减弱,故照明灯具至疏散通道地面的安装高度一般不大于 3.0m。

15 公路隧道运营及防灾通风与照明

15.1 一般规定

15.1.1 公路隧道运营通风应主要对烟尘、一氧化碳和空气中的异味进行稀释。

条文说明

公路隧道通风设计需满足安全标准、卫生标准和舒适性标准。其中,通风设计安全标准是以稀释机动车排放的烟尘为主,必要时考虑洞内机动车带来的粉尘污染;卫生标准是以稀释机动车排放的一氧化碳(CO)为主,必要时考虑洞内稀释二氧化氮(NO_2);舒适性标准是以稀释机动车带来的异味为主,必要时考虑稀释富余热量。

随着柴油车的日渐发展,为了保证充分的能见度,解决烟尘问题,1975年世界道路协会(PIARC)隧道技术委员会在日本、法国等国研究的基础上,提出了一套稀释柴油车烟尘的计算方法。随着汽车尾气排放的各种污染物均减少,因轮胎、制动及道路磨损而产生的颗粒物和扬尘已成为隧道洞内污染的重要因素。

在公路隧道,汽车排放废气中有害物质很多,包括 CO、NO_2、Pb、CO_2、SO_2、HCHO 和烟尘等。其中,CO 和 NO_2 对人体健康的影响比较突出,故通风设计将其浓度限值作为卫生标准。

PIARC 十八届大会隧道技术委员会报告提出了隧道通风设计的舒适性标准,即稀释空气中的异味。

15.1.2 公路隧道通风、照明设计小时交通量,应为混合车型设计高峰小时交通量。

条文说明

交通量及其交通组成是隧道通风、照明设计重要的基础数据之一。根据《公路工程技术标准》(JTG B01—2014)的相关规定,各级公路的设计交通量是将不同车型的汽车折合成标准小客车(pcu)的年平均日交通量,单位为 pcu/d;项目工可报告提出的各级公路设计交通量,也是采用标准小客车的年平均日交通量。即使标准小客车的年平均日交通量相等,但其交通组成不一样,有害气体排放总量也不相等;同时,实际运营中每天通过隧道的交通量在 24h 内的分布是不均衡的。因此,隧道通风和照明设计时需将标准小客车交通量换算成混合车型高峰小时交通量。

15.1.3 公路隧道通风设计应分别针对正常交通工况和火灾、交通阻滞等异常交通工况进行系统设计,并应提出不同交通状态、不同运营工况下的通风设施运行方案。

条文说明

异常交通工况包括火灾、交通阻滞、养护维修、检修、施工等工况。隧道通风设施是按最不利工况进行配置的,不分工况运行通风设施必然会造成能耗增加或引起安全隐患。不同时间段、不同月份或季节等的交通量及交通状态是存在差异的,故隧道通风设施的运行方案需要根据交通量大小、不同交通状态、不同运营工况进行设计。

15.1.4 公路隧道照明设计应满足路面平均亮度、路面亮度总均匀度、路面中线亮度纵向均匀度、闪烁和诱导性要求。

条文说明

目前国际照明委员会(CIE)和世界上多数国家均以路面亮度指标为依据制定隧道照明标准。照明系统闪烁频率与照明亮度、灯具布置和行车速度等因素有关,合理确定闪烁频率可避免视觉上的不舒适与心理干扰,以达到行车安全的目的。诱导性是指照明设施的诱导性,即给机动车驾驶员提供有关道路前方走向、线形、坡度等视觉诱导。

15.1.5 公路隧道入口段、过渡段、出口段照明应由基本照明和加强照明组成,基本照明应与中间段照明一致。

条文说明

基本照明是为保障行车安全而沿隧道全长提供基本亮度的措施;加强照明是解决驾驶员白昼驶入、驶出隧道时适应洞内外亮度反差的措施。

15.1.6 公路隧道照明设计应根据交通流量变化、洞外亮度变化、季节更替等多种工况,确定调光及运营管理方案。

条文说明

公路隧道照明系统通常按满足最不利工况进行设计,不分工况开启照明设施可能会造成能耗增加或存在安全隐患。根据交通流量变化、洞外亮度变化、不同季节等因素制定适宜的调光及运营管理方案,以确保隧道照明系统在不同运营条件下的安全与节能运行。

15.2 运营及防灾通风

15.2.1 公路隧道运营通风应结合隧道平纵断面、工程分期建设情况、防灾救援与运营管理等进行整体规划。

条文说明

隧道平纵断面会影响隧道需风量的大小、通风系统设置规模;隧道位置所在的地形、地貌、地质情况影响通风系统设置的合理性。分期修建的隧道需结合交通量的变化和交通方式的调整,做好由单洞双向交通向双洞单向交通转换的通风整体规划。隧道通风方案与运营管理模式、防灾救援方案密切相关,因此,通风设计需做好三者之间的衔接与协调,并根据工程建设情况进行整体规划,以确保通风系统规模的合理性。

15.2.2 公路隧道通风设计,应对日常运营通风与防灾通风设施进行统筹规划,应明确日常运营工况与火灾工况的风机数量和位置。

条文说明

通风设计将日常运营风机兼作防灾风机,以达到降低通风系统装机功率的目的及降低工程造价,并保证防灾风机有效、可靠地运转。当隧道日常运营通风采用纵向通风,但由于排烟长度等原因不满足防灾排烟要求时,需设置独立的排烟系统,以兼顾运营的经济性和防灾的安全性。

隧道运营及防灾风机是隧道最大的用电设施,各种工况下风机运行数量、供电负荷等级是不同的,提出不同工况下的风机组合及配置,以合理确定风机的负荷等级并配置相应的供配电设施、控制设施等,确保运营安全、降低供配电设施投资。

15.2.3 服务隧道和地下风机房的通风系统应具备正压通风功能。

条文说明

与正洞并列设置的服务隧道,应具有实现运营通风、防烟排烟、人员疏散救援及敷设各种管线等功能。当隧道内发生火灾时,服务隧道、地下风机房等通过机械通风,形成正压通风,防止主洞火灾烟雾侵入上述区域。

15.2.4 公路隧道设置机械通风可按下列条件初步判定:

1 双向交通隧道,当符合式(15.2.4-1)的条件时,可采用机械通风。

$$L \cdot N \geqslant 6 \times 10^5 \quad (15.2.4\text{-}1)$$

式中:L——隧道长度(m);
N——设计小时交通量(veh/h)。

2 单向交通隧道,当符合式(15.2.4-2)的条件时,可采用机械通风。

$$L \cdot N \geqslant 2 \times 10^6 \quad (15.2.4\text{-}2)$$

条文说明

公路隧道通风方式分为自然通风和机械通风。自然通风是通过气象因素形成的隧道内空气流动,以及机动车从洞外带入新鲜空气来实现隧道内外空气交换。机械通风是通过风机作用,使空气沿着预定路线流动来实现隧道内外空气交换。式(15.2.4-1)和式(15.2.4-2)分别为双向交通隧道和单向交通隧道采用机械通风的经验公式。

15.2.5 机械通风方式可按表15.2.5-1分类。

表15.2.5-1 机械通风方式的分类

机械通风方式	纵向通风方式	半横向通风方式	全横向通风方式	组合通风方式
分类	(1)全射流; (2)集中送入式; (3)通风井送排式; (4)通风井排出式; (5)吸尘式	(1)送风式; (2)排风式; (3)平导压入式	(1)顶送顶排式; (2)底送顶排式; (3)顶送底排式; (4)侧送侧排式	(1)纵向组合式; (2)纵向+半横向组合; (3)纵向+集中排烟组合式

条文说明

公路隧道主要通风方式的特点见表15.2.5-2和表15.2.5-3。根据隧道条件,一般采用一种或多种通风方式组合构建更为合理的通风方式。目前国内公路隧道运营通风以各种纵向通风方式及其各种组合为主,已建长度大于5km的高速公路隧道普遍采用"通风井送排式+射流风机"组合通风方式,其中以秦岭终南山公路隧道为典型代表。

表15.2.5-2 单向交通隧道各主要通风方式的特点

通风方式	纵 向 式				半 横 向 式		全横向式
基本特征	通风分流沿隧道纵向流动				由隧道通风道送风或排风,由洞口沿隧道纵向排风或抽风		分别设有送排风道,通风风流在隧道内横向流动
代表形式	全射流式	洞口集中送入式	通风井排出式	通风井送排式	送风半横向式	排风半横向式	
形式特征	由射流风机群升压	由喷流送风升压	洞两端进风、中部集中排风	由喷流送风升压	由送风道送风	由排风道排风	
非火灾工况的适用长度	5km以内	3km左右	5km左右	不受限制	3~5km	3km左右	不受限制

续上表

交通风利用情况	很好	很好	部分较好	很好	较好	不好	不好
噪声	较大	洞口噪声较大	噪声较小	噪声较小	噪声小	噪声小	噪声小
火灾处理	排烟不便	排烟不便	排烟较方便	排烟较方便	排烟方便	排烟方便	能有效排烟
工程造价	低	一般	一般	一般	较高	较高	高
管理与维护	不便	方便	方便	方便	一般	一般	一般
分期实施	易	不宜	不宜	不宜	难	难	难
技术难度	不难	一般	一般	稍难	稍难	稍难	难
运营费用	低	一般	一般	一般	较高	较高	高
洞口环保	不利	不利	有利	一般	一般	有利	有利

注：表中所示各通风方式的适用长度是指一般情况下的参考值。

表 15.2.5-3　双向交通隧道各主要通风方式的特点

通风方式	纵向式			半横向式		全横向式
基本特征	通风分流沿隧道纵向流动			由隧道通风道送风或排风，由洞口沿隧道纵向排风或抽风		分别设有送排风道，通风风流在隧道内横向流动
代表形式	全射流式	洞口集中送入式	通风井排出式	送风半横向式	排风半横向式	
形式特征	由射流风机群升压	由喷流送风升压	洞口两端进风，中部集中抽风	由送风道送风	由排风道排风	
非火灾工况的适用长度	1.5~3km	1.5km 左右	4km 左右	3km 左右	3km 左右	不受限制
交通风利用情况	不好	不好	不好	不好	不好	不好
噪声	噪声较大	洞口噪声较大	噪声较小	噪声小	噪声小	噪声小
火灾处理	排烟不便	排烟不便	排烟较方便	排烟较方便	排烟方便	排烟方便
工程造价	低	一般	一般	较高	较高	高
管理与维护	不便	方便	方便	一般	一般	一般
分期实施	易	不宜	不宜	难	难	难
技术难度	不难	一般	一般	稍难	稍难	难
运营费用	低	一般	一般	较高	较高	高
洞口环保	不利	不利	有利	一般	有利	有利

注：表中所示各通风方式的适用长度是指一般情况下的参考值。

15.2.6　公路隧道通风方式选择应综合考虑隧道平纵指标、交通量、气象条件、地貌、经济性等因素。

15.2.7　采用纵向通风方式时，单向交通且长度不大于5km和双向交通且长度不大于3km的隧道，可采用全射流纵向通风方案。

条文说明

　　根据国内统计资料表明，长度大于5km的特长隧道一般采用通风井送排式纵向通风方式,长度小于或等于5km的特长隧道一般采用全射流纵向通风方式。单向交通且长度大于5km的隧道和双向交通且长度大于3km的隧道是否采用全射流纵向通风方式,需要开展专题论证。

全射流纵向通风是由射流风机群升压的接力诱导通风方式,单组风机升压力较小,当火灾的火压力和自然风压大于单组射流风机升压力后,单组射流风机的射流段会发生卷吸作用,使通风系统效率降低,通风能力不足,并造成烟气流动混乱,存在较大安全隐患。

15.2.8 纵向通风方式的通风井送排式的通风井数量和隧道分段长度,应根据隧道长度、防灾排烟需求、通风井设置条件、建设与运营费用等综合考虑。

条文说明

通风井的设置数量与隧道长度、防灾排烟需求密切相关,影响通风效果及工程造价,其合理设置能提高隧道运营的安全性和经济性。根据国内统计资料表明,长度在5~8km的隧道通常设置1座通风井;长度在8~12km的隧道通常设置1座或2座通风井;长度在12~16km的隧道通常设置2座或3座通风井;长度大于16km的隧道通常设置3座或3座以上通风井。

15.2.9 单向交通隧道的设计风速不宜大于10m/s,特殊情况不应大于12m/s;双向交通隧道的设计风速不应大于8m/s;行人与车辆混合通行的隧道设计风速不应大于7m/s。

条文说明

设计风速是指隧道行车或行人空间的平均风速。人车混合通行的隧道是指设有专用人行道的隧道。单向交通隧道的设计风速借鉴日本道路协会《道路隧道技术标准(通风换气篇)及其解说》(2001年10月)及挪威《公路隧道设计准则》取值。双向交通和人车混合通行的隧道设计风速借鉴日本《道路隧道技术标准(通风换气篇)及其解说》和PIARC报告取值。

此处特殊情况指:①建设条件复杂,无条件设置通风井分段通风;②为把隧道内全长或分段的设计风速降低至10m/s以下而采取的工程措施,如扩大隧道断面、增设或调整通风井、增设静电除尘设备、变更通风方式等,将导致建设或运营费用急剧增加;③不具备调整通风方案的建设条件等。

15.2.10 公路隧道通风系统的排风口设计风速不宜大于8m/s;纵向式通风的顶部送风口设计风速宜取25~30m/s,送风方向应与隧道轴向一致。

15.2.11 排烟道内的设计风速不宜大于15m/s,排烟口的设计风速不宜大于10m/s。

15.2.12 双向交通隧道设计风向宜与行车上坡较长方向一致,洞内通风气流组织方向不宜频繁变化。

条文说明

单洞双向交通隧道内射流风机运转的正向一般与主流交通方向一致,当主流交通方向发生变化时,为更好地利用交通通风力,运营通风气流的组织方向随之变化,但是洞内气流的组织方向不宜频繁变化。双向交通时,自然风向也可能在不断变化,如果频繁逆转射流风机的喷流方向,使得压力模式不断改变,将使通风系统复杂化;同时考虑到空气流动的惯性,经常使其转向会造成较大的能量损失和气流紊乱。

15.2.13 上游隧道行车出口排出洞外的污染空气对下游隧道产生二次污染时,应根据污染程度综合考虑上、下游隧道的通风方式。

条文说明

国内外对上、下游隧道洞口间污染空气窜流的理论研究成果、通风模型试验结果以及对国内短距离隧道洞口间污染空气窜流的现场测试结果均表明,通常上、下游隧道洞口纵向间距小于100m时,存在上、下游隧道间的污染空气窜流问题,尤其是包含特长隧道的上、下游隧道可能出现污染风的窜流问题。

15.2.14 隧道内烟尘设计浓度应满足下列要求:

1 当采用显色指数33~60、相关色温2000~3000K的钠光源时,烟尘设计浓度应按表15.2.14-1取值。

表15.2.14-1 烟尘设计浓度(钠光源)

设计速度(km/h)	≥90	60~90	50~60	30~50	≤30
烟尘设计浓度(m^{-1})	0.0065	0.0070	0.0075	0.0090	0.0120[①]

注:①此工况下应采取交通管制或关闭隧道等措施。

2 当采用显色指数不小于65、相关色温3300~6000K的荧光灯、发光二极管(LED)灯等光源时,烟尘设计浓度应按表15.2.14-2取值。

表15.2.14-2 烟尘设计浓度(荧光灯、LED灯等光源)

设计速度(km/h)	≥90	60~90	50~60	30~50	≤30
烟尘设计浓度(m^{-1})	0.0050	0.0065	0.0070	0.0075	0.0120[①]

注:①此工况下应采取交通管制或关闭隧道等措施。

3 隧道内养护维修时,隧道作业段空气的烟尘允许浓度不应大于$0.0030m^{-1}$。

条文说明

上述公路隧道洞内烟尘设计浓度标准参考了PIARC 2004年技术报告的建议值。烟尘设计浓度表示烟尘对空气的污染程度,通过测定污染空气100m距离的烟尘光线透过率来确定,也称为100m透过率,为洞内能见度指标。烟尘设计浓度与车速或安全停车视距、洞内亮度或照度、光源等有关。

不同交通状态下烟尘设计浓度对应的洞内环境控制状况如下:①当烟尘设计浓度在$0.0030~0.0050m^{-1}$时,表示洞内空气清洁,能见度达数百米;②当烟尘设计浓度在$0.0070~0.0075m^{-1}$时,表示洞内空气有轻雾;③当烟尘设计浓度为$0.0090m^{-1}$时,表示洞内空气成雾;④当烟尘设计浓度为$0.0120m^{-1}$时,洞内空气令人很不舒服,但尚有安全停车视距要求的能见度,为保证洞内交通安全,需采取交通管制等措施。

15.2.15 隧道内CO设计浓度应满足下列要求:

1 正常交通时,洞内CO设计浓度可按表15.2.15取值。

表15.2.15 CO设计浓度

隧道长度(m)	≤1000	1000~3000	>3000
CO设计浓度(cm^3/m^3)	150	150~100	100

2 交通阻滞时,阻滞段的平均 CO 设计浓度可取 $150cm^3/m^3$,同时经历时间不宜超过 20min。

3 人车混合通行的隧道,洞内 CO 设计浓度不应大于 $70cm^3/m^3$。

4 隧道内养护维修时,隧道作业段空气的 CO 允许浓度不应大于 $30cm^3/m^3$。

条文说明

由于我国交通排放标准滞后欧盟 5～7 年,故正常交通时洞内 CO 设计浓度标准和交通阻滞时阻滞段的平均 CO 设计浓度标准,均参考了世界道路协会公路隧道运营技术委员会(PIARC C5)2004 年技术报告中 1995 年的标准。对于隧道养护维修,作业段空气的 CO 允许浓度标准也采用了 PIARC C5 2004 年技术报告的建议值。

对于人车混合通行的隧道,洞内 CO 设计浓度标准采用了 PIARC 在 1999 年技术报告提出的通风标准。

15.2.16 运营隧道内换气应满足下列要求:

1 隧道空间最小换气频率不应低于 3 次/h。

2 采用纵向通风的隧道,隧道换气风速不应低于 1.5m/s。

条文说明

PIARC 在 1995 年技术报告中提出:"隧道空间不间断换气频率不宜低于每小时 5 次,交通量较小或特长隧道可采用每小时 3 或 4 次;采用纵向通风的隧道,隧道内换气风速不低于 2.5m/s"。部分国家推荐换气频率每小时至少 3 次,或洞内最小纵向风速为 1.5m/s。参考上述建议的同时,考虑到我国汽车工业的进步、汽车尾气排放处理技术及油品质量提高等因素,提出了运营隧道内的换气要求。

15.2.17 公路隧道通风计算可把空气视为不可压缩流体;隧道内的空气流可视为不随时间变化的恒定流,且汽车行驶也可视为恒定流。

15.2.18 长度大于 1.0km 的高速公路和一级公路隧道,长度大于 2.0km 的二级、三级、四级公路隧道应设置机械防排烟系统。

条文说明

根据国内工程经验,长度不大于 0.5km 的高速公路和一级公路隧道、长度大于 0.5km 且不大于 1.0km 的二级公路隧道通常不设置机械防排烟系统。长度大于 0.5km 且不大于 1.0km 的高速公路和一级公路隧道、长度大于 1.0km 且不大于 2.0km 的二级公路隧道是否设置机械防排烟系统,与隧道几何条件(长度、纵坡等)、交通条件(交通方式、交通量、交通组成、行车速度等)、有无行人及气象条件等因素有关。

15.2.19 公路隧道防排烟设计应考虑隧道长度、交通量、交通组成、断面大小、平曲线半径、纵坡、交通条件、人员逃生条件、自然条件和火灾危害性等因素。

条文说明

隧道越长、交通量越大,火灾发生的概率越大;纵坡和交通条件影响通风系统的规模,也影响排烟通风的组织;隧道火灾荷载主要取决于车载可燃物类型及其数量。因此,公路隧道防排烟设计需考虑隧道长度、交通量、交通组成、断面大小、平曲线半径、纵坡和交通条件等因素。

隧道火灾发生后,隧道内烟雾发生量大,能见度低,散热慢,温度较高;安全疏散困难,容易造成交通堵塞和二次灾害;洞内交通风急剧降低,除火灾产生的热压外,自然风对洞内通风排烟影响较大。因此,公路隧道防排烟设计需考虑人员逃生条件、自然条件和火灾危险性等因素。

15.2.20 公路隧道火灾防排烟设计应遵循下列原则:

1 公路隧道火灾防排烟系统宜与日常运营通风系统合用。

2 应利于人员安全疏散,避免火灾隧道的烟气侵入人行与车行横通道、相邻隧道、平行导洞以及附属用房等。

3 应能有效控制火场烟气的扩散,利于救援、灭火。

条文说明

隧道通风系统设计坚持以安全适用和经济合理为原则,通常包含正常情况下通风换气与火灾情况下排烟。公路隧道排烟系统的设置与排烟方式、日常运营通风方式密切相关。人行与车行横通道、相邻隧道或平行导洞、隧道内有人值守的附属用房等场所在防排烟设计时,需保证隧道发生火灾时火灾烟气不能侵入。

15.2.21 公路隧道火灾排烟设计应结合逃生避难设施和通风控制统一考虑。

条文说明

公路隧道排烟系统和逃生避难设施都是以保证人员安全、便于人员疏散为原则进行设计,排烟系统的规模与逃生避难设施相互关联。

15.2.22 公路隧道内的下列场所应设置机械加压送风排烟设施:

1 专用避难疏散通道及其前室。

2 独立避难所(洞室)。

3 火灾时不能撤离的附属用房。

15.2.23 隧道附属用房应设置机械排烟系统。

15.2.24 采用纵向排烟的公路隧道,火灾临界风速可按表15.2.24取值。

表15.2.24 火灾临界风速

火灾规模(MW)	20	30	50
火灾临界风速(m/s)	2.0~3.0	3.0~4.0	4.0~5.0

条文说明

采用纵向排烟的隧道发生火灾时,烟雾通过隧道出口或就近排烟口排出。纵向排烟的隧道在排烟时,洞内风速会造成烟雾紊乱,影响火灾下游烟雾分层,风速越大,紊乱现象越明显;另外,烟雾分层也会因隧道的纵向坡度和车辆而扰乱。采用临界风速控制烟气的流动,既能防止烟雾回流危害火灾上游滞留人员,又能延长烟雾在隧道顶壁的贴附时间,避免烟雾在下游扩散,从而增加人员的逃生时间。临界风速取决于火灾热释放率、隧道断面积和隧道净空高度。

15.2.25 采用纵向排烟的单洞双向交通隧道,排烟设计的火灾烟雾最大行程在隧道内不宜大于3km;采用纵向排烟的单向交通隧道,排烟设计的火灾烟雾最大行程在隧道内不宜大于5km。

15.2.26 采用排烟道集中排烟的公路隧道,隧道内纵向设计风速不宜大于2.0m/s;排烟分区可按隧道长度划分,且每个排烟分区的长度不应大于1km。

条文说明

采用排烟道集中排烟的公路隧道,火灾烟雾通过位于隧道顶部或侧壁上部的排烟口排出隧道,可使滞留人员处于无烟环境。根据日本实测试验的观察报告,为达到上述目的,隧道内纵向排烟速度需低于2.0m/s。当隧道内纵向风速较大时,烟雾和新鲜空气之间的剪流层就会垂直紊动,并快速冷却上层烟雾,使烟雾在整个隧道横断面上混合。但是,若隧道内纵向风速为零,在火灾发生后10min内,烟雾会以分层方式向火灾点的两侧扩散,从而给滞留洞内的人员带来危害。

15.2.27 横通道可不设置专用排烟设施;单向交通隧道火点下游的横通道防火门应保持关闭状态。

15.2.28 隧道专用风机应满足下列要求:

1 单向交通隧道宜选择单向射流风机,双向交通隧道应选择双向射流风机,同一隧道的风机型号宜相同。射流风机应具有消声装置;电机防护等级不应低于IP55,绝缘等级不应低于F级。

2 轴流风机宜并联设置,且风机型号和性能参数应相同。排烟轴流风机的电机防护等级不应低于IP55,绝缘等级不应低于F级;其他轴流风机的绝缘等级不应低于H级。

3 排烟风机在250℃环境条件下连续正常运行时间不应小于60min,其消声器应在250℃的烟气中保持性能稳定。

条文说明

相同条件下单向风机比双向风机具有更高的通风效率,单向交通隧道一般要求风机运行方向与交通方向一致,因此,单向交通隧道宜选择单向风机。双向交通隧道通风方向可能会随交通状态的变化而调整,因此,双向交通隧道选择双向风机。通常情况下,同一隧道选择同一型号的射流风机,以方便工程建设和长期运营管理。

15.2.29 采用机械通风的隧道风机应具备手动控制功能。高速公路和一级公路隧道宜以自动控制方式为主,二级、三级及四级公路隧道可采用自动控制方式。

条文说明

公路隧道需及时监测隧道内空气中的有害物浓度、风速、风向等环境参数,然后根据需要控制通风设备。通风控制是实现隧道通风系统节能运行的重要措施,通过控制通风设备的运行时间及数量,达到节能目的。

15.3 照　　明

15.3.1 公路隧道照明设计应充分收集和了解隧道土建工程、交通工程设计相关资料进行统筹设计,并应遵循下列原则:

1 应调查洞口朝向及洞外环境。

2 应初步判定或现场测定洞外亮度,必要时可制定洞外减光方案。

3 应根据交通量变化、分别确定各分期设计年限入口段、过渡段、中间段和出口段的亮度指标。

4 应选择节能光源与高效灯具,结合隧道断面形式和灯具类型等因素确定灯具安装方式、位置。

5 应根据路面材料与灯具光强分布表,计算各段灯具布置间距、路面均匀度等。

6 洞口土建完工后,宜对洞外亮度进行现场实测核验。

条文说明

洞外环境包括隧址区域地形、植被条件、洞外路段的平纵线形和气象状况等。

洞外亮度是隧道照明设计的重要基准。隧道朝向、20°视场范围内天空面积百分比、植被条件、洞门装饰对洞外亮度影响较大。若20°视场范围内含有天空面积,或对洞门做明亮装饰会使洞外亮度增大,加剧"黑洞效应",导致照明能耗增加,此时采用洞外减光措施以降低洞外亮度。

公路隧道照明设计参数选择、光源选择、灯具布置形式等,与洞口朝向、洞外环境、路面材料、交通量等因素相关。

15.3.2 单向交通隧道照明可划分为入口段照明、过渡段照明、中间段照明、出口段照明以及洞外引道照明和洞口接近段减光设施,如图15.3.2-1所示;双向交通隧道照明可划分为入口段照明、过渡段照明、中间段照明以及洞外引道照明和洞口接近段减光设施,如图15.3.2-2所示。

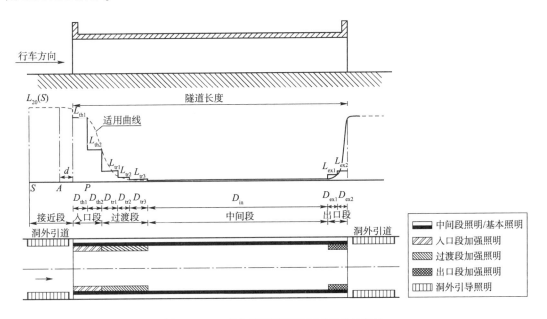

图15.3.2-1 单向交通隧道照明系统分段示意图

注:P为洞口;S为接近段起点;A为适应点;d为适应距离;$L_{20}(S)$为洞外亮度;L_{th1}、L_{th2}为入口段亮度;L_{tr1}、L_{tr2}、L_{tr3}为过渡段亮度;L_{ex1}、L_{ex2}为出口段亮度;D_{th1}、D_{th2}分别为入口段TH_1、TH_2分段长度;D_{tr1}、D_{tr2}、D_{tr3}分别为过渡段TR_1、TR_2、TR_3分段长度;D_{in}为中间段长度;D_{ex1}、D_{ex2}分别为出口段EX_1、EX_2分段长度。

条文说明

隧道照明分区是为满足驾驶员视觉,从高亮度向低亮度或从低亮度向高亮度变化适应的需求。视觉从高亮度向低亮度适应的反应时间通常较长,反之较短,因此,行车进口端加强照明段长度大于行车出口端加强照明段长度。

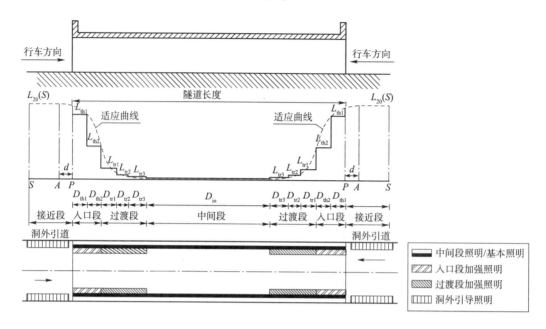

图 15.3.2-2 双向交通隧道照明系统分段示意图

15.3.3 隧道两侧墙面 2m 高范围内的平均亮度，不宜低于路面平均亮度的 60%。

条文说明

隧道侧壁亮度是隧道内背景亮度的组成部分，起到满足机动车驾驶员视觉适应性和视觉诱导的作用。

15.3.4 入口段宜划分为 TH_1、TH_2 两个照明段，与之对应的亮度应分别按式（15.3.4-1）及式（15.3.4-2）计算：

$$L_{th1} = k \times L_{20}(S) \qquad (15.3.4-1)$$

$$L_{th2} = 0.5 \times k \times L_{20}(S) \qquad (15.3.4-2)$$

式中：L_{th1}——入口段 TH_1 的亮度（cd/m^2）；

L_{th2}——入口段 TH_2 的亮度（cd/m^2）；

k——入口段亮度折减系数，可按表 15.3.4-1 取值；

$L_{20}(S)$——洞外亮度（cd/m^2），如无实测资料可按表 15.3.4-2 取值。

表 15.3.4-1 入口段亮度折减系数

设计交通量[veh/(h·ln)]		设计速度（km/h）				
单向交通	双向交通	20~40	60	80	100	120
≥1200	≥650	0.012	0.022	0.035	0.045	0.070
≤350	≤180	0.010	0.015	0.025	0.035	0.050

注：当交通量为其中间值时，按线性内插法取值。

表 15.3.4-2　洞外亮度（单位：cd/m²）

天空面积百分比（%）	洞口朝向或洞外环境	设计速度（km/h）				
		20~40	60	80	100	120
35~50	南洞口	—	—	4000	4500	5000
	北洞口	—	—	5500	6000	6500
25	南洞口	3000	3500	4000	4500	5000
	北洞口	3500	4000	5000	5500	6000
10	暗环境	2000	2500	3000	3500	4000
	亮环境	3000	3500	4000	4500	5000
0	暗环境	1500	2000	2500	3000	3500
	亮环境	2000	2500	3000	3500	4000

注：1. 天空面积百分比指 20°视场中天空面积百分比。
2. 南洞口指北行车辆驶入的洞口，北洞口指南行车辆驶入的洞口。
3. 东洞口与西洞口取用南洞口与北洞口的中间值。
4. 暗环境指洞外景物（包括洞门建筑）反射率低的环境；亮环境指洞外景物（包括洞门建筑）反射率高的环境。
5. 当天空面积百分比处于表中两档之间时，按线性内插法取值。

条文说明

通过广泛调研表明，公路隧道入口段后半段亮度偏高，故入口段采用了分段设置的方法。英国、日本等国家和 CIE、欧洲标准化委员会（CEN）等国际组织在其标准和技术文件中也有相同的规定。入口段亮度折减系数 k 的取值参考了 CIE、CEN 等国际组织以及一些国家的照明标准，并充分考虑了目前我国的经济发展水平和隧道照明状况。

15.3.5　入口段 TH_1、TH_2 长度应按式（15.3.5）计算：

$$D_{th1} = D_{th2} = \frac{1}{2}\left(1.154 D_s - \frac{h - 1.5}{\tan 10°}\right) \tag{15.3.5}$$

式中：D_{th1}——入口段 TH_1 长度（m）；

　　　D_{th2}——入口段 TH_2 长度（m）；

　　　D_s——照明停车视距（m），可按表 15.3.5 取值；

　　　h——隧道内净空高度（m）。

表 15.3.5　照明停车视距 D_s（单位：m）

设计速度（km/h）	纵坡（%）								
	-4	-3	-2	-1	0	1	2	3	4
120	260	245	232	221	210	202	193	186	179
100	179	173	168	163	158	154	149	145	142
80	112	110	106	103	100	98	95	93	90
60	62	60	58	57	56	55	54	53	52
40	29	28	27	27	26	26	25	25	25
20~30	20	20	20	20	20	20	20	20	20

15.3.6　非光学长隧道和光学长隧道入口段 TH_1、TH_2 的亮度应符合下列规定：

1 长度大于500m的非光学长隧道及长度大于300m的光学长隧道,入口段TH_1、TH_2的亮度应分别按式(15.3.4-1)及式(15.3.4-2)计算。

2 长度300~500m的非光学长隧道及长度100~300m的光学长隧道,入口段TH_1、TH_2的亮度宜分别按式(15.3.4-1)及式(15.3.4-2)计算值的50%取值。

3 长度200~300m的非光学长隧道,入口段TH_1、TH_2的亮度宜分别按式(15.3.4-1)及式(15.3.4-2)计算值的20%取值。

条文说明

光学长隧道是指距洞口一个停车视距处,在道路中心线、离地面1.5m高不能完全看到出口的曲线隧道。不属于光学长隧道范畴的隧道即为非光学长隧道。

短隧道对照明的要求与长隧道不尽相同,主要与隧道的通视程度有关。影响隧道通视程度的主要因素是隧道长度,对于短隧道还包括隧道宽度、高度、平纵线形等。短隧道照明与公路等级、设计速度、交通量、长度、平面线形、日光强弱等因素有关。

15.3.7 当两座隧道间的行驶时间按设计速度计算小于15s,且通过前一座隧道的行驶时间大于30s时,后续隧道入口段亮度应进行折减,亮度折减率可按表15.3.7取值。

表15.3.7 后续隧道入口段亮度折减率

两隧道之间行驶时间(s)	<2	2~5	5~10	10~15
后续隧道入口段亮度折减率(%)	50	30	25	20

15.3.8 过渡段宜划分为TR_1、TR_2、TR_3三个照明段,与之对应的亮度应按式(15.3.8-1)~式(15.3.8-3)计算:

$$L_{tr1} = 0.15 \times L_{th1} \qquad (15.3.8\text{-}1)$$

$$L_{tr2} = 0.05 \times L_{th1} \qquad (15.3.8\text{-}2)$$

$$L_{tr3} = 0.02 \times L_{th1} \qquad (15.3.8\text{-}3)$$

条文说明

参照CIE有关标准规定的适应曲线$L_{tr} = L_{th1}(1.9+t)^{-1.4}$过渡段照明亮度划分依据。在过渡段区域里,$TR_1$与$TR_2$、$TR_2$与$TR_3$的过渡照明段亮度比例按3:1划分。

15.3.9 长度不大于300m的隧道,可不设置过渡段加强照明;长度300~500m的隧道,当在过渡段TR_1能完全看到隧道出口时,可不设置过渡段TR_2、TR_3加强照明;当TR_3的亮度L_{th3}不大于中间段亮度L_{in}的2倍时,可不设置过渡段TR_3加强照明。

条文说明

长度300~500m的隧道是否设置过渡段主要取决于隧道的通视程度。对于非光学长隧道,当交通量较小时,隧道出口占很大一部分背景,洞内低亮度和出口处高亮度形成鲜明对比,可以轻易看见往来车辆和其他物体,通常设置有过渡段TR_1;当交通量较大,使得隧道出口处的背景亮度比例较小时,通常设置有过渡段TR_2、TR_3。

对于光学长隧道,当交通量较小且位于过渡段TR_1能完全看到出口时,通常设置有过渡段TR_1;当交通量较大,隧道出口处的背景亮度比例较小,且位于过渡段TR_1仍然不能完全看到出口时,通常设置有过渡段TR_2、TR_3。

15.3.10 过渡段长度计算应符合下列规定:

1 过渡段TR_1长度应按式(15.3.10-1)计算:

$$D_{tr1} = \frac{D_{th1} + D_{th2}}{3} + \frac{v_t}{1.8} \quad (15.3.10\text{-}1)$$

式中：D_{tr1}——过渡段 TR_1 长度(m)；

v_t——设计速度(km/h)；

$v_t/1.8$——2s 内的行驶距离。

2 过渡段 TR_2 长度应按式(15.3.10-2)计算：

$$D_{tr2} = \frac{2v_t}{1.8} \quad (15.3.10\text{-}2)$$

式中：D_{tr2}——过渡段 TR_2 长度(m)。

3 过渡段 TR_3 长度应按式(15.3.10-3)计算：

$$D_{tr3} = \frac{3v_t}{1.8} \quad (15.3.10\text{-}3)$$

式中：D_{tr3}——过渡段 TR_3 长度(m)。

条文说明

各过渡段的长度基本上沿着 CIE 有关标准规定的适应曲线分割。过渡段 TR_1、过渡段 TR_2 的长度均相当于 4s 内的行驶距离；过渡段 TR_3 的长度相当于 6s 内的行驶距离。

15.3.11 中间段亮度宜按表 15.3.11 取值。

表 15.3.11 中间段亮度 L_{in}（单位：cd/m^2）

设计速度 (km/h)	L_{in}		
	单向交通量		
	$N \geq 1200$ veh/(h·ln)	350 veh/(h·ln) $< N <$ 1200 veh/(h·ln)	$N \leq 350$ veh/(h·ln)
	双向交通量		
	$N \geq 650$ veh/(h·ln)	180 veh/(h·ln) $< N <$ 650 veh/(h·ln)	$N \leq 180$ veh/(h·ln)
120	10.0	6.0	4.5
100	6.5	4.5	3.0
80	3.5	2.5	1.5
60	2.0	1.5	1.0
40	1.0	1.0	1.0

注：1. 当 LED 光源(显色指数不小于 65，色温介于 3300～6000K)用于隧道中间段照明时，设计亮度可按表 15.3.11 所列亮度标准的 50% 取值，但不应低于 $1.0cd/m^2$。

2. 当单端无极荧光灯(显色指数不小于 65，色温介于 3300～6000K)用于隧道中间段照明时，设计亮度可按表 15.3.11 所列亮度标准的 80% 取值，但不应低于 $1.0cd/m^2$。

3. 当中间段采用逆光照明方式时，设计亮度可按表 15.3.11 所列亮度标准的 80% 取值，但不应低于 $1.0cd/m^2$。

4. 当设计速度为 100km/h 时，中间段亮度可按 80km/h 对应亮度取值。

5. 当设计速度为 120km/h 时，中间段亮度可按 100km/h 对应亮度取值。

15.3.12 行人与车辆混合通行的隧道，中间段亮度不应小于 $2.0cd/m^2$。

15.3.13 单向交通且以设计速度通过隧道的行车时间超过 135s 时，隧道中间段宜分为两个照明段，与之对应的长度及亮度不应低于表 15.3.13 的要求。

表15.3.13 中间段各照明段长度及亮度取值

项 目	长度（m）	亮度（cd/m²）	适 用 条 件
中间段第一照明段	设计速度下30s行车距离	L_{in}	
中间段第二照明段	余下的中间段长度	$L_{in} \times 80\%$，且不低于 $1.0cd/m^2$	—
		$L_{in} \times 50\%$，且不低于 $1.0cd/m^2$	采用连续光带布灯方式，或隧道壁面反射系数不小于0.7时

15.3.14 中间段照明灯具布置应符合下列规定：

1 当隧道内行车时间超过20s时，照明灯具布置间距应满足闪烁频率低于2.5Hz或高于15Hz的要求。

2 路面亮度总均匀度不应低于表15.3.14-1所示数值。

表15.3.14-1 路面亮度总均匀度 U_0

设计交通量[veh/(h·ln)]		U_0
单向交通	双向交通	
≥1200	≥650	0.4
≤350	≤180	0.3

注：当交通量为其中间值时，按线性内插法取值。

3 路面中线亮度纵向均匀度不应低于表15.3.14-2所示数值。

表15.3.14-2 路面中线亮度纵向均匀度 U_1

设计交通量[veh/(h·ln)]		U_1
单向交通	双向交通	
≥1200	≥650	0.6
≤350	≤180	0.5

注：当交通量为其中间值时，按线性内插法取值。

条文说明

闪烁频率为设计速度与布灯间距之比。当闪烁频率在4~11Hz之间时，不舒适感使人无法忍受。保证亮度均匀度是为了给机动车驾驶员提供良好的能见度和视觉上的舒适性。

15.3.15 出口段宜划分为 EX_1、EX_2 两个照明段，每段长度宜取30m，与之对应的亮度应按式(15.3.15-1)及式(15.3.15-2)计算：

$$L_{ex1} = 3 \times L_{in} \quad (15.3.15\text{-}1)$$

$$L_{ex2} = 5 \times L_{in} \quad (15.3.15\text{-}2)$$

条文说明

在隧道出口附近，前车背后的小型车辆常难以发现、辨认，容易发生车祸。设置出口加强照明后，有助于消除这类视觉困难。

15.3.16 长度不大于300m的直线隧道可不设置出口段加强照明；长度300~500m的直线隧道可仅设置 EX_2 出口段加强照明。

15.3.17 紧急停车带照明宜采用显色指数高的光源，其亮度不应低于 $4.0cd/m^2$。横通道亮

度不应低于 $1.0cd/m^2$。

条文说明

紧急停车带主要是为异常车辆提供检修维护的场所,需做一定的细致工作,其亮度和显色性与主洞的要求不同。横通道照明是为人员疏散逃生及救援提供必要的环境亮度。

15.3.18 长度大于 0.5km 的高速公路隧道应设置应急照明系统,长度大于 1km 的一级、二级公路隧道应设置应急照明系统,照明中断时间不应超过 0.3s。三级、四级公路隧道应根据实际情况确定。

条文说明

当日常照明电源出现故障或停电时,利用不间断应急电源为照明系统的应急灯具供电。

15.3.19 应急照明亮度不应小于表 15.3.11 所列中间段亮度的 10%,且不应低于 $0.2cd/m^2$。

15.3.20 以下路段可设置洞外引道照明:

1 隧道外引道曲线半径小于一般值的路段。

2 隧道设夜间照明且处于无照明路段的洞外引道。

3 隧道与桥梁连接处。

条文说明

当隧道处于无照明路段时,容易出现因洞内外亮度反差引起视觉偏差,故适当设置洞外引道照明有利于驾驶员提前察觉隧道状况或洞外道路状况。

15.3.21 照明灯具的布置宜采用中线形式、中线侧偏形式,也可采用两侧交错和两侧对称等形式。

条文说明

隧道内照明灯具的布置形式影响照明系统的效率;其中,中线布置、中线侧偏布置比两侧布置效率高,两侧交错布置比两侧对称布置效率高。隧道内通常的照明灯具布置形式见表 15.3.21 和图 15.3.21。

表 15.3.21 照明灯具布置形式

布置方式	平面示意图
中线布置	
中线侧偏布置	
两侧交错布置	
两侧对称布置	

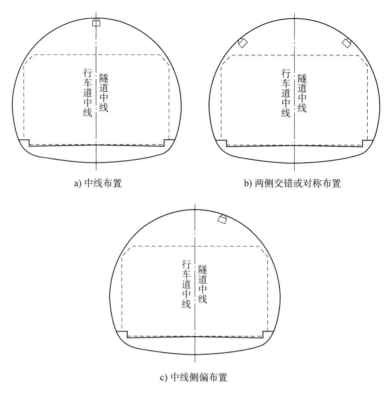

图 15.3.21 灯具布置形式示意图

15.3.22 隧道照明灯具性能应满足下列要求：

1 LED 隧道灯具的功率因数不应小于 0.95；气体放电灯的灯具效率不应低于 70%，功率系数不应小于 0.85。

2 具有适合公路隧道特点的防眩装置，光源和附件便于更换，灯具零部件具有良好的防腐性能。

3 防护等级不低于 IP65。

4 灯具安装角度易于调整。

条文说明

气体放电灯的功率因数一般为 0.4~0.6，通过实施电容补偿或配用电子镇流器予以提高。从经济合理的角度考虑，补偿后的功率因数可达 0.8~0.9。IP65 的含义是：防尘达到 6 级，无尘埃进入；防水达到 5 级，任何方向喷水无有害影响。

16 防灾疏散与救援

16.1 一般规定

16.1.1 铁路隧道防灾疏散救援工程设计应遵循以人为本、安全疏散、自救为主、方便救援的原则。

条文说明

铁路隧道防灾疏散救援工程设计应立足于实现旅客列车在隧道内发生火灾事故后人员的安全疏散与快速救援,重点是疏散和救援,由于疏散是发生火灾后短时间内的行为,在应急处理的前期,很难有救援力量到达事故现场,因此是一个自救疏散的过程。

16.1.2 列车在隧道内发生火灾时,应控制列车驶出隧道进行疏散;当列车不能驶出隧道,应控制列车停靠在紧急救援站进行疏散和救援。

16.1.3 铁路隧道设计火灾规模应按同一隧道,或隧道群同一时间段内只有一节旅客列车车厢发生火灾确定。火灾规模应按线路运行的列车类型确定,动车组可采用15MW,普通旅客列车可采用20MW。

16.1.4 人员安全疏散时间应符合下列规定:

1 可用安全疏散时间大于必需安全疏散时间。

2 隧道内紧急救援站的必需安全疏散时间不宜超过6min。

条文说明

隧道发生火灾后,人员能否安全疏散主要取决于两个特征时间,一是火灾发展到对人员构成危险所需的时间,即可用安全疏散时间;另一个是全部人员疏散到安全区域的时间,即必需安全疏散时间。因此,隧道的防火安全设计需满足可用安全疏散时间大于必需安全疏散时间。

16.1.5 铁路隧道防灾疏散救援工程应综合考虑线路技术标准、工程分布、工程特征、环境条件、运营管理模式等因素,进行总体方案设计。

条文说明

铁路隧道防灾疏散救援工程是一项系统工程,需要系统规划疏散和救援技术方案以及需要的设备设施,并进行总体方案设计,才能使防灾疏散救援工程安全可靠、技术先进、经济合理。

16.1.6 铁路隧道防灾疏散应以洞外疏散为主,疏散路径和设施应结合隧道线路运输性质、环境条件、辅助坑道条件等设置,并制定相应的疏散预案。

条文说明

与洞内疏散相比,洞外疏散具有更好的疏散条件和排烟环境。若列车在隧道内任何地点着火后还有残余运行能力,首先控制列车到达洞外进行疏散。如果不能抵达洞外,且前方有紧急救援站,则控制列车到达紧急救援站进行疏散,依靠紧急救援站内设备设施进行疏散和救援。

16.1.7 公路隧道消防设施与通道设计应遵循以人员逃生为主,车辆疏散、财产保全、灭火为辅;以自救为主,外部救援为辅的原则。

16.1.8 公路隧道火灾排烟宜按隧道全线同一时间内发生一次火灾考虑,火灾规模应按表16.1.8取值。

表16.1.8　公路隧道火灾规模(单位:MW)

通行方式	隧道长度(m)	公路等级		
		高速公路	一级公路	二级、三级、四级公路
单向交通	>5000	30	30	—
	1000~5000	20	20	—
双向交通	>2000	—	—	20

注:运煤专用通道、客车专用通道等特殊隧道火灾规模取值宜根据实际条件确定。

16.2　铁路隧道防灾疏散救援

16.2.1 铁路隧道防灾疏散救援工程设计应加强疏散通道、避难场所、通风排烟、应急照明、应急通信、应急广播、应急供电、导向标识、消防、监控、调度指挥等系统总体设计,统筹各系统接口,以满足安全疏散救援功能要求。

16.2.2 紧急救援站应满足着火列车停车后人员疏散要求;紧急出口、避难所及横通道应满足事故列车人员疏散要求。

条文说明

按照"列车在隧道内发生火灾时,应控制列车驶出隧道进行疏散;当列车不能驶出隧道,应控制列车停靠在紧急救援站进行疏散和救援"的指导思想,紧急救援站设置需满足火灾工况下旅客疏散和救援需要。但是隧道内还可能会发生列车脱轨、碰撞等事故,导致列车在隧道内任意位置紧急停车,此时旅客可通过紧急出口、避难所及横通道进行疏散,故紧急出口、避难所及横通道设置也需要满足旅客疏散要求。

16.2.3 隧道内应设置贯通的疏散通道,单线隧道单侧设置,双线及多线隧道双侧设置。

16.2.4 长度20km及以上的隧道或隧道群应设置紧急救援站,紧急救援站之间的距离不应大于20km。

条文说明

隧道或隧道群内是否设置紧急救援站,主要取决于隧道内着火列车能否驶离隧道,即列车发生火灾事故后在残余的运行时间内能否驶离隧道。通过计算分析和国外调研,目前研究结论是隧道或隧道群在其长度达到20km及以上时才适宜设置紧急救援站,且紧急救援站间距离不大于20km。

16.2.5 长度10km及以上的单洞隧道,应在洞身段设置不少于1处紧急出口或避难所。

16.2.6 长度大于等于5km且小于10km的单洞隧道,宜结合施工辅助坑道,在隧道洞身段设置1处紧急出口或避难所。

16.2.7 互为疏散救援的两条并行隧道,应设置相互联络的横通道。

16.2.8 设置紧急救援站的隧道,其紧急出口、避难所、横通道等疏散设施的设置应符合第16.2.5条~第16.2.7条的规定。

16.2.9 隧道内紧急救援站可采用以下型式:

1 加密横通道型,适用于双洞单线隧道。

2 两侧平导型,适用于单洞双线隧道。

3 单侧平导型,适用于单洞单线隧道。

条文说明

加密横通道型适用于双洞单线隧道,如图16.2.9-1所示;两侧平导型适用于单洞双线隧道,如图16.2.9-2所示;单侧平导型适用于单洞单线隧道,如图16.2.9-3所示。除这三种类型之外,还有在双洞单线隧道中间设置平行导坑作为避难空间,并加密横通道使其互连的类型。

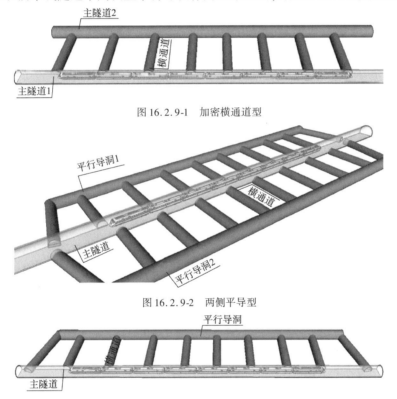

图16.2.9-1 加密横通道型

图16.2.9-2 两侧平导型

图16.2.9-3 单侧平导型

16.2.10 隧道内紧急救援站设计参数应符合下列要求:

1 紧急救援站的长度应为旅客列车编组长度加一定余量:高速铁路可取450m;客货共线铁路可取550m;城际铁路采用8辆编组时可取230m。

2 紧急救援站站台在单线隧道内单侧设置,在双线隧道内双侧设置;站台宽度不宜小于2.3m,站台面高于轨面的尺寸不宜小于0.3m,站台边缘到线路中线的距离可取1.8m。

3 紧急救援站内的横通道间距不宜大于60m,横通道断面净空尺寸不宜小于4.5m×4.0m(宽×高);横通道纵向坡度不宜大于12‰,防护门开启范围应为平坡。

4 紧急救援站的平行导坑断面净空尺寸应综合疏散、通风、施工等因素确定,并不宜小于4.5m×5.0m(宽×高)。

5 紧急救援站内待避区面积不宜小于 0.5m²/人。

16.2.11 隧道口紧急救援站可采用以下型式:
1 洞口疏散型,适用于明线段长度大于 250m 的隧道群。
2 洞口辅助坑道型,适用于单、双洞隧道群。
3 洞口加密横通道型,适用于双洞隧道群。

条文说明

洞口疏散型适用于明线段长度大于 250m 的隧道群,如图 16.2.11-1 所示。洞口辅助坑道型适用于单、双洞隧道群,如图 16.2.11-2 所示;其中,辅助坑道包括平导、横洞、斜井等。洞口加密横通道型适用于双洞隧道群,如图 16.2.11-3 所示。

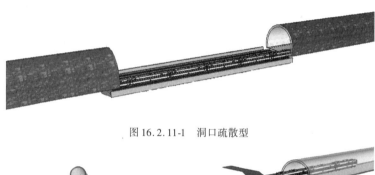

图 16.2.11-1 洞口疏散型

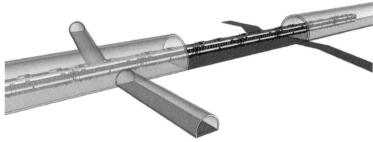

图 16.2.11-2 洞口辅助坑道型

图 16.2.11-3 洞口加密横通道型

16.2.12 隧道口紧急救援站的长度应包括明线段与两端洞口段长度之和,且明线段与任意一端隧道洞口段长度之和不小于列车长度。

条文说明

隧道口紧急救援站的长度包括明线段长度及明线两端洞口段长度,其中,明线段长度加上任意一端洞口段长度等于旅客列车编组长度加一定余量,如图 16.2.12 所示。

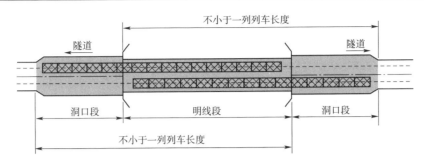

图16.2.12 隧道口紧急救援站长度示意图

16.2.13 紧急出口设计应符合下列规定:

1 优先选择平行导坑或横洞。

2 当选择斜井作为紧急出口时,其坡度不宜大于12%,水平长度不宜大于500m。

3 当选择竖井作为紧急出口时,其垂直高度不宜大于30m,楼梯总宽度不应小于1.8m。

4 斜井、横洞式紧急出口断面净空尺寸不宜小于3.0m×2.2m(宽×高);平行导坑断面净空尺寸不宜小于4.0m×5.0m(宽×高),竖井式紧急出口尺寸按照楼梯布置确定。

条文说明

与斜井和竖井相比,平行导坑和横洞作为紧急出口更有利于人员疏散,故在有条件的情况下优先选择平行导坑或横洞。

16.2.14 避难所设计应符合下列规定:

1 设置避难所的辅助坑道断面净空尺寸不宜小于4.0m×5.0m(宽×高)。

2 避难所内应设置待避区,待避面积不宜小于0.5m²/人。

16.2.15 疏散通道宜利用隧道的水沟和电缆槽盖板面设置。疏散通道走行面高度不应低于轨顶面,其宽度不应小于0.75m,高度不应小于2.2m。

16.2.16 防护门净空尺寸应满足下列要求:

1 紧急救援站以内的横通道防护门净空尺寸不应小于1.7m×2.0m(宽×高)。

2 紧急救援站以外的横通道防护门净空尺寸不应小于1.5m×2.0m(宽×高)。

3 紧急出口、避难所与隧道连接处的防护门净空尺寸不应小于1.5m×2.0m(宽×高)。

16.2.17 紧急救援站应按火灾工况进行防灾通风设计,紧急出口、避难所应按列车故障工况进行通风设计。

16.2.18 隧道防灾通风设计应遵循人烟分离的原则。

16.2.19 隧道人员疏散设计应遵循方便自救、安全疏散的原则,疏散模式应包括火灾工况下紧急救援站停车疏散模式和列车故障工况下隧道内停车疏散模式。

16.2.20 疏散救援工程机电设施应包括应急照明、应急通信、设备监控、应急供电等,并按照安全可靠、方便实用的原则配备。

16.2.21 疏散救援工程机电设施应满足下列要求:

1 机电设施应适应隧道现场环境要求,符合防腐、防潮、抗风压等相关技术标准。

2 机电设施可采用远程控制、现场手动控制或两者相结合的方式。

3 通信、设备监控等系统应按照统一指挥的原则设计。

16.2.22 防灾疏散救援配套设施及控制系统应纳入运营单位的应急管理系统。
条文说明
防灾疏散救援工程只有纳入运营单位的应急管理系统后,才能真正服务于运营安全。

16.3 公路隧道防灾疏散救援

16.3.1 公路隧道防灾疏散救援工程设计,应加强疏散通道、交通安全、通风、照明、交通监控、紧急呼叫、火灾探测报警、消防、供配电、中央控制管理等系统总体设计,统筹各系统接口,以满足安全疏散救援功能要求。

16.3.2 公路隧道疏散通道设计,应包括检修道或人行道、人行横通道、车行横通道、平行通道、直接通向地面的横通道、地下洞室的进出口通道。

条文说明
根据公路功能、技术等级、交通量、隧道长度、地形、地质条件、辅助坑道设置、养护管理条件等因素,因地制宜地确定公路隧道疏散通道及避难设施。

16.3.3 公路隧道设置人行道及检修道应符合本指南第2.0.10条的规定。

16.3.4 上、下行公路隧道,双洞之间应设置人行横通道和车行横通道,并应符合下列规定:

1 人行横通道限界宽度不应小于2.0m,限界高度不应小于2.5m;车行横通道限界宽度不应小于4.5m,限界高度应与主洞限界高度一致。横通道断面建筑限界规定如图16.3.4所示。

2 人行横通道设置间距宜为250m,并不应大于350m。

3 车行横通道设置间距宜为750m,并不应大于1000m;中、短隧道可不设。

4 车行横通道路缘高度宜与隧道行车方向左侧检修道高度一致。

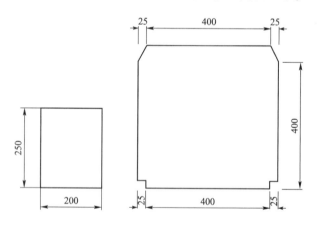

图16.3.4 横通道的断面建筑限界(尺寸单位:cm)

条文说明
上、下行公路隧道,双洞之间设置人行横通道是为了紧急情况下驾乘人员逃生、救援人员能快速到达事故地点及方便隧道养护人员检测和维修。车行横通道是为了当其中一条隧道出现交通堵塞时,救援车辆可迂回到达最近事故地点。横通道具体间距根据隧道长度、围岩条件、交通量、洞内设施布置等确定,可以前后适当调整。

16.3.5 单洞双向通行的特长公路隧道,宜设置平行通道、人行横通道、车行横通道等设施,并应符合下列规定：

1 宜靠近主隧道沿主隧道轴线通长设置；当条件受限时,可局部设置。

2 平行通道与隧道的净距应根据地质条件、施工方法、运营、疏散救援等因素确定。对单洞隧道,规划可能将平行通道扩建为交通隧道时,净距确定应有利于通道扩建。

3 平行通道应根据功能需要确定净空断面,断面不应小于人行横通道或车行横通道断面,并应根据运输方式设置错车道。

4 与主隧道之间应设人行横通道,间距宜采用250～500m。

5 平行通道纵坡宜与主洞纵坡一致,其排水底面高程宜低于主隧道0.2～0.6m。

条文说明

平行横通道及横通道是单洞双向行车特长隧道的一种疏散救援通道及避难设施。施工期间,平行通道对解决施工通风、排水、运输和减少施工干扰,增加主洞开挖工作面都能起到一定的作用,平行通道超前施工还能起到探明地质的作用；运营期间,平行通道及横通道作为疏散救援通道、运营通风通道。

设置平行通道时,平行通道与主隧道的净距要求适宜,既要减小连接横通道的长度,又不能引起显著的群洞效应；平行通道布置在主隧道迎水面较大一侧,其排水底面高程低于主隧道排水底面高程,便于主隧道地下水通过平行通道排出。

16.3.6 隧道内设置地下通风房、变配电所及其他管理用房等地下洞室时,地下洞室与隧道之间应至少有两个进出口通道。进出口通道净空尺寸不应低于人行横通道或车行横通道尺寸要求,并应满足设备运送要求。

16.3.7 人行横通道设计应符合下列规定：

1 人行横通道应有良好的防排水措施,道面应防滑。

2 人行横通道纵坡大于20%时,宜设置踏步台阶,边墙两侧宜设扶手,扶手高度宜为0.9m。

3 人行横通道应设防火门。

条文说明

人行横通道设置防火门能帮助克服不利风压,易于火灾时防火门开启。

16.3.8 车行横通道设计应符合下列规定：

1 车行横通道的纵坡不宜大于5%,最大纵坡不应大于10%。

2 车行横通道应设防火卷帘,防火卷帘应具备现场和远程控制开闭功能。

条文说明

车行横通道因通道口与主隧道行车通道存在交叉,过大纵坡不利于使用。车行横通道洞口设置防火卷帘的目的,主要是在正常情况下防止汽车从横通道驶入另一分离隧道,同时用于防烟尘。

16.3.9 沿河、傍山或隧道一侧有沟谷、低洼地形可利用时,可设主洞与洞外直接连接的斜井或横洞,与正洞交叉处的斜井或横洞内应设防火门。

16.3.10 防火门正常情况应关闭,开启方向应为疏散方向,应能在门两侧开启,且应具有自动关闭功能。防火门应具有防火、防烟功能,并应具有耐风压性能。

16.3.11 公路隧道防灾疏散救援设施配置,应根据隧道交通工程与附属设施配置等级确定。

条文说明

公路隧道交通工程与附属设施设置的目的是保障隧道交通安全,特别是在隧道内发生交通事故或火灾等紧急事件时提高救助效率,因此,隧道交通工程与附属设施分级依据隧道内的年事故概率来划分。概率越大,分级越高;概率越小,分级越低。事故概率计算值与隧道单洞长度和设计年度预测隧道单洞年平均日交通量的乘积线性相关,故根据隧道单洞长度和设计年度预测隧道单洞年平均日交通量两个因素,将隧道交通工程与附属设施划分为A^+、A、B、C、D五级。

16.3.12 公路隧道交通安全设施设计应包括交通标志、标线、轮廓标,应简洁明晰、视认性好,应能规范、诱导、指示车辆在隧道区域内安全行驶。

条文说明

交通标志包括隧道信息、隧道开车灯、隧道限高和限宽、限速、紧急电话指示、消防设备指示、人行横通道指示、车行横通道指示、疏散指示、隧道出口距离预告、紧急停车带、紧急停车带位置提示、公告信息、指路、线形诱导、光电等标志。

16.3.13 通风控制系统应与照明系统、火灾报警与消防系统、交通监控系统、中央控制系统等实现联动控制。

16.3.14 长度大于500m的高速公路隧道和长度大于1000m的一级、二级公路隧道,应设置应急照明系统,照明中断时间不应超过0.3s。三级、四级公路隧道应根据实际情况确定。

16.3.15 交通监控设施应具备检测隧道内交通信息、车辆运行状况、监视隧道交通运营状态的功能。交通控制及诱导设施应具备收集和处理交通信息,并传送给中央控制室计算机,同时接收中央控制室计算机传来的有关信息或指令,进行控制与诱导的功能。

16.3.16 紧急呼叫设施应包括紧急电话设施和隧道广播设施,应为隧道管理提供快捷的紧急呼叫功能。

16.3.17 火灾探测报警设施设计包括报警区域和探测区域的划分、火灾探测器、手动报警按钮、火灾报警控制器、火灾声光报警器等,应注重火灾检测的灵敏性、准确性、实时性、可靠性。火灾探测报警设备的防护等级不应低于IP65。

16.3.18 消防灭火设施应包括灭火器、消火栓、固定式水成膜泡沫灭火装置、隧道消防给水设施及其他设施等。

条文说明

灭火器是对初起火灾进行灭火的重要器具,其特点为操作简单,价格低廉,对小规模火灾能起到一定的灭火作用。泡沫灭火装置能弥补灭火器喷射时间较短的缺点,增强行车人员对初期汽油类流淌火灾的自救扑灭能力。

16.3.19 中央控制管理系统设计应包括管理体制、系统功能与控制方式、中央控制室设施、中央控制管理软件等,应以保障公路隧道管理服务水平为原则。

条文说明

公路隧道的管理体制与所在路段的管理体制相适应。隧道管理机构的功能、设置位置、设施配置、人员配置,根据隧道规模、交通量、隧道集中程度、隧道所处位置、管理人员生活附属设施及运营管理成本等因素确定。

中央控制管理系统具有下列功能：①接收各类设施送来的各种信息，包括数据信息、视频信息及语音信息；②对各类设施送来的各种信息进行综合处理，并协调各类设施的控制；③以自动或手动方式执行预置在计算机内的控制方案；④以数据、图形、图像等方式显示隧道内外的交通情况及设备的运行情况；⑤自动地完成数据备份、文档存储；⑥方便地进行查询、统计和形成报表；⑦定时检测各设备的工作状态；⑧与所属公路其他管理系统进行信息交换。

系统控制方式一般分为多级控制方式或集中控制方式。

中央控制室设施主要包括用于交通监控、通风机照明控制、紧急呼叫、火灾报警及消防控制、电力监控、视频事件检测等功能的计算机、服务器、信息显示设备及网络设备。

17 环境保护

17.1 一般规定

17.1.1 隧道工程建设应严格执行国家环境保护、水土保持的法律、法规及政策,实现隧道工程建设及运营与环境和谐统一。

条文说明

环境保护和水土保持是我国的基本国策,也是交通隧道工程建设及运营过程中不可或缺的组成部分。环境保护和水土保持工作贯穿于交通隧道工程建设全过程,对全面贯彻、落实国家环境保护和水土保持的法律、法规及政策起到重要作用。环境保护和水土保持工作坚持保护优先、预防为主、全面规划、综合治理的原则。

17.1.2 隧道位置的选择应充分考虑区域社会人文、环境影响,尽量绕避自然资源保护区、水源保护区、文物保护区和风景名胜区等环境敏感点。

条文说明

隧道位置的选择需严格执行《环境保护法》《水污染防治法》《自然保护区条例》《风景名胜区条例》《国家级森林公园管理办法》《地质遗迹保护管理规定》《国家湿地公园管理办法》等环境、资源保护法律、法规。

《环境保护法》第二十九条规定,国家在重点生态功能区、生态环境敏感区和脆弱区等区域划定生态保护红线,实行严格保护。

17.1.3 隧道的环保工程应与隧道主体工程同时设计、同时实施、同时验收交付。

条文说明

《环境保护法》第四十一条规定,建设项目中防治污染的设施,应当与主体工程同时设计、同时施工、同时投产使用。因此,隧道洞口工程、弃渣工程及其他相关工程的环保措施,要求与隧道主体工程同步实施,以避免遗漏或后期返工。

17.1.4 隧道弃渣场选址应符合国家土地利用的相关政策。

条文说明

由于我国人口多、耕地少,隧道弃渣场要本着少占耕地的原则进行选址和设计。

17.2 水资源保护

17.2.1 当隧址附近有重要的水利设施和居民生产生活用水时,隧道设计应采取以下措施:
1 对地下水位、水量、地表居民等信息进行调查。
2 评估隧道修建可能对地表居民造成的影响并做好设计预案。
3 视水压及出水量采取注浆堵水等工程措施。
4 对于明挖隧道,应采取有效措施,减小对周边环境影响。

17.2.2 地下水流失可能引发地表环境破坏或居民生产生活受到影响时,隧道防排水设计应遵循以堵为主、限量排放的设计原则,岩溶、暗河地段尽量维持既有排水通道。

条文说明

隧道工程所处地区由于地下水的赋存条件和水力特征不同,对预测涌水量较大的隧道,在施工掘进过程中可能由于堵水不及时导致地下水流失,从而影响地表生态用水和居民生产生活用水,严重时会导致地表植被枯萎、农作物减产、绝收,生活饮用水断流。因此,隧道工程设计与施工需要评估隧道修建导致地下水流失对居民生产和生活可能造成的影响,并根据评估结果采取相应的措施,确保对地表居民的影响降低至可接受的范围。

17.2.3 隧道及辅助坑道洞口应设置施工期污水处理设施。

17.2.4 隧道内排出的侵蚀性地下水在洞外引排时,应分析评价侵蚀性地下水对洞外环境可能造成的影响,并满足下列要求:

1 引排的地下水与洞外自然环境水具有相同性质时,可设置相应的洞口排水系统直接引排,排水沟等应具有一定抗蚀能力。

2 引排的地下水与洞口自然环境水具有差异,且不利于环境条件时,洞口排水系统宜加强防渗漏措施,且宜远离饮用水源、农田灌溉系统等。

条文说明

当地下水与洞外自然环境属同一水文单元,地下水与洞外自然环境水具有相容性时,认为不会对环境造成侵蚀危害。当地下水有严重侵蚀性,且与洞外自然环境水有差异时,若在洞外随意引排,可能对洞外的农作物、饮用水源等造成影响,这种情况下,引排洞内水的洞外排水系统需采取防渗漏措施,并尽量远离饮用水源、农田灌溉系统等。

17.3 自然环境保护

17.3.1 隧道及辅助坑道洞口应尽量采用不刷仰坡进洞方案,尽量减小开挖面,减少植被破坏,必要时采取绿色防护措施。

17.3.2 隧道洞口边仰坡防护宜采用工程防护与植物防护相结合的防护措施。隧道洞口边仰坡绿化应以植草为主,明洞顶部宜采用栽植灌木或灌草结合的方式。

17.3.3 隧道施工现场生产、生活设施场地、施工便道应尽量少占或绕避林地、耕地,保护原有植被,工程完工后及时进行现场清理,复垦或绿化。

17.3.4 浅埋隧道地表建(构)筑物密集时,隧道设计应采取相应的保护措施,防止地表塌陷,降低噪声、振动,减少对居民正常生产生活造成的影响。

17.3.5 隧道洞口或通风井口有环境保护要求时,有害气体排放应符合环境保护的有关规定。

条文说明

如果隧道穿越环境敏感区,隧道内有害气体排放可能影响附近的空气质量,其有害气体浓度和扩散范围需符合当地的环境保护规定,必要时采取如下处治措施:①洞内污染空气集中高空排放;②通过加大洞内通风量来降低洞口排出有害气体浓度;③有害气体的净化处理,如采用静电吸尘装置、土壤净化装置等。

17.4 弃 渣

17.4.1 隧道弃渣应充分利用,弃渣场应综合地质条件、水文条件、自然环境、人文景观、运输条件、弃渣利用等因素进行规划,避开地质灾害高发区域。

条文说明

隧道弃渣尽量用作路基或站场填料或建筑材料(碎石、机制砂等),不仅可以节约成本,减少固体废弃物,同时也减少渣场占地,保护环境。废弃的弃渣必须运至弃渣场集中堆放。弃渣场应全封闭,防止弃渣成为新的水土流失源。

17.4.2 隧道弃渣场选址应结合当地国土、环保、水保、河道管理等部门意见,根据场地地形、地质、水文条件及周边环境等因素综合确定。

条文说明

隧道弃渣场选址是隧道设计的一个重要环节,渣场选址除考虑场地地形、地质、水文条件及周边环境等因素外,同时也需符合国家和地方政策及相关规定,与地方建设规划、填方造地规划、弃渣规划相结合。

17.4.3 弃渣场不应设在膨胀土和黄土等路堑上方、不良地质体、不稳定斜坡、软弱地基上,严禁设在村庄等人员居住区及铁路上游沟槽内。

条文说明

设在膨胀土和黄土等路堑上方、不良地质体、不稳定斜坡、软弱地基上,或设在村庄等人员居住区及铁路上游沟槽内的弃渣场,具有较大的风险隐患,可能诱发地质灾害,危及铁路运营安全、人民生命财产安全。弃渣场不能成为地质灾害发生的诱因和源头。

17.4.4 弃渣挡护工程应按永久性结构设计,设计使用年限为60年。挡渣墙基底应高出1/50洪水位不小于0.5m。

条文说明

实践经验表明沿河弃渣存在极大安全隐患,故隧道一般不选用沿河弃渣,以减少河道行洪隐患。沿河弃渣确有必要时需取得相关部门的批复意见,挡渣墙基底高出1/50洪水位不小于0.5m,并采取措施确保挡墙基底防冲刷。挡渣墙基础置于稳定地层上,确保弃渣场的稳定性。

17.4.5 隧道弃渣场的设计应结合所在地区的降水、地面径流及地形地质情况,开展弃渣场的稳定性评价。

17.4.6 隧道弃渣场的设计应做好防护、排水、绿化等配套工程。

条文说明

《水土保持法》第三十八条规定:对废弃的砂、石、土、矸石、尾矿、废渣等存放地,应当采取拦挡、坡面防护、防洪排导等措施。因此,弃渣场需做到先挡后弃,隧道弃渣前先将渣场地表熟土或耕植土挖出集中堆放,在弃渣完毕、渣场顶面平整后,再将存放熟土回填渣场顶部,便于植草绿化或复垦。

17.4.7 弃渣场周边应设置完善的截、排水系统。当弃渣场规模较大时,应在顶面设置排水沟,坡面采取植被防护等措施,防止水土流失,避免影响生态环境。

附录 A 铁路隧道建筑限界及内轮廓图

A.0.1 客货共线铁路隧道建筑限界轮廓及基本尺寸应符合图 A.0.1-1~图 A.0.1-4 的规定,曲线地段的建筑限界应考虑曲线内、外侧的限界加宽。

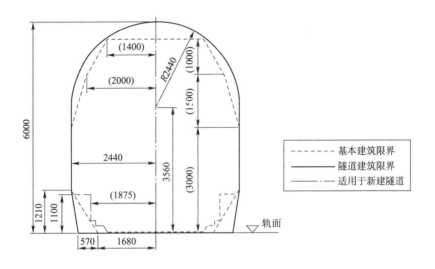

图 A.0.1-1 内燃牵引区段隧道建筑限界轮廓及基本尺寸(列车速度 $v \leqslant 160 \text{km/h}$,尺寸单位:mm)

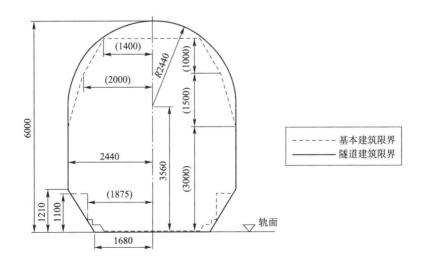

图 A.0.1-2 内燃牵引区段隧道建筑限界轮廓及基本尺寸($160 \text{km/h} < v \leqslant 200 \text{km/h}$,尺寸单位:mm)

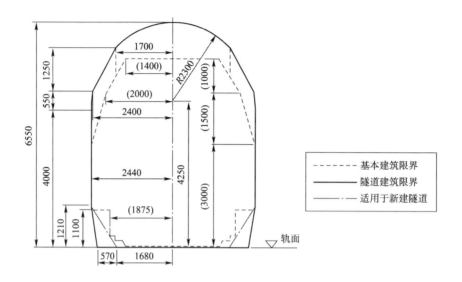

图 A.0.1-3 电力牵引区段隧道建筑限界轮廓及基本尺寸($v \leqslant 160$km/h,尺寸单位:mm)

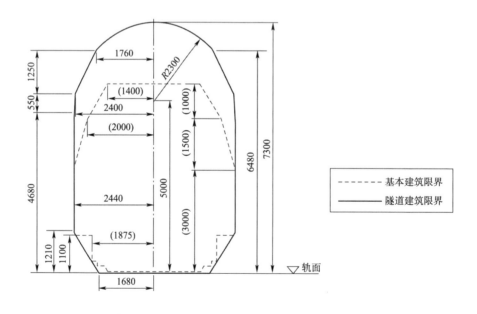

图 A.0.1-4 电力牵引区段隧道建筑限界轮廓及基本尺寸(160km/h$< v \leqslant$200km/h,尺寸单位:mm)

附录 A 铁路隧道建筑限界及内轮廓图

A.0.2 双层集装箱运输隧道建筑限界轮廓及基本尺寸应符合图 A.0.2-1 和图 A.0.2-2 的规定。

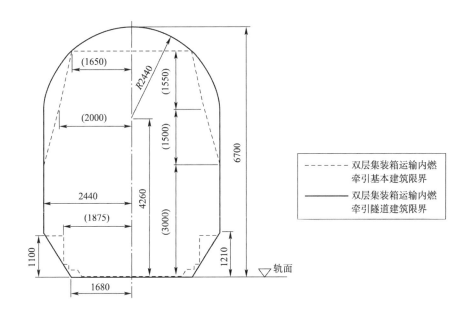

图 A.0.2-1 内燃牵引区段隧道建筑限界轮廓及基本尺寸(尺寸单位:mm)

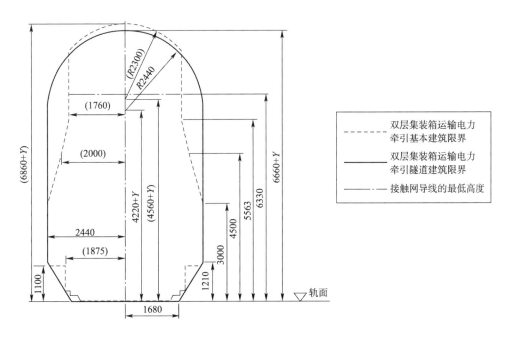

图 A.0.2-2 电力牵引区段隧道建筑限界轮廓及基本尺寸(尺寸单位:mm)
Y-接触网结构高度

265

A.0.3 城际铁路隧道建筑限界轮廓及基本尺寸应符合图 A.0.3 的规定。

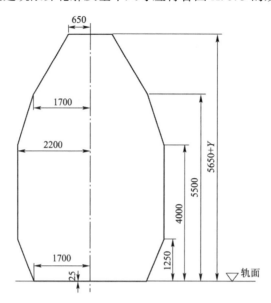

图 A.0.3 城际铁路隧道建筑限界轮廓及基本尺寸(尺寸单位:mm)
Y-接触网结构高度

A.0.4 高速铁路隧道建筑限界轮廓及基本尺寸应符合图 A.0.4 的规定。

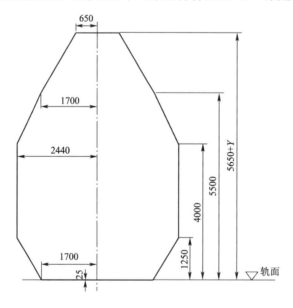

图 A.0.4 高速铁路隧道建筑限界轮廓及基本尺寸(尺寸单位:mm)
Y-接触网结构高度

A.0.5 设计速度 160km/h 的客货共线铁路(普通货物运输)隧道衬砌内轮廓见图 A.0.5。

附录 A 铁路隧道建筑限界及内轮廓图

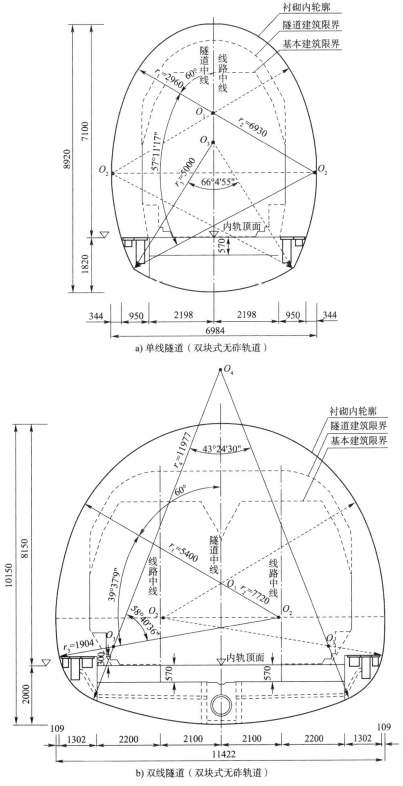

图 A.0.5 设计时速 160km 客货共线铁路隧道衬砌内轮廓(尺寸单位:mm)

267

A.0.6 设计速度200km/h的客货共线铁路(普通货物运输)隧道衬砌内轮廓见图A.0.6。

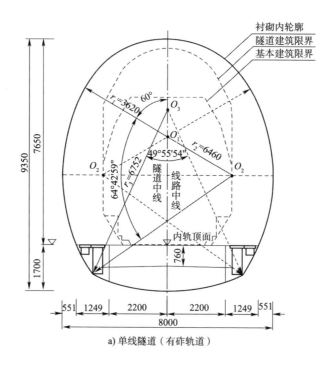

a) 单线隧道（有砟轨道）

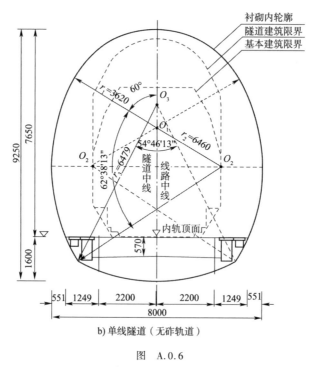

b) 单线隧道（无砟轨道）

图 A.0.6

附录 A 铁路隧道建筑限界及内轮廓图

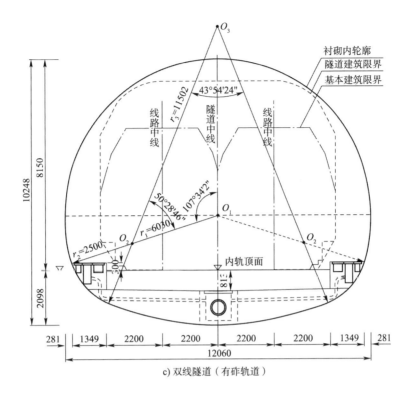

c) 双线隧道（有砟轨道）

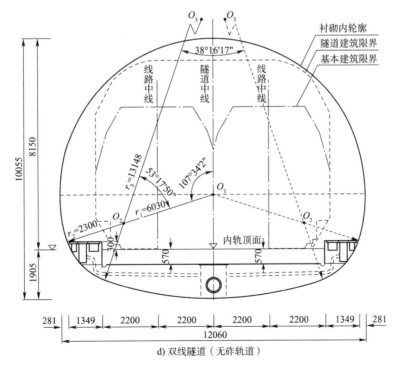

d) 双线隧道（无砟轨道）

图 A.0.6 设计时速 200km 客货共线铁路隧道衬砌内轮廓（尺寸单位：mm）

269

A.0.7 设计速度 250km/h 的客运专线铁路隧道衬砌内轮廓见图 A.0.7。

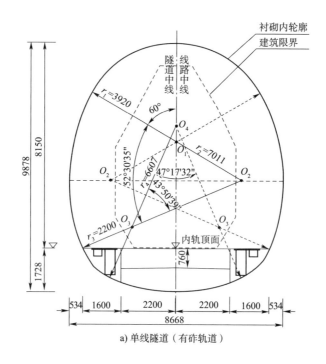

a) 单线隧道（有砟轨道）

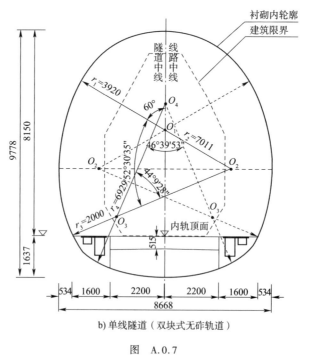

b) 单线隧道（双块式无砟轨道）

图 A.0.7

附录 A 铁路隧道建筑限界及内轮廓图

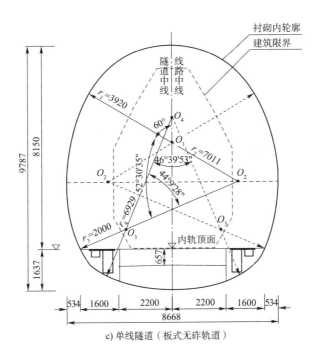

c) 单线隧道（板式无砟轨道）

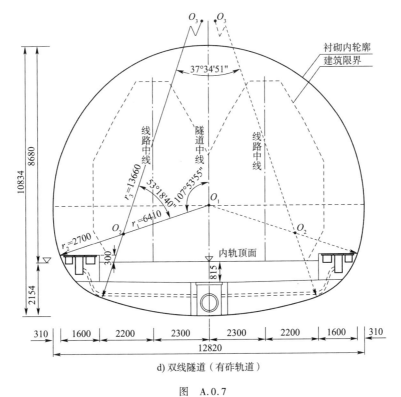

d) 双线隧道（有砟轨道）

图 A.0.7

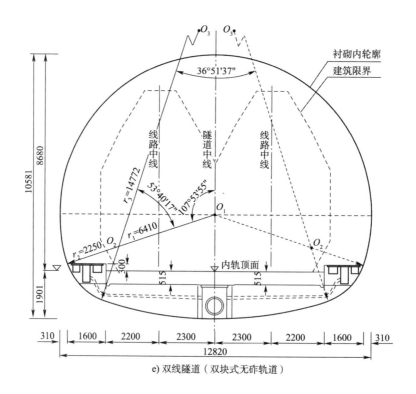

e) 双线隧道（双块式无砟轨道）

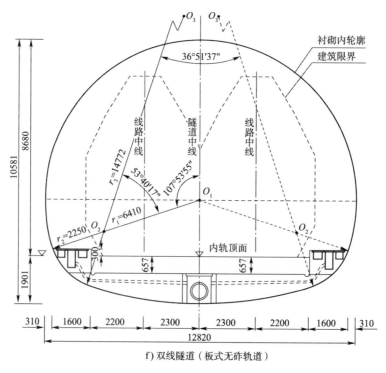

f) 双线隧道（板式无砟轨道）

图 A.0.7　设计时速 250km 客运专线铁路隧道衬砌内轮廓(尺寸单位：mm)

A.0.8 设计速度350km/h的客运专线铁路隧道衬砌内轮廓见图A.0.8。

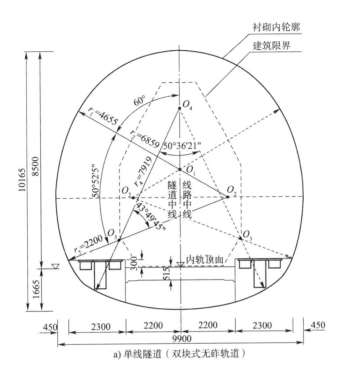

a) 单线隧道（双块式无砟轨道）

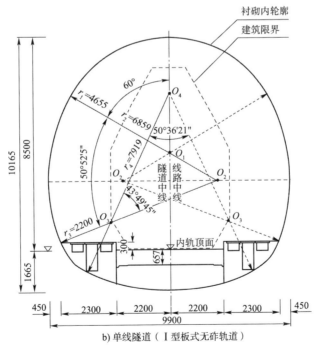

b) 单线隧道（Ⅰ型板式无砟轨道）

图 A.0.8

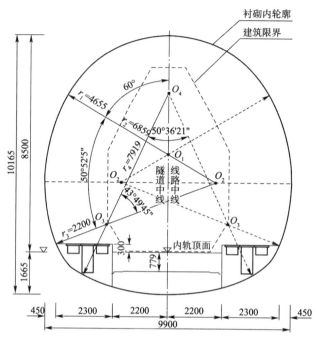

c) 单线隧道（Ⅱ型板式无砟轨道）

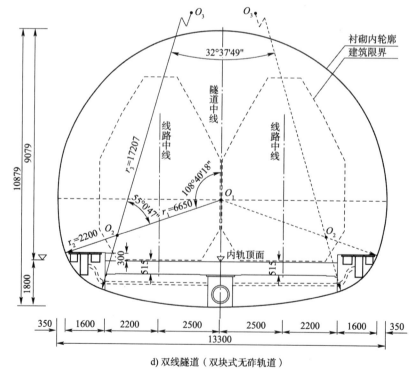

d) 双线隧道（双块式无砟轨道）

图 A.0.8

附录 A 铁路隧道建筑限界及内轮廓图

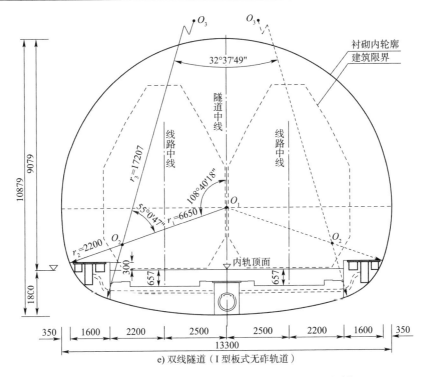

e) 双线隧道（I型板式无砟轨道）

图 A.0.8 设计时速 350km 客运专线铁路隧道衬砌内轮廓（尺寸单位：mm）

附录 B 公路隧道建筑限界及内轮廓图

B.0.1 设计速度 20km/h 的四级公路两车道隧道建筑限界与内轮廓见图 B.0.1-1 和图 B.0.1-2。

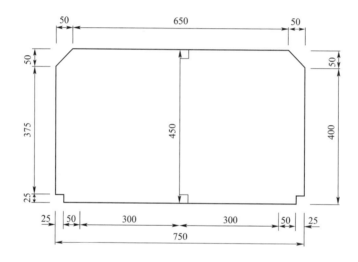

图 B.0.1-1 四级公路两车道隧道建筑限界(设计速度 20km/h,尺寸单位:cm)

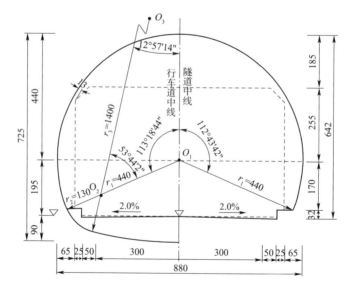

图 B.0.1-2 四级公路两车道隧道内轮廓(设计速度 20km/h,尺寸单位:cm)

B.0.2 设计速度 30km/h 的三级公路两车道隧道建筑限界与内轮廓见图 B.0.2-1 和图 B.0.2-2。

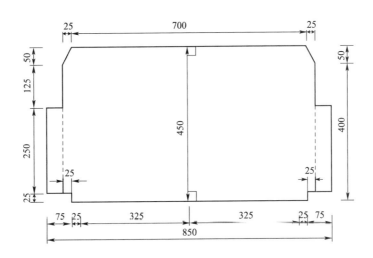

图 B.0.2-1 三级公路两车道隧道建筑限界(设计速度 30km/h,尺寸单位:cm)

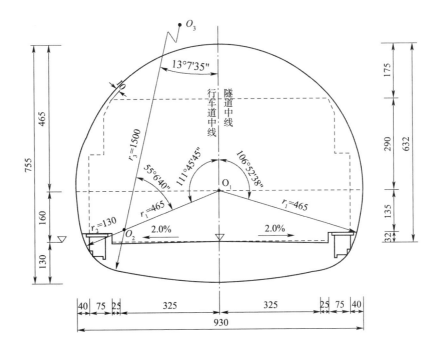

图 B.0.2-2 三级公路两车道隧道内轮廓(设计速度 30km/h,尺寸单位:cm)

B.0.3 设计速度40km/h的三级公路两车道隧道建筑限界与内轮廓见图B.0.3-1和图B.0.3-2。

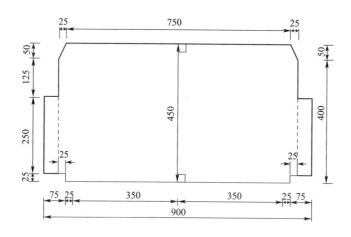

图B.0.3-1 三级公路两车道隧道建筑限界(设计速度40km/h,尺寸单位:cm)

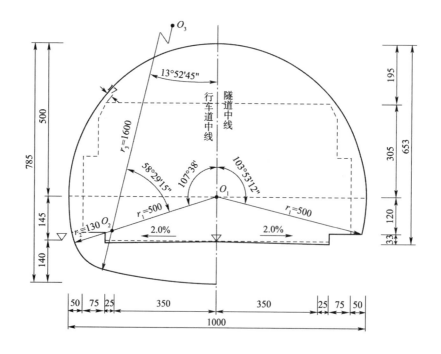

图B.0.3-2 三级公路两车道隧道内轮廓(设计速度40km/h,尺寸单位:cm)

B.0.4 设计速度 60km/h 的二级公路两车道隧道建筑限界与内轮廓见图 B.0.4-1 和图 B.0.4-2。

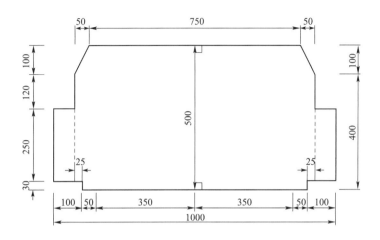

图 B.0.4-1 二级公路两车道隧道建筑限界(设计速度 60km/h,尺寸单位:cm)

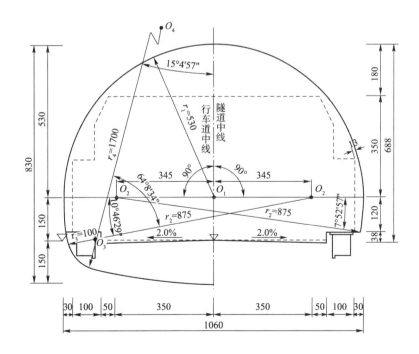

图 B.0.4-2 二级公路两车道隧道内轮廓(设计速度 60km/h,尺寸单位:cm)

B.0.5 设计速度 80km/h 的二级公路两车道隧道建筑限界与内轮廓见图 B.0.5-1 和图 B.0.5-2。

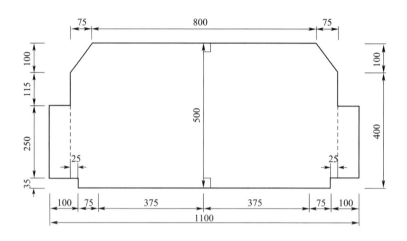

图 B.0.5-1 二级公路两车道隧道建筑限界(设计速度 80km/h,尺寸单位:cm)

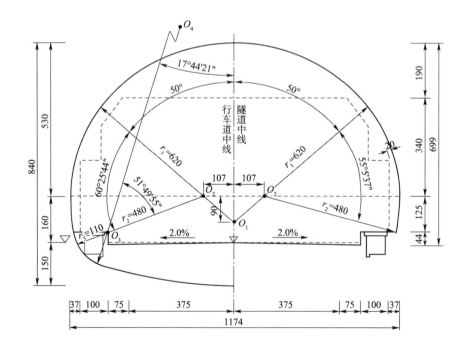

图 B.0.5-2 二级公路两车道隧道内轮廓(设计速度 80km/h,尺寸单位:cm)

B.0.6 设计速度 60km/h 的一级公路两车道隧道建筑限界与内轮廓见图 B.0.6-1 和图 B.0.6-2。

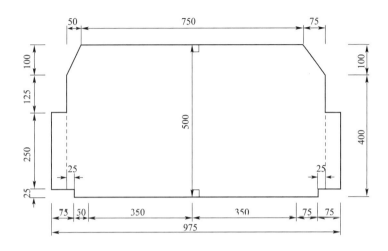

图 B.0.6-1　一级公路两车道隧道建筑限界(设计速度 60km/h,尺寸单位:cm)

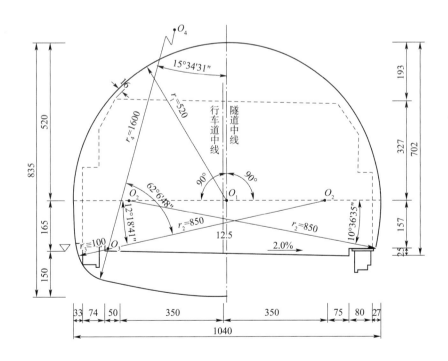

图 B.0.6-2　一级公路两车道隧道内轮廓(设计速度 60km/h,尺寸单位:cm)

B.0.7 设计速度80km/h的高速公路、一级公路两车道隧道建筑限界与内轮廓见图 B.0.7-1 和图 B.0.7-2。

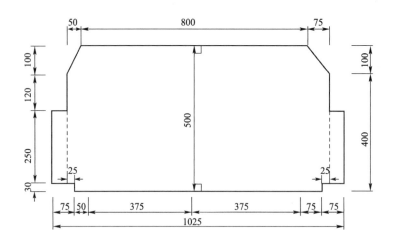

图 B.0.7-1 高速公路、一级公路两车道隧道建筑限界(设计速度80km/h,尺寸单位:cm)

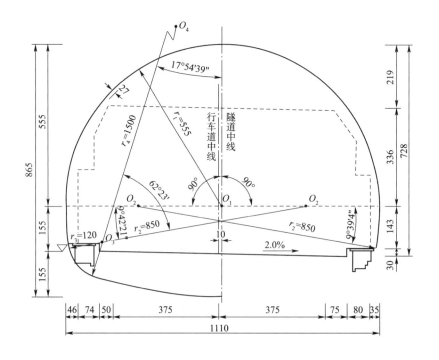

图 B.0.7-2 高速公路、一级公路两车道隧道内轮廓(设计速度80km/h,尺寸单位:cm)

B.0.8 设计速度100km/h的高速公路、一级公路两车道隧道建筑限界与内轮廓见图B.0.8-1和图B.0.8-2。

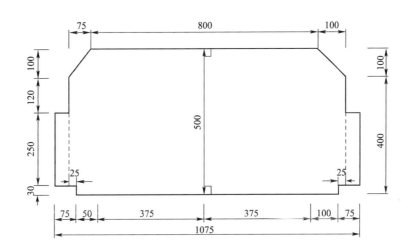

图 B.0.8-1　高速公路、一级公路两车道隧道建筑限界(设计速度100km/h,尺寸单位:cm)

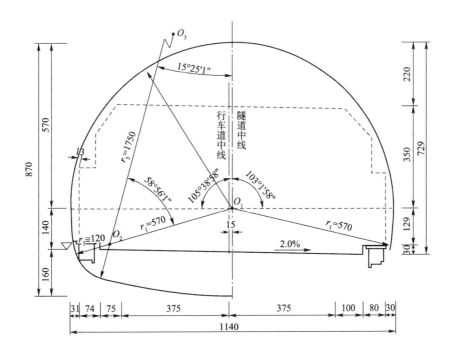

图 B.0.8-2　高速公路、一级公路两车道隧道内轮廓(设计速度100km/h,尺寸单位:cm)

B.0.9 设计速度 120km/h 的高速公路、一级公路两车道隧道建筑限界与内轮廓见图 B.0.9-1 和图 B.0.9-2。

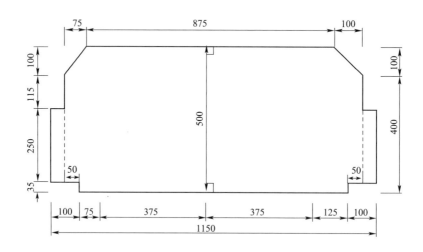

图 B.0.9-1　高速公路、一级公路两车道隧道建筑限界(设计速度 120km/h,尺寸单位:cm)

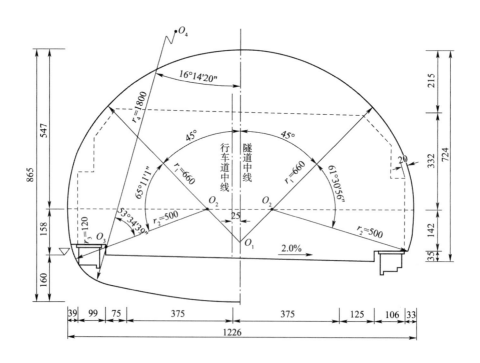

图 B.0.9-2　高速公路、一级公路两车道隧道内轮廓(设计速度 120km/h,尺寸单位:cm)

B.0.10 设计速度 60km/h 的一级公路三车道隧道建筑限界与内轮廓见图 B.0.10-1 和图 B.0.10-2。

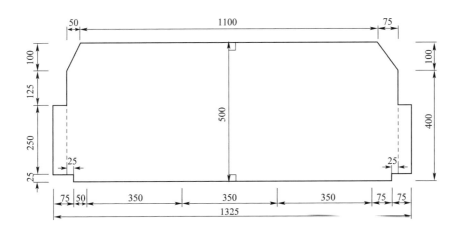

图 B.0.10-1 一级公路三车道隧道建筑限界(设计速度 60km/h,尺寸单位:cm)

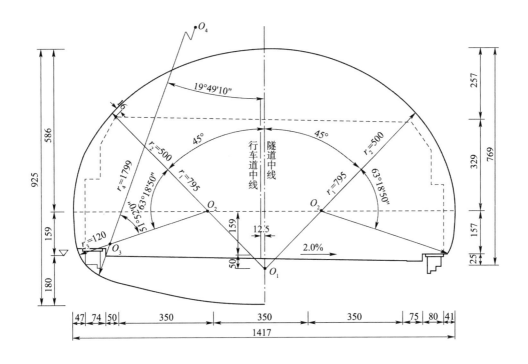

图 B.0.10-2 一级公路三车道隧道内轮廓(设计速度 60km/h,尺寸单位:cm)

B.0.11 设计速度 80km/h 的高速公路、一级公路三车道隧道建筑限界与内轮廓见图 B.0.11-1 和图 B.0.11-2。

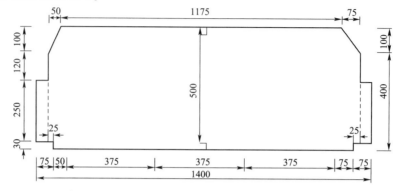

图 B.0.11-1 高速公路、一级公路三车道隧道建筑限界(设计速度 80km/h,尺寸单位:cm)

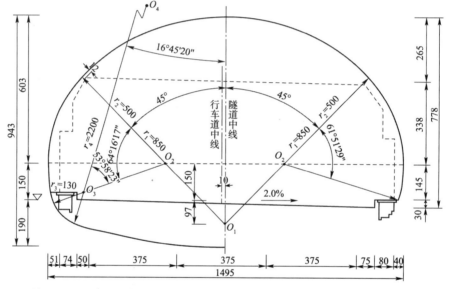

图 B.0.11-2 高速公路、一级公路三车道隧道内轮廓(设计速度 80km/h,尺寸单位:cm)

B.0.12 设计速度 100km/h 的高速公路、一级公路三车道隧道建筑限界与内轮廓见图 B.0.12-1 和图 B.0.12-2。

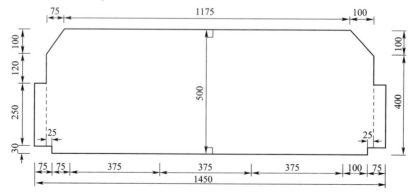

图 B.0.12-1 高速公路、一级公路三车道隧道建筑限界(设计速度 100km/h,尺寸单位:cm)

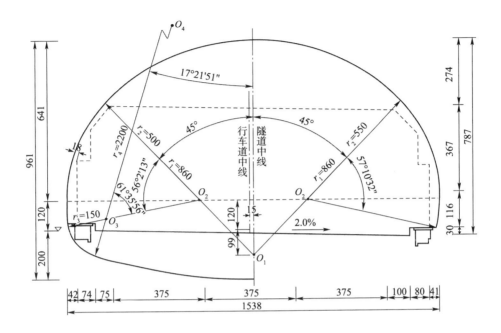

图 B.0.12-2　高速公路、一级公路三车道隧道内轮廓(设计速度 100km/h,尺寸单位:cm)

B.0.13　设计速度 120km/h 的高速公路、一级公路三车道隧道建筑限界与内轮廓见图 B.0.13-1 和图 B.0.13-2。

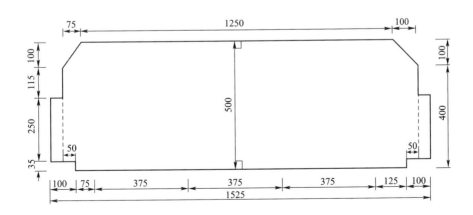

图 B.0.13-1　高速公路、一级公路三车道隧道建筑限界(设计速度 120km/h,尺寸单位:cm)

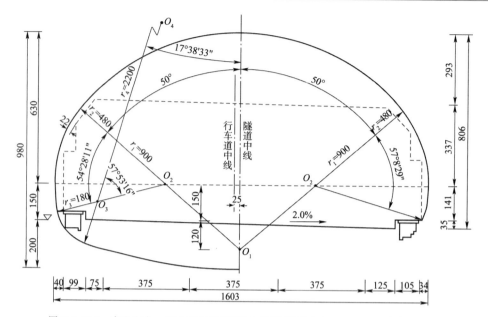

图 B.0.13-2　高速公路、一级公路三车道隧道内轮廓(设计速度 120km/h,尺寸单位:cm)

附录 C 深埋隧道荷载计算方法

C.0.1 计算深埋隧道衬砌时,围岩压力按松散压力考虑,如图 C.0.1 所示,其垂直及水平均布压力可按下列规定确定。

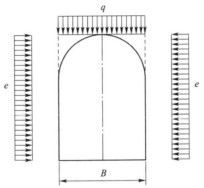

图 C.0.1 深埋隧道围岩压力计算图示

1 围岩垂直均布压力可按式(C.0.1-1)和式(C.0.1-2)计算确定:

$$q = \gamma h_a \qquad (C.0.1\text{-}1)$$
$$h_a = 0.45 \cdot 2^{S-1} \omega \qquad (C.0.1\text{-}2)$$

式中:q ——垂直均布压力(kN/m^2);
γ ——围岩重度(kN/m^3);
h_a ——深埋隧道垂直荷载计算高度(m);
S ——围岩级别,按 1、2、3、4、5、6 整数取值;
ω ——宽度影响系数,$\omega = 1 + i(B-5)$;
B ——隧道宽度(m);
i ——隧道宽度每增减 1m 时的围岩压力增减率;当 $B<5m$ 时,取 $i=0.2$;当 $B>5m$ 时,可取 $i=0.1$。

2 围岩水平均布压力可按表 C.0.1 的规定确定。

表 C.0.1 围岩水平均布压力

围岩级别	Ⅰ、Ⅱ	Ⅲ	Ⅳ	Ⅴ	Ⅵ
围岩水平均布压力 e	0	$<0.15q$	$(0.15 \sim 0.30)q$	$(0.30 \sim 0.50)q$	$(0.50 \sim 1.00)q$

C.0.2 式(C.0.1-1)、式(C.0.1-2)及表 C.0.1 的适用条件是不产生显著偏压力及膨胀力的一般围岩,及采用钻爆法或敞开式 TBM 法施工的隧道。

附录 D 浅埋隧道荷载计算方法

D.0.1 当地表水平或接近水平,且隧道覆盖厚度满足式(D.0.1)要求时,应按浅埋隧道设计。当有不利于山体稳定的地质条件时,浅埋隧道覆盖厚度值应适当加大。

$$h < 2.5h_a \tag{D.0.1}$$

式中:h——隧道埋深,指隧道顶至地面的距离(m);

h_a——深埋隧道垂直荷载计算高度(m),按附录 C 的规定确定。

D.0.2 地面基本水平的浅埋隧道,所受的荷载具有对称性,如图 D.0.2 所示,围岩垂直压力和水平压力可按下式计算确定:

$$q = \gamma h \left(1 - \frac{\lambda h \tan\theta}{B}\right) \tag{D.0.2-1}$$

$$\lambda = \frac{\tan\beta - \tan\varphi_c}{\tan\beta[1 + \tan\beta(\tan\varphi_c - \tan\theta) + \tan\varphi_c \tan\theta]} \tag{D.0.2-2}$$

$$\tan\beta = \tan\varphi_c + \sqrt{\frac{(\tan^2\varphi_c + 1)\tan\varphi_c}{\tan\varphi_c - \tan\theta}} \tag{D.0.2-3}$$

$$e_i = \gamma h_i \lambda \tag{D.0.2-4}$$

式中:q——围岩垂直均布压力(kN/m^2);

γ——隧道上覆围岩重度(kN/m^3);

h——隧道埋深,指隧道顶至地面的距离(m);

B——隧道宽度(m);

θ——顶板土柱两侧摩擦角(°),当无实测资料时,可参考表 D.0.2 选取;

λ——侧压力系数;

φ_c——围岩计算摩擦角(°);

β——产生最大推力时的破裂角(°);

h_i——内外侧任意点至地面的距离(m)。

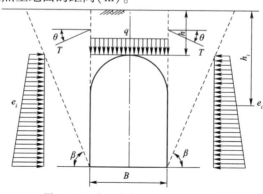

图 D.0.2 浅埋隧道围岩压力计算图示

表 D.0.2 各级围岩的 θ 值

围岩级别	Ⅰ～Ⅲ	Ⅳ	Ⅴ	Ⅵ
θ 值	$0.9\varphi_c$	$(0.7\sim0.9)\varphi_c$	$(0.5\sim0.7)\varphi_c$	$(0.3\sim0.5)\varphi_c$

D.0.3 当 $h<h_a$ 时,取 $\theta=0°$,属超浅埋隧道;当 $h\geqslant 2.5h_a$ 时,式(D.0.2-1)不再适用。

附录 E 偏压隧道荷载计算方法

E.0.1 作用于隧道衬砌上的偏压力,除应考虑地形偏压外,尚应考虑由于地质构造引起的偏压。

E.0.2 偏压隧道围岩压力计算应符合下列规定:

1 假定偏压分布图形与地面坡一致,如图 E.0.2 所示,偏压隧道垂直压力可按下式计算:

$$Q = \frac{\gamma}{2}[(h+h')B - (\lambda h^2 + \lambda' h'^2)\tan\theta] \quad (\text{E.0.2-1})$$

$$\lambda = \frac{1}{\tan\beta - \tan\alpha} \times \frac{\tan\beta - \tan\varphi_c}{1 + \tan\beta(\tan\varphi_c - \tan\theta) + \tan\varphi_c\tan\theta} \quad (\text{E.0.2-2})$$

$$\lambda' = \frac{1}{\tan\beta' + \tan\alpha} \times \frac{\tan\beta' - \tan\varphi_c}{1 + \tan\beta'(\tan\varphi_c - \tan\theta) + \tan\varphi_c\tan\theta} \quad (\text{E.0.2-3})$$

$$\tan\beta = \tan\varphi_c + \sqrt{\frac{(\tan^2\varphi_c + 1)(\tan\varphi_c - \tan\alpha)}{\tan\varphi_c - \tan\theta}} \quad (\text{E.0.2-4})$$

$$\tan\beta' = \tan\varphi_c + \sqrt{\frac{(\tan^2\varphi_c + 1)(\tan\varphi_c + \tan\alpha)}{\tan\varphi_c - \tan\theta}} \quad (\text{E.0.2-5})$$

式中:h——隧道内侧由拱顶水平至地面的高度(m);

h'——隧道外侧由拱顶水平至地面的高度(m);

B——隧道宽度(m);

γ——围岩重度(kN/m³);

θ——顶板土柱两侧摩擦角(°),当无实测资料时,可参考表 D.0.2 选取;

λ——内侧的侧压力系数;

λ'——外侧的侧压力系数;

α——地面坡度角(°);

φ_c——围岩计算摩擦角(°);

β——内侧产生最大推力时的破裂角(°);

β'——外侧产生最大推力时的破裂角(°)。

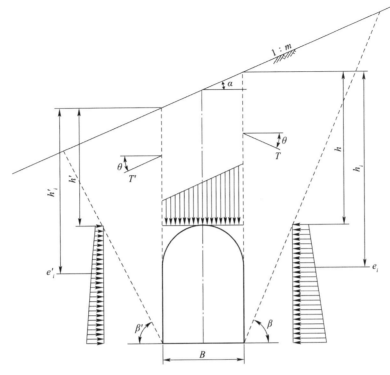

图 E.0.2 偏压隧道围岩压力计算图示

2 偏压隧道水平侧压力可按下式计算：

内侧：
$$e_i = \gamma h_i \lambda \tag{E.0.2-6}$$

外侧：
$$e_i' = \gamma h_i' \lambda' \tag{E.0.2-7}$$

式中：h_i——内侧任一点 i 至地面的距离(m)；
　　　h_i'——外侧任一点 i 至地面的距离(m)。

附录 F 明洞荷载计算方法

F.0.1 明洞回填土压力应按洞顶设计填土和一定数量坍方堆积土石的全部重力计算,可按下列公式计算确定。

1 明洞拱圈回填土石垂直压力可按式(F.0.1-1)计算:

$$q_i = \gamma_1 h_i \quad (F.0.1\text{-}1)$$

式中:q_i——明洞结构上任意点 i 的回填土石垂直压力值(kN/m^2);

γ_1——拱背回填土石重度(kN/m^3);

h_i——明洞结构上任意点 i 的土柱高度(m)。

2 明洞拱圈回填土石侧压力,可采用有限土体法或无限土体法按式(F.0.1-2)计算:

$$e_i = \gamma_1 h_i \lambda \quad (F.0.1\text{-}2)$$

式中:e_i——任意点 i 的侧压力值(kN/m^2);

γ_1——拱背回填土石重度(kN/m^3);

h_i——任意点 i 的土柱高度(m);

λ——侧压力系数。

1)按无限土体法计算

按无限土体法计算拱脚外侧垂直假想面与回填土体中破裂面间,回填土体对拱圈的侧压力。

当填土坡面向上倾斜时,如图 F.0.1-1 所示,侧压力系数可按式(F.0.1-3)计算:

$$\lambda = \cos\alpha \frac{\cos\alpha - \sqrt{\cos^2\alpha - \cos^2\varphi_{c1}}}{\cos\alpha + \sqrt{\cos^2\alpha - \cos^2\varphi_{c1}}} \quad (F.0.1\text{-}3)$$

式中:α——设计填土坡面与水平方向的夹角(°);

φ_{c1}——拱背回填土石计算摩擦角(°)。

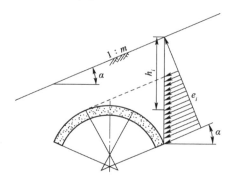

图 F.0.1-1 拱圈回填土石侧压力计算图示(填土坡面向上倾斜)

当填土坡面向下倾斜时,如图 F.0.1-2 所示,侧压力系数按式(F.0.1-4)、式(F.0.1-5)计算:

$$\lambda = \frac{\tan\theta}{\tan(\theta + \varphi_{c1})(1 + \tan\alpha\tan\theta)} \quad (\text{F.0.1-4})$$

$$\tan\theta = \frac{-\tan\varphi_{c1} + \sqrt{(1+\tan^2\varphi_{c1})(1+\tan\alpha/\tan\varphi_{c1})}}{1 + (1+\tan^2\varphi_{c1})\tan\alpha/\tan\varphi_{c1}} \quad (\text{F.0.1-5})$$

当填土坡面水平时,如图 F.0.1-3 所示,侧压力系数可按式(F.0.1-6)计算:

$$\lambda = \tan^2\left(\frac{\pi}{4} - \frac{\varphi_{c1}}{2}\right) \quad (\text{F.0.1-6})$$

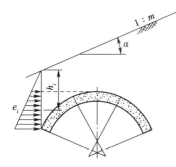
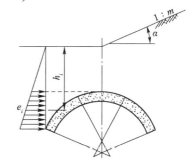

图 F.0.1-2　拱圈回填土石侧压力计算图示
（填土坡面向下倾斜）

图 F.0.1-3　拱圈回填土石侧压力计算图示
（填土坡面水平）

2) 按有限土体法计算

按有限土体法计算拱脚外侧垂直假想面与边坡开挖面间,回填土体对拱圈的侧压力。

当填土坡面向上倾斜时,如图 F.0.1-4 所示,侧压力系数可按式(F.0.1-7)计算:

$$\lambda = \frac{1 - \mu n}{(\mu + n)\cos\rho + (1 - \mu n)\sin\rho} \cdot \frac{mn}{m - n} \quad (\text{F.0.1-7})$$

式中:ρ——侧压力作用方向与水平线的夹角(°);

m——回填土石面坡度;

n——开挖边坡坡度;

μ——回填土石与开挖边坡面间的摩擦系数。

在此情形下,土体产生最大侧压力时的边坡坡度可按式(F.0.1-8)计算:

$$n' = \frac{\mu m(\mu + \tan\rho) - \sqrt{m(\mu + \tan\rho)(\mu^2 + 1)(\mu m - 1)}}{1 + \mu^2 - \mu m + m\mu^2\tan\rho} \quad (\text{F.0.1-8})$$

式中:n'——产生最大侧压力时开挖边坡坡度。

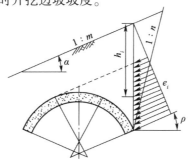

图 F.0.1-4　拱圈回填土石侧压力计算图示(填土坡面向上倾斜)

当填土坡面向下倾斜时,如图 F.0.1-5 所示,侧压力系数可按式(F.0.1-9)计算:

$$\lambda = \frac{1-\mu n}{(\mu+n)\cos\rho + (1-\mu n)\sin\rho} \cdot \frac{mn}{m+n} \quad (F.0.1-9)$$

在此情形下,土体产生最大侧压力时的边坡坡度可按式(F.0.1-10)计算:

$$n' = \frac{\mu m(\mu+\tan\rho) - \sqrt{m(\mu+\tan\rho)(\mu^2+1)(\mu m+1)}}{m\mu^2\tan\rho - \mu m - \mu^2 - 1} \quad (F.0.1-10)$$

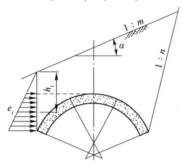

图 F.0.1-5 拱圈回填土石侧压力计算图示(填土坡面向下倾斜)

当填土坡面水平时,侧压力系数可按式(F.0.1-11)计算:

$$\lambda = n \cdot \frac{1-\mu n}{\mu+n} \quad (F.0.1-11)$$

在此情形下,土体产生最大侧压力时的边坡坡度可按式(F.0.1-12)计算:

$$n' = -\mu + \sqrt{\mu^2+1} \quad (F.0.1-12)$$

3 明洞边墙回填土石侧压力可按式(F.0.1-13)、式(F.0.1-14)计算:

$$e_i = \gamma_2 h'_i \lambda \quad (F.0.1-13)$$

$$h'_i = h''_i + \frac{\gamma_1}{\gamma_2} h_1 \quad (F.0.1-14)$$

式中:γ_1——拱背回填土石重度(kN/m^3);

γ_2——墙背回填土石重度(kN/m^3);

h'_i——边墙计算点换算高度(m);

h''_i——墙顶至计算位置的高度(m);

h_1——填土坡面至墙顶的垂直高度(m);

λ——侧压力系数。

当填土坡面向上倾斜时,如图 F.0.1-6 所示,侧压力系数可按式(F.0.1-15)、式(F.0.1-16)计算:

$$\lambda = \frac{\cos^2\varphi_{c2}}{\left[1+\sqrt{\dfrac{\sin\varphi_{c2} \cdot \sin(\varphi_{c2}-\alpha')}{\cos\alpha'}}\right]^2} \quad (F.0.1-15)$$

$$\alpha' = \arctan\left(\frac{\gamma_1}{\gamma_2}\tan\alpha\right) \quad (F.0.1-16)$$

式中:φ_{c2}——墙背回填土石计算摩擦角(°);

α'——换算回填坡度角(°)。

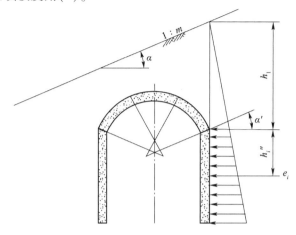

图 F.0.1-6　墙背回填土石侧压力计算图示(填土坡面向上倾斜)

当填土坡面向下倾斜时,如图 F.0.1-7 所示,侧压力系数可按式(F.0.1-17)、式(F.0.1-18)计算:

$$\lambda = \frac{\tan\theta_0}{\tan(\theta_0 + \varphi_{c2})(1 + \tan\alpha'\tan\theta_0)} \quad (F.0.1\text{-}17)$$

$$\tan\theta_0 = \frac{-\tan\varphi_{c2} + \sqrt{(1 + \tan^2\varphi_{c2})(1 + \tan\alpha'/\tan\varphi_{c2})}}{1 + (1 + \tan^2\varphi_{c2})\tan\alpha'/\tan\varphi_{c2}} \quad (F.0.1\text{-}18)$$

当填土坡面水平时,如图 F.0.1-8 所示,侧压力系数可按式(F.0.1-19)计算:

$$\lambda = \tan^2\left(\frac{\pi}{4} - \frac{\varphi_{c2}}{2}\right) \quad (F.0.1\text{-}19)$$

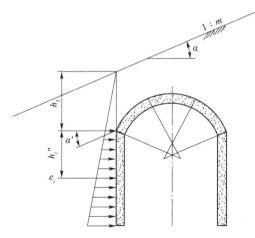

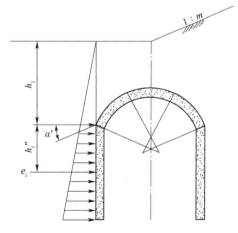

图 F.0.1-7　墙背回填土石侧压力计算图示(填土坡面向下倾斜)

图 F.0.1-8　墙背回填土石侧压力计算图示(填土坡面水平)

附录G 洞门墙计算方法

G.0.1 作用于洞门墙墙背的主动土压力可按库仑理论计算,当墙背仰斜或直立时,土压力采用水平方向。

G.0.2 隧道门端墙、翼墙及洞门挡土墙墙背后土压力可按下列公式计算:

墙后土压力计算简图及土压力分布如图G.0.2所示,最危险的破裂面与垂直面之间的夹角可按式(G.0.2-1)计算:

$$\tan\omega = \frac{\tan^2\varphi_c + \tan\varepsilon\tan\alpha - A\dfrac{\tan\varepsilon}{1-\tan\varepsilon\tan\alpha}(1+\tan^2\varphi_c)}{\tan\varepsilon\left(1 - A\dfrac{\tan\varepsilon}{1-\tan\varepsilon\tan\alpha}\right)(1+\tan^2\varphi_c) - \tan\varphi_c(1-\tan\alpha\tan\varepsilon)} - $$

$$\frac{\sqrt{(1+\tan^2\varphi_c)(\tan\varphi_c - \tan\varepsilon)\left[(1-\tan\varepsilon\tan\alpha)(\tan\varphi_c + \tan\alpha) - A(1+\tan\varphi_c\tan\varepsilon)\right]}}{\tan\varepsilon\left(1 - A\dfrac{\tan\varepsilon}{1-\tan\varepsilon\tan\alpha}\right)(1+\tan^2\varphi_c) - \tan\varphi_c(1-\tan\alpha\tan\varepsilon)}$$

(G.0.2-1)

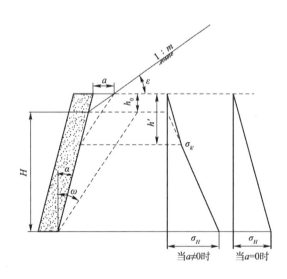

图G.0.2 土压力分布

当 $a=0$ 时,墙背土应力及土压力可按下式计算:

$$\sigma_H = \gamma H\lambda \quad (G.0.2\text{-}2)$$

$$E = \frac{1}{2}b\gamma H^2\lambda \quad (G.0.2\text{-}3)$$

当 a 较小时,墙背土应力及土压力可按下式计算:

$$\sigma_{h'} = \gamma(h' - h_0)\lambda \quad \text{(G.0.2-4)}$$

$$\sigma_H = \gamma H \lambda \quad \text{(G.0.2-5)}$$

$$E = \frac{1}{2}b\gamma H^2\lambda + \frac{1}{2}b\gamma h_0(h' - h_0)\lambda \quad \text{(G.0.2-6)}$$

当 a 较大,且破裂面交于斜坡面时,墙背土应力及土压力可按下式计算:

$$\sigma_{h'} = \gamma h'\lambda' \quad \text{(G.0.2-7)}$$

$$\sigma_H = \gamma H\lambda \quad \text{(G.0.2-8)}$$

$$E = \frac{1}{2}b\gamma(H - h_0)^2\lambda'' \quad \text{(G.0.2-9)}$$

$$\lambda = \frac{(\tan\omega - \tan\alpha)(1 - \tan\alpha\tan\varepsilon)}{\tan(\omega + \varphi_c)(1 - \tan\omega\tan\varepsilon)} \quad \text{(G.0.2-10)}$$

$$\lambda' = \frac{\tan\omega - \tan\alpha}{\tan(\omega + \varphi_c)} \quad \text{(G.0.2-11)}$$

$$\lambda'' = \left[\frac{(\tan\omega - \tan\alpha)(1 + \tan\alpha\tan\varepsilon)}{1 - \tan\omega\tan\varepsilon} + A\right]\frac{1}{\tan(\omega + \varphi_c)} \quad \text{(G.0.2-12)}$$

$$A = \frac{h_0 a}{H^2} \quad \text{(G.0.2-13)}$$

$$h' = \frac{\alpha}{\tan\omega - \tan\alpha} \quad \text{(G.0.2-14)}$$

$$h_0 = \frac{a\tan\varepsilon}{1 - \tan\varepsilon\tan\alpha} \quad \text{(G.0.2-15)}$$

式中: E——土压力(kN);
γ——地层重度(kN/m³);
φ_c——地层计算摩擦角(°);
λ、λ'、λ''——侧压力系数;
ε——地面坡角(°);
α——墙背倾角(°);
ω——墙背土体破裂角(°);
b——洞门墙计算条带宽度(m)。

G.0.3 洞门墙计算应在端墙或翼墙的控制部位截取宽度1m的条带进行验算,验算条带按以下要求截取。

1 柱式、端墙式洞门验算条带按图G.0.3-1截取,分别取条带Ⅰ、Ⅱ验算墙身截面偏心和强度,以及基底偏心、应力及抗滑和抗倾覆稳定性。

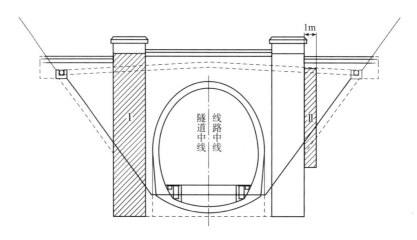

图 G.0.3-1　柱式、端墙式洞门验算条带

2　偏压式洞门验算条带按图 G.0.3-2 截取,取条带Ⅱ验算截面偏心及强度,取条带Ⅰ、Ⅲ中的高者验算其偏心、强度及稳定性,取端墙与挡墙共同作用部分Ⅳ验算其稳定性。

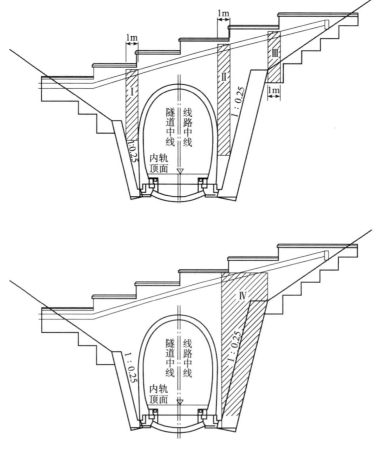

图 G.0.3-2　偏压式洞门验算条带

3 翼墙式洞门验算条带按图 G.0.3-3 截取,验算翼墙时取条带Ⅰ、Ⅱ验算截面偏心、强度及稳定性,验算端墙时取条带Ⅲ验算其截面偏心和强度,取端墙与翼墙共同作用部分Ⅳ验算其滑动稳定性。

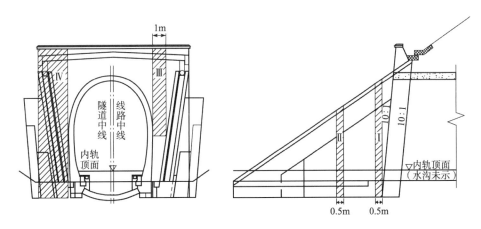

图 G.0.3-3 翼墙式洞门验算条带

G.0.4 洞门墙的抗倾覆稳定性可按式(G.0.4)计算。

$$K_0 = \frac{\sum M_y}{\sum M_0} \tag{G.0.4}$$

式中:K_0——抗倾覆稳定系数;
　　M_y——垂直力对墙趾的稳定力矩(kN·m);
　　M_0——水平力对墙趾的倾覆力矩(kN·m)。

G.0.5 洞门墙的抗滑稳定性可按式(G.0.5)计算。

$$K_c = \frac{\left(\sum N + \sum E \tan\alpha_1\right)f}{\sum E - \sum N \tan\alpha_1} \tag{G.0.5}$$

式中:K_c——滑动稳定系数;
　　N——作用于基底上的垂直力(kN);
　　E——墙后主动土压力(kN);
　　f——基底摩擦系数;
　　α_1——基底倾斜角(°)。

G.0.6 洞门墙基底合力的偏心距可按式(G.0.6-1)~式(G.0.6-5)计算。

1 水平基底

$$e = \frac{B}{2} - c \tag{G.0.6-1}$$

$$c = \frac{\sum M_y - \sum M_0}{\sum N} \tag{G.0.6-2}$$

2 倾斜基底

$$e' = \frac{B'}{2} - c' \qquad (G.0.6\text{-}3)$$

$$c' = \frac{\sum M_y - \sum M_0}{\sum N'} \qquad (G.0.6\text{-}4)$$

$$N' = \sum N\cos\alpha_1 + \sum E\sin\alpha_1 \qquad (G.0.6\text{-}5)$$

式中：e——水平基底偏心距(m)；
e'——倾斜基底偏心距(m)；
B——水平基底宽度(m)；
B'——倾斜基底宽度(m)；
其他符号意义同式(G.0.4)、式(G.0.5)。

G.0.7 洞门墙的基底应力可按式(G.0.7-1)～式(G.0.7-4)计算。

1 水平基底

当 $e \leq \dfrac{B}{6}$ 时，

$$\sigma_{\min}^{\max} = \frac{\sum N}{B}\left(1 \pm \frac{6e}{B}\right) \qquad (G.0.7\text{-}1)$$

当 $e > \dfrac{B}{6}$ 时，

$$\sigma_{\max} = \frac{2}{3}\frac{\sum N}{c} \qquad (G.0.7\text{-}2)$$

2 倾斜基底

当 $e' \leq \dfrac{B'}{6}$ 时，

$$\sigma_{\min}^{\max} = \frac{\sum N'}{B'}\left(1 \pm \frac{6e'}{B'}\right) \qquad (G.0.7\text{-}3)$$

当 $e' > \dfrac{B'}{6}$ 时，

$$\sigma_{\max} = \frac{2}{3}\frac{\sum N'}{c'} \qquad (G.0.7\text{-}4)$$

式中：$\sigma_{\max}$——基底最大压应力(kPa)；
$\sigma_{\min}$——基底最小压应力(kPa)；
其他符号意义同式(G.0.6-1)～式(G.0.6-5)。

G.0.8 洞门墙的墙身截面偏心距及强度可按式(G.0.8-1)、式(G.0.8-2)计算。

1 偏心距 e_b

$$e_b = \frac{M}{N} \qquad (G.0.8\text{-}1)$$

式中：M —— 计算截面上各力对截面形心力矩的代数和（kN·m）；

N —— 作用于计算截面上的垂直力之和（kN）。

2 截面应力 σ

$$\sigma = \frac{N}{A} \pm \frac{M}{W} = \frac{N}{A}\left(1 \pm \frac{6e_b}{b}\right) \qquad (G.0.8-2)$$

式中：A —— 计算截面的面积（m²）；

W —— 计算截面抵抗矩（kN·m）。

当截面应力 σ 出现负值时，除其绝对值应满足表 G.0.8 的要求外，尚应验算不考虑圬工结构承受拉力时，受压区应力重分布的最大压应力，其值不得大于容许值。

表 G.0.8 洞门墙主要验算规定

验 算 项 目	验 算 规 定
墙身截面压应力 σ	≤容许应力
墙身截面偏心距 e	≤0.3 倍截面厚度
基底应力 σ	≤地基容许承载力
基底偏心距 e	岩石地基≤$B/4$；土质地基≤$B/6$（B 为墙底宽度）
滑动稳定系数 K_c	≥1.3（抗震验算时≥1.1）
倾覆稳定系数 K_0	≥1.6（抗震验算时≥1.3）

注：1. 墙身截面偏心距规定仅适用于素混凝土结构。

2. 地震区洞门设防时，应按地震及非地震两种工况进行结构验算。

附录 H 盾构法隧道荷载计算方法

H.0.1 盾构法隧道结构设计，应根据结构形式、受力条件、使用要求和所处环境等因素，按施工和使用阶段可能出现的荷载进行最不利组合。一种基本盾构法隧道荷载计算简图如图 H.0.1 所示。

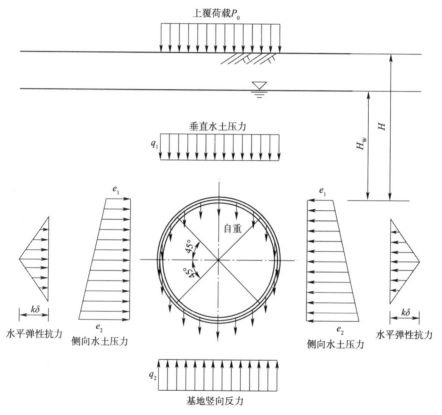

图 H.0.1 盾构法隧道荷载计算的一种简图

H.0.2 盾构法隧道的荷载计算可采用下列原则和方法：

1 结构自重按结构实际重量计算。

2 地层压力按垂直压力和侧向压力计算：

1）垂直压力：岩石地层按附录 C～附录 E 的规定计算。对于土质地层，当覆土厚度不大于 2 倍隧道开挖直径时，按全土柱计算；当覆土厚度大于 2 倍隧道开挖直径时，按卸载拱效应下的全土柱计算。

2）侧向压力按静止侧压力计算，隧道使用阶段黏性土地层和砂性土地层宜采用水土分算。

3 隧道上部和破坏棱体范围内的设施及建筑物压力：对既有和已批准待建的建筑物，

应根据结构物与隧道的相互关系确定荷载取值;当隧道覆土厚度足以形成卸载拱时,可按卸载拱理论考虑其作用力。

4 水压力按最高、最低水位分别计算。

5 地层抗力根据结构与地层间实际作用取值,可采用单向受压弹簧模拟。

6 地面车辆荷载可简化为与结构埋深有关的均布荷载。

7 主要施工荷载应考虑以下荷载及最不利组合:

1)盾构吊装荷载。

2)地面堆载,宜采用20kPa,盾构井处不应小于30kPa。

3)盾构始发对工作井的附加力。

4)相邻盾构法隧道施工相互影响。

5)盾构推进液压缸推力。

6)注浆压力。

7)盾构机及配套设备的重量。

附录Ⅰ 标准设计及工程类比设计法

I.0.1 标准设计法主要适用于具有标准内轮廓形状的隧道衬砌,及具有标准形状的结构物或构件。

条文说明

标准支护模式设计方法,简称为标准设计法,是根据隧道的埋深大小、围岩级别、运输方式、速度目标值、股道或车道数量、轨道形式、防排水方式等内容,依照国家或行业有关部门发布的标准图、通用图开展工程设计的方法。标准设计法应用的前提是隧道断面形式、衬砌支护方式、施工方法等的标准化。目前,我国铁路隧道设计主要采用标准设计法。

I.0.2 铁路隧道标准设计的适用范围和相关要求为:

1 适用于时速160km、200km、250km的客货共线铁路单、双线隧道,时速250km、350km的客运专线铁路单、双线隧道;轨道形式包括有砟轨道和无砟轨道。客货共线铁路包括普通货物运输和双层集装箱运输。

2 适用于Ⅱ~Ⅴ级围岩;按隧道埋深、岩层构造特点,Ⅲ~Ⅴ级围岩衬砌可细分为一般衬砌和加强型衬砌。

3 当地震动峰值加速度不小于$0.2g$时,应选用相应的地震区隧道衬砌标准设计图。

4 不适用于承受水压力的防水型隧道衬砌、偏压隧道、活动性断层及其影响带,以及软土、冻土、膨胀性围岩、挤压性围岩等特殊地段。

条文说明

现行铁路隧道标准设计图,包括衬砌、明洞、洞门、缓冲结构以及地震区隧道衬砌、明洞通用参考图,分别适用于时速160km、200km、250km的客货共线铁路单、双线隧道,时速250km、350km的客运专线铁路单、双线隧道。

隧道采用标准设计法设计主要包括隧道建筑限界与衬砌内轮廓、设计荷载及结构计算方法、断面及支护参数、建筑及防水材料、防排水设计、施工方法、监控量测设计、工程数量等内容。

I.0.3 采用标准设计法进行设计与施工时,隧道应根据地质条件和环境条件确定建筑材料、支护措施及参数,并根据监控量测信息,必要时应对标准设计图中的支护参数、预留变形量和施工方法进行调整。浅埋及软弱围岩段隧道应采取必要的超前支护措施。

I.0.4 工程类比设计法一般适用于地质条件复杂、结构受力不明确的隧道。

条文说明

工程类比设计法是通过对具有类似围岩条件、断面形式、使用功能的既有隧道工程案例的综合分析,开展新建隧道设计的方法。

工程类比设计法是在大量的工程实例和丰富的工程经验基础上,通过准确把握类比工程的共同点与不同点来进行新建隧道的设计,否则会影响其安全性与经济性。工程类比法对难以准确计算的隧道工程具有一定的科学性,但无法得出设计工程的安全状况,一般还需采用结构力学方法或数值方法、信息反馈法等进行设计验证。

目前,我国公路隧道设计主要采用工程类比设计法。一般根据具体项目的技术标准,按照现行《公路工程技术标准》(JTG B01)和《公路隧道设计规范 第一册 土建工程》(JTG 3370.1)等拟定隧道建筑限界和净空断面,在此基础上通过工程类比设计法和结构计算分析确定各级围岩的衬砌支护参数,据此编制项目的设计图。

I.0.5 隧道采用工程类比设计法时,设计对象与类比对象之间应满足几何、物理、荷载、使用功能和施工方法等方面的相似性。

条文说明

几何相似性是指设计隧道断面的形状、大小与已有类比隧道具有可比性,不能相差太大。物理相似性是指设计隧道所处的埋置深度、地质条件、地下水条件与类比隧道具有相似性。荷载相似性是指设计隧道在施工阶段和运营阶段所承受的荷载条件与类比隧道具有相似性,比如施工阶段的地应力场、运营阶段的特殊荷载等。使用功能相似性是指设计隧道与类比隧道的使用功能相似。施工方法相似性是指设计隧道与类比隧道的施工方法相似,如均采用矿山法、全断面法或分部开挖法施工等。

I.0.6 工程类比设计法应根据设计隧道的地质条件、环境条件、埋置深度、断面大小、使用功能、施工方法等因素,参照条件相似的已建隧道工程或借鉴有关规范提供的经验设计参数,确定设计隧道支护结构参数,并根据现场围岩监控量测反馈的信息,对支护参数进行必要的调整。

条文说明

工程类比设计法主要用于确定隧道支护结构参数,包括类比工程的资料收集、与类比工程的对比分析、支护结构参数的拟定、支护结构参数的调整等。根据围岩的稳定性情况,选择合理的支护类型与参数。支护类型的确定根据围岩地质条件、工程断面大小和使用条件等因素综合确定。在各级围岩中,一般初期支护优先考虑喷锚支护。二次衬砌厚度根据围岩类型和级别确定,一般采用厚度30~50cm的模筑混凝土或钢筋混凝土结构。当地下环境作用具有较强的侵蚀性,或二次衬砌是在初期支护稳定前施作时,需对二次衬砌进行加强。

I.0.7 铁路隧道复合式衬砌设计参数可按表I.0.7取值。

表 I.0.7 铁路隧道复合式衬砌设计参数

围岩级别	隧道开挖跨度	初期支护							二次衬砌厚度(cm)	
		喷射混凝土厚度(cm)		锚杆(m)			钢筋网(cm)		钢架	拱墙	仰拱
		拱墙	仰拱	位置	长度	间距	位置	间距		拱墙	仰拱
Ⅱ	小跨度	5	—	局部	2.0	—	—	—	—	30	—
	中跨度	5	—	局部	2.0	—	—	—	—	30	—
	大跨度	5~8	—	局部	2.5	—	—	—	—	30~35	—
Ⅲ硬质岩	小跨度	5~8	—	拱墙	2.0	1.2~1.5	拱部	25×25	—	30~35	—
	中跨度	8~10	—	拱墙	2.0~2.5	1.2~1.5	拱部	25×25	—	30~35	—
	大跨度	10~12	—	拱墙	2.5~3.0	1.2~1.5	拱部	25×25	—	35~40	35~40

续上表

围岩级别	隧道开挖跨度	初期支护							二次衬砌厚度（cm）	
		喷射混凝土厚度（cm）		锚杆（m）			钢筋网（cm）			
		拱墙	仰拱	位置	长度	间距	位置	间距	钢架	拱墙	仰拱
Ⅲ软质岩	小跨度	8	—	拱墙	2.0~2.5	1.2~1.5	拱部	25×25	—	30~35	30~35
	中跨度	8~10	—	拱墙	2.0~2.5	1.2~1.5	拱部	25×25	—	30~35	30~35
	大跨度	10~12	—	拱墙	2.5~3.0	1.2~1.5	拱部	25×25	—	35~40	35~40
Ⅳ深埋	小跨度	10~12	—	拱墙	2.5~3.0	1.0~1.2	拱墙	25×25	—	35~40	40~45
	中跨度	12~15	—	拱墙	2.5~3.0	1.0~1.2	拱墙	20×20	—	40~45	45~50
	大跨度	20~23	10~15	拱墙	3.0~3.5	1.0~1.2	拱墙	20×20	拱墙	40~45*	45~50*
Ⅳ浅埋	小跨度	20~23	—	拱墙	2.5~3.0	1.0~1.2	拱墙	25×25	拱墙	35~40	40~45
	中跨度	20~23	—	拱墙	2.5~3.0	1.0~1.2	拱墙	20×20	拱墙	40~45	45~50
	大跨度	20~23	10~15	拱墙	3.0~3.5	1.0~1.2	拱墙	20×20	拱墙	40~45*	45~50*
Ⅴ深埋	小跨度	20~23	—	拱墙	3.0~3.5	0.8~1.0	拱墙	20×20	拱墙	40~45	45~50
	中跨度	20~23	20~23	拱墙	3.0~3.5	0.8~1.0	拱墙	20×20	全环	40~45*	45~50*
	大跨度	23~25	23~25	拱墙	3.5~4.0	0.8~1.0	拱墙	20×20	全环	50~55*	55~60*
Ⅴ浅埋	小跨度	23~25	23~25	拱墙	3.0~3.5	0.8~1.0	拱墙	20×20	全环	40~45*	45~50*
	中跨度	23~25	23~25	拱墙	3.0~3.5	0.8~1.0	拱墙	20×20	全环	40~45*	45~50*
	大跨度	25~27	25~27	拱墙	3.5~4.0	0.8~1.0	拱墙	20×20	全环	50~55*	55~60*

注：1. 表中喷射混凝土厚度为平均值；二次衬砌带*号者为钢筋混凝土。
2. Ⅵ级围岩和特殊围岩应进行单独设计。
3. Ⅲ级缓倾软质岩地段，隧道拱部180°范围初期支护可架设格栅钢架，相应调整拱部喷射混凝土厚度。

I.0.8 铁路隧道平行导坑、横洞、斜井、横通道和风道等衬砌设计参数可按表 I.0.8-1 和表 I.0.8-2 取值。

表 I.0.8-1 铁路隧道辅助坑道喷锚衬砌参数表

车道类型	围岩级别	喷射混凝土		锚杆			钢筋网			钢架间距（m）	底板厚度（cm）
		部位	厚度（cm）	部位	长度（m）	间距（m）	部位	钢筋直径（mm）	间距（cm）		
单车道	Ⅱ	拱墙	5	—	—	—	—	—	—	—	20
	Ⅲ	拱墙	12	拱部	2.0	1.5×1.5	拱部	8	20×20	—	25
	Ⅳ	拱墙	15	拱墙	2.5	1.2×1.2	拱墙	8	20×20	局部	30
	Ⅴ	拱墙	25	拱墙	2.5	1.2×1.0	拱墙	8	20×20	0.8~1.0	30
两车道	Ⅱ	拱墙	8	局部	2.0	1.5×1.5	局部	8	20×20	—	20
	Ⅲ	拱墙	15	拱墙	2.5	1.5×1.2	拱部	8	20×20	—	25
	Ⅳ	拱墙	18	拱墙	2.5	1.2×1.2	拱墙	8	20×20	局部	30
	Ⅴ	拱墙	27	拱墙	2.5	1.2×1.0	拱墙	8	20×20	0.6~1.0	30

注：Ⅵ级围岩地段及Ⅴ级围岩特殊地质地段应采用特殊支护措施。

表 I.0.8-2 铁路隧道辅助坑道复合式衬砌参数表

车道类型	围岩级别	预留变形量（cm）	喷射混凝土 部位	喷射混凝土 厚度（cm）	锚杆 部位	锚杆 长度（m）	锚杆 间距（m）	钢筋网 部位	钢筋网 钢筋直径（mm）	钢筋网 间距（cm）	钢架 间距（m）	二次衬砌 拱墙厚度（cm）	二次衬砌 底板厚度（cm）
单车道	Ⅱ	—	拱墙	5	—	—	—	—	—	—	—	25	20
单车道	Ⅲ	2	拱墙	8	局部	2.0	1.5×1.5	局部	6	25×25	—	25	25
单车道	Ⅳ	4	拱墙	10	拱部	2.5	1.2×1.5	拱墙	6	25×25	—	25	30
单车道	Ⅴ	8	拱墙	16	拱部	2.5	1.2×1.2	拱墙	8	20×20	1.0	25	30
两车道	Ⅱ	—	拱墙	5	局部	2.0	1.5×1.5	局部	6	25×25	—	25	20
两车道	Ⅲ	4	拱墙	10	拱部	2.5	1.5×1.2	拱部	6	25×25	—	25	25
两车道	Ⅳ	6	拱墙	12	拱部	2.5	1.2×1.2	拱墙	8	20×20	局部	25	30
两车道	Ⅴ	10	拱墙	15~22	拱部	2.5	1.2×1.2	拱墙	8	20×20	0.8~1.0	25	30

注：Ⅵ级围岩地段及Ⅴ级围岩特殊地质地段需采用特殊支护措施。

I.0.9 两车道、三车道公路隧道复合式衬砌设计参数可按表 I.0.9-1 和表 I.0.9-2 取值。

表 I.0.9-1 双车道公路隧道复合式衬砌设计参数

围岩级别	初期支护 喷射混凝土厚度（cm） 拱墙	初期支护 喷射混凝土厚度（cm） 仰拱	初期支护 锚杆（m） 位置	初期支护 锚杆（m） 长度	初期支护 锚杆（m） 间距	初期支护 钢筋网（cm） 位置	初期支护 钢筋网（cm） 间距	初期支护 钢架（cm） 间距	初期支护 钢架（cm） 截面高度	二次衬砌厚度（cm） 拱墙混凝土	二次衬砌厚度（cm） 仰拱混凝土
Ⅰ	5	—	局部	2.0~3.0	—	—	—	—	—	30~35	—
Ⅱ	5~8	—	局部	2.0~3.0	—	—	—	—	—	30~35	—
Ⅲ	8~12	—	拱墙	2.0~3.0	1.0~1.2	局部	25×25	—	—	30~35	—
Ⅳ	12~20	拱墙	拱墙	2.5~3.0	0.8~1.2	拱墙	25×25	拱墙 80~120	0或14~16	35~40	0或35~40
Ⅴ	18~28	拱墙	拱墙	3.0~3.5	0.6~1.0	拱墙	20×20	全环 60~100	14~22	35~50 钢筋混凝土	0或35~50 钢筋混凝土
Ⅵ	通过试验或计算确定										

注：1. 有地下水时可取大值，无地下水时可取小值。
2. 采用钢筋时，宜选用格栅钢架。
3. 当喷射混凝土厚度小于18cm时，可不设钢架。
4. "0或×××"表示可以不设；要设时，应满足最小厚度要求。

表 I.0.9-2 三车道公路隧道复合式衬砌设计参数

围岩级别	初期支护 喷射混凝土厚度（cm） 拱墙	初期支护 喷射混凝土厚度（cm） 仰拱	初期支护 锚杆（m） 位置	初期支护 锚杆（m） 长度	初期支护 锚杆（m） 间距	初期支护 钢筋网（cm） 位置	初期支护 钢筋网（cm） 间距	初期支护 钢架（cm） 间距	初期支护 钢架（cm） 截面高度	二次衬砌厚度（cm） 拱墙混凝土	二次衬砌厚度（cm） 仰拱混凝土
Ⅰ	5~8	—	局部	2.5~3.5	—	—	—	—	—	35~40	—

续上表

围岩级别	初期支护								二次衬砌厚度（cm）	
	喷射混凝土厚度（cm）		锚杆（m）			钢筋网（cm）		钢架（cm）	拱墙混凝土	仰拱混凝土
	拱墙	仰拱	位置	长度	间距	位置	间距	间距	截面高度		
Ⅱ	8~12	—	局部	2.5~3.5	—	—	—	—	—	35~40	—
Ⅲ	12~20	—	拱墙	2.5~3.5	1.0~1.2	拱墙	25×25	拱墙 100~120	0 或 14~16	35~45	—
Ⅳ	16~24	—	拱墙	3.0~3.5	0.8~1.2	拱墙	20×20	拱墙 80~120	16~20	40~50*	0 或 40~50
Ⅴ	20~30	—	拱墙	3.5~4.0	0.5~1.0	拱墙	20×20	全环 50~100	18~22	50~60 钢筋混凝土	0 或 50~60 钢筋混凝土
Ⅵ	通过试验或计算确定										

注：1. 有地下水时可取大值，无地下水时可取小值。
2. 采用钢筋时，宜选用格栅钢架。
3. 当喷射混凝土厚度小于18cm时，可不设钢架。
4. "0或×××"表示可以不设；要设时，应满足最小厚度要求。
5. "*"表示可采用钢筋混凝土。

I.0.10 公路隧道采用喷锚支护作为永久支护时，设计参数可按表I.0.10取值。

表 I.0.10 喷锚永久支护设计参数

围岩级别	隧道类型		
	两车道隧道	汽车横通道	人行通道
Ⅰ	喷射混凝土厚5cm	喷射混凝土厚5cm	喷射混凝土厚5cm
Ⅱ	(1) 喷射混凝土厚5~8cm； (2) 锚杆长2.0~2.5m，间距1.2m×1.2m	(1) 喷射混凝土厚5cm； (2) 锚杆长1.5~2.0m，间距1.0m×1.0m	喷射混凝土厚5cm
Ⅲ	(1) 喷射混凝土厚8~15cm； (2) 锚杆长2.0~3.5m，间距1.0m×1.0m； (3) 钢筋网间距25cm×25cm，钢筋直径6.5mm	(1) 喷射混凝土厚8~10cm； (2) 锚杆长2.0~2.5m，间距1.0m×1.0m	(1) 喷射混凝土厚6~8cm； (2) 锚杆长1.0~2.0m

注：Ⅳ~Ⅵ级围岩，地质软弱、破碎，一般多地下水，宜采用复合式衬砌。

I.0.11 公路隧道平行导坑、斜井、横洞及风道衬砌设计参数可按表I.0.11取值。

表 I.0.11 平行导坑、斜井、横洞及风道衬砌设计参数

围岩级别	喷锚衬砌	模筑混凝土衬砌	复合式衬砌	
			初期支护	二次衬砌
Ⅰ	5cm	20cm	不支护，局部喷射混凝土或水泥砂浆护面	20cm
Ⅱ	5cm	20cm	局部喷射混凝土，厚度5cm	20cm
Ⅲ	10cm，局部设锚杆，长2~2.5m	25~30cm	喷射混凝土厚5~8cm；局部设锚杆，长2m	20cm

续上表

围岩级别	喷锚衬砌	模筑混凝土衬砌	复合式衬砌	
			初期支护	二次衬砌
Ⅳ	—	35～40cm	喷射混凝土厚8～10cm;拱部设锚杆,长2.0～2.5m,间距1.0～1.2m;必要时拱部设钢筋网	25～30cm
Ⅴ	—	45～50cm 必要时设仰拱	喷射混凝土厚10～15cm;设系统锚杆,长2.5～3.0m,间距1.0m;设钢筋网	35～40cm,必要时设置仰拱

注:1.Ⅵ级围岩地段应特殊设计。
　　2.喷锚衬砌仅适用于地下水不发育、无侵蚀性并能保证光面爆破效果的Ⅰ～Ⅲ级围岩地段。
　　3.适用于辅助坑道宽度不大于5m,当辅助坑道宽度大于5m时另行设计。

I.0.12 竖井衬砌支护设计参数可按表I.0.12取值。

表I.0.12 竖井衬砌支护参数

围岩级别	喷锚衬砌		整体式衬砌	复合式衬砌		
	$D<5m$	$5m \leq D \leq 7m$		初期支护		二次衬砌
				$D<5m$	$5m \leq D \leq 7m$	
Ⅰ	喷射混凝土厚10cm	喷射混凝土10～15cm;必要时局部设锚杆	模筑混凝土或钢筋混凝土厚30cm,或砌体厚40cm	—	—	—
Ⅱ	喷射混凝土厚10～15cm;锚杆长1.5～2m,间距1～1.5m	喷射混凝土厚15～20cm;锚杆长2～2.5m,间距1m;配钢筋网,必要时加钢圈梁	模筑混凝土或钢筋混凝土厚30cm,或砌体厚50cm	—	—	—
Ⅲ	喷射混凝土厚15～20cm;锚杆长2～2.5m,间距1m;必要时设钢筋圈梁	喷射混凝土厚20cm,锚杆长2.5～3m,间距1m;配钢筋网,加钢圈梁	模筑混凝土或钢筋混凝土厚40cm,或砌体厚60cm	喷射混凝土厚5～10cm;锚杆长1.5～2m,间距1m;必要时配钢筋网	喷射混凝土厚10～15cm;锚杆长2～2.5m,间距1m;必要时局部配钢筋网	30cm
Ⅳ	—	—	模筑混凝土或钢筋混凝土厚50cm,或砌体厚70cm	喷射混凝土厚10～15cm;锚杆长2～2.5m,间距1m;必要时配钢筋网	喷射混凝土厚15～20cm;锚杆长2.5～3m,间距0.75～1m;配钢筋网	40cm
Ⅴ	—	—	模筑混凝土或钢筋混凝土厚60cm,或砌体厚80cm	喷射混凝土厚15～20cm;锚杆长2.5～3m,间距0.75～1m;配钢筋网,必要时配钢圈梁	喷射混凝土厚20～25cm;锚杆长3～3.5m,间距0.5～0.7m;配钢筋网,必要时配钢拱架	50cm

注:1.Ⅵ级围岩地段应进行专项设计。
　　2.D为竖井直径,直径大于7m的竖井应进行专项设计。

311

附录 J 结构力学方法

J.0.1 结构力学模型应以支护结构作为承载主体,围岩作为荷载,同时考虑其对隧道支护结构变形的约束作用。

条文说明

结构力学方法是目前隧道支护结构设计广泛采用的一种解析设计方法,也称为"荷载-结构法"。隧道支护结构解析设计方法就是根据力学原理,建立起能模拟围岩与支护结构相互作用的力学模型,在给定边界和初值条件下,用数学解析法对隧道力学行为进行分析预测,以达到隧道支护结构设计的目的。解析设计法是与标准设计及工程类比设计法并列的设计方法或理论。隧道采用结构力学方法进行衬砌结构内力计算时,主要采用有限元法获取结构内力。

J.0.2 采用结构力学方法计算隧道衬砌的内力和变形时,应考虑围岩对衬砌变形的约束作用,如弹性反力。弹性反力的大小及分布可根据衬砌结构形式、回填情况和围岩的变形性质等因素,采用局部变形理论,由式(J.0.2)计算确定。

$$\sigma = K\delta \tag{J.0.2}$$

式中:σ——弹性反力强度(MPa);

K——围岩弹性反力系数(MPa/m),无实测数据时可按表 3.7.9-1 和表 3.7.9-2 选用;

δ——衬砌朝向围岩方向的变形值(m)。

计算明洞时,当墙背围岩对边墙变形有约束作用时,也应考虑弹性反力的影响。

条文说明

围岩的约束作用是地下结构的一大特点,它有利于结构的稳定,限制了结构的变形,从而改善了结构的受力条件,提高了结构的承载力。

20 世纪 30 年代,基于局部变形理论的弹性地基梁理论被提出,并应用于地下结构力学分析中。该理论假设隧道支护结构是放置在弹性地基上的梁,梁在地层压力作用下将产生向地基方向变形,地基给梁以反作用力(即弹性反力),弹性反力的大小和分布形式可根据不同的假定来得到。在这些假定中,最常用的是局部变形理论(即温克尔假定),这一假定认为地基反力 σ 的大小与该点的地基沉陷量 δ 成正比,见式(J.0.2)。式中 K 称为弹性压缩系数或围岩弹性反力系数,其意义是使单位面积地基产生单位沉陷量时所需要的力。

J.0.3 采用结构力学方法进行隧道衬砌结构设计,其关键步骤(图 J.0.3)如下:

1 建立计算模型,确定单元类型及参数,将结构与围岩共同组成的结构体系离散为由节点和单元组成的组合体,设置边界条件。

2 计算荷载,根据隧道结构荷载计算图示及经验公式计算衬砌外部荷载。

3 施加荷载,将围岩荷载转化为等效节点荷载施加在节点上。

4 内力分析,根据有限元理论计算节点位移及单元内力(轴力、弯矩、剪力)。

5 承载力验算,根据破损阶段法和极限状态法的经验公式验算衬砌结构的安全性。

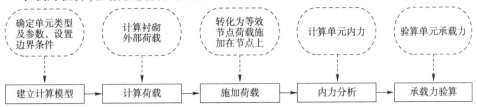

图 J.0.3 结构力学方法计算流程

J.0.4 结构力学方法的有限元建模,将隧道结构简化为有限个单元的组合体,单元之间通过节点连接,作用在结构上的外荷载和结构内力通过节点传递,以节点位移代表整个结构的变形状态。

条文说明

采用结构力学法进行有限元分析前,需建立有限元模型。对隧道结构而言,结构的简化包括衬砌的简化和围岩的简化。

J.0.5 隧道衬砌结构简化应满足如下要求:

1 衬砌结构应离散为二维弹性梁单元,梁单元之间通过节点连接。

2 二维弹性梁单元的几何和材料参数应根据二次衬砌的截面尺寸和材料确定。

条文说明

二维弹性梁单元需确定的参数包括:

(1)几何参数,包括截面宽度、截面高度、截面面积和截面惯性矩。

(2)材料参数,包括弹性模量、泊松比和密度。

梁单元的截面宽度为衬砌纵向计算宽度,通常为单位长度;梁单元的截面高度为衬砌厚度。梁单元的弹性模量等材料参数根据二次衬砌的材料确定。

J.0.6 二次衬砌结构计算分析时,围岩简化应满足如下要求:

1 二次衬砌周边连续的围岩应离散为相互独立的岩柱,可采用径向弹簧单元或杆单元模拟;弹簧单元或杆单元的一端与二次衬砌梁单元的节点铰接,另一端为固定支座。

2 岩柱采用径向弹簧单元模拟时,应判定弹簧的受力状态,删除承受拉力的弹簧。

3 岩柱采用径向杆单元模拟时,应设定杆单元只承受压力而不能承受拉力。

条文说明

根据基于共同变形理论的弹性地基梁理论,在隧道二次衬砌的周边与围岩相互作用的区域内,将连续围岩离散为彼此独立的岩柱,一般通过径向弹簧单元或杆单元模拟。对于复合式衬砌而言,由于初期支护与二次衬砌之间设有防水层,它们之间只传递法向压力,不传递法向拉力和切向摩擦力,故围岩对二次衬砌的约束作用通过径向弹簧单元或杆单元来模拟。采用径向弹簧单元时,需判定弹簧的受力状态,删除承受拉力的弹簧;采用径向杆单元时,需设定杆单元只能承受压力,不能承受拉力。

采用弹簧模拟时,弹簧的输入参数为实常数 k,为围岩弹性反力系数 K 和围岩与衬砌结构梁单元的接触面积 bh 的乘积,即 $k = Kbh$,式中 b 取衬砌纵向计算宽度,通常为单位长度;h 为两个相邻二次衬砌梁单元长度和的一半。

采用杆单元模拟时,杆单元应确定下列参数:

(1)几何参数,包括截面宽度、截面高度、截面面积。

(2)材料参数,仅需弹性模量。

杆单元的截面宽度取衬砌纵向计算宽度,通常为单位长度;杆单元的截面高度为两个相邻二次衬砌梁单元长度和的一半。杆单元的长度与传递轴力无关,故一般设置为单位长度。经过公式推导,杆单元的弹性模量与围岩弹性反力系数大小相同,例如,Ⅳ级围岩的弹性反力系数为350MPa/m,则杆单元的弹性模量取350MPa。

J.0.7 初期支护结构计算分析时,围岩与喷射混凝土的相互作用应采用径向和切向弹簧单元模拟,且弹簧抗力应小于喷射混凝土与围岩的黏结力。

条文说明

由于喷射混凝土与围岩之间存在一定的黏结力,故需采用径向和切向弹簧单元来模拟喷射混凝土与围岩之间的抗拉和抗剪切作用,如图J.0.7所示。模型计算能获得梁单元内力、弹簧抗力等。对于梁单元,根据内力计算出梁单元的安全系数或可靠指标,据此判断喷射混凝土的安全性。将弹簧抗力与喷射混凝土和围岩之间的黏结力进行比较,判断喷射混凝土与围岩之间的黏结安全性。由此,可以进行喷射混凝土厚度设计。

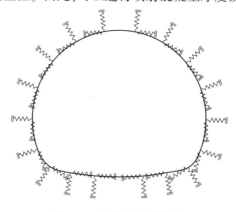

图 J.0.7 初期支护计算模型

J.0.8 根据隧道结构荷载计算图示及经验公式计算衬砌结构的外部荷载,对于复合式衬砌设计,二次衬砌围岩压力值可按表J.0.8确定。

表 J.0.8 二次衬砌围岩压力建议值

围岩级别	Ⅲ	Ⅳ	Ⅴ
二次衬砌围岩压力建议值	0.3q	0.5q	0.7q

注:q 为按经验公式计算的衬砌结构外部荷载。

条文说明

铁路隧道通用参考图中,衬砌结构计算分析时,初期支护作为主要承载结构,Ⅱ级和Ⅲ级围岩二次衬砌作为安全储备,按承受围岩松弛荷载的30%验算二次衬砌结构强度安全系数;Ⅳ级和Ⅴ级围岩考虑初期支护和二次衬砌共同承载,二次衬砌分别按承受围岩松弛荷载或浅埋荷载的50%~70%计算,得出荷载与结构安全系数,并与工程类比设计法相互佐证,合理确定设计参数。

J.0.9 作用在隧道衬砌结构上的任何荷载应转化为节点荷载,即用等效节点荷载代替非节点荷载,其处理原则为在等效节点荷载作用下,衬砌结构的节点位移与实际非节点荷载作用下结构的节点位移应相等。

条文说明

结构力学模型进行有限元分析时,单元和单元之间通过节点相连,作用在结构上的外荷载和内力只能通过节点传递,所以,作用在隧道结构上的任何荷载都要转换为节点荷载,即计算等效节点荷载。

隧道衬砌结构采用梁单元模拟时,一个梁单元承受的荷载可以分解为均布荷载、梯形荷载、集中力、双向梯形荷载四类基本荷载中的一种或几种。四种基本荷载的等效节点力见表 J.0.9。

表 J.0.9 基本荷载的等效节点力

荷 载 分 类	荷 载 图 示	等效节点力
均布荷载	(图示)	$\{F_E\} = \begin{Bmatrix} F_{xi} \\ F_{yi} \\ F_{xj} \\ F_{yi} \end{Bmatrix} = \begin{Bmatrix} \dfrac{q}{2}\|y_i - y_j\| \\ \dfrac{q}{2}\|x_i - x_j\| \\ \dfrac{q}{2}\|y_i - y_j\| \\ \dfrac{q}{2}\|x_i - x_j\| \end{Bmatrix}$
梯形荷载	(图示)	$\{F_E\} = \begin{Bmatrix} F_{xi} \\ F_{yi} \\ F_{xj} \\ F_{yi} \end{Bmatrix} = \begin{Bmatrix} \left(\dfrac{7}{20}q_1 + \dfrac{3}{20}q_2\right)\|y_i - y_j\| \\ -\left(\dfrac{7}{20}q_1 + \dfrac{3}{20}q_2\right)\|x_i - x_j\| \\ \left(\dfrac{3}{20}q_1 + \dfrac{7}{20}q_2\right)\|y_i - y_j\| \\ -\left(\dfrac{3}{20}q_1 + \dfrac{7}{20}q_2\right)\|x_i - x_j\| \end{Bmatrix}$
集中力	(图示)	$\{F_E\} = \begin{Bmatrix} F_{xi} \\ F_{yi} \\ F_{xj} \\ F_{yi} \end{Bmatrix} = \begin{Bmatrix} P\left(1 + \dfrac{2x}{l}\right)\left(1 - \dfrac{x}{l}\right)^2 \sin\alpha \\ -P\left(1 + \dfrac{2x}{l}\right)\left(1 - \dfrac{x}{l}\right)^2 \cos\alpha \\ -P\left(\dfrac{2x}{l} - 3\right)\dfrac{x^2}{l^2}\sin\alpha \\ P\left(\dfrac{2x}{l} - 3\right)\dfrac{x^2}{l^2}\cos\alpha \end{Bmatrix}$
双向梯形荷载	(图示)	$\{F_E\} = \begin{Bmatrix} F_{xi} \\ F_{yi} \\ F_{xj} \\ F_{yi} \end{Bmatrix} = \begin{Bmatrix} \dfrac{7e_2 + 3e_1}{20}\|y_i - y_j\| \\ -\dfrac{7q_1 + 3q_2}{20}\|x_i - x_j\| \\ \dfrac{3e_2 + 7e_1}{20}\|y_i - y_j\| \\ -\dfrac{3q_1 + 7q_2}{20}\|x_i - x_j\| \end{Bmatrix}$

J.0.10 对模型施加节点力后,可进行衬砌结构内力计算,并根据内力验算衬砌结构的安全

性;评估衬砌结构的安全性时,应满足下列要求:
1 采用极限状态法设计,需使荷载效应值小于结构抗力值。
2 采用破损阶段法设计,需使衬砌结构的安全系数不小于规范规定的值。
3 配筋后的钢筋混凝土衬砌应同时满足承载力及裂缝宽度的要求。

条文说明

当二次衬砌按素混凝土设计时,衬砌所有单元的荷载效应值不应大于结构抗力值(极限状态法),或最小安全系数不应小于规范规定的数值(破损阶段法),否则,需对衬砌进行配筋设计。配筋后的钢筋混凝土衬砌需同时满足承载力及裂缝宽度要求。

附录K 数值方法

K.0.1 连续介质力学模型应以围岩作为承载主体,支护结构约束围岩向隧道内变形,在满足变形协调条件下计算支护结构与地层的内力及变形,据此验算地层的稳定性和支护结构的承载能力。

条文说明

连续介质力学模型认为:围岩是隧道支护结构体系的一部分,同时围岩又产生荷载,视围岩为连续介质来传递荷载和提供支承作用。连续介质力学模型的求解方法包括理论解和数值解两种方法。理论解适用于求解圆形毛洞隧道,在特殊情况下可以考虑隧道的支护效果,一般只能模拟均匀地层、对称荷载的情况,不能模拟隧道施工过程。

连续介质力学模型求解主要采用有限元、有限差分等数值方法,该方法具有下列特点:
(1)能反映初始地应力场对围岩及支护结构的影响。
(2)能考虑围岩及支护结构的非线性力学行为及流固耦合效应。
(3)能反映隧道开挖和支护对围岩及支护结构力学特征的影响。

K.0.2 采用数值方法进行隧道支护结构设计,其关键步骤(图 K.0.2)如下:

1 建立数值模型,采用有限元或有限差分软件,建立几何模型,结构体系离散化,设置边界条件。

2 地应力场初始化,模型施加按经验公式计算的初始地应力场,或模型求解后将位移场归零,从而获得初始地应力场。

3 开挖及支护模拟,根据施工步骤模拟隧道开挖及支护。

4 结果分析,分析围岩的应力场、位移场及塑性区分布,支护结构的内力及变形,根据破损阶段法和极限状态法的经验公式验算支护结构的安全性。

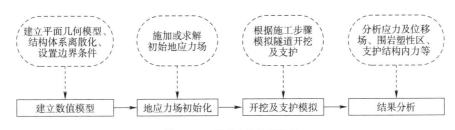

图 K.0.2 数值方法计算流程

条文说明

采用连续介质力学模型研究隧道时,需确定研究范围。若取整座或较长一段隧道作为研究对象,这就是三维问题,它能全面真实地反映隧道支护结构和围岩内的位移场和应力场的变化情况。对于深埋隧道或其地表较平坦的浅埋隧道,当某一段地质情况变化不大时,而且该段长度与隧道跨度相比较长时,则在该段取单位长度隧道的力学特性来代替该段的三维力学特性,这就是弹性力学中的平面应变问题。

K.0.3 采用数值方法建立数值模型,应先确定计算范围,建立平面或三维几何模型;再确定单元类型及参数,进行单元网格划分;最后确定边界条件并施加初始地应力场。

K.0.4 根据圣维南原理,数值分析仅需在一个有限的区域内进行即可,模型计算范围(图 K.0.4)的确定应满足下列要求:

1 对于深埋隧道,隧道外侧的计算范围不应小于 5B(B 为开挖宽度或高度)。

2 对于浅埋隧道,隧道两侧及底部的计算范围不应小于 5B,隧道上部的计算范围为隧道拱顶至地表。

3 隧道纵向长度可取单位长度(平面应变问题)或取不小于 10B(B 为开挖宽度或高度)。

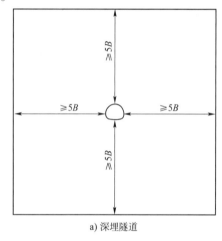
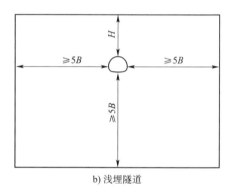

a) 深埋隧道   b) 浅埋隧道

图 K.0.4 模型计算范围

条文说明

实践和理论分析表明,对于地下洞室开挖后的应力和应变,仅在洞室周围距隧道中心点 3~5 倍开挖宽度(或高度)的范围内存在实际影响;在 3 倍宽度处的应力变化一般在 10% 以下,在 5 倍宽度处的应力变化一般在 3% 以下。因此,模型横向计算边界取不小于 5 倍开挖宽度(或高度)已能忽略人工边界对计算分析的影响。

K.0.5 平面几何模型应根据隧道施工工法建立,要反映隧道施工步骤,同时针对洞周 1B(B 为开挖宽度或高度)范围区域进行分割(图 K.0.5),划分网格时可加密此区域的单元密度。

条文说明

隧道开挖后产生应力释放,使洞周的径向应力变为零,切向应力集中;距洞周一定距离(隧道直径的 2~3 倍)以外又逐渐恢复到初始应力状态。因此,距离隧道洞周 1B 隧道开挖宽度或高度的区域内应力和弹、塑性应变最为集中,此区域的网格划分需细化,加密网格确保此区域的计算精度。

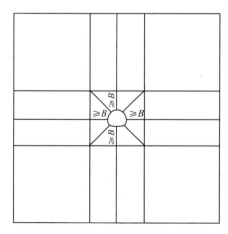

图 K.0.5 上下台阶法几何模型

K.0.6 结构体系的离散化应符合下列要求:

1 根据围岩及支护结构体系的研究目标及主要考虑因素,应选用合适的单元类型,通常围岩和二次衬砌可选择实体单元,锚杆及喷射混凝土宜选择结构单元。

2 锚喷支护中钢拱架的力学效应,宜采用等效法模拟,根据抗压刚度相等的原则,将钢架的弹性模量折算给喷射混凝土,计算公式为:

$$E_c = E_{c0} + \frac{S_g \times E_g}{S_c} \qquad (K.0.6)$$

式中:E_c——折算后混凝土弹性模量(GPa);
E_{c0}——原混凝土弹性模量(GPa);
S_g——钢拱架截面面积(m^2);
E_g——钢材弹性模量(GPa);
S_c——混凝土截面面积(m^2)。

3 锚喷支护中钢筋网的力学效应,宜在模型计算中作为安全储备考虑,也可通过提高喷射混凝土参数值来近似模拟。

4 围岩加固注浆的效应模拟,宜采用提高在注浆加固范围内围岩的黏聚力和内摩擦角。

5 支护结构模拟时,喷射混凝土梁单元或壳单元与隧道周边围岩实体单元共节点,但二次衬砌实体单元与喷射混凝土梁单元之间宜设置接触单元。

6 平面应变模型中,实体单元宜选用四边形单元;三维模型中,实体单元宜选用六面体单元;划分模型网格时,在隧道周围扰动应力变化较大的区域应增大单元密度[图 K.0.6a)];扰动应力从变化大至小的区域内,单元尺寸宜按线性增大[图 K.0.6b)]。

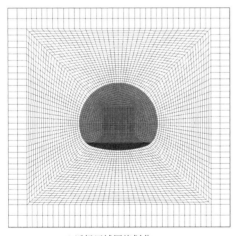 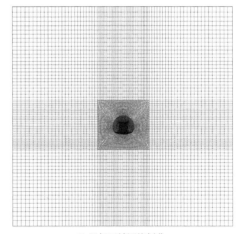

a) 近场区域网格划分   b) 远场区域网格划分

图 K.0.6 隧道周围网格划分示意图

条文说明

根据有限元和有限差分理论,相同尺寸的实体四边形单元的计算精度比三角形单元高,相同尺寸的实体六面体单元的计算精度比四面体单元的计算精度高。

K.0.7 材料力学模型及参数选择宜符合下列要求:

1 围岩的力学模型宜选弹塑性模型,流变特性显著的围岩宜选用黏弹塑性模型;弹塑性模型有莫尔-库仑模型(Mohr-Coulomb Model)、德鲁克-布拉格模型(Drucker-Prager Model)、霍克-布朗模型(Hoek-Brown Model)等。

2 二次衬砌和喷射混凝土的力学模型宜采用弹性模型。

3 围岩及支护结构的力学模型所需参数应通过试验确定;若无试验数据时,可根据本指南相关规定选用。

条文说明

材料力学模型描绘的是外荷载条件下岩土体的应力-应变关系,故材料力学模型的选择是数值模拟的一个关键性步骤。隧道数值模拟中常用的几种材料力学模型见表 K.0.7。

表 K.0.7 常用的材料力学模型

围岩及支护结构	材料力学模型
近似各向同性的岩质围岩	霍克-布朗模型(Hoek-Brown Model)
薄层状岩石	遍布节理塑性模型
松散或胶结的粒状材料土体或岩石围岩、黄土围岩	莫尔-库仑模型(Mohr-Coulomb Model)
低摩擦角软黏土围岩	德鲁克-布拉格模型(Drucker-Prager Model)
超前支护结构(锚杆、小导管、管棚)、初期支护、二次衬砌	各向同性弹性模型

K.0.8 模型外边界条件应符合下列规定:

1 模型外边界应满足计算精度的要求,施工力学、流固耦合、地震动力响应等模型计算分析宜设置不同的外边界条件。

2 施工力学分析模型中,外边界分为位移边界和应力边界,模型两侧及底部宜采用位移边界以限制边界水平位移或竖向位移,模型上部应采用应力边界。

3 流固耦合分析模型中,除了位移或应力边界外,渗流场中的边界主要为给定水头边界(第一类边界,即 Dirichlet 条件)和给定流量边界(第二类边界,即 Neumann 条件)两类。

4 地震动力响应分析模型中,模型两侧及底部宜采用黏弹性人工边界。

K.0.9 初始地应力场应符合下列规定:

1 岩层成层分布且地面水平情形(图 K.0.9),距地表深度 H 处的垂直应力应符合式(K.0.9-1)的规定:

$$\sigma_z = \sum_{i=1}^{n} \gamma_i h_i \qquad (\text{K.0.9-1})$$

式中:σ_z——距地表深度 H 处的垂直应力(kN);

γ_i——第 i 层岩体的重度(kN/m³);

h_i——第 i 层岩体的厚度(m)。

若岩体视为均匀、连续且各向同性的弹性体,则距地表深度 H 处的水平应力应符合式(K.0.9-2)的规定:

$$\sigma_x = \sigma_y = \lambda \sigma_z = \frac{\nu}{1-\nu} \sigma_z \qquad (\text{K.0.9-2})$$

式中:σ_x、σ_y——距地表深度 H 处的水平方向应力(kN);

λ——侧压力系数;

ν——岩石泊松比。

2 大多数山岭隧道,洞室周围的初始地应力场是由自重应力场和构造应力场组成,即 $\lambda > \nu/(1-\nu)$,其中构造应力场应经过现场测量确定。

3 当侧压力系数 $\lambda = \nu/(1-\nu)$ 时,数值模型中初始地应力场可由式(K.0.9-1)和式(K.0.9-2)计算确定,或直接由模型计算后获得;当侧压力系数 $\lambda > \nu/(1-\nu)$ 时,数值模型中初始地应力场可由式(K.0.9-1)和已知 λ 计算确定。

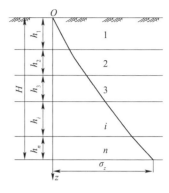

图 K.0.9 多层岩体自重应力计算

条文说明

隧道数值模拟建模分析中,一般有限元软件具有多种施加初始地应力的方式,且不同的软件具有不同的处理方式。

K.0.10 平面应变模型中隧道施工过程模拟应符合下列要求:

1 隧道开挖应通过"杀死"被开挖实体单元或采用空单元模型来实现,隧道支护(喷射混凝土、锚杆)是通过"激活"或新生成结构单元来实现,二次衬砌是通过"激活"二次衬砌实体单元或"激活"二次衬砌范围实体单元并更改材料模型及参数来实现。

2 隧道开挖过程模拟,宜采用"反转应力释放法"(图K.0.10-1),即把沿开挖边界上的地应力反向后转换成等价的节点"释放荷载";初期支护和二次衬砌施加前后地应力释放大小应采用应力释放率 η 来控制。

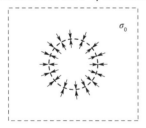 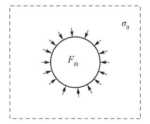 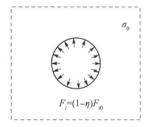

a) 开挖边界上应力平衡　　b) 计算开挖边界上节点力　　c) 开挖边界上节点力反向

图 K.0.10-1 反转应力释放法原理

3 采用应力释放率 η 可以反映隧道开挖引起的空间地应力释放,即初期支护施加前地应力已有一定的释放(图 K.0.10-2)。

4 隧道开挖与支护过程模拟中,不同阶段(或步骤)的应力释放率 η 应根据围岩条件、施工工法、支护时间等因素确定,宜通过现场变形测量或三维数值模型计算分析确定。

K.0.11 三维开挖支护过程的数值模拟应反映开挖方案及施工顺序和支护方案及施作时机;开挖采用"杀死"单元或"空"单元模拟,支护结构施加采用"激活"支护单元。

条文说明

隧道开挖方法有全断面法、台阶法、中隔壁法、双侧壁导坑法等,数值模拟需如实反映其各自的施工顺序和掌子面掘进的三维效果。由于材料的非线性,隧道围岩及支护结构中的应力和位移,则因开挖步骤和支护时期等的不同而变化。因此,数值模拟需如实反映施工步骤和支护时机。

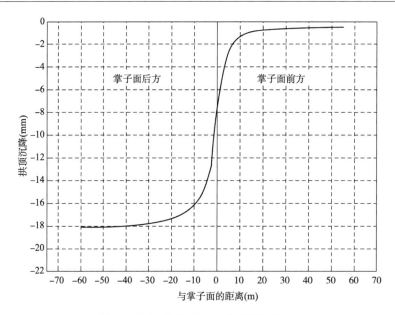

图 K.0.10-2　隧道施工引起的隧道拱顶沉降

K.0.12　模型计算成果分析应对围岩位移、塑性区分布,支护结构应力、变形及内力等进行研究,并对围岩稳定性和支护结构承载力进行评价。

附录 L 信息反馈法

L.0.1 隧道施工过程中，应根据超前地质预报、监控量测等成果分析，对工程安全性进行评价，并提出相应工程对策与建议，进行信息反馈设计(图 L.0.1)。

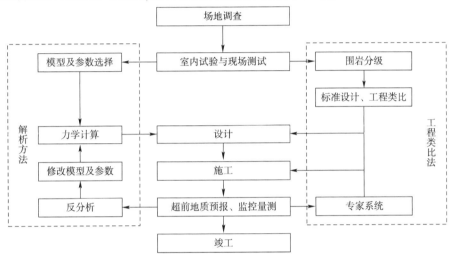

图 L.0.1 信息化设计与施工流程图

条文说明

隧道不同于一般的构筑物，隧道设计受所穿越山体的地形、工程地质、水文地质条件和施工方法的影响很大。隧道围岩既是作用于隧道结构上的荷载，又是隧道成洞的支护结构，因此，地质条件是正确设计的基本前提。可是，在隧道开挖前获得高精度的地质信息在目前的技术水平下是困难的。因而，一方面要求在设计阶段尽量采用综合勘察方法和手段对地质状况作出判断；另一方面要求在施工开挖阶段，通过超前地质预报、对围岩和支护结构、地下水出水状态等的现场观察和监控量测反馈的信息，对隧道开挖方法、防排水措施、围岩及支护结构的稳定性进行验证，必要时调整设计。

L.0.2 隧道施工过程中应将实际揭露的地质情况与超前地质预报结果进行对比分析，为优化工程设计提供地质依据。隧道超前地质预报信息反馈可按图 L.0.2 规定的程序进行。

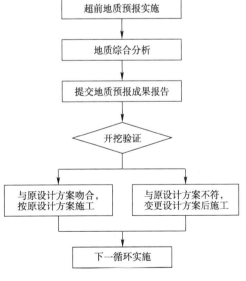

图 L.0.2 超前地质预报反馈程序框图

L.0.3 施工过程中应进行监控量测数据的实时分析和阶段分析，并应符合下列要求：

1 实时分析：每天根据监控量测数据及时进行分析，发现安全隐患应分析原因并提交异常报告。

2 阶段分析：按周、月进行阶段分析，总结监控量测数据的变化规律，对施工情况进行评价，提交阶段分析报告，指导后续施工。

L.0.4 监控量测数据分析宜采用散点图或回归分析方法。

条文说明

现场监控量测所得的数据（包括监控量测日期、时刻、温度、距开挖工作面距离等）及时绘制成曲线图（或散点图），以便于分析监控量测数据的变化规律及变化趋势。图中纵坐标表示测试数据累计量，横坐标表示时间或量测断面距开挖工作面距离。

由于偶然误差的影响使监控量测数据具有离散性，根据实测数据绘制的散点图出现上下波动，很不规则，难以据此进行分析，需应用数学方法对监控量测所得的数据进行回归分析，找出位移/应力随时间/距离变化的规律，以判断围岩和支护结构的稳定，为优化设计并指导施工提供科学依据。

L.0.5 隧道监控量测信息反馈应以位移反馈为主，主要依据时态曲线形态，同时辅以支护结构表观特征，对围岩稳定性、支护结构工作状态、周围环境的影响程度进行综合判定，验证和优化设计参数，指导施工。

条文说明

支护结构位移及其表现特征是判识围岩稳定性、支护结构工作状态等最为直观的反映指标，加之位移信息获取操作简便，代价较低，故信息反馈应以位移反馈为主。考虑到隧道地质的复杂性以及位移控制值确定样本的局限性，仅通过位移控制基准值难以全面判识围岩稳定性及支护结构工作状态，结合工程实践，采用位移时态曲线形态（如累计值、速率、发展变化趋势）、支护结构表现特征（初期支护是否开裂等）双控指标进行综合判定是必要的。

L.0.6 监控量测数据的分析应包括以下主要内容：

1 根据量测值绘制累计值时态曲线。

2 选择回归曲线，预测最终值，并与控制值进行比较。

3 对围岩及支护状态、工法、工序进行评价。

4 及时反馈评价结论，并提出相应工程对策建议。

条文说明

根据监控量测数据绘制时间-位移散点图和距离-位移散点图，如图 L.0.6 所示。然后，根据散点图的数据分布状况，选择合适的函数（指数函数、对数函数、双曲线函数、分段函数、经验公式等）进行回归分析，对最大值（最终值）进行预测，并与控制值进行比较，结合施工工况综合分析围岩和支护结构的工作状态。如果位移曲线正常，说明围岩处于稳定状态，支护系统是有效、可靠的；如果位移出现反常的急骤增长现象（出现了反弯点），表明围岩和支护处于不稳定状态，需立即采取相应的工程措施。

L.0.7 围岩与支护结构的稳定性应根据控制值，结合位移速率与变形时态曲线形态判别。

条文说明

根据日常监控量测收集的数据，计算位移速率并绘制位移时态曲线。当位移速率或位移时态曲线出现急剧增长或数据上下波动较大时,说明围岩与支护结构处于不稳定状态,需加强监控量测。当位移速率逐渐减小或位移时态曲线趋于平缓,数据变化不大,且位移总量没有超过控制值时,说明围岩与支护结构处于稳定状态。

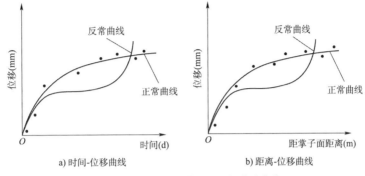

图 L.0.6 时间-位移曲线和距离-位移曲线

L.0.8 围岩与支护结构的稳定性应根据控制值,结合位移速率与变形时态曲线形态判别。按变形时态曲线形态判别时,可按下列规则确定:

1 当变形时态曲线形态 $d^2u/dt^2<0$ 时,围岩变形将趋于稳定状态。

2 当变形时态曲线形态为 $d^2u/dt^2=0$ 时,围岩变形持续发展,处于不稳定状态。

3 当变形时态曲线形态 $d^2u/dt^2>0$ 时,围岩变形加速,处于危险状态。

条文说明

由于岩体的流变特性,岩体破坏前变形曲线可分为三个阶段。

(1)基本稳定区,主要标志为位移速率逐渐下降,即 $d^2u/dt^2<0$,表明围岩趋于稳定状态。

(2)过渡区,主要标志为位移速率保持不变,$d^2u/dt^2=0$,表明围岩向不稳定状态发展,应发出警告,加强支护系统。

(3)破坏区,主要标志为位移速率逐渐增大,即 $d^2u/dt^2>0$,表明围岩已进入危险状态,要立即停工,采取有效手段控制其变形。

L.0.9 监控量测信息反馈可按图 L.0.9 规定的程序进行,应贯穿于整个隧道施工全过程。

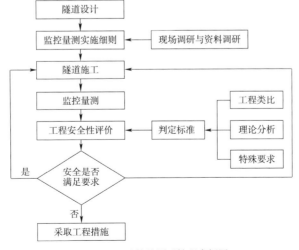

图 L.0.9 监控量测反馈程序框图

L.0.10 工程安全性评价流程见图 L.0.10-1 和图 L.0.10-2。根据工程安全性评价结果,当需要变更设计时,应根据相关管理办法及时进行设计变更。

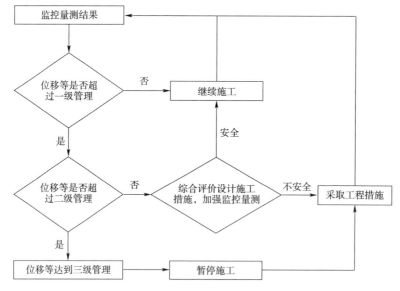

图 L.0.10-1　工程安全性评价流程(矿山法隧道位移三级管理)

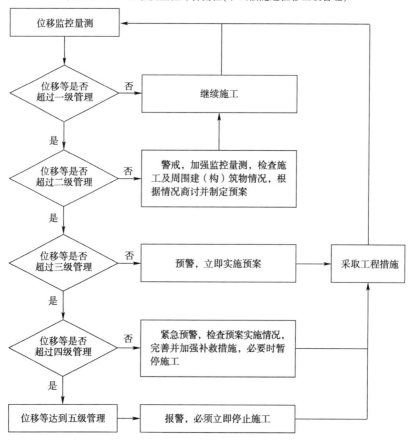

图 L.0.10-2　工程安全性评价流程(盾构隧道位移五级管理)

L.0.11 隧道施工过程中的信息反馈设计应包含以下内容：
1 围岩分级修正。
2 支护与衬砌结构类型及参数的变更。
3 预留变形量调整。
4 开挖断面及分部开挖尺寸调整。
5 临时支护参数和辅助施工措施调整。
6 仰拱早期闭合措施。
7 监控量测内容与评价标准调整。

L.0.12 工程对策可选用超前支护、掌子面加固、围岩加固、增设临时支撑、调整开挖方法、调整支护参数、优化结构形态等措施。

L.0.13 当出现下列情况之一时，可适当增强初期支护：
1 隧道开挖后地质条件及围岩级别比预设计的差。
2 喷射混凝土层的裂纹增多且不断扩展。
3 实测位移量超出位移控制值。
4 位移量可能超出预留变形量。
5 稳定性特征出现异常状态。

L.0.14 当出现下列情况之一时，可适当减弱初期支护：
1 隧道开挖后地质条件及围岩级别比预设计的好。
2 初期支护全部施作完，实测位移量远小于位移控制标准。

本指南用词说明

对执行本指南条文严格程度的用词写法做如下说明：

(1)表示很严格,非这样做不可的用词：

正面词采用"必须",反面词采用"严禁"。

(2)表示严格,在正常情况下均应这样做的用词：

正面词采用"应",反面词采用"不应"或"不得"。

(3)表示稍有选择,在条件许可时首先应这样做的用词：

正面词采用"宜",反面词采用"不宜"。

(4)表示有选择,在一定条件下可以这样做的,采用"可"。

参 考 文 献

[1] 中国国家标准化管理委员会.铁路隧道词汇:GB/T 16566—2018[S].北京:中国标准出版社,2018.

[2] 国家铁路局.铁路隧道设计规范:TB 10003—2016[S].北京:中国铁道出版社,2017.

[3] 中国铁路总公司.铁路隧道设计规范(极限状态法):Q/CR 9129—2018[S].北京:中国铁道出版社有限公司,2019.

[4] 国家铁路局.高速铁路设计规范:TB 10621—2014[S].北京:中国铁道出版社,2015.

[5] 国家铁路局.城际铁路设计规范:TB 10623—2014[S].北京:中国铁道出版社,2015.

[6] 国家铁路局.重载铁路设计规范:TB 10625—2017[S].北京:中国铁道出版社,2017.

[7] 中华人民共和国住房和城乡建设部.地铁设计规范:GB 50157—2013[S].北京:中国建筑工业出版社,2014.

[8] 中华人民共和国交通运输部.公路工程技术标准:JTG B01—2014[S].北京:人民交通出版社股份有限公司,2015.

[9] 中华人民共和国交通运输部.公路隧道设计规范 第一册 土建工程:JTG 3370.1—2018[S].北京:人民交通出版社股份有限公司,2019.

[10] 中华人民共和国交通运输部.公路隧道设计规范 第二册 交通工程与附属设施:JTG D70/2—2014[S].北京:人民交通出版社股份有限公司,2014.

[11] 中华人民共和国交通运输部.公路路线设计规范:JTG D20—2017[S].北京:人民交通出版社股份有限公司,2017.

[12] 中华人民共和国交通运输部.公路隧道设计细则:JTG/T D70—2010[S].北京:人民交通出版社,2010.

[13] 中国国家标准化管理委员会.标准轨距铁路限界 第1部分:机车车辆限界:GB 146.1—2020[S].北京:中国标准出版社,2020.

[14] 中国国家标准化管理委员会.标准轨距铁路限界 第2部分:建筑限界:GB 146.2—2020[S].北京:中国标准出版社,2020.

[15] 国家铁路局.铁路工程地质勘察规范:TB 10012—2019[S].北京:中国铁道出版社有限公司,2019.

[16] 国家铁路局.铁路工程地质遥感技术规程:TB 10041—2018[S].北京:中国铁道出版社,2018.

[17] 中华人民共和国铁道部.铁路工程特殊岩土勘察规程:TB 10038—2012[S].北京:中国铁道出版社,2012.

[18] 中华人民共和国铁道部.铁路工程不良地质勘察规程:TB 10027—2012[S].北京:中国铁道出版社,2012.

［19］中华人民共和国交通运输部.公路工程地质勘察规范:JTG C20—2011[S].北京:人民交通出版社,2011.

［20］中华人民共和国住房和城乡建设部.水利水电工程地质勘察规范:GB 50487—2008[S].北京:中国计划出版社,2009.

［21］中华人民共和国住房和城乡建设部.水力发电工程地质勘察规范:GB 50287—2016[S].北京:中国计划出版社,2017.

［22］国家能源局.水电工程地下建筑物工程地质勘察规程:NB/T 10241—2019[S].北京:中国水利水电出版社,2020.

［23］中华人民共和国住房和城乡建设部.城市轨道交通岩土工程勘察规范:GB 50307—2012[S].北京:中国计划出版社,2012.

［24］中华人民共和国住房和城乡建设部.工程岩体分级标准:GB/T 50218—2014[S].北京:中国计划出版社,2015.

［25］中华人民共和国铁道部.铁路隧道全断面岩石掘进机法技术指南:铁建设［2007］106号[S].北京:中国铁道出版社,2007.

［26］中华人民共和国住房和城乡建设部.混凝土结构耐久性设计标准:GB/T 50476—2019[S].北京:中国建筑工业出版社,2019.

［27］中华人民共和国铁道部.铁路混凝土结构耐久性设计规范:TB 10005—2010[S].北京:中国铁道出版社,2011.

［28］中华人民共和国交通运输部.公路工程混凝土结构耐久性设计规范:JTG/T 3310—2019[S].北京:人民交通出版社股份有限公司,2019.

［29］中华人民共和国住房和城乡建设部.混凝土结构设计规范:GB 50010—2010[S].北京:中国建筑工业出版社,2015.

［30］中华人民共和国住房和城乡建设部.纤维混凝土应用技术规程:JGJ/T 221—2010[S].北京:中国建筑工业出版社,2011.

［31］中华人民共和国住房和城乡建设部.喷射混凝土应用技术规程:JGJ/T 372—2016[S].北京:中国建筑工业出版社,2016.

［32］中华人民共和国住房和城乡建设部.钢纤维混凝土结构设计标准:JGJ/T 465—2019[S].北京:中国建筑工业出版社,2020.

［33］中华人民共和国住房和城乡建设部.钢纤维混凝土:JG/T 472—2015[S].北京:中国标准出版社,2015.

［34］中华人民共和国住房和城乡建设部.混凝土物理力学性能试验方法标准:GB/T 50081—2019[S].北京:中国建筑工业出版社,2019.

［35］中华人民共和国住房和城乡建设部.砌体结构设计规范:GB 50003—2011[S].北京:中国计划出版社,2012.

［36］中国国家标准化管理委员会.高分子防水材料 第1部分:片材:GB 18173.1—2012[S].北京:中国标准出版社,2013.

［37］中国国家标准化管理委员会.高分子防水材料 第2部分:止水带:GB 18173.2—2014[S].北京:中国标准出版社,2015.

[38] 中国国家标准化管理委员会.高分子防水材料 第3部分:遇水膨胀橡胶:GB/T 18173.3—2014[S].北京:中国标准出版社,2015.

[39] 中国国家标准化管理委员会.高分子防水材料 第4部分:盾构法隧道管片用橡胶密封垫:GB 18173.4—2010[S].北京:中国标准出版社,2011.

[40] 国家铁路局.铁路隧道防水材料 第1部分:防水板:TB/T 3360.1—2014[S].北京:中国铁道出版社,2015.

[41] 国家铁路局.铁路隧道防水材料 第2部分:止水带:TB/T 3360.2—2014[S].北京:中国铁道出版社,2015.

[42] 国家铁路局.铁路列车荷载图式:TB/T 3466—2016[S].北京:中国铁道出版社,2017.

[43] 中华人民共和国住房和城乡建设部.建筑结构荷载规范:GB 50009—2012[S].北京:中国建筑工业出版社,2012.

[44] 中国国家铁路集团有限公司.铁路隧道锚杆支护技术规范:Q/CR 9248—2020[S].北京:中国铁道出版社有限公司,2021.

[45] 国家铁路局.铁路隧道盾构法技术规程:TB 10181—2017[S].北京:中国铁道出版社,2017.

[46] 中国铁路总公司.铁路黄土隧道技术规范:Q/CR 9511—2014[S].北京:中国铁道出版社,2014.

[47] 中华人民共和国住房和城乡建设部.湿陷性黄土地区建筑标准:GB 50025—2018[S].北京:中国建筑工业出版社,2019.

[48] 国家铁路局.铁路瓦斯隧道技术规范:TB 10120—2019[S].北京:中国铁道出版社有限公司,2019.

[49] 国家安全生产监督管理总局.煤矿安全规程[S].北京:煤炭工业出版社,2016.

[50] 中华人民共和国住房和城乡建设部.膨胀土地区建筑技术规范:GB 50112—2013[S].北京:中国建筑工业出版社,2013.

[51] 中华人民共和国住房和城乡建设部.灌溉与排水工程设计标准:GB 50288—2018[S].北京:中国计划出版社,2018.

[52] 中华人民共和国水利部.水工隧洞设计规范:SL 279—2016[S].北京:中国水利水电出版社,2016.

[53] 国家能源局.水工隧洞设计规范:NB/T 10391—2020[S].北京:中国水利水电出版社,2021.

[54] 中华人民共和国水利部.溢洪道设计规范:SL 253—2018[S].北京:中国水利水电出版社,2018.

[55] 中国铁路总公司.铁路隧道超前地质预报技术规程:Q/CR 9217—2015[S].北京:中国铁道出版社,2015.

[56] 中国铁路总公司.铁路隧道监控量测技术规程:Q/CR 9218—2015[S].北京:中国铁道出版社,2015.

[57] 中华人民共和国住房和城乡建设部.建筑基坑工程监测技术标准:GB 50497—2019[S].北京:中国计划出版社,2020.

[58] 中华人民共和国住房和城乡建设部.城市轨道交通工程监测技术规范:GB 50911—2013[S].北京:中国建筑工业出版社,2014.

[59] 中国铁路总公司.铁路挤压性围岩隧道技术规范:Q/CR 9512—2019[S].北京:中国铁道出版社有限公司,2019.

[60] 国家铁路局.铁路工程爆破振动安全技术规程:TB 10313—2019[S].北京:中国铁道出版社有限公司,2019.

[61] 中国国家标准化管理委员会.爆破安全规程:GB 6722—2014[S].北京:中国标准出版社,2015.

[62] 中华人民共和国住房和城乡建设部.危险房屋鉴定标准:JGJ 125—2016[S].北京:中国建筑工业出版社,2016.

[63] 中国铁路总公司.高速铁路隧道工程施工技术规程:Q/CR 9604—2015[S].北京:中国铁道出版社,2015.

[64] 中国铁路总公司.客货共线铁路隧道工程施工技术规程:Q/CR 9653—2017[S].北京:中国铁道出版社,2017.

[65] 中华人民共和国交通运输部.公路隧道施工技术规范:JTG/T 3660—2020[S].北京:人民交通出版社股份有限公司,2020.

[66] 中华人民共和国住房和城乡建设部.建筑基坑支护技术规程:JGJ 120—2012[S].北京:中国建筑工业出版社,2012.

[67] 中华人民共和国住房和城乡建设部.建筑地基基础设计规范:GB 50007—2011[S].北京:中国计划出版社,2012.

[68] 中华人民共和国住房和城乡建设部.建筑地基基础工程施工规范:GB 51004—2015[S].北京:中国计划出版社,2015.

[69] 中华人民共和国住房和城乡建设部.地下工程防水技术规范:GB 50108—2008[S].北京:中国计划出版社,2009.

[70] 中华人民共和国铁道部.铁路隧道运营通风设计规范:TB 10068—2010[S].北京:中国铁道出版社,2010.

[71] 国家铁路局.铁路照明设计规范:TB 10089—2015[S].北京:中国铁道出版社,2016.

[72] 中华人民共和国交通运输部.公路隧道照明设计细则:JTG/T D70/2-01—2014[S].北京:人民交通出版社股份有限公司,2014.

[73] 中华人民共和国交通运输部.公路隧道通风设计细则:JTG/T D70/2-02—2014[S].北京:人民交通出版社股份有限公司,2014.

[74] 国家铁路局.铁路隧道防灾疏散救援工程设计规范:TB 10020—2017[S].北京:中国铁道出版社,2017.

[75] 国家铁路局.铁路工程设计防火规范:TB 10063—2016[S].北京:中国铁道出版社,2017.

[76] 中华人民共和国住房和城乡建设部.生产建设项目水土保持技术标准:GB 50433—2018[S].北京:中国计划出版社,2018.

[77] 赵勇,等.隧道设计理论与方法[M].北京:人民交通出版社股份有限公司,2018.

[78] 铁道部第二勘测设计院.铁路工程设计技术手册·隧道(修订版)[M].北京:中国铁道出版社,1999.
[79] 王梦恕,等.中国隧道及地下工程修建技术[M].北京:人民交通出版社,2010.
[80] 高扬.铁路隧道防排水设计指南[M].成都:西南交通大学出版社,2018.
[81] 王后裕,陈上明,言志信.地下工程动态设计原理[M].北京:化学工业出版社,2008.
[82] 李志业,曾燕华.地下结构设计原理与方法[M].成都:西南交通大学出版社,2003.
[83] 关宝树.隧道工程设计要点集[M].北京:人民交通出版社,2003.
[84] 铁道部工程设计鉴定中心.高速铁路隧道[M].北京:中国铁道出版社,2010.